四川省科技支撑计划项目

四川科技古籍文献联合书目

『四川科技古籍文献联合书目』编纂委员会 编著

巴蜀书社

图书在版编目(CIP)数据

四川科技古籍文献联合书目/《四川科技古籍文献联合书目》编纂委员会编著.—成都：巴蜀书社，2020.5
ISBN 978-7-5531-1292-3

Ⅰ.①四… Ⅱ.①四… Ⅲ.①科技文献—古籍—图书目录—四川 Ⅳ.①Z838

中国版本图书馆CIP数据核字(2020)第067981号

四川科技古籍文献联合书目
SI CHUAN KE JI GU JI WEN XIAN LIAN HE SHU MU

《四川科技古籍文献联合书目》 编委会

责任编辑	白亚辉　田苗苗
出版发行	巴蜀书社(成都市槐树街2号)
	发行科(028)86259422　86259423
电　　话	总编室(028)86259397
	编辑部(028)86259411
邮　　编	610031
网　　址	www.bsbook.com
经　　销	新华书店
照　　排	成都完美科技有限责任公司
印　　刷	广东虎彩云印刷有限公司
成品尺寸	210mm×285mm
印　　张	20.5
字　　数	300千
版　　次	2020年11月第1版
印　　次	2020年11月第1次印刷
书　　号	ISBN 978-7-5531-1292-3
定　　价	298元

本书若出现印装质量问题，请与发行科调换
电话:(028)86259422　86259423

四川科技古籍文献联合书目编委会

主　任　何光伦
主　编　王嘉陵
副主编　林　英　杜　鹃
编　委　钟　文　熊柯嘉　罗涵亓
　　　　王　娟　何　芳　宋　瑞
　　　　李　婷　樊　迪　吴　涛

序 言

古代科技文献作为传统文化资源的重要组成部分,在社会生产发展史上起到了重要作用,尤其医学、农业、天文历算等文献资源,迄今仍是历史文化研究等的重要内容。四川作为古蜀文明的发源地,历代留存的古代典籍纷繁宏富,是全国名副其实的古籍文献大省。其中科技古籍文献众多,中医特色突出,目前全省有11种中医古籍入选国家珍贵古籍名录,在我省科技文献中占有重要地位。整理过程中我们也发现,许多科技资料都是零散的、不系统的,他们散存于丛书、类书、正史、方志以及文学作品等古代著作中,需要进一步的挖掘整理,才能全面而深入地了解和研究中国古代科技发展的辉煌成就。

由于全省科技文献的整理和联合编目工作一直处于空白状态,四川省古籍保护中心2013年向四川省科技厅申报《四川省科技古籍文献题录及数据库(一期)》,旨在对全省科技古籍文献进行详细地调查摸底、著录,为后期深入整理及研究工作奠定坚实基础。截至2015年1月,四川省古籍保护中心收集数据8069条,涵盖公共图书馆、高校图书馆、博物馆等各系统共27家单位。经核对原书,查看书影等多种途径和方式,逐步厘清全省科技文献的数量、种类,形成资料详实、准确、可靠的联合目录,并通过审校、合并,最终合成有效数据3962条。在数据的调查著录过程中,不仅对我省科技数据有了初步收集,同时也对全省科技文献的保存现状、破损状况都有了更为详细的了解。基层单位古籍破损程度更高,保存环境相对不足,部分古籍虫蛀、老化严重,对科技古籍的保护和利用不利,需要尽快采取抢救性保护措施。

随着普查工作的渐次推进,全省更多单位的科技古籍被发现和著录。但因项目原因,我们仍将数据收录日期截止于2015年1月,其后收录数据留待后期整理。因收录单位众多,省古籍中心无法跑遍全省核对原书,部分数据仅靠书影进行版本鉴定及数据著录,故可能存在不同谬误,敬请方家指正!

编者

2019年8月

凡 例

一、编纂目的

《四川科技古籍文献联合目录》为四川省科技计划项目成果之一，由四川省古籍保护中心主持编纂，全省各古籍收藏单位参与，旨在通过科学的整理、分类、编目与加工，使四川省的科技古籍文献具有系统、完整的可供利用和检索使用的价值。

二、收录范围

1. 本目录收录单位为省市县公共图书馆、高校图书馆、博物馆等 27 家主要古籍收藏单位。
2. 各单位藏线装科技类图书，包括古籍及民国线装书，部分连续出版物收录至 1949 年后。
3. 本书数据收录时间截至 2014 年 1 月。

三、著录款目

序号、题名卷数、著者、版本、藏书单位。

四、著录原则

本目录以《全国古籍普查登记手册·汉文古籍著录规则》为著录规范，客观登记，规范描述。旨在较为全面地反映四川省境内现存古代科技文献之基本品种、主要版本及主要收藏信息。

1. 序列号：因各单位索书号不同，故以序列号为序。
2. 题名卷数：古籍题名以首卷卷端所题为准，民国线装书题名以版权页为准，若无版权页，则参照古籍著录方式。卷数为原书应有卷数，缺卷者在藏书单位后注明"不全"。
3. 著者：著者、主编者在前，编纂者在后，若著者有多人，则只列主要著者二至三人，后加"等"字。著者前皆冠以朝代名称，以卒年为依据，民国及其后著者前不加朝代。著者无法考证，则以"□□"表示。外国著者，不著录时代，只著录国别。
4. 版本项：包括出版年（以朝代名及年号纪年表示，辛亥革命后用民国纪年）、出版者、出版地、版本类型。
5. 收藏单位项：各藏书单位名称一律使用简称，单位排序参照《四川省行政区划简册（2016）》及四川省民政厅官网发布的 2017 年行政区划变更通知为依据。详见附录。

五、正文编排

1. 同类书中排序以著者时代为序、按音序提成列（条目首字）汉语拼音；著者时代相同者以成书先后为序。
2. 一书有多种版本并存，则依时代及稿本、刻本、活字本、影印本顺序编次。
3. 各类著作中若出现著者姓名、时代及成书年代均失考者，附于该类目最末序排。

六、索引编排

书后附书名索引，依汉语拼音排序；另附索引字头笔画检字。

目 录

序 言

凡 例

书目正文 1

拼音索引 227

笔画索引 277

书目正文

0001　　□身宝一卷为辨太阳病脉证篇一卷
(□)□□撰　民国抄本　‖　省图

0002　　**八卦配脏腑图说一卷**
何仲皋撰　民国三年(1914)影印本　‖　省图

0003　　**八线备旨四卷八线学总习问一卷**
(美国)罗密士撰(美国)潘慎文选译(清)谢洪赍校录　清光绪二十年(1894)刻本　‖　省图

0004　　**八线备旨四卷八线学总习问一卷**
(美国)罗密士撰(美国)潘慎文选译(清)谢洪赍校录　清光绪二十四年(1898)上海美华书馆石印本　‖　省图

0005　　**八线备旨四卷附总习问一卷**
(美国)罗密士撰(美国)潘慎文选译(清)谢洪赍校录　清光绪二十七年(1901)上海美华书馆铅印本　‖　成都

0006　　**八线对数简表一卷**
(清)贾步纬校述　清光绪江南制造总局刻本　‖　省图

0007　　**白芙堂算学丛书二十二种**
(清)丁取忠辑　清同治十一年(1873)至光绪三年(1877)长沙古荷花池精舍刻本　‖　省图 成都 泸州 西南交大(不全) 西华师大(不全)

0008　　**白芙堂算学丛书二十三种**
(清)丁取忠辑　清光绪十七年(1891)上海鸿文书局石印本　‖　省图 泸州

0009　　**白芙堂算学丛书二十三种**
(清)丁取忠辑　清光绪二十二年(1896)石印本　‖　省图

0010　　**白喉忌表抉微一卷**
(清)耐修子撰　清光绪二十二年(1896)成山唐氏刻本　‖　省图 中医大

0011　　**白喉忌表抉微一卷**
(清)耐修子撰　清光绪二十九年(1903)衍义堂刻本　‖　省图 乐山

0012　　**白喉忌表抉微一卷**
(清)耐修子撰　清光绪二十九年(1903)上海国医书局石印本　‖　中医大

0013　　**白喉忌表抉微一卷**
(清)耐修子撰　民国三年(1914)成都精术馆刻本　‖　乐山

0014　　**白喉忌表抉微一卷**
(清)耐修子撰　民国刻本　‖　省图

0015　**白喉忌表一卷附录三不可要诀一卷**
(清)耐修子录注　民国涪州张氏刻本　‖　川大

0016　**白喉全生集一卷**
(清)李纪方辑　清光绪九年(1883)刻本　‖　中医大

0017　**白喉全生集一卷**
(清)李纪方辑　清思贤书局刻本　‖　省图

0018　**白喉症论一卷**
(清)耐修子撰　民国二十二年(1933)成都大中印务局铅印本　‖　省图　川大

0019　**白喉治法忌表抉微一卷**
(清)耐修子撰　民国大中印务局铅印本　‖　温江区　中医大

0020　**白喉治法忌表抉微一卷**
(清)耐修子撰　民国二十六年(1937)成都永利印刷局石印本　‖　新都区

0021　**白喉治法忌表抉微一卷**
(清)耐修子撰　民国美利美公司铅印本　‖　中医大

0022　**白喉治法忌表抉微一卷**
(清)耐修子撰　民国石印本　‖　省图

0023　**白喉治法忌表抉微一卷附吹药方一卷**
(清)耐修子撰　民国三年(1914)成都精术馆刻本　‖　省图

0024　**白喉治法要言一卷附白喉新方一卷专治痫症经验第一神效良方一卷**
(清)刘昌祁纂述　民国二十一年(1932)铅印本　‖　成都

0025　**白鹿备用草一卷**
白鹿先生述　民国铅印本　‖　省图

0026　**百花栽培秘诀二卷**
(清)陈淏子原辑　民国中华新教育社石印本　‖　新都区

0027　**百兽图说论一卷**
(清)韦门道氏撰　清光绪八年(1882)益智书会刻本　‖　省图　川大

0028　**百兽图说一卷百兽图说论一卷**
(清)韦门道氏撰　清光绪八年(1882)益智书会刻本　‖　川大

0029　**瘢疹菁华一卷**
罗绍文编订　民国石印本　‖　省图

0030　**半半集三卷**
(清)上海老德记药房编　清光绪八年(1882)石印本　‖　中医大

0031　**半半山庄农言著实一卷**
(清)杨秀沅撰　清光绪十九年(1893)刻本　‖　省图

0032　**包氏医宗十种**
(清)包育华(清)包识生编　民国十九年(1930)包氏医宗出版部铅印本　‖　省图　成都(不全)

0033　**宝藏兴焉十二卷**
(英国)费而奔撰　(英国)傅兰雅口译(清)徐寿笔述　清光绪刻本　‖　省图

0034　**宝山橘话一卷**
(清)李翰臣辑　清光绪二十年(1894)刻本　‖　省图

0035　**宝颜堂秘籍十九种**
(明)陈继儒辑　民国十一年(1922)上海文明书局石印本　‖　西华师大

0036　**保赤汇编七种**
(清)朱之榛辑　清光绪五年(1879)刻本　‖　中医大

0037　**保赤三书**
(清)庄一夔等著　清同治二年(1863)刻本　‖　川大

0038　**保赤新编二卷**
(清)任赞纂集(清)胡仕梁校正(清)伍学干校刊　清光绪十年(1884)新会伍氏安怀堂刻本　‖　中医大

0039　**保赤要言四卷**
(清)王德森编辑　清宣统二年(1910)刻本　‖　中医大

0040　**保赤摘录六卷**
(清)崔昌龄撰(清)崔延龄等参订(清)崔国辅校阅　清道光十二年(1832)刻本　‖　中医大

0041　**保婴辑要一卷**
(清)朱惟元撰　清同治刻本　‖　中医大

0042　**保婴要言八卷**
(清)王德森编　民国十五年(1926)刻本　‖　省图　中医大

0043　**保婴易知录二卷**
(清)吴溶堂撰　清光绪二十九年(1903)刻本　‖　中医大

0044　**保育法(不分卷)**
□□辑　民国新南印刷局石印本　‖　南充

0045　**报风要则(不分卷)**
上海徐家汇天文台编　清光绪二十三年(1897)土山湾慈母堂铅印本　‖　省图

0046　**爆药记要六卷**
(清)舒高第口译(清)赵元益笔述　清光绪江南制造总局刻本　‖　省图

0047　**北平同和堂药目一卷**
□□撰　民国二十一年(1932)年北平同和堂铅印本　‖　省图

0048　**备急方八卷**
(东晋)葛洪撰　民国二年(1913)成都昌福公司铅印本　‖　新都区

0049　**备急灸法一卷**
(宋)闻人耆年述　清光绪十八年(1892)海宁钟氏刻本　‖　中医大

0050　**备急灸法一卷针灸择日编集一卷**
(宋)张涣撰 & 针灸择日编集一卷　(明)全循义撰　(明)金义孙撰　清光绪十七年(1891)江宁藩署刻本　‖　川大

0051　**备急千金要方三十卷**
(唐)孙思邈撰　清光绪四年(1878)上海长洲麟瑞堂影印本　‖　川大

0052　**备急千金要方三十卷附考异一卷**
(宋)林亿校正　(日本)多纪元坚等阅　日本嘉永纪元(1848)江户医学影刻北宋刻本　‖　中医大

0053　**备急千金要方三十卷附影宋本千金方考异一卷**
(唐)孙思邈撰　(宋)林亿等校　清光绪四年(1878)苏州崇德书业公所重印日本江户医学影刻北宋本　‖　省图　成都

0054　**备急千金要方三十卷附影宋本千金方考异一卷**
(唐)孙思邈撰　(宋)林亿等校　清光绪四年(1878)上海长洲麟瑞堂影印本　‖　川大

0055　**备要方不分卷附外科证治二卷**
(清)徒能言增辑　清同治十一年(1872)成都刻本　‖　泸州

0056　**备用药物一卷简便良方一卷**
□□编　清光绪三十一年(1905)成都官报书局铅印本　‖　省图　川大

0057　**备用药物一卷简便良方一卷**
□□撰　清光绪三十一年(1905)川东道署铅印本　‖　省图

0058　**本草备要八卷汤头歌诀一卷**
(清)汪昂撰　民国三年(1914)上海共和书局石印本　‖　成都(不全)　温江区　川大　中医大

0059　**本草备要八卷图一卷**
(清)汪昂撰　清道光二十五年(1845)瓶花书屋刻本　‖　中医大

0060　**本草备要八卷图一卷**
(清)汪昂撰　清光绪十三年(1887)鸿文书局石印本　‖　省图　泸州

0061　**本草备要八卷图一卷**
(清)汪昂撰　清光绪二十三年(1897)上海同文书局石印本　‖　省图

0062　**本草备要八卷图一卷**
(清)汪昂撰　清光绪三十年(1904)上海六艺书局石印本　‖　省图

0063　**本草备要八卷图一卷**
(清)汪昂撰　民国十七年(1928)常州镇江商务印书馆刻本　‖　川大

0064　**本草备要八卷图一卷**
(清)汪昂撰　民国铅印本　‖　省图　温江(不全)　安州区(绵阳市)

0065　**本草备要八卷医方集解六卷**
(清)汪昂撰　清乾隆五年(1740)刻本　‖　成都

0066　**本草便读二卷**
(清)张秉成集选　清光绪二十二年(1896)毗陵张氏刻本　‖　省图

0067　**本草便读四卷**
(清)张秉成集选　(清)唐君培等同校　民国上海千倾堂书局石印本　‖　川大　中医大

0068 **本草崇原集说三卷本草经读附录集说一卷**
(清)张志聪注释 (清)高世栻纂辑 (清)仲学辂集说 本草经读附录集说一卷 □□撰 清宣统二年(1910)刻本 ‖ 川大 中医大

0069 **本草崇原三卷**
(清)张志聪注释 (清)高世栻纂集 清乾隆刻本 ‖ 川大

0070 **本草崇原三卷**
(清)张志聪注释 (清)高世栻纂集 清抄本 ‖ 中医大

0071 **本草从新六卷**
(清)吴仪洛辑(清)周兰九等校 清善成堂刻本 ‖ 省图 南充 郫都区(不全)

0072 **本草从新十八卷**
(清)吴仪洛撰 清宣统元年(1909)章福记书局石印本 ‖ 中医大

0073 **本草从新十八卷**
(清)吴仪洛辑 民国十五年(1926)上海金陵书局石印本 ‖ 成都

0074 **本草从新十八卷**
(清)吴仪洛辑 民国十九年(1930)上海锦章图书局石印本 ‖ 省图 川大 中医大

0075 **本草从新十八卷**
(清)吴仪洛辑 民国上海理文轩书庄石印本 ‖ 成都

0076 **本草从新十八卷总义一卷**
(清)吴仪洛辑(清)周兰九等校 清光绪三十二年(1906)上海书局石印本 ‖ 泸州 安州区(绵阳市)(不全)

0077 **本草从真二卷**
(清)黄宫绣撰 清宣统元年(1909)泾南文道堂刻本 ‖ 泸州

0078 **本草分经不分卷**
(清)姚澜辑 民国十年(1921)成都昌福公司铅印本 ‖ 省图 成都 泸州 温江 川大 中医大

0079 **本草分类一卷**
□□撰 民国抄本 ‖ 省图

0080 **本草纲目拾遗十卷**
(清)赵学敏辑 清光绪十一年(1885)合肥张氏昧古斋刻本 ‖ 泸州

0081 **本草纲目拾遗十卷**
(清)赵学敏辑 清光绪三十四年(1908)上海商务印书馆石印本 ‖ 泸州 中医大

0082 **本草纲目拾遗十卷**
(清)赵学敏辑 清抄本 ‖ 省图

0083 **本草纲目拾遗十卷**
(清)赵学敏辑 民国二年(1913)上海商务印书馆石印本 ‖ 泸州

0084 **本草纲目拾遗十卷**
(清)赵学敏辑 民国三年(1914)上海鸿宝斋石印本 ‖ 郫都区 川师大

0085　**本草纲目拾遗十卷**
(清)赵学敏辑　民国上海锦章书局石印本　‖　省图 泸州 中医大

0086　**本草纲目拾遗十卷正误一卷**
(清)赵学敏辑　清同治十年(1871)吉心堂刻本　‖　省图 泸州 西华师大

0087　**本草纲目拾遗十卷正误一卷**
(清)赵学敏辑　清光绪十四年(1888)上海鸿宝书局石印本　‖　川大

0088　**本草纲目拾遗十卷正误一卷**
(清)赵学敏辑　民国五年(1916)上海鸿宝书局石印本　‖　川大

0089　**本草纲目五十二卷**
(明)李时珍撰　清道光二十九年(1849)天德堂刻本　‖　郫都区

0090　**本草纲目五十二卷**
(明)李时珍撰　清刻本　‖　泸州(不全) 南充 郫都区

0091　**本草纲目五十二卷**
(明)李时珍撰　民国石印本　‖　郫都区

0092　**本草纲目五十二卷**
(明)李时珍撰　民国铅印本　‖　川大

0093　**本草纲目五十二卷附图三卷**
(明)李时珍撰　清光绪三十四年(1908)商务印书馆石印本　‖　川博

0094　**本草纲目五十二卷附图三卷**
(明)李时珍撰　清同文堂刻本　‖　泸州(不全) 三台 温江区

0095　**本草纲目五十二卷附图三卷**
(明)李时珍撰　清刻巾箱本　‖　川大

0096　**本草纲目五十二卷附图三卷拾遗十卷本草万方针线八卷**
(明)李时珍撰　(清)吴毓昌校订 & 拾遗十卷正误一卷　(清)赵学敏辑 & 万方针线八卷　(清)蔡烈先辑　清同治芥子园刻本　‖　省图 泸州 西南民大

0097　**本草纲目五十二卷附图三卷拾遗十卷本草万方针线八卷**
(明)李时珍撰　(清)吴毓昌校订 & 拾遗十卷正误一卷　(清)赵学敏辑 & 万方针线六卷　(清)蔡烈先辑　清光绪十一年(1885)合肥张氏味古斋重刻本　‖　省图 成都 泸州 西华师大

0098　**本草纲目五十二卷附图三卷拾遗十卷本草万方针线八卷**
(明)李时珍撰　(清)吴毓昌校订 & 拾遗十卷正误一卷　(清)赵学敏辑 & 万方针线六卷　(清)蔡烈先辑　清光绪三十年(1904)上海同文书局石印本　‖　省图

0099　**本草纲目五十二卷附图三卷拾遗十卷本草万方针线八卷**
(明)李时珍撰　(清)吴毓昌校订 & 拾遗十卷正误一卷　(清)赵学敏辑 & 万方针线六卷　(清)蔡烈先辑　清宣统元年(1909)上海经香阁石印本　‖　安州区(绵阳市)

0100　**本草纲目五十二卷附图三卷拾遗十卷本草万方针线八卷**
(明)李时珍撰　(清)吴毓昌校订 & 拾遗十卷正误一卷　(清)赵学敏辑 & 万方针线六卷　(清)蔡烈先辑　民国五年(1916)上海鸿宝斋石印本　‖　省图 江油 温江 郫都区 川大

0101　**本草纲目五十二卷附图三卷拾遗十卷本草万方针线八卷**
(明)李时珍撰　(清)吴毓昌校订 & 拾遗十卷正误一卷　(清)赵学敏辑 & 万方针线六卷　(清)蔡烈先辑　民国十八年(1929)上海商务印书馆石印本　‖　省图 成都

0102　**本草纲目五十二卷附图三卷拾遗十卷本草万方针线八卷**
(明)李时珍撰　(清)吴毓昌校订 & 拾遗十卷正误一卷　(清)赵学敏辑 & 万方针线六卷　(清)蔡烈先辑　民国上海锦章图书局石印本　‖　省图 成都(不全) 泸州(不全) 温江区 郫都区

0103　**本草纲目五十二卷目录一卷图一卷濒湖脉诀一卷奇经八脉考一卷**
(明)李时珍编辑 & 本草万方针线八卷(明)蔡烈先辑 & 本草纲目拾遗十卷　(清)赵学敏辑　民国五年(1916)上海进步书局石印本　‖　川大

0104　**本草纲目五十二卷图三卷附脉学一卷奇经八脉考一卷**
(明)李时珍撰辑　民国元年(1912)上海鸿宝斋石印本　‖　川师大

0105　**本草纲目序例二卷**
(明)李时珍编辑 & 拾遗十卷正误一卷　(清)赵学敏辑　清光绪十一年(1885)合肥张氏昧古斋刻本　‖　泸州

0106　**本草纲目序例二卷**
(明)李时珍编辑 & 拾遗十卷正误一卷　(清)赵学敏辑　民国上海锦章图书局石印本　‖　温江

0107　**本草纲目序例二卷濒湖脉学一卷奇经八脉考一卷**
(明)李时珍编辑 & 本草万方针线八卷(清)蔡烈先辑　清同文堂刻本　‖　成都

0108　**本草纲目序例二卷附图**
(明)李时珍编辑(清)张绍棠校　民国二年(1913)上海商务印书馆石印本　‖　泸州

0109　**本草纲目摘要四卷**
(清)汪昂定(清)莫熺辑　清乾隆刻本　‖　省图

0110　**本草汇纂十卷**
(清)屠道和辑　清光绪二十九年(1903)思贤书局重刻本　‖　川大

0111　**本草简明图说四卷**
(清)高承炳撰　清光绪十八年(1892)上海古香阁石印本　‖　川大

0112　**本草简明图说一卷**
(清)高承炳编　民国石印本　‖　成都

0113　**本草经读一卷**
(清)陈念祖撰　陈绍勋释　民国抄本　‖　成都

0114　**本草经解要四卷附余一卷**
(清)叶桂集注　清雍正二年(1724)刻本　‖　省图 成都

0115　**本草经三卷**
(三国魏)吴普述(清)孙星衍辑(清)孙冯翼辑　民国中华书局铅印本　‖　川博

0116　本草经疏辑要十卷
(清)吴世铠纂　清嘉庆十四年(1809)书带草堂刻本　‖　省图

0117　本草经疏辑要十卷
(清)吴世铠纂　清光绪十一年(1885)刻本　‖　省图　成都　新都区(不全)

0118　本草品汇精要四十二卷续集十卷附脉诀四言举要二卷脉诀考证一卷校勘记一卷
(明)刘文泰等纂修　民国二十五年(1936)上海商务印书馆铅印本　‖　省图　泸州　川大

0119　本草品汇精要四十二卷续集十卷附脉诀四言举要二卷校勘记一卷
(明)刘文泰等纂修　民国铅印本　‖　省图　崇州(不全)

0120　本草品汇精要续集十卷脉诀四言举要二卷
(清)王道纯纂辑　(清)江兆元纂辑 & 脉诀四言举要二卷　(宋)崔嘉彦撰　(宋)王道纯注释　民国二十五年(1936)上海商务印书馆铅印本　‖　温江(不全)　安州区(绵阳市)(不全)

0121　本草求真九卷附图一卷
(清)黄宫绣撰　(清)黄宫黻订　(清)黄学昌校字　清光绪三十四年(1908)上海纬文阁石印本　‖　泸州

0122　本草求真九卷主治二卷
(清)黄宫绣纂(清)黄宫黻校订(清)黄学易校字　清光绪四年(1878)务本堂刻本　‖　省图

0123　本草求真九卷主治二卷附图一卷
(清)黄宫绣纂(清)黄宫黻校订　民国上海江东书局石印本　‖　省图

0124　本草求真九卷主治二卷脉理求真三卷
(清)黄宫绣纂　(清)黄宫黻等校　清乾隆四十年(1775)绿圃斋刻本　‖　省图

0125　本草求真九卷主治二卷脉理求真三卷
(清)黄宫绣纂　(清)黄宫黻等校　清嘉庆十一年(1806)刻本　‖　西华师大

0126　本草求真九卷主治二卷脉理求真三卷
(清)黄宫绣纂(清)黄宫黻等校　清末刻本　‖　成都　雅安(不全)　温江区(不全)　川大

0127　本草入门二卷
(清)熊溪颜编辑　清宣统元年(1909)泾南文道堂刻本　‖　泸州

0128　本草三家合注六卷
(清)郭汝聪集注　清光绪刻本　‖　成都(不全)

0129　本草三家合注六卷
(清)郭汝聪集注　清刻本　‖　省图　成都　南充　三台　温江区　郫都区　安州区(绵阳市)　川大　中医大

0130　本草三家合注六卷附黄元御长沙药解不分卷
(清)郭汝聪集注　清抄本　‖　泸州

0131　本草三家合注六卷附神农本草经百种录一卷
(清)郭汝聪撰 & 神农本草百种录注一卷　(清)徐大椿撰　清青云阁刻本　‖　省图　泸州　温江区　中医大

0132　本草三家合注六卷附神农本草经百种录一卷
(清)郭汝聪撰 & 神农本草百种录注一卷　(清)徐大椿撰　民国上海文瑞楼石印本　‖　成都

0133　**本草三家合注三卷首一卷附神农本草经百种录一卷**
(清)郭汝骢撰 & 神农本草百种录注一卷　(清)徐大椿撰　民国十四年(1925)上海大成书局石印本　‖　省图

0134　**本草三家合注三卷首一卷附神农本草经百种录一卷**
(清)郭汝骢撰 & 神农本草百种录注一卷　(清)徐大椿撰　民国上海锦章书局石印本　‖　省图　川博

0135　**本草诗笺十卷**
(清)朱铨撰　秦伯未校　清道光九年(1829)明教堂刻本　‖　省图

0136　**本草诗笺十卷**
(清)朱铨著　秦伯未校　民国上海千倾堂书局石印本　‖　川大　中医大

0137　**本草述钩元三十二卷**
(清)杨时泰辑　清嘉庆十五年(1810)武进薛氏还读山房刻本　‖　中医大(不全)

0138　**本草述钩元三十二卷**
(清)杨时泰辑　清道光二十二年(1842)毗陵涵雅堂刻本　‖　省图　川大　中医大

0139　**本草述钩元三十二卷**
(清)杨时泰辑　民国十年(1921)上海进化书局石印本　‖　雅安

0140　**本草述钩元三十二卷首一卷**
(清)杨时泰辑　清光绪二年(1876)姑苏来青阁翻刻嘉庆十五年(1810)武进薛氏还读山房本　‖　省图　泸州　川大

0141　**本草通玄二卷**
(明)李中梓撰　清善成堂刻本　‖　犍为(不全)　中医大

0142　**本草图谱九十三卷附本草图谱索引二卷**
(日本)岩崎常正撰　日本大正十一年(1922)本草图谱刊行会铅印本　‖　川大

0143　**本草万方针线八卷**
(清)蔡烈先撰　清同治六年(1867)天德堂刻本　‖　省图　中医大

0144　**本草万方针线八卷**
(清)蔡烈先辑　清春明堂刻本　‖　中医大

0145　**本草万方针线八卷**
(清)蔡烈先撰　清刻本　‖　泸州(不全)　郫都区　川大

0146　**本草万方针线八卷**
(清)蔡烈先辑　民国二年(1913)上海商务印书馆石印本　‖　泸州

0147　**本草万方针线八卷**
(清)蔡烈先辑　民国五年(1916)上海鸿宝书局石印本　‖　温江区　川大

0148　**本草万方针线八卷**
(清)蔡烈先辑　民国五年(1916)上海锦章图书局石印本　‖　省图　泸州　中医大(不全)

0149　**本草万方针线八卷附脉学脉诀经八脉考二卷**
(清)蔡烈先辑 & 脉学脉诀经八脉考二卷　(明)李时珍撰　清光绪三十四年(1908)上海商务印书馆石印本　‖　泸州

0150　**本草问答二卷**
(清)唐宗海撰　清光绪三十二年(1906)中西书屋铅印本　‖　成都

0151　**本草问答二卷**
(清)唐宗海撰　清光绪三十四年(1908)千顷堂书局石印本　‖　成都　泸州　川大

0152　**本草问答二卷**
(清)唐宗海撰　清光绪善成裕记刻本　‖　中医大

0153　**本草问答二卷**
(清)唐宗海撰　清宣统二年(1910)文伦书局铅印本　‖　中医大

0154　**本草衍义二十卷**
(宋)寇宗奭编撰(清)陆心源校　清光绪归安陆氏刻本　‖　泸州

0155　**本草衍义二十卷**
(宋)寇宗奭编撰(清)陆心源校　民国十九年(1930)上海中医书局影印本　‖　中医大

0156　**本草衍义二十卷附大观本草札记二卷**
(宋)寇宗奭编撰　清宣统二年(1910)武昌医馆重刻本　‖　成都

0157　**本草药性质味撮要一卷**
(□)佚名撰　抄本　‖　新都区

0158　**本草医方合编四种**
(清)汪昂编辑　清文渊堂刻本　‖　成都

0159　**本草原始合雷公炮制十二卷**
(明)李中立撰　清咸丰元年(1861)宏道堂重刻本　‖　省图　川大　中医大

0160　**本草原始十二卷**
(明)李中立撰　清咸丰元年(1851)奎光堂刻本　‖　中医大

0161　**本草原始十二卷**
(明)李中立撰　清翠筠山房刻本　‖　中医大

0162　**本草原始十二卷**
(明)李中立撰　清刻本　‖　崇州(不全)

0163　**本草韵言一卷**
陈完孟撰　民国十三年(1924)刻本　‖　省图

0164　**本草再新十二卷**
(清)叶桂撰　(清)陈念祖评　民国八年(1919)上海群学书社石印本　‖　省图

0165　**本经逢原四卷**
(清)张璐纂述　(清)张登等参订　清康熙金阊书业堂刻本　‖　省图

0166　**本经逢原四卷**
(清)张璐纂述　(清)张登等参订　清光绪三十四年(1908)渭南严氏刻本　‖　泸州　三台　郫都区

0167　**本经逢原四卷**
(清)张璐纂述　(清)张登等参订　民国十二年(1923)重刻光绪渭南严氏本　‖　省图

0168　**本经逢原四卷**
(清)张璐纂述　(清)张登等参订　民国石印本　‖　省图　泸州

0169　**本经疏证十二卷**
(清)邹澍撰　清道光常州长年医局刻本　‖　中医大

0170　**本经疏证十二卷**
(清)邹澍撰　清刻本　‖　温江(不全) 中医大(不全)

0171　**本经疏证十二卷**
(清)邹澍撰　民国刻本　‖　成都

0172　**本事方续编十卷**
(宋)许叔微撰　清抄本　‖　中医大

0173　**比例汇通四卷**
(清)罗士琳撰　清光绪乌程徐树勋刻本　‖　省图 三台

0174　**笔花医镜四卷**
(清)江涵暾著　清光绪七年(1881)内江官廨刻本　‖　省图 成都 郫都区 川大 中医大

0175　**笔花医镜四卷**
(清)江涵暾著　清光绪十七年(1891)刻本　‖　中医大

0176　**笔花医镜四卷**
(清)江涵暾著　民国七年(1918)上海铸记书局石印本　‖　泸州

0177　**笔花医镜四卷**
(清)江涵暾著　民国上海锦章书局石印本　‖　川大

0178　**笔花医镜四卷**
(清)江涵暾著　民国章福记书局石印本　‖　南充

0179　**笔算便览五卷**
(清)纪大奎编　清嘉庆十三年(1808)刻纪慎斋先生全集刻本　‖　省图

0180　**笔算便览五卷**
(清)纪大奎撰　清同治十一年(1872)刻本　‖　犍为(不全) 川大

0181　**笔算便览五卷**
(清)纪大奎编　清光绪二十二年(1896)上海六先书局石印本　‖　成都

0182　**笔算便览五卷**
(清)纪大奎编　清光绪二十四年(1898)一元堂刻本　‖　泸州

0183　**笔算数学二卷**
(美国)狄考文辑　(清)邹立文述　清光绪二十四年(1898)上海美华书馆石印本　‖　省图 泸州(不全)

0184　**笔算数学全草六卷**
□□撰　民国石印本　‖　雅安

0185　**笔算数学详草一卷**
上海科学书局总发行所编译　清末上海科学书局总发行所石印本　‖　泸州

0186　**裨农最要三卷**
(清)陈开沚撰　清光绪二十三年(1897)潼川永义和刻本　‖　省图 成都

0187　**神农最要三卷**
(清)陈开沚撰　清光绪三十二年(1906)剑州刻本　‖　省图

0188　**编辑刺灸心法要诀八卷**
(清)吴谦等纂　民国上海商务印书馆铅印本　‖　郫都区(不全)

0189　**编辑外科心法要诀十六卷**
(清)吴谦等纂　清光绪三十二年(1906)上海商务印书馆铅印本　‖　郫都区(不全)

0190　**编辑外科心法要诀十六卷**
(清)吴谦等纂　清善成堂刻本　‖　省图 安州区(绵阳市)(不全)

0191　**编辑外科心法要诀十六卷**
(清)吴谦等纂　清刻本　‖　省图 郫都区

0192　**编辑外科心法要诀十六卷**
(清)吴谦等纂　民国上海启新书局影印本　‖　三台 崇州(不全)

0193　**编辑运气要诀一卷**
(清)吴谦等纂　清刻本　‖　崇州

0194　**编辑杂病心法要诀五卷**
(清)吴谦等纂　民国十四年(1925)上海鸿宝斋书局石印本　‖　安州区(绵阳市)

0195　**编辑正骨心法要旨四卷**
(清)吴谦等纂　民国商务印书馆铅印本　‖　郫都区

0196　**编注医学入门内集二卷附一卷外集五卷首一卷**
(明)李梴撰　清乾隆四年(1739)广城书林五云楼刻本　‖　省图

0197　**编注医学入门内集七卷首一卷**
(明)李梴编纂　清末民初上海校经山房石印本　‖　川大

0198　**扁鹊难经二卷**
(元)滑寿注　民国七年(1918)成都昌福公司铅印本　‖　省图 川大

0199　**扁鹊神应针灸玉龙经一卷**
(元)王国瑞撰　民国二十四年(1935)上海商务印书馆影印本　‖　南充 西南交大 川博

0200　**扁鹊心书三卷心书神方一卷**
(战国)扁鹊传(宋)窦材重集　清青莲书屋刻本　‖　泸州

0201　**扁鹊心书三卷心书神方一卷**
(战国)扁鹊传 (宋)窦材重集　清刻本　‖　川大

0202　**扁鹊心书三卷心书神方一卷**
(战国)扁鹊传(宋)窦材重集　民国十七年(1928)江阴宝文堂刻本　‖　省图

0203　**扁鹊心书三卷心书神方一卷**
(战国)扁鹊传(宋)窦材重集　民国上海千顷堂书局石印本　‖　省图 中医大

0204　**便贱验良方一卷**
□□撰　民国刻本　‖　成都

0205　**辨脉法篇一卷平脉法篇一卷**
(汉)张机撰(清)周学海章句　民国上海中医书局影印本　‖　省图 中医大

0206　**辨脉指南二卷**
(清)郭治注　民国二十四年(1935)上海中医书局石印本　‖　省图 乐山 中医大

0207　**辨人体类一卷**
(英国)傅兰雅撰　清光绪二十四年(1898)铅印本　‖　西华师大

0208　**辨太阳病脉证一卷辨阳明病脉证一卷灵素微旨一卷**
□□撰　民国抄本　‖　省图 乐山

0209　**辨证金鉴十二卷**
(清)陈士铎著　清宣统元年(1909)北京龙文阁石印本　‖　中医大

0210　**辨证金鉴十二卷**
(清)陈士铎著　抄本　‖　中医大

0211　**辨证录十四卷**
(清)陈士铎著　清乾隆十二年(1747)槐荫草堂刻同治六年(1867)补刻本　‖　省图

0212　**辨证录十四卷**
(清)陈士铎著　清刻本　‖　郫都区

0213　**辨证录十四卷**
(清)陈士铎著　民国八年(1919)千顷堂书局石印本　‖　川博

0214　**辨证录十四卷附洞垣全书脉诀阐微一卷**
(清)陈士铎　清乾隆十三年(1748)喻义堂刻本　‖　省图

0215　**辨证录十四卷附洞垣全书脉诀阐微一卷**
(清)陈士铎著　民国上海千顷堂书局石印本　‖　川大

0216　**辨证奇闻十卷**
(清)钱松撰　清刻本　‖　省图

0217　**辨证奇闻十卷**
(清)钱松撰　民国石印本　‖　泸州(不全) 南充 郫都区

0218　**辨症用药一卷**
□□撰　民国抄本　‖　省图

0219　**濒湖脉学一卷**
(明)李时珍撰　清天德堂刻本　‖　郫都区

0220　**濒湖脉学一卷**
(明)李时珍撰　清本立堂刻本　‖　省图 乐山

0221　**濒湖脉学一卷奇经八脉考一卷**
(明)李时珍撰　清刻本　‖　省图 郫都区

0222　**豳风广义三卷**
(清)杨屾编辑　清乾隆刻本　‖　省图

0223 **兵船炮法六卷**
(美国)金楷理口译(清)朱恩锡笔述　清光绪刻本　‖　省图　川大

0224 **兵船汽机六卷附一卷**
(英国)息尼德撰　(英国)傅兰雅口译(清)华备钰笔述　清光绪刻本　‖　省图　川大

0225 **兵法百言三卷**
(清)揭暄撰　民国抄本　‖　省图

0226 **兵法七种**
(清)胡林翼辑　清光绪十四年(1898)刻本　‖　省图

0227 **兵法史略学二卷**
(清)陈庆年编　清光绪安庆正谊书局活字本　‖　省图

0228 **兵法圆机三卷**
(清)揭暄撰　清光绪十八年(1892)刻本　‖　省图　成都

0229 **兵经百篇三卷**
(清)揭暄著　清光绪刻本　‖　省图

0230 **兵镜备考十三卷兵镜或问二卷**
(清)邓廷罗撰　清同治刻本　‖　省图

0231 **兵器保存法不分卷**
□□撰　民国油印本　‖　省图

0232 **病机沙篆二卷**
(明)李中梓撰　清刻本　‖　中医大

0233 **病理撮要一卷**
(清)尹瑞模译　清光绪十八年(1892)刻本　‖　中医大

0234 **病理学稿裁二卷**
姚心源撰　姚文藻　徐承桢编　民国二十年(1931)铅印本　‖　省图

0235 **病理学一卷**
赖华锋编　民国二十二年(1933)成都维新印刷公司铅印本　‖　省图　乐山

0236 **病恙儿童休乐指导八卷**
(美国)魏登玛莉原著　傅葆琛编译　苏季芸校订　民国三十四年(1945)蓉新印刷工业铅印本　‖　省图

0237 **博济方五卷**
(宋)王衮撰　民国影印墨海金壶本　‖　川大

0238 **博物新编三卷**
(英国)合信撰　清咸丰五年(1855)刻本　‖　川大

0239 **博物新闻一卷**
(英国)艾约瑟撰　清光绪二十四年(1898)铅印本　‖　西华师大

0240 **卜法详考四卷**
(清)胡煦辑　清葆璞堂刻本　‖　川师大

0241　**补农书二卷**
(明)沈□撰(清)张履祥补下卷　清活字本　‖　省图

0242　**补虚辨惑论一卷**
邹仲彝著　民国二十九年(1940)石印本　‖　省图　泸州　川大

0243　**补注黄帝内经素问二十四卷**
(唐)王冰次注　(宋)林亿　(宋)孙奇　(宋)高保衡校正　(宋)孙兆重改误　清光绪三年(1877)浙江书局刻本　‖　省图　泸州　雅安　安州区(绵阳市)

0244　**补注黄帝内经素问二十四卷**
(唐)王冰次注　(宋)林亿　(宋)孙奇　(宋)高保衡校正　(宋)孙兆重改误　清光绪二十三年(1897)新化三味书室刻本　‖　郫都区(不全)

0245　**补注黄帝内经素问二十四卷**
(唐)王冰次注　(宋)林亿　(宋)孙奇　(宋)高保衡校正　(宋)孙兆重改误　清影印本　‖　雅安(不全)　江油(不全)

0246　**补注黄帝内经素问二十四卷**
(唐)王冰次注　(宋)林亿　(宋)孙奇　(宋)高保衡校正　(宋)孙兆重改误　民国育文书局石印本　‖　温江区　安州区(绵阳市)

0247　**补注黄帝内经素问二十四卷**
(唐)王冰次注　(宋)林亿　(宋)孙奇　(宋)高保衡校正　(宋)孙兆重改误　民国上海锦章图书局石印本　‖　安州区(绵阳市)

0248　**补注黄帝内经素问二十四卷**
(唐)王冰次注　(宋)林亿　(宋)孙奇　(宋)高保衡校正　(宋)孙兆重改误　民国中华书局铅印本　‖　绵竹　川博

0249　**补注黄帝内经素问二十四卷附遗篇一卷**
(唐)王冰次注　(宋)林亿校正　(宋)孙兆重改误　(清)余肇钧总校　清光绪三年(1877)浙江书局据明武陵顾氏影宋嘉佑本刻本　‖　成都

0250　**补注黄帝内经素问二十四卷附遗篇一卷**
(唐)王冰次注　(宋)林亿校正　(宋)孙兆重改误　(清)余肇钧总校　民国十三年(1924)隆文书局石印本　‖　泸州

0251　**补注黄帝内经素问二十四卷附遗篇一卷**
(唐)王冰次注　(宋)林亿校正　(宋)孙兆重改误　(清)余肇钧总校　民国二十五年(1936)上海中华书局珍仿宋版铅印本　‖　西南交大

0252　**补注黄帝内经素问二十四卷遗篇一卷黄帝内经灵枢十二卷**
(唐)王冰次注　(宋)林亿校正　(宋)孙兆重改误　(清)余肇钧总校　清光绪十九年(1893)鸿文书局石印本　‖　省图　自贡　安州区(绵阳市)

0253　**补注黄帝内经素问二十四卷遗篇一卷黄帝内经灵枢十二卷**
(唐)王冰次注　(宋)林亿校正　(宋)孙兆重改误　(清)余肇钧总校　清光绪浙江书局刻二十二子本　‖　省图　泸州(不全)　江油　安州区(绵阳市)　川大

0254　**补注黄帝内经素问二十四卷遗篇一卷黄帝内经灵枢十二卷**
(唐)王冰次注　(宋)林亿校正　(宋)孙兆重改误　(清)余肇钧总校　清宣统元年(1909)成都同文会刻本　‖　省图　泸州(不全)　雅安

0255 补注黄帝内经素问二十四卷遗篇一卷黄帝内经灵枢十二卷
(唐)王冰次注 (宋)林亿校正 (宋)孙兆重改误 (清)余篑钧总校 清刻本 ‖ 泸州

0256 补注黄帝内经素问二十四卷遗篇一卷黄帝内经灵枢十二卷
(唐)王冰次注 (宋)林亿校正 (宋)孙兆重改误 (清)余篑钧总校 民国四年(1915)上海锦章图书局石印本 ‖ 省图 成都 富顺 三台(不全) 郫都区(不全)

0257 补注黄帝内经素问四卷
(唐)王冰次注 (宋)林亿校正 (宋)孙兆重改误 (清)余篑钧总校 清光绪三年(1877)浙江书局刻本 ‖ 省图

0258 补注瘟疫论四卷
(明)吴有性撰 (清)洪天锡补注 清道光二年(1822)绿杉野屋刻本 ‖ 省图 川大 中医大(不全)

0259 捕蝗要诀一卷附除螟八要一卷
(清)钱炘和撰 清同治八年(1870)湖北崇文书局刻本 ‖ 省图 泸州

0260 捕蝗要诀一卷附除螟八要一卷
(清)钱炘和撰 清光绪十七年(1891)江苏书局刻本 ‖ 省图

0261 不得已二卷
(清)杨光先撰 民国十八年(1929)石印本 ‖ 省图

0262 不费钱的奇验方一卷
孙纬才辑 民国二十三年(1934)铅印本 ‖ 省图

0263 不费钱的奇验方一卷
孙纬才辑 民国二十四年(1935)刻本 ‖ 省图

0264 不费钱的奇验方一卷
孙纬才辑 民国石印本 ‖ 成都

0265 不费钱的奇验方一卷
孙纬才辑 抄本 ‖ 省图

0266 不居集上集三十卷首一卷下集二十卷首一卷
(清)吴澄著辑 秦伯未校订 民国二十四年(1935)国光印书局铅印本 ‖ 省图

0267 不谢方一卷
(清)陆懋修撰 抄本 ‖ 中医大

0268 不药良方二卷续集十卷
(清)王玷桂编 清光绪七年(1881)绍志堂刻本 ‖ 川大

0269 不药良方一卷
(清)余廷勋辑 清道光二十四年(1844)刻本 ‖ 省图

0270 不知医必要四卷
(清)梁廉夫撰 (清)梁吉祥等校字 清光绪七年(1881)粤东文华阁书局刻本 ‖ 中医大

0271 不知医必要四卷
(清)梁廉夫撰 (清)梁吉祥等校字 清光绪六年(1880)杨鸿文堂刻本 ‖ 中医大

0272　**部位经脉要略一卷**
□□撰　民国石印本　‖　中医大

0273　**采芳随笔二十四卷**
(清)查彬辑　清嘉庆刻本　‖　省图

0274　**彩图辨舌指南六卷**
曹炳章撰述　民国六年(1917)绍兴育新书局石印本　‖　省图

0275　**蔡子洪范皇极名数九卷首二卷**
(清)张兆鹿注释　清光绪二十三年(1897)张运仁金陵刻本　‖　川大

0276　**蚕桑备要一卷**
(清)刘青藜补辑　清光绪三十一年(1905)四川官报书局铅印本　‖　省图

0277　**蚕桑备要一卷**
(清)刘青藜补辑　民国铅印本　‖　成都

0278　**蚕桑萃编十五卷**
(清)卫杰纂　清光绪二十四年(1898)刻本　‖　省图　泸州(不全)　川大　西华师大

0279　**蚕桑答问二卷续编一卷**
(清)朱祖荣编 & 续编一卷　(清)蒋斧重编　清光绪二十五年(1899)尊经学舍刻本　‖　省图

0280　**蚕桑辑要一卷**
(清)沈炳震撰　清光绪九年(1883)金陵书局刻本　‖　省图

0281　**蚕桑录要一卷**
谭聘侯录　民国抄本　‖　省图

0282　**蚕桑实济六卷**
(清)易星撰　清光绪十六年(1890)柳州府署刻本　‖　西华师大

0283　**蚕桑说一卷**
(清)杨蔚本辑　清刻本　‖　成都

0284　**蚕桑说一卷**
(清)赵敬如撰　清光绪刻本　‖　西华师大

0285　**蚕桑说一卷**
(清)李君凤集　清光绪二十一年(1895)于德楸刻本　‖　省图

0286　**蚕桑说一卷养蚕说一卷**
(清)李君凤 杨蔚本撰　清光绪刻本　‖　省图

0287　**蚕桑图说一卷**
(清)王世熙辑　清光绪二十一年(1897年)太仓蚕商局刻本　‖　西华师大

0288　**蚕桑万户自力更生计划草案一卷**
钱幼琢撰　民国二十九年(1940)石印本　‖　省图

0289　**蚕桑一说晓一卷**
(清)刘锡纯撰　清光绪三十二年(1906)剑州刻本　‖　省图

0290　**蚕桑摘要三卷**
(清)赵渊撰　清光绪二十八年(1902)德阳县署刻本　‖　省图

0291　**蚕体病理学不分卷**
□□撰　民国高等蚕业学校影印本　‖　江油

0292　**蚕务图说一卷**
(德国)康发达著　清光绪石印本　‖　西华师大

0293　**仓田通法续编三卷八线类编表一卷**
(清)张作楠学算　(清)俞俊编次　(清)江临泰补图 & 八线类编表一卷(清)张作楠辑　清光绪二十三年(1897)石印本　‖　泸州

0294　**曹氏伤寒发微四卷**
(汉)张机撰　(清)曹家达释义　(清)丁济华等校订　民国二十年(1931)昌明医药学社铅印本　‖　省图

0295　**草本便方二卷**
(清)刘善述　清刻本　‖　中医大

0296　**草本别名一卷**
□□撰　民国抄本　‖　成都

0297　**草庐经略十二卷**
(明)□□撰　清光绪七年(1881)粤雅堂刻本　‖　省图　成都

0298　**草庐经略四卷**
(明)黄元瑞著述(清)骨仙删定(清)岳钟琪校定　清咸丰刻本　‖　安州区(绵阳市)

0299　**草木便方二卷**
(清)刘善述撰(清)刘贤村编　民国三年(1914)成都裴氏刻本　‖　省图

0300　**草木便方一元集二卷**
(清)刘兴撰　民国三年(1914)成都裴氏校刻本　‖　成都　中医大

0301　**草药性二卷**
□□撰　清宣统三年(1912)刻本　‖　省图　成都(不全)

0302　**测地绘图十一卷附一卷表一卷**
(英国)富路玛撰(英国)傅兰雅口译(清)徐寿笔述　清末上海江南制造总局刻本　‖　省图　川大

0303　**测海山房中西算学丛刻初编二种**
(清)测海山房主人辑　清光绪二十二年(1896)上海玑衡堂影印本　‖　省图

0304　**测候丛谈四卷**
(美国)金楷理口译(清)华蘅芳笔述　清光绪刻本　‖　省图　川大

0305　**测候器说四卷**
(英国)傅兰雅撰　清光绪二十七年(1901)铅印本　‖　西华师大

0306　**测圜海镜通释四卷**
刘岳云撰　民国元年(1912)四川存古书局刻本　‖　省图

0307　**测圜海镜通释四卷附算学丛话一卷喻利算法一卷**
刘岳云撰　清光绪二十二年(1896)尊经书局刻本　‖　川大

0308　**测绘海图全法八卷附一卷**
(英国)华尔敦撰(英国)傅兰雅口译(清)赵元益笔述　清光绪二十五年(1899)江南制造局刻本　‖　省图　川大

0309　**测绘器图说一卷**
(英国)傅兰雅撰　清光绪石印本　‖　西华师大

0310　**测量新编四种**
(清)吴嘉善等述　清光绪二十四年(1898)清泉徐启书刻本　‖　川大

0311　**测圆海镜细草十二卷**
(元)李治撰　清嘉庆三年(1798)刻鲍氏知不足斋丛书本　‖　泸州

0312　**曾胡治兵语录不分卷**
蔡锷编　民国十八年(1929)绵阳军事教导团铅印本　‖　川师大

0313　**曾胡治兵语录不分卷**
蔡锷辑　民国二十年(1931)铅印本　‖　省图　成都　绵竹

0314　**曾胡治兵语录不分卷**
蔡锷辑　民国二十四年(1935)上海商务印书馆铅印本　‖　省图

0315　**茶谱辑解四卷**
(清)□□撰　清同治元年(1862)陶唐氏刻本　‖　川大

0316　**察病指南三卷**
(宋)施发注　民国十四年(1925)中华新教育社石印本　‖　省图

0317　**矒离引蒙三卷**
(清)贾步纬算述(清)贾文浩校对　清光绪二十二年(1896)玑衡堂石印本　‖　省图　泸州　川大

0318　**产宝百问万金方二卷**
□□撰　清抄本　‖　中医大

0319　**产宝一卷**
(清)倪枝维撰　清光绪十一年(1885)南海罗度刻本　‖　省图

0320　**产宝一卷**
(清)倪枝维撰　民国刻本　‖　省图

0321　**产宝诸方一卷**
(宋)□□撰　清光绪四年(1878)刻本　‖　川大

0322　**产后编二卷**
(清)傅山撰　清道光五年(1825)刻本　‖　省图　泸州　川大

0323　**产后编二卷**
(清)傅山撰　民国铅印本　‖　温江区

0324　**产后另编一卷**
(清)傅山撰　清刻本　‖　中医大

0325　**产科心法二卷**
(清)汪喆纂　清道光九年(1829)刻本　‖　川大

0326　**产科心法二卷**
(清)汪喆撰　清道光十二年(1832)刻本　‖　崇州

0327　**产科心法二卷**
(清)汪喆纂　清道光二十三年(1843)刻本　‖　省图

0328　**产科心法二卷**
(清)汪喆纂　清咸丰五年(1855)刻本　‖　省图　乐山

0329　**产科心法二卷**
(清)汪喆撰　清刻本　‖　成都　中医大

0330　**产育宝庆集二卷**
(宋)郭稽中纂　清光绪七年(1881)广汉刻本　‖　成都　泸州

0331　**产育宝庆集二卷附颅囟经一卷**
(宋)郭稽中纂 & 颅囟经一卷(宋)□□撰(清)李调元校　清刻本　‖　成都

0332　**产孕集二卷**
(清)张曜孙撰　清同治七年(1868)刻本　‖　省图　中医大

0333　**抄本药性一卷**
□□撰　清抄本　‖　成都

0334　**抄本医书**
□□撰　民国　‖　省图

0335　**巢氏病源补养倡导法一卷**
廖平辑　民国成都存古书局刻本　‖　省图　乐山

0336　**巢氏诸病源候总论五十卷**
(隋)巢元方撰(清)胡益谦校　清嘉庆十三年(1808)吴门经义齐重刻本　‖　省图　泸州(不全)

0337　**巢氏诸病源候总论五十卷**
(隋)巢元方撰(清)胡益谦校　清抄本　‖　省图

0338　**潮汐论一卷**
(英国)傅兰雅撰　清光绪二十六年(1900)铅印本　‖　西华师大

0339　**陈纪四卷**
(明)何良臣撰　清光绪二十二年(1896)长沙刻本　‖　成都

0340　**陈氏太极拳图说二卷首一卷附录一卷**
陈鑫著　民国二十二年(1933)开封开明印刷局铅印本　‖　西南交大

0341　**陈氏小儿痘疹方论二卷**
(宋)陈文中撰　清薛氏医案刻本　‖　中医大

0342　**陈氏疡科膏丹诸药一卷**
□□撰　抄本　‖　中医大

0343 **陈修园公余医录六种**
(清)陈念祖著 清光绪二十九年(1903)成都多文堂刻本 ‖ 川大

0344 **陈修园公余医录六种**
(清)陈念祖著 清稽古堂刻本 ‖ 泸州

0345 **陈修园先生晚余三书**
(清)陈念祖著 清咸丰九年(1859)刻本 ‖ 川大

0346 **陈修园先生医书新增七十二种**
(清)陈念祖等撰 民国上海锦章图书局石印本 ‖ 省图(不全)泸州(不全)南充(不全)江油(不全)富顺(不全)崇州(不全)安州区(绵阳市)(不全)

0347 **陈修园先生医书新增七十种**
(清)陈念祖等撰 民国上海广益书局石印本 ‖ 中医大

0348 **陈修园先生医书新增五十二种**
(清)陈念祖等撰 民国上海锦章书局石印本 ‖ 省图(不全)富顺(不全)

0349 **陈修园医书二十八种**
(清)陈念祖等撰 民国石印本 ‖ 省图

0350 **陈修园医书全书**
(清)陈念祖等撰 民国扫叶山房石印本 ‖ 南充

0351 **陈修园医书三十二种**
(清)陈念祖等撰 清光绪三十三年刻(1907)宣统元年(1909)善成堂汇印本 ‖ 省图

0352 **陈修园医书三十种**
(清)陈念祖等撰 清光绪三十三年(1907)成都多文会刻本 ‖ 川大

0353 **陈修园医书十六种**
(清)陈念祖等撰 清光绪成都多文会汇刻本 ‖ 省图

0354 **陈修园医书十六种**
(清)陈念祖等撰 清友文堂刻本 ‖ 省图

0355 **陈修园医书十种**
(清)陈念祖等撰 清光绪十三年(1887)务本堂仿南雅堂刻本 ‖ 中医大

0356 **陈修园医书四十八种**
(清)陈念祖等撰 清光绪三十四年(1908)上海章福记石印本 ‖ 省图(不全)泸州(不全)

0357 **陈修园医书四十种**
(清)陈念祖等撰 民国铅印本 ‖ 省图(不全)泸州(不全)南充(不全)

0358 **陈修园医书五十种**
(清)陈念祖等撰 清光绪三十一年(1905)上海商务印书馆铅印本 ‖ 成都 安州区(绵阳市)(不全)

0359 **陈子性藏书十二卷**
(清)陈应选撰 清刻本 ‖ 泸州

0360　**晨操教材四编**
彭礼南编　民国国立成都大学球新印刷厂铅印本　‖　川大

0361　**成都市国医讲习所讲义八种**
成都国医讲习所编　民国有记文华印字馆铅印本　‖　省图

0362　**成方便读四卷**
(清)张秉承辑选　民国二十年(1931)上海千顷堂书局石印本　‖　省图

0363　**成方便读一卷**
(清)张秉承辑选　民国二十二年(1933)上海千顷堂书局石印本　‖　川大

0364　**成方切用二十六卷**
(清)吴仪洛编　清道光二十七年(1847)瓶花书屋刻本　‖　川大

0365　**承志录附集一卷地元真诀一卷答论神丹一卷**
(清)陶素耜等撰　清刻本　‖　泸州

0366　**程氏眼喉秘集二卷**
(明)程玠撰(清)潘化成编　清光绪二十年(1894)京江宝善堂刻本　‖　中医大

0367　**程松崖先生眼科应验良方一卷**
(明)程玠撰　清同治十三年(1874)三原使署刻本　‖　省图

0368　**程杏轩医案三集**
(清)程文囿撰　清光绪十七年(1891)刻本　‖　中医大

0369　**澄兰室古缘萃录十八卷**
(清)邵松年辑　清光绪三十年(1904)上海鸿文书局石印本　‖　省图

0370　**赤水玄珠全集三十卷**
(明)孙一奎撰辑　民国三年(1914)上海著易堂石印本　‖　南充

0371　**赤水玄珠三十卷**
(明)孙一奎撰辑　明刻清印本　‖　省图

0372　**赤水玄珠三十卷**
(明)孙一奎撰辑　清光绪十四至十七年(1888—1891)佛镇字林书局校刻本　‖　川大

0373　**赤水玄珠三十卷医旨绪余二卷医案五卷**
(明)孙一奎撰辑　清广文书局重刻汲古阁书局本　‖　省图

0374　**虫荟五卷**
(清)方旭撰　清光绪十六年(1890)刻本　‖　省图

0375　**虫学略论三卷**
(美国)华约翰稿　清光绪石印本　‖　西华师大

0376　**崇顾楼药方备要一卷**
冰藏居士撰　民国抄本　‖　省图

0377　**重订本草纲目五十二卷**
(清)张士瑜等审定　清光绪三十二年(1906)萃珍书局石印本　‖　泸州

0378 **重订广温热论二卷**
(清)戴天章著(清)陆懋修删定(清)何炳元重订　民国三年(1914)绍兴浙东印书局铅印本　‖　省图　中医大

0379 **重订活幼新编九卷**
(明)聂尚恒撰(清)胡寿昌纂辑　清同治十年(1871)刻本　‖　川大

0380 **重订七政台历万年书一卷**
(清)杨寅编　清嘉庆十九年(1814)清照斋刻本　‖　西华师大

0381 **重订伤寒集注十五卷**
(清)舒诏著　清文胜堂刻本　‖　省图　新都区(不全)

0382 **重订沈氏女科辑要笺正二卷**
(清)沈又彭辑(清)徐政杰签注　张山雷笺正　民国二十三年(1934)浙江兰溪协记书庄铅印本　‖　省图

0383 **重订外科正宗十二卷**
(明)陈实功纂(清)张鹭翼重订　清泾南聚文堂刻本　‖　郫都区

0384 **重订外科正宗十二卷**
(明)陈实功纂(清)张鹭翼重订　清绵邑隆文堂刻本　‖　郫都区

0385 **重订外科正宗十二卷**
(明)陈实功纂(清)张鹭翼重订　清致盛堂刻本　‖　省图

0386 **重订验方新编十八卷**
(清)鲍相璈辑　清光绪三十三年(1907)上海铸记书局石印本　‖　省图　安岳

0387 **重订验方新编十八卷**
(清)鲍相璈辑　民国元年(1912)上海鸿宝斋书局石印本　‖　新都区

0388 **重订验方新编十八卷**
(清)鲍相璈辑　民国三年(1914)上海锦章图书局石印本　‖　省图

0389 **重订验方新编十八卷**
(清)鲍相璈辑　民国上海广益书局石印本　‖　泸州

0390 **重订增补陶朱公致富全书四卷**
(明)陈继儒辑　清善成堂刻本　‖　成都

0391 **重订证治准绳全书六种**
(明)王肯堂辑　清乾隆十四年(1749)带月楼刻本　‖　川大(不全)

0392 **重订证治准绳全书六种**
(明)王肯堂辑　清嘉兴九思堂刻本　‖　川大

0393 **重订中风斠诠三卷**
张寿颐纂辑　张文彦评点　民国二十二年(1933)兰溪协记书庄铅印本　‖　省图　川大

0394 **重广补注黄帝内经素问二十四卷**
(唐)王冰次注(宋)林亿等校正(宋)孙兆重改误(清)余肇钧等校　清光绪二年(1876)新会李氏刻本　‖　省图　富顺

0395 **重广补注黄帝内经素问二十四卷**
(唐)王冰次注(宋)林亿等校正(宋)孙兆重改误(清)余肇钧等校　清刻本　‖　新都区　郫都区

0396　**重广补注黄帝内经素问二十四卷**
(唐)王冰次注(宋)林亿等校正(宋)孙兆重改误(清)余肇钧等校　民国二十五年(1936)影印本　‖　雅安

0397　**重广补注黄帝内经素问二十四卷**
(唐)王冰次注(宋)林亿等校正(宋)孙兆重改误(清)余肇钧等校　民国上海涵芬楼影印本　‖　成都　泸州　雅安　崇州　川大

0398　**重广补注黄帝二十四卷内经素问校勘记一卷附黄帝内经灵枢二十四卷内经灵枢校勘记一卷**
(唐)王冰次注(宋)林亿等校正(宋)孙兆重改误(清)余肇钧等校　民国十七年(1928)中国学会影印本　‖　川大

0399　**重广补注黄帝内经素问二十四卷遗篇一卷**
(唐)王冰次注(宋)林亿等校正(宋)孙兆重改误(清)余肇钧等校　清光绪十年(1884)文成堂刻本　‖　省图

0400　**重广补注黄帝内经素问五卷**
(唐)王冰次注(宋)林亿等校正(宋)孙兆重改误(清)余肇钧等校　民国十八年(1929)上海商务印书馆影印本　‖　西南交大

0401　**重镌本草医方合编六卷**
(清)汪昂撰辑　清光绪十四年(1888)刻本　‖　川大

0402　**重镌本草医方合编四种**
(清)汪昂撰辑　清光绪二十六年(1900)新化三味堂刻本　‖　省图

0403　**重镌丹溪心法七种**
(元)朱震亨撰(明)吴中珩辑校　清尚德堂刻本　‖　川大

0404　**重镌医要三书三种**
(清)贻砚堂编　清道光十五年(1835)墨蕙堂刻朱墨二色套印本　‖　省图

0405　**重刊补注洗冤录集证六卷**
(清)王又槐增辑(清)李观澜补辑(清)阮其新补注　清道光二十四年(1844)刻本　‖　成都　川大

0406　**重刊补注洗冤录集证六卷**
(清)王又槐增辑(清)李观澜补辑(清)阮其新补注　清光绪十八年(1892)上海图书集成印书局铅印本　‖　泸州

0407　**重刊补注洗冤录集证六卷**
(清)王又槐增辑(清)李观澜补辑(清)阮其新补注　清光绪三十年(1904)北值文曲会刻四色套印本　‖　川大

0408　**重刊补注洗冤录集证五卷**
(清)王又槐增辑(清)李观澜补辑(清)阮其新补注　民国上海锦章书局石印本　‖　泸州(不全)　川大

0409　**重刊巢氏诸病源候总论五十卷**
(隋)巢元方等撰　清光绪十二年(1886)湖北官书处重刻本　‖　省图　泸州

0410　**重刊巢氏诸病源候总论五十卷**
(隋)巢元方等撰　民国七年(1918)上海千顷堂书局石印本　‖　省图　川大

0411　**重刊武经七书汇解七卷首一卷末一卷**
(清)朱墉辑　清光绪二年(1876)岭南双门古经阁书坊刻本　‖　成都

0412　**重刊洗冤录汇纂补辑五卷**
(清)李观澜补辑　(清)张锡蕃重订　清道光二十四年(1844)刻本　‖　成都

0413　**重刻古今历验良方十六卷**
(清)徒能言辑　(清)范伟亭鉴定　清咸丰四年至六年(1854—1856)蒲南霖雨场刻本　‖　省图

0414　**重刻活幼心法大全二卷**
(明)聂尚恒撰(清)胡寿昌纂辑　清道光二十二年(1842)刻本　‖　省图　犍为　川大　中医大

0415　**重刻活幼心法大全二卷**
(明)聂尚恒撰(清)胡寿昌纂辑　清宣统三年(1911)刻本　‖　省图　成都　乐山

0416　**重刻伤寒论翼绪论合编**
(清)柯琴等著　清道光十五(1835)年刻本　‖　川大

0417　**重刻瘟疫神效方一卷**
(清)张九苍增补(清)李芝岩撰　清刻本　‖　乐山

0418　**重刻武经七书七种**
(清)朱埔撰　民国十五年(1926)䛒忍堂刻本　‖　西华师大

0419　**重刻咽喉脉证通论一卷**
□□撰　清同治十三年(1874)川东刻咫进斋丛书本　‖　省图

0420　**重楼玉钥二卷首一卷**
(清)郑梅涧著　清刻本　‖　省图　川大

0421　**重楼玉钥二卷首一卷**
(清)郑梅涧著　民国上海章福记书局石印本　‖　南充

0422　**重录增补经验喉科紫珍集二卷**
(清)耐修子撰(清)朱翔宇增补　民国上海千顷堂书局石印本　‖　省图

0423　**重录增补经验喉科紫珍集二卷附专治时疫白喉呛症论一卷**
(清)黄梅溪秘藏(清)朱纯衷得授(清)朱翔宇增补 附专治时疫白喉症论一卷(清)张绍修著　清光绪三年(1877)刻本　‖　省图

0424　**重校白喉忌表抉微一卷**
(清)耐修子撰　张洁校　民国十三年(1924)北京永明印书局铅字铅印本　‖　川大

0425　**重校旧本汤头歌诀二卷**
(清)汪昂编辑　民国元年(1912)上海同文书局石印本　‖　成都

0426　**重校旧本汤头歌诀二卷**
(清)汪昂编辑　民国上海锦章图书局石印本　‖　省图

0427　**重校圣济总录二百卷**
(清)汪鸣珂(清)汪鸣凤校　清乾隆燕远堂刻本　‖　省图

0428　**重修政和经史证类备用本草三十卷**
(宋)唐慎微撰　清光绪十一年(1885)刻本　‖　成都　安岳

0429　**重修政和经史证类备用本草三十卷**
(宋)唐慎微撰　民国十八年(1929)上海商务印书馆影印本　‖　西南交大

0430　重修政和经史证类备用本草三十卷
(宋)唐慎微撰　民国上海涵芬楼影印本　‖　成都　泸州(不全)　雅安　郫都区　崇州

0431　重修植物名实图考三十八卷
(清)吴其濬撰　民国四年(1915)云南图书馆石印本　‖　川大

0432　重学二十卷
(英国)艾约瑟口译(清)李善兰笔述　清同治五年(1866)刻本　‖　省图

0433　重学二十卷附圆锥曲线三卷
(英国)艾约瑟口译(清)李善兰笔述　清同治五年(1867)刻本　‖　泸州　西南交大

0434　重学二十卷圆锥曲线说三卷
(英国)艾约瑟口译(清)李善兰笔述　清光绪十三年(1887)上海文同书局石印本　‖　川大

0435　重学器图说一卷
(英国)傅兰雅撰　清光绪石印本　‖　西华师大

0436　重学须知
(英国)傅兰雅撰　清光绪二十三年(1897)时宜书室刻本　‖　泸州

0437　重学一卷
(清)江标辑　清光绪二十八年(1902)石印本　‖　西华师大

0438　重增格物入门七卷
(美国)丁韪良著　清光绪二十五年(1899)上海美华书馆铅印本　‖　省图

0439　樗茧谱一卷
(清)郑珍纂(清)莫友芝注　清光绪七年(1881)遵义华氏泸州刻本　‖　省图　川大

0440　樗茧谱一卷
(清)郑珍纂(清)莫友芝注　清光绪十五年(1889)贵州善后局刻本　‖　省图

0441　樗茧谱一卷
(清)郑珍纂(清)莫友芝注　清光绪二十年(1894)宜宾官署刻本　‖　省图

0442　樗茧谱一卷
(清)郑珍纂(清)莫友芝注　清光绪三十四年(1908)遵义官书局铅印本　‖　省图

0443　畜产学不分卷
北平大学农学院编　民国北大印刷所铅印本　‖　省图

0444　畜中宝一卷
□□撰　清光绪二十九年(1903)刻本　‖　省图

0445　揣仑续录三卷
(清)张作楠撰　清光绪五年(1879)刻本　‖　西华师大

0446　揣摩有得集不分卷
(清)张朝震撰　民国二十五年(1936)国光印书局铅印本　‖　省图

0447　川滇铁路测勘队测勘总报告书
刘宗涛编　民国二十七年(1938)铅印本　‖　成都　川师大

0448 **传染病护病法一卷**
乐柯撰　民国十三年(1924)上海广学书局铅印本　‖　安州区(绵阳市)

0449 **传染病全书**
余云岫编辑　民国商务印书馆铅印本　‖　南充

0450 **传氏眼科审视瑶函六卷首一卷**
(明)傅仁宇纂辑　民国上海锦章图书局石印本　‖　省图

0451 **传氏眼科审视瑶函六卷首一卷**
(明)傅仁宇纂辑　清刻本　‖　郫都区

0452 **船坞论略一卷附图一卷**
(英国)傅兰雅辑译(清)钟天纬笔述　清末江南制造总局刻本　‖　川大

0453 **串雅内编四卷外编四卷**
(清)赵学敏辑纂(清)吴庚生补注　清光绪十四年(1888)榆园刻本　‖　中医大

0454 **串雅内编四卷外编四卷**
(清)赵学敏辑纂(清)吴庚生补注　清光绪二十二年(1896)刻本　‖　中医大

0455 **串雅内编四卷外编四卷**
(清)赵学敏辑纂(清)吴庚生补注　民国九年(1920)上海扫叶山房石印本　‖　省图

0456 **串雅内编四卷外编四卷**
(清)赵学敏辑纂(清)吴庚生补注　民国十五年(1926)上海扫叶山房石印本　‖　省图

0457 **串雅内编四卷外编四卷**
(清)赵学敏辑纂(清)吴庚生补注　民国抄本　‖　省图

0458 **疮疡经验全书六卷**
(元)窦汉卿著　清中后期宏道堂刻本　‖　川大

0459 **疮疡经验全书六卷**
(元)窦汉卿著　清崇顺堂刻本　‖　省图

0460 **疮疡经验全书六卷**
(元)窦汉卿著　民国上海锦章图书局石印本　‖　省图

0461 **春温简易治疗法一卷**
孙石如编　民国油印本　‖　成都

0462 **春温三字诀一卷痢症三字诀一卷**
(清)张子培著 & 痢症三字诀一卷(清)唐宗海著(清)邓其章校参印　民国石印本　‖　省图

0463 **纯臣纂要一卷**
(清)赵廷儒纂　清抄本　‖　省图

0464 **慈恩玉历汇录五卷**
(清)俞大文撰　清同治十二年(1873)刻本　‖　中医大

0465 **刺疔捷法一卷**
(清)张镜著(清)王錾校刊　清光绪五年(1879)长州王錾校刻本　‖　中医大

0466　**刺疗捷法一卷**
(清)张镜著(清)王鋆校刊　清光绪十年(1884)刻本　‖　省图

0467　**从征图记一卷**
(清)唐训方撰　清同治刻本　‖　省图

0468　**丛桂草堂医草四卷**
(清)袁焯注　民国四年(1915)刻本　‖　省图 乐山

0469　**催官篇注四卷附理气真诠一卷**
(宋)赖太素撰 & 理气真诠一卷□□撰　清刻本　‖　泸州

0470　**翠微山房数学十五种**
(清)张作楠撰　(清)江临泰撰　清嘉庆刻本　‖　省图

0471　**翠微山房数学十五种**
(清)张作楠撰　(清)江临泰撰　清光绪五年(1879)息园刻本　‖　成都 西华师大

0472　**翠微山房数学十五种**
(清)张作楠撰　(清)江临泰撰　清光绪二十三年(1897)上海鸿宝斋书局石印本　‖　省图 泸州 西南交大

0473　**存粹社医报一卷**
陆景景医室编辑　民国陆景景医室铅印本　‖　省图 成都

0474　**存存斋医话藁(稿)二卷**
(清)赵彦晖撰　清光绪刻本　‖　省图

0475　**存素堂校写几谱三种**
朱启钤编　民国二十二年至二十三年(1933-1934)营造学社铅印本　‖　省图

0476　**达生编二卷附保产机要一卷保婴秘籍一卷**
(清)亟斋居士撰 & 保婴秘籍一卷□□撰　民国十七年(1928)成都蜀西培本孤儿教养院石印本　‖　省图

0477　**达生编二卷附刻一卷遂生编一卷福幼编一卷**
(清)亟斋居士撰 & 遂生编一卷福幼编一卷(清)庄一夔著　清光绪三年(1877)刻本　‖　省图 南充 中医大

0478　**达生编二卷增附保产机要一卷保婴秘籍一卷**
(清)亟斋居士撰 & 保婴秘籍一卷□□撰　清同治八年(1869)刻本　‖　省图

0479　**达生编三种**
(清)亟斋居士撰 & 福幼编一卷(清)庄一夔著 & 新订小儿科脐风惊风合编一卷　(清)鲍相璈辑　清光绪元年(1875)黔阳斋刻本　‖　中医大

0480　**达生编三种**
(清)亟斋居士撰 & 福幼编一卷(清)庄一夔撰 & 新订小儿科脐风惊风合编一卷　(清)鲍相璈辑　清光绪三年(1877)刻本　‖　川大

0481　**达生编三种**
(清)亟斋居士撰 & 福幼编一卷(清)庄一夔著 & 新订小儿科脐风惊风合编一卷　(清)鲍相璈辑　清光绪十六年(1890)重刻本　‖　安州区(绵阳市)

0482   **达生编三种**
题(清)亟斋居士撰 & 福幼编一卷(清)庄一夔著 & 新订小儿科脐风惊风合编一卷(清)鲍相璈辑　民国影印本　‖　省图　江油

0483   **达生编三种附时疫白喉捷要一卷续增保婴编一卷**
(清)亟斋居士撰 & 福幼遂生合编二卷(清)庄一夔撰 & 附时疫白喉捷要一卷(清)张绍修撰　民国二年(1913)刻本　‖　省图

0484   **达生编三种附新订小儿科脐风惊风合编一卷**
(清)亟斋居士撰 & 福幼编一卷(清)庄一夔著 & 新订小儿科脐风惊风合编一卷　(清)鲍相璈辑　清光绪二十八年(1902)刻本　‖　省图　乐山

0485   **达生编一卷**
(清)亟斋居士撰　清咸丰三年(1853)刻本　‖　郫都区

0486   **达生编一卷**
(清)亟斋居士撰　民国十二年(1923)刻本　‖　成都

0487   **达生编一卷**
(清)亟斋居士撰　民国十七年(1928)成都青石桥北街钟尚古堂刻本　‖　成都

0488   **达生编一卷**
(清)亟斋居士撰　民国成都鼓楼南街冯丰记石印社石印本　‖　郫都区

0489   **达生编一卷附摘录安胎全书续编一卷**
(清)亟斋居士撰 & 附胎产经验方一卷 题(□)松坞主人辑 附摘录安胎全书续编一卷(清)雷伊任辑　清道光二十二年(1842)刻本　‖　省图　温江区　中医大

0490   **大德重校圣济总录二百卷目录一卷**
(宋)赵佶敕撰　民国八年(1919)上海文瑞楼石印本　‖　省图　新都区(不全)

0491   **大六壬大全十三卷**
(清)郭载骓编　清咸丰七年(1857)刻本　‖　泸州

0492   **大六壬寻原四卷**
(清)张纯照辑　清刻本　‖　泸州

0493   **大千图说**
(清)江希张撰　民国石印本　‖　泸州

0494   **大清宣统三年七政经纬躔度时宪书一卷**
(清)钦天监编　清宣统三年(1911)刻本　‖　成都

0495   **大生集成五卷**
(清)王承谟撰　清光绪十六年(1890)刻本　‖　省图

0496   **大生要旨五卷**
(清)唐千顷撰(清)马振蕃续增　清道光刻本　‖　省图

0497   **大生要旨五卷**
(清)唐千顷撰(清)马振蕃续增　清光绪二十一年(1895)刻本　‖　泸州

0498　**大生要旨五卷**
(清)唐千顷撰(清)马振蕃续增　清光绪三十四年(1908)成都文伦书局铅印本　‖　成都

0499　**大生要旨五卷**
(清)唐千顷撰(清)马振蕃续增　清扫业山房刻本　‖　南充

0500　**大生要旨五卷**
(清)唐千顷撰(清)马振蕃续增　清善成堂刻本　‖　中医大

0501　**大生要旨五卷**
(清)唐千顷撰(清)马振蕃续增　民国三年(1914)上海锦章图书局石印本　‖　泸州 自贡 安州区(绵阳市)

0502　**大士救产真言一卷**
□□撰　民国石印本　‖　省图

0503　**大唐开元占经一百二十卷**
(唐)释瞿昙悉达等修　清刻本　‖　川大

0504　**大衍索隐三卷**
(宋)丁易东撰　民国二十四年(1935)上海商务印书馆影印本　‖　西南交大

0505　**大元帅训军士词演说一卷**
袁世凯撰　民国铅印本　‖　省图

0506　**代数备旨十三卷**
(美国)狄考文选译(清)邹立文(清)生福维笔述　清光绪二十三年(1897)上海美华书馆石印本　‖　省图 川大

0507　**代数难题解法十六卷**
(英国)伦德编辑(英国)傅兰雅口译(清)华蘅芳笔述　清光绪江南制造总局刻本　‖　省图 川大

0508　**代数术补式二十六卷首一卷**
(英国)华里司辑(英国)傅兰雅口译(清)华蘅芳笔述(清)解崇辉撰　清光绪二十六年(1900)上海顺成书局石印本　‖　省图

0509　**代数术二十五卷首一卷**
(英国)华里司辑(英国)傅兰雅口译(清)华蘅芳笔述　清同治刻本　‖　省图 川大

0510　**代数术二十五卷首一卷**
(英国)华里司辑(英国)傅兰雅口译(清)华蘅芳笔述　清光绪二十二年(1896)上海玑衡堂石印本　‖　省图

0511　**代数术二十五卷首一卷**
(英国)华里司辑(英国)傅兰雅口译(清)华蘅芳笔述　清光绪二十七年(1901)仿古堂石印本　‖　省图

0512　**代数术二十五卷首一卷**
(英国)华里司辑(英国)傅兰雅口译(清)华蘅芳笔述　清光绪乌程徐树勋刻本　‖　省图 三台(不全)

0513　**代数术二十五卷首一卷**
(英国)华里司辑(英国)傅兰雅口译(清)华蘅芳笔述　清光绪成都刻本　‖　省图

0514　**代数通艺录十六卷**
(清)方恺撰　清光绪十六年(1890)刻本　‖　泸州

0515 **代数通艺录十六卷续集二卷**
(清)方恺撰 清光绪二十四年(1898)石印本 ‖ 省图

0516 **代数须知一卷**
(英国)傅兰雅撰 清光绪十三年(1887)刻本 ‖ 省图

0517 **代微积拾级十八卷**
(美国)罗密士撰 (英国)伟烈亚力口译(清)李善兰笔述 清咸丰九年(1859)墨海刻本 ‖ 省图 川大(不全)

0518 **代形合参三卷附一卷**
(美国)罗密士原著(美国)潘慎文译文(清)谢洪赉笔述 清光绪二十四年(1898)上海美华书馆铅印本 ‖ 省图

0519 **代形合参三卷附一卷**
(美国)罗密士原著(美国)潘慎文译文(清)谢洪赉笔述 清宣统二年(1910)上海美华书馆铅印本 ‖ 川大

0520 **丹台玉案六卷**
(明)孙文胤著 清顺治刻本 ‖ 省图 成都 郫都区(不全) 川大

0521 **丹溪附余六种**
(元)朱震亨撰 清慎修堂刻本 ‖ 中医大

0522 **丹溪先生心法五卷附脉诀指掌一卷**
(元)朱震亨撰 (明)吴中珩校 & 脉诀指掌一卷(元)朱震亨著(明)吴勉学校 清鳣飞堂刻本 ‖ 中医大

0523 **丹溪先生心法五卷附余二种**
(元)朱震亨撰 清刻本 ‖ 川大(不全)

0524 **丹溪先生心法五卷附余六种**
(元)朱震亨撰 清光绪成都两仪堂刻本 ‖ 省图

0525 **丹溪先生医学全书十三种**
(元)朱震亨撰(清)陈鸿业校 清光绪二十六年(1900)陈鸿业刻本 ‖ 省图

0526 **丹溪心法附余二十四卷首一卷**
(元)朱震亨撰 (明)方广辑 清光绪二十五年(1899)越徐氏石印本 ‖ 省图(不全) 中医大

0527 **丹溪心法附余二十四卷首一卷**
(元)朱震亨撰 (明)方广辑 清宣统元年(1909)上海文瑞楼石印本 ‖ 川大

0528 **丹溪心法附余二十四卷首一卷**
(元)朱震亨撰 (明)方广辑 清宝章堂刻本 ‖ 中医大

0529 **丹溪心法附余二十四卷首一卷**
(元)朱震亨撰 (明)方广辑 清大文堂重刻本 ‖ 省图 川大

0530 **丹溪心法附余二十四卷首一卷**
(元)朱震亨撰 (明)方广辑 民国十三年(1924)上海洋左书局石印本 ‖ 省图

0531 **丹溪心法七种**
(元)朱震亨撰 (明)方广辑 清刻本 ‖ 川大

0532 **丹溪心法五卷**
(元)朱震亨撰 (明)吴勉学校 清刻本 ‖ 崇州(不全)

0533　**丹溪朱氏脉因证治二卷**
(元)朱震亨撰(清)汤望久校辑　清乾隆四十年(1775)刻本　‖　省图

0534　**单方百诊全书一卷**
(清)白马和尚撰　抄本　‖　川大

0535　**淡气爆药新书九卷**
(英国)山福德著(清)沈陶璋笔述(清)舒高第口译　清光绪三十二年(1906)江南制造总局刻本　‖　西华师大

0536　**当代全国名医验案类编初集六卷二集八卷**
何廉臣选辑　民国二十二年(1933)上海大东书局铅印本　‖　省图

0537　**当代全国名医验案类编十四卷**
何廉臣选辑　民国二十五年(1936)上海大东书局铅印本　‖　省图 川大

0538　**当代全国名医验案类编续编二十六卷**
何廉臣选辑　民国二十五年(1936)上海大东书局铅印本　‖　省图 川大

0539　**当归草堂医学丛书初编十种**
(清)丁丙辑　清光绪四年(1878)钱唐丁氏当归草堂刻本　‖　省图 泸州 川大

0540　**道藏精华录十二种**
守一子辑　民国无锡丁氏铅印本　‖　西华师大

0541　**道藏续编第一集**
(清)闵一得辑　民国上海医学书局铅印本　‖　西华师大

0542　**得心集医案六卷**
(清)谢星焕注(清)谢甘霖纂辑(清)谢甘澍纂辑　清咸丰十一年(1861)刻本　‖　川大

0543　**登坛必究四十卷**
(明)王鸣鹤撰　明万历二十七年(1599)刻本　‖　川师大

0544　**登坛必究四十卷**
(明)王鸣鹤编辑(明)袁世忠等校　清道光刻本　‖　省图

0545　**登坛快览八卷**
(清)祝廷彪纂辑　清抄本　‖　省图

0546　**地理辨正补正三卷**
廖平撰 黄镕笔述　民国四年(1915)成都存古书局印本　‖　川大

0547　**地理辨正疏五卷首一卷末一卷**
(清)张心言撰　清道光九年(1829)锦文堂刻本　‖　泸州

0548　**地理辨正五卷**
(清)蒋平阶补撰　清刻本　‖　泸州(不全)

0549　**地理辨证补正三卷另三篇**
廖平撰 黄镕笔述　民国六年(1917)四川成都存古书局刻本　‖　川大

0550　**地理辨证疏五卷末一卷**
(清)张心言撰　民国四年(1915)上海广益书局石印本　‖　泸州

0551　　**地理大成五种**
(清)叶泰撰　民国扫叶山房石印本　‖　泸州

0552　　**地理啖蔗录八卷**
(清)袁守定撰　清刻本　‖　泸州(不全)

0553　　**地理地文地质学一卷**
(美国)麦空同著　清光绪二十八年(1902)石印本　‖　西华师大

0554　　**地理末学二卷首一卷**
(清)纪大奎撰　清同治九年(1870)四川刻本　‖　川大

0555　　**地理青囊经天玉心印奥语续编批注八卷**
(明)刘伯温辑 罗克明校　民国石印本　‖　泸州(不全)

0556　　**地理拾铅峦头理气合编二卷**
(清)程承瀚辑　清光绪十二年(1886)刻本　‖　泸州

0557　　**地理水法要诀五卷**
(清)纪大奎撰　清同治十一年(1872)刻本　‖　川大

0558　　**地理体用合编四卷**
(清)林世恭撰　(清)吴颐庆参订　清刻本　‖　泸州

0559　　**地理小补续编一卷附辨正发秘初稿一卷**
(清)刘杰撰　清刻本　‖　泸州

0560　　**地理阴阳合纂二卷**
(清)邓士松纂辑　清光绪二十六年(1900)宏道堂刻本　‖　泸州

0561　　**地理元宗图说二卷**
(清)秦蕙田撰　清咸丰元年(1851)广东抚署刻本　‖　川大

0562　　**地理葬书集注不分卷**
(晋)郭璞撰　(元)吴澄删定(明)郑谧注释　清光绪五年(1879)刻本　‖　自贡

0563　　**地理正原一卷**
黄鄐撰 黄克纡等校　清刻本　‖　泸州

0564　　**地球新义二卷**
廖平撰　清光绪二十五年(1899)繁江两峰精舍刻本　‖　川大

0565　　**地球养民论一卷**
(英国)傅兰雅撰　清光绪二十六年(1900)铅印本　‖　西华师大

0566　　**地球韵言四卷天文歌略一卷**
(清)张士瀛撰(清)叶澜撰　光绪二十八(1902)年同兴书屋刻本　‖　犍为

0567　　**地势略解不分卷**
(美国)李安德撰　清光绪十九年(1893)京都汇文书院铅印本　‖　省图

0568　　**地文学问答十一卷**
邵章译述　民国商务印书馆铅印本　‖　川大

0569　地学初桄不分卷
(英国)卜舫济撰　清光绪二十六年(1900)铅印本　‖　西华师大

0570　地学丛书三十四种
中国地学会编　民国十七年(1928)铅印本　‖　西华师大

0571　地学歌略一卷地与歌略补注一卷
(清)叶澜(清)叶翰撰　清光绪二十三年(1897)武林叶子义重刻本　‖　安州区(绵阳市)

0572　地学稽古论一卷
(英国)傅兰雅撰　清光绪二十六年(1900)译书公学铅印本　‖　西华师大

0573　地学浅释三十八卷
(英国)雷侠儿撰(美国)玛高温口译(清)华蘅芳口译(清)赵宏绘图　清同治十二年(1873)江南制造总局刻本　‖　雅安　川大

0574　地学浅释三十八卷
(英国)雷侠儿撰(美国)玛高温口译(清)华蘅芳口译(清)赵宏绘图　清光绪刻本　‖　省图

0575　地学指略三卷
(英国)文教治口译(清)李庆轩笔述　清光绪七年(1881)益智书会刻本　‖　省图

0576　地震说一卷
(清)蔡仲光撰　清道光胶泥活字印本　‖　省图

0577　滇南本草三卷附医门揽要二卷
(明)兰茂撰　清光绪十三年(1887)务本堂刻本　‖　省图　川大

0578　滇南本草图谱第一集不分卷
经利彬 匡可任等编　民国三十四年(1945)石印本　‖　省图　川大

0579　电气镀金略法一卷
(英国)华特纂(英国)傅兰雅口译(清)周郇笔述　清光绪江南制造总局刻本　‖　省图　川大

0580　电气镀金略法一卷
(英国)华特纂(英国)傅兰雅口译(清)周郇笔述　民国刻本　‖　泸州

0581　电气镀镍一卷
(英国)傅兰雅口译(清)徐华封笔述　清光绪江南制造总局刻本　‖　川大

0582　电学纲目一卷
(英国)田大里辑(英国)傅兰雅口译(清)周郇笔述　清光绪刻本　‖　省图　川大

0583　电学十卷首一卷
(英国)瑙挨德撰(英国)傅兰雅口译(清)徐建寅笔述　清光绪江南制造总局刻本　‖　川大

0584　电学问答一卷
(清)天津水电局译　清光绪二十七年(1901)石印本　‖　西华师大

0585　电学一卷
(清)江标辑　清光绪二十八年(1902)石印本　‖　西华师大

0586　**跌打损疡药方一卷**
□□撰　民国抄本　‖　省图

0587　**丁氏医案十五卷**
丁泽周注　丁济万编辑　程门雪等参　民国铅印本　‖　省图

0588　**疔疮五经辨一卷**
□□撰　民国九年(1920)上海进化书局石印本　‖　中医大

0589　**鼎锲幼幼集成六卷**
(清)陈复正辑　清宏道堂刻本　‖　省图

0590　**鼎锲幼幼集成六卷**
(清)陈复正辑　清两宜堂刊本　‖　川师大

0591　**鼎锲幼幼集成六卷**
(清)陈复正辑　清刻本　‖　省图　成都

0592　**鼎锲幼幼集成六卷**
(清)陈复正辑　民国元年(1912)上海会文堂石印本　‖　成都(不全)

0593　**鼎锲幼幼集成六卷**
(清)陈复正辑　民国六年(1917)上海锦章图书局影印本　‖　省图

0594　**鼎锲幼幼集成六卷**
(清)陈复正辑　民国十四年(1925)上海铸记书局石印本　‖　省图

0595　**鼎锲幼幼集成六卷**
(清)陈复正辑　民国章福记书局石印本　‖　泸州

0596　**订补明医指掌十卷附诊家枢要一卷**
(明)皇甫中撰注(明)王肯堂订补(明)邵从皋参校(明)邵达参补　清光绪二十一年(1895)学库山房刻本　‖　省图

0597　**订补明医指掌十卷附诊家枢要一卷**
(明)皇甫中撰注(明)王肯堂订补(明)邵从皋参校(明)邵达参补　清三槐堂重刻明天启唐翀字本　‖　省图

0598　**订正东医宝鉴二十三卷**
(朝鲜)许浚等撰　清光绪上海校经山房石印本　‖　省图

0599　**订正因是子静坐法一卷续编一卷附录一卷静坐法问题选录一卷**
蒋维乔撰　民国三十七年(1948)商务印书馆铅印本　‖　川大

0600　**订正仲景全书伤寒论注十七卷内科总目一卷**
(清)吴谦等纂　清末刻本　‖　泸州(不全)　三台(不全)

0601　**订正仲景全书伤寒论注十七卷首一卷**
(清)吴谦等纂　民国十六年(1927)上海鸿宝斋石印本　‖　安州区(绵阳市)

0602　**订正仲景伤寒论释义六卷**
(清)李缵文补注　清宣统元年(1909)上海文瑞楼刻本　‖　省图

0603　**东西洋考十二卷**
(明)张燮撰　清光绪二十二年(1896)刻本　‖　川师大

0604　**东阳医贯十四卷**
(清)周正彩著(清)岳迁标参(清)蒋显纶校(清)舒生卯订　清抄本　‖　省图　乐山

0605　**东医宝鉴二十三卷目录二卷**
(朝鲜)许浚等撰　明刻本　‖　川师大

0606　**东医宝鉴二十三卷目录二卷**
(朝鲜)许浚等撰　清嘉庆元年(1796)英德堂刻本　‖　省图　广汉(不全)

0607　**东医宝鉴二十三卷目录二卷**
(朝鲜)许浚等撰　清道光十一年(1831)富春堂刻本　‖　中医大

0608　**东医宝鉴二十三卷目录二卷**
(朝鲜)许浚等撰　清光绪十六年(1890)刻本　‖　省图

0609　**东垣十书二十二卷**
(金)李杲撰　民国文盛书局石印本　‖　南充

0610　**东垣十书十种附二种**
(金)李杲等撰　明隆庆二年(1568)曹灼刻本　‖　中医大

0611　**东垣十书十种附二种**
(金)李杲等著　(明)王肯堂订正　(明)吴勉学刻本　‖　省图

0612　**东垣十书十种附二种**
(金)李杲等著　(明)王肯堂订正　清光绪七年(1881)羊城云林阁刻本　‖　省图

0613　**东垣十书十种附二种**
(金)李杲等著　(明)王肯堂订正　清光绪三十四年(1908)成都肇经堂刻本　‖　泸州(不全)　川大

0614　**东垣十书十种附二种**
(金)李杲等著　(明)王肯堂订正　清敦化堂刻本　‖　省图　泸州(不全)　中医大(不全)

0615　**东垣先生此事难知二卷**
(元)王好古著(明)吴勉学校　清刻本　‖　川大

0616　**东垣先生此事难知集二卷**
(元)王好古著(明)吴勉学校　清光绪七年(1881)羊城云林阁刻医学十书本　‖　省图　乐山

0617　**董方立算学遗书五种**
(清)董佑诚撰　清光绪乌程徐树勋刻本　‖　省图　西华师大

0618　**动水学器图说一卷**
(英国)傅兰雅撰　清光绪石印本　‖　西华师大

0619　**动物浅说五十课**
广学会编译　清光绪二十九年(1903)上海美华书馆铅印本　‖　川大

0620　**动植物学一卷**
(清)江标辑　清光绪二十八年(1902)石印本　‖　西华师大

0621　**洞天奥旨十六卷**
(清)陈士铎撰　清光绪善成堂刻本　‖　省图

0622　**洞天奥旨十六卷**
(清)陈士铎撰　清大雅堂刻本　‖　成都　川大

0623　**洞天奥旨外科秘录十六卷**
(清)陈士铎撰　民国六年(1917)上海普通书局石印本　‖　南充

0624　**洞填全书脉诀□阐征一卷**
(清)陈士铎述　清抄本　‖　省图

0625　**洞主仙师白喉治法忌表抉微一卷**
(清)耐修子著　清光绪二十九(1903)年衍义堂刻本　‖　成都

0626　**洞主仙师白喉治法忌表抉微一卷**
(清)耐修子撰　清光绪三十二年(1906)刻本　‖　川大

0627　**洞主仙师白喉治法忌表抉微一卷**
(清)耐修子著　民国十七年(1928)石印本　‖　成都

0628　**洞主仙师白喉治法忌表抉微一卷**
(清)耐修子著　民国二十四年(1935)成都永利印刷局影印本　‖　省图

0629　**洞主仙师白喉治法忌表抉微一卷附白喉吹药方一卷**
(清)耐修子著　民国二十六年(1937)成都协成印刷社铅印本　‖　省图

0630　**洞主先师白喉治法忌表抉微一卷**
(清)耐修子著　清光绪黔南刻本　‖　省图　乐山

0631　**洞主先师白喉治法忌表抉微一卷**
(清)耐修子著　民国铅印本　‖　省图

0632　**洞主先师白喉治法忌表抉微一卷附白喉吹药方一卷**
(清)耐修子著　民国三年(1914)成都精术馆刻本　‖　省图

0633　**都江堰水利述要一卷**
四川省水利局编　民国二十七年(1938)四川印刷局铅印本　‖　省图　成都　雅安　川师大　西华师大

0634　**斗战经一卷**
(日)□□撰　日本昭和九年(1934)五典书院铅印本　‖　川师大

0635　**痘诀二卷**
(清)许豫和撰　清乾隆四十八年(1783)刻本　‖　省图

0636　**痘科大全三卷**
(清)史锡节撰　清刻本　‖　中医大

0637　**痘科扼要一卷**
(清)陈奇生撰　清光绪元年(1875)刻本　‖　省图　绵竹

0638　**痘科金镜赋集解六卷**
(清)俞天池撰　清光绪二年(1876)刻本　‖　中医大

0639　**痘科类编释意二卷**
(清)翟良辑　清嘉庆十年(1805)刻本　‖　省图　绵竹　中医大(不全)

0640　痘科良方二卷
□□撰　清同治十年(1871)抄本　‖　省图

0641　痘麻医案二卷
(清)齐秉慧撰　清刻本　‖　泸州(不全)　中医大

0642　痘麻临症辨论一卷
(清)倪向仁编　清光绪刻本　‖　省图

0643　痘疹慈航一卷
(清)刘廷柱撰　(清)道光三十年(1850)刻本　‖　川大

0644　痘疹定论二卷经验痘疹保婴编方论一卷种子仙方一卷
(清)张鹏飞校辑　(清)张鹏飞刻本　‖　省图

0645　痘疹定论四卷
(清)朱纯嘏撰(清)王相编纂　清道光七年(1827)致盛堂刻本　‖　中医大

0646　痘疹定论四卷
(清)朱纯嘏撰(清)王相编纂　清道光九年(1829)信芳阁活字本　‖　川大

0647　痘疹汇编释意六卷
(清)翟良纂辑　清顺治十五年(1658)云林唐积秀刻本　‖　省图

0648　痘疹会通五卷
(清)曾鼎纂述(清)刘昌祁校　清道光十年(1830)刻本　‖　中医大

0649　痘疹会通五卷
(清)曾鼎纂述(清)刘昌祁校　民国苏州三吴广告公司铅印本　‖　省图

0650　痘疹全集十五卷目录一卷
(清)冯兆张纂辑(清)冯千元等校　清集贤堂刻本　‖　绵竹

0651　痘疹全镜录四卷
翁仲仁撰　民国六年(1917)章福记书局石印本　‖　南充

0652　痘疹诠三卷
(明)张介宾著(清)鲁超订　清刻本　‖　泸州

0653　痘疹世医心法十二卷
(明)万全集(明)赵烨校　清咸丰七年(1857)四川资州罗恒保刻本　‖　省图

0654　痘疹碎金赋一卷痘疹世医心法十二卷附毓麟芝室玉髓摘要二卷
(明)万全集(明)赵烨校　清咸丰七年(1857)四川资州罗恒保刻本　‖　省图　川大

0655　痘疹图说一卷
□□撰　清刻本　‖　中医大

0656　痘疹真传奇书二卷
(明)高我冈撰(明)高尧臣纂辑　清道光二十六年(1846)刻本　‖　中医大

0657　痘疹正宗二卷
(清)宋麟祥撰　清道光三年(1823)刻本　‖　中医大

0658　**痘疹正宗二卷**
(清)宋麟祥撰　清光绪八年(1882)资善堂刻本　‖　中医大

0659　**痘治理辨一卷**
(明)汪机编辑　民国石印本　‖　泸州

0660　**读过伤寒论十八卷首二卷**
陈伯坛著　民国十九年(1930)上海陈养福堂刻本　‖　省图　中医大

0661　**读脉约编不分卷**
□□撰　民国抄本　‖　省图

0662　**读伤寒论抄一卷**
□□撰　民国抄本　‖　成都

0663　**读史兵略四十六卷**
(清)胡林翼撰　清光绪二十一年(1895)俪峰书屋刻本　‖　安州区(绵阳市)

0664　**读史兵略四十六卷**
(清)胡林翼撰　民国元年(1912)湖北官书局刻本　‖　川师大

0665　**读史兵略续编十卷**
(清)胡林翼撰　清光绪二十八年(1902)湘省学堂刻本　‖　成都

0666　**读素问抄三卷补遗一卷**
(元)滑寿编辑(明)汪机续注　清石印本　‖　泸州(不全)

0667　**读素问抄三卷自赞一卷**
(元)滑寿编辑(明)汪机续注　民国石印本　‖　泸州(不全)

0668　**读孙子十三篇阵中笺释一卷**
朱怀冰撰　民国铅印本　‖　省图

0669　**读医药顾问记略一卷**
□□撰　民国抄本　‖　成都

0670　**对数表一卷**
(美国)赫士口译(清)朱葆琛笔述　清光绪二十四年(1898)上海美华书馆石印本　‖　省图

0671　**对数简法二卷**
(清)戴煦撰　清咸丰三年(1853)南海伍氏刻本　‖　西南民大

0672　**对数详解五卷**
(清)丁取忠撰　清同治十二年(1973)古荷池精舍刻本　‖　泸州

0673　**遁甲演义四卷**
(明)程道生撰　民国二十四年(1935)上海商务印书馆影印四库全书本　‖　西南民大

0674　**恶核良方释疑一卷**
(清)劳守慎纂　清光绪二十九年(1903)刻本　‖　川大

0675　**儿科萃精八卷**
陈守真撰　民国十九年(1930)汉口汉康印书局铅印本　‖　省图

0676 **儿科辑要四卷**
姚济苍集 民国北京天华馆铅印本 ‖ 南充

0677 **儿科辑要四卷**
姚济苍集 民国十九年(1930)成都文华印字馆铅印本 ‖ 省图

0678 **儿科学讲义一卷妇科学一卷**
谢铨镕编 & 妇科学一卷 乔君实编 民国二十一年(1932)铅印本 ‖ 成都

0679 **儿科易知一卷**
中华书局编辑 民国十五年(1926)上海中华书局铅印本 ‖ 省图 新都

0680 **二分晰义二卷**
(清)陈良佐撰 清雍正元年(1723)刻本 ‖ 成都

0681 **二如亭群芳谱二十九卷首一卷**
(明)王象晋纂辑(明)陈继儒等校(明)王与胤等诠次 明末刻本 ‖ 省图 成都 西华师大

0682 **二如亭群芳谱二十九卷首一卷**
(明)王象晋纂辑(明)陈继儒等校(明)王与胤等诠次 清刻本 ‖ 省图 新都 川大(不全)

0683 **二十史朔闰表一卷**
陈垣撰 民国石印本 ‖ 省图

0684 **法律医学二十四卷首一卷**
(英国)该惠连 (英国)弗里爱同撰(英国)傅兰雅口译(清)徐寿笔述(清)赵元益校录 清光绪二十五年(1899)刻本 ‖ 省图 泸州

0685 **翻译弦切对数表八卷**
(清)贾步纬译述(清)火荣业校 清光绪二十六年(1900)江南机器制造局铅印本 ‖ 省图

0686 **范衍十卷**
(明)钱一本撰 明万历三十四年(1606年)刻本 ‖ 川师大

0687 **方星岩见闻录五卷**
(清)方成垣撰 清抄本 ‖ 省图

0688 **仿寓意草二卷**
(清)李冠仙撰 清光绪十三年(1887)刻本 ‖ 中医大

0689 **纺织机器图说一卷**
(英国)傅兰雅撰 清光绪二十七年(1901)铅印本 ‖ 西华师大

0690 **飞行生理学一卷**
(清)张祖德注 民国二十九年(1940)祠堂街玉林长印刷社铅印本 ‖ 省图

0691 **飞鸿集眼科七十二症一卷**
□□撰 清道光十五年(1835)刻本 ‖ 省图 川大

0692 **非欧几何学五章**
余介石编译 民国油印本 ‖ 川大

0693　费伯雄先生医书二种
(清)费伯雄撰 (清)费应兰编 (清)费荣祖等校　民国六年(1917)上海萃英书局石印本　‖　安州区(绵阳市)

0694　分经方义录二卷
何仲皋著　民国影印本　‖　省图

0695　分经治病秘诀不分卷
(清)邓荣服注辑　清光绪刻本　‖　省图　乐山

0696　分类草药性二卷
□□撰　民国坊刻本　‖　成都

0697　分类草药性一卷附天宝本草一卷
□□撰　清宣统三年(1911)刻本　‖　中医大

0698　分类推拿小儿秘诀一卷
□□撰　民国抄本　‖　省图

0699　分类王孟英医案二卷
(清)王士雄撰　陆士谔编校　民国十三年(1924年)上海世界书局石印本　‖　川大

0700　分类医学菁华三卷
(清)周学海著　民国十七年(1928)上海广益书局石印本　‖　省图　中医大

0701　风角书八卷
(清)张尔齐撰 (清)李若琳校订　清刻本　‖　泸州

0702　风劳鼓病论三卷
恽铁樵著　章巨膺参校　民国铅印本　‖　省图

0703　风湿症条例一卷
□□著　抄本　‖　崇州

0704　蜂具学三卷附最新实业养蜂法一卷
贺子固编著 & 最新实业养蜂法一卷　□□撰　民国影印本　‖　泸州

0705　冯氏锦囊秘录八种
(清)冯兆张撰　清嘉庆十八年(1813)会成堂刻本　‖　成都　郫都区(不全) 安州区(绵阳市)(不全) 川大

0706　冯氏锦囊秘录痘疹全集二十卷
(清)冯兆张纂辑　清康熙四十一年(1702)大文堂刻本　‖　中医大(不全)

0707　冯氏锦囊秘录二十卷
(清)冯兆张纂辑　清嘉庆二十三年(1818)刻本　‖　中医大

0708　冯氏锦囊秘录三种
(清)冯兆张纂辑　清集贤堂刻本　‖　省图　郫都区

0709　佛崖验方抄一卷
(清)罗叔筵撰　清道光八年(1828)刻本　‖　川大

0710　鲜溪医案选摘要四卷
(清)陆咏娶辑　陆晋笙鉴定　民国九年(1920)杭州三三医社铅印本　‖　省图

0711　鲟溪医论选中编六卷
陆平一选 陆咏媞等参校　民国石印本　‖　省图

0712　弗兰克养蜂论不分卷
(美国)弗兰克著 万克明译　民国铅印本　‖　省图

0713　涪州实业中学堂新改良养蚕白话一卷
刘开宗撰 祝仲峙审定　清光绪三十三年(1907)刻本　‖　省图

0714　福幼编一卷遂生编一卷
(清)庄一夔撰　民国铅印本　‖　省图

0715　福幼编一卷遂生编一卷广生编一卷
(清)庄一夔著 & 广生编一卷 张武铿辑　民国二十三年(1934)杭州正则印书馆铅印本　‖　省图

0716　抚郡农产考略二卷
(清)何刚德撰　清光绪二十三年(1897)江苏省刷印局铅印本　‖　省图

0717　付口驳义不分卷附内经附比较合表不分卷
廖平辑述 & 内经附比较合表不分卷 廖宗泽编辑　民国刻本　‖　崇州

0718　妇科精蕴图说五卷
(美国)妥玛氏撰(清)孔庆高笔译(美国)嘉约翰校正　清光绪十五年(1889)羊城博济医局刻本　‖　泸州

0719　妇科精蕴五卷
(美国)妥玛氏撰(清)孔庆高笔译　清光绪十五年(1889)羊城博济医局刻本　‖　郫都区 川大

0720　妇科秘方一卷
(清)竹林寺僧撰　抄本　‖　泸州

0721　妇科秘方一卷附胎产护生篇一卷
(清)竹林寺僧撰 & 胎产护生篇一卷(清)李长科辑(清)陆锡禧参(清)杨启凤定　清刻本　‖　中医大

0722　妇科五十二章附图一卷
(美国)汤麦斯撰(清)舒高第译(清)郑昌棪译　清光绪二十六年(1900)上海制造局仿聚珍版印本　‖　省图 川大

0723　妇科学讲义一卷
乔君实撰　民国二十一年(1932)有记文华印字馆铅印本　‖　省图

0724　妇科易知一卷
中华书局编辑　民国十五年(1926)上海中华书局铅印本　‖　省图 新都

0725　妇科玉尺六卷
(清)沈金鳌撰　清同治元年(1862)刻本　‖　成都

0726　妇科诸论二卷
□□撰　抄本　‖　新都

0727　妇女保险书四卷
况庚星撰 刘元勋参校　民国十八年(1929)石印本　‖　省图

0728　妇女杂症一卷
□□撰　民国抄本　‖　省图

0729 妇人集一卷
(明)陈维崧撰 清道光二十六年(1846)刻本 ‖ 温江

0730 妇人九症一卷
□□撰 清抄本 ‖ 省图

0731 妇人良方二十四卷
(宋)陈自明撰(明)薛己注 清刻本 ‖ 郫都区(不全) 中医大

0732 妇人良方二十四卷
(宋)陈自明编(明)薛己注 民国上海大成书局石印本 ‖ 川大

0733 妇人良方六卷
(宋)陈自明编(明)薛己注 民国九年(1920)上海锦章图书局石印本 ‖ 省图 中医大

0734 妇婴三书
(清)沈金鳌(清)强健纂注 清同治元年(1862)刻本 ‖ 川大

0735 妇婴新说一卷
(英国)合信氏(清)管茂材撰 清咸丰八年(1858)江苏上海仁济医馆刻本 ‖ 省图 成都 川大

0736 妇婴至宝六卷
(清)亟斋居士原编(清)三农老人附注 清同治十二年(1873)刻本 ‖ 川大

0737 妇婴至宝六卷
(清)亟斋居士原编(清)三农老人附注(清)徐尚彗原刊(清)拜松居士增订 民国上海广益书局石印本 ‖ 中医大

0738 傅青主男科二卷
(清)傅山著(清)金汝霖校 清光绪四年(1878)刻本 ‖ 中医大

0739 傅青主男科二卷
(清)傅山著(清)金汝霖校 清光绪十三年(1887)湖北官书处重刻本 ‖ 省图

0740 傅青主男科二卷
(清)傅山撰(清)金汝霖校 清光绪二十五年(1899)上海图书集成印书局铅印本 ‖ 川大 中医大

0741 傅青主男科二卷
(清)傅山著(清)金汝霖校 清光绪三十一年(1905)上海扫叶山房刻本 ‖ 中医大

0742 傅青主男科二卷
(清)傅山著(清)金汝霖校 清宣统元年(1909)章福记石印本 ‖ 中医大

0743 傅青主男科二卷
(清)傅山著(清)席树馨校梓(清)席之瑛兑字 清刻本 ‖ 安州区(绵阳市)

0744 傅青主男科二卷
(清)傅山著(清)金汝霖校 民国上海进步书局石印本 ‖ 绵竹

0745 傅青主男科二卷女科二卷产后编二卷
(清)傅山著(清)金汝霖校 清光绪十年(1884)刻本 ‖ 中医大

0746 傅青主男科二卷女科二卷产后编二卷
(清)傅山著(清)金汝霖校 清光绪二十五年(1899)上海图书集成印书局铅印本 ‖ 安州区(绵阳市) 中医大

0747　**傅青主男科二卷女科二卷产后编二卷**
(清)傅山著 (清)金汝霖校　民国元年(1912)上海江东书局石印本　‖　安州区(绵阳市)

0748　**傅青主男女科二种**
(清)傅山著 (清)金汝霖校　清光绪三十三年(1908)成都肇经堂刻本　‖　中医大

0749　**傅青主男女科二种附一种**
(清)傅山著 (清)黄廷烈校勘　民国十一年(1922)上海启新书局石印本　‖　安州区(绵阳市)

0750　**傅青主女科二卷**
(清)傅山撰　清道光二十七年(1847)年刻本　‖　泸州

0751　**傅青主女科二卷**
(清)傅山撰　清同治八年(1869)湖北崇文书局刻本　‖　中医大

0752　**傅青主女科二卷**
(清)傅山撰　民国铅印本　‖　中医大

0753　**傅青主女科二卷**
(清)傅山撰　民国石印本　‖　泸州

0754　**傅青主女科二卷产后编二卷**
(清)傅山撰　清光绪三十一年(1905)成都官报书局铅印本　‖　省图

0755　**傅青主女科二卷产后编二卷**
(清)傅山撰　清同治八年(1869)湖北崇文书局刻本　‖　省图 中医大

0756　**傅青主女科二卷附产后编二卷**
(清)傅山撰　清光绪九年(1883)羊城古经阁刻本　‖　中医大

0757　**傅青主女科二卷附产后编二卷**
(清)傅山撰　清光绪二十五年(1899)上海图书集成印书局铅印本　‖　川大

0758　**傅青主全集二种**
(清)傅山著 (清)金汝霖校　清光绪十二年(1886)晋义堂刻本　‖　省图

0759　**傅氏眼科审视瑶函六卷首一卷**
(明)傅仁宇纂辑　清宣统元年(1909年)上海普通书局石印本　‖　新都区

0760　**傅氏眼科审视瑶函六卷首一卷**
(明)傅仁宇纂辑　清桂林堂刻本　‖　省图

0761　**傅氏眼科审视瑶函六卷首一卷**
(明)傅仁宇纂辑　清扫叶山房刻本　‖　省图

0762　**傅氏眼科审视瑶函六卷首一卷**
(明)傅仁宇纂辑　清刻本　‖　省图 江油 富顺 川大 川师大

0763　**傅氏眼科审视瑶函六卷首一卷**
(明)傅仁宇纂辑　民国九年(1920)上海大成书局石印本　‖　泸州(不全)

0764　**傅氏眼科审视瑶函六卷首一卷**
(明)傅仁宇纂辑　民国广益书局石印本　‖　省图

0765　**傅氏眼科审视瑶函六卷首一卷医案一卷**
(明)傅仁宇纂辑(清)林长生校补(清)傅维藩编集　清小酉堂刻本　‖　省图

0766　**傅征君女科二卷附傅征君产后编二卷**
(清)傅山撰　清光绪二年(1875)傅氏大梁刻本　‖　川大

0767　**改良绘图外科正宗十二卷**
(明)陈实功撰(清)徐大椿评　民国十年(1921)上海大成书局石印本　‖　温江区

0768　**改良外科图说四卷**
(清)高梅溪辑　民国上海江东书局石印本　‖　南充

0769　**感应一草亭眼科全集四卷**
(清)文永周编　清末刻本　‖　成都(不全)

0770　**感应一草亭眼科全集四卷**
(清)文永周编　民国上海千顷堂书局石印本　‖　川大

0771　**感症宝筏四卷**
(清)吴贞撰(清)邵仙根评 何炳元重订 邵光华等录　清宣统三年(1911)浙东印书局铅印何氏医学丛书本　‖　中医大

0772　**感症宝筏四卷**
(清)吴贞撰(清)邵仙根评 何炳元重订 邵光华等录　民国二十年(1931)上海六也堂书药局铅印本　‖　中医大

0773　**感症宝筏四卷附药方一卷**
(清)吴贞撰(清)邵仙根评 何炳元重订 邵光华等录　民国元年(1912)浙东印书局铅印本　‖　省图

0774　**乾象新书二卷**
(宋)秦孝先书　民国十六年(1927)上虞罗氏铅印本　‖　川大

0775　**高等植物学不分卷**
□□撰　民国铅印本　‖　省图 安州区(绵阳市)

0776　**高厚蒙求八卷**
(清)徐朝俊纂(清)徐绂校　清光绪二十六年(1900)刻本　‖　省图 泸州

0777　**高厚蒙求五卷**
(清)徐朝俊纂(清)徐绂校　清嘉庆十二年(1807)至道光十四年(1834)刻本　‖　省图 成都

0778　**高士宗先生手授医学真传二卷**
(清)高世栻著(清)王嘉嗣等述　清光绪三十二年(1906)成都刻本　‖　中医大

0779　**膏丹丸散纂辑一卷**
邓树年汇选 邓大章校字　民国十一年(1922)成都聚昌印刷公司刻本　‖　省图

0780　**糕饼谱一卷**
□□撰　民国抄本　‖　省图

0781　**革象新书五卷**
(元)赵友钦撰　民国二十四年(1935)上海商务印书馆影印本　‖　成都 南充 西南交大 川博

0782　**格林炮操法一卷**
(美国)傅兰克令著(英国)傅兰雅口译　清光绪江南制造总局刻本　‖　川大

0783　**格氏小儿耳鼻咽喉病学一卷**
(英国)格思烈撰　谭世鑫译　民国十三年(1924)上海广学书局铅印本　‖　省图　安州区(绵阳市)

0784　**格物测算八卷**
(美国)丁韪良撰　清光绪铅印本　‖　省图

0785　**格物杂说四卷**
(英国)傅兰雅撰　清光绪二十四年(1898)铅印本　‖　西华师大

0786　**格致读本二卷**
(英国)穆尔显撰　南洋公学译书院译　清光绪二十八年(1902)南洋公学译书院铅印本　‖　省图

0787　**格致古微五卷表一卷**
(清)王仁俊撰　清光绪二十二年(1896)吴县籀鄦誃刻本　‖　西华师大

0788　**格致古微五卷表一卷**
(清)王仁俊撰　清光绪二十四年(1898)新化三味书局刻本　‖　省图

0789　**格致汇编不分卷**
(英国)傅兰雅辑　清光绪三年(1877)铅印本　‖　西华师大

0790　**格致汇编不分卷**
(英国)傅兰雅辑　清光绪格致汇编馆铅印本　‖　省图

0791　**格致汇编医录一卷**
(清)潘学祖辑　清光绪二十四年(1898)铅印本　‖　西华师大

0792　**格致镜原一百卷**
(清)陈元龙撰　清乾隆四十二年(1777)刻本　‖　西华师大

0793　**格致镜原一百卷**
(清)陈元龙撰　清雍正十三年(1735)刻本　‖　西华师大

0794　**格致理三家论一卷**
(英国)傅兰雅辑(英国)慕维廉稿　清光绪石印本　‖　西华师大

0795　**格致略论十二卷**
(英国)傅兰雅辑　清光绪石印本　‖　西华师大

0796　**格致启蒙四卷**
(英国)罗斯古纂(美国)林乐知(清)郑昌棪同译　清光绪五年(1879)江南制造总局刻本　‖　省图　川大

0797　**格致小引一卷**
(英国)赫施赍著(英国)罗亨利译　清光绪十二年(1886)江南制造总局刻本　‖　川大

0798　**格致新法一卷续一卷**
(英国)慕维廉撰　清光绪石印本　‖　西华师大

0799　**格致余论一卷**
(元)朱震亨撰(明)吴中珩校　清刻本　‖　中医大

0800　**格致余论一卷**
(元)朱震亨撰(明)吴中珩校　民国十二年(1923)铅印本　‖　泸州

0801　**葛仙翁肘后备急方八卷**
(晋)葛洪撰　清光绪二十二年(1896)上海集成印书局铅印本　‖　泸州

0802　**葛仙翁肘后备急方八卷**
(晋)葛洪撰　清光绪二仙庵刻本　‖　新都(不全)

0803　**葛仙翁肘后备急方八卷附刊误表一卷**
(晋)葛洪撰　民国二年(1913)成都昌福公司铅印本　‖　泸州(不全)　川大

0804　**工程机器器具图说一卷**
(英国)傅兰雅撰　清光绪石印本　‖　西华师大

0805　**工程制造学一卷**
(清)江标辑　清光绪石印本　‖　西华师大

0806　**工程致富论略十三卷首一卷附图一卷**
(英国)玛体生著(英国)傅兰雅　(清)钟天纬同译　清光绪四年(1878)上海江南制造局铅印本　‖　省图　川大

0807　**工程做法七十四卷工部简明做法一卷**
(清)允礼等纂　清雍正刻本　‖　省图　西南交大

0808　**工业与国政相关论二卷**
(英国)司旦离遮风司撰(美国)卫理译(清)王汝骍译　清光绪二十六年(1900)上海江南制造局铅印本　‖　川大

0809　**工艺知新一卷**
(英国)傅兰雅编　清光绪石印本　‖　西华师大

0810　**弓箭浅说一卷**
□□撰　民国成都影印本　‖　省图

0811　**公余医录抄六卷**
(清)陈念祖原本(清)刘绍熙摘录　清光绪刻本　‖　省图

0812　**攻守炮法一卷**
(美国)金楷理口译(清)李凤苞笔述　清光绪江南制造总局刻本　‖　省图

0813　**攻守炮法一卷克虏伯腰箍炮说一卷克虏伯炮架说一卷克虏伯船炮操法一卷克虏伯螺绳炮架说一卷**
(美国)金楷理口译(清)李凤苞笔述　清光绪江南制造总局刻本　‖　川大

0814　**勾股六术图解三卷弧角拾遗一卷**
(清)项名达撰　清光绪成都算学书局刻本　‖　省图

0815　**勾股六术一卷**
(清)项名达集(清)杨瑜良算补　清刻本　‖　川大

0816　**勾股演代二卷**
(清)江衡撰　清光绪十四年(1888)江阴南菁书院刻本　‖　泸州

0817　**勾股六术一卷**
(清)项名达撰　清同治刻本　‖　省图

0818　**勾股六术一卷**
(清)项名达撰　清光绪刻本　‖　省图

0819　**辜大安身验良方一卷附录一卷**
(清)辜大安撰　民国十三年(1924)资中基督教研究会铅印本　‖　川大

0820　**古本难经阐注二卷**
(清)丁锦集注　民国十九年(1930)上海中医书局影印本　‖　中医大

0821　**古筹算考释六卷**
劳乃宣撰　清光绪九年(1883年)刻本　‖　成都

0822　**古筹算考释六卷**
劳乃宣撰　清光绪十二年(1886)完县官舍刻本　‖　省图　南充　雅安　川大　西华师大

0823　**古筹算考释六卷**
劳乃宣撰　清光绪徐树勋刻本　‖　省图

0824　**古方选注四卷**
(清)王子接注(清)叶桂校　民国上海千顷堂书局铅印本　‖　中医大

0825　**古今名医方论四卷**
(清)罗美辑(清)柯琴参阅　清书业堂刻本　‖　中医大

0826　**古今名医万方类编三十二卷**
(清)曹绳彦辑　闵其昌校对　清睦华堂刻本　‖　泸州(不全)　川大　新都区(不全)

0827　**古今名医万方类编三十二卷**
(清)曹绳彦辑　闵其昌校对　民国二十五年(1936)大东书局铅印本　‖　省图(不全)　泸州(不全)　川大(不全)

0828　**古今夏时表一卷**
叶德辉撰　清光绪二十九年(1903)长沙叶氏刻本　‖　泸州

0829　**古今医案十卷**
(清)俞震纂辑(清)李龄寿重校辑　清光绪九年(1883)刻本　‖　省图　南充　川大

0830　**古今医案十卷**
(清)俞震纂辑(清)李龄寿重校辑　清宣统元年(1909)上海会文堂书局石印本　‖　省图　泸州

0831　**古今医案十卷**
(清)俞震纂辑(清)李龄寿重校辑　民国石印本　‖　泸州

0832　**古今医鉴十六卷**
(明)龚信撰(明)龚廷贤续编　清刻本　‖　郫都区(不全)

0833　**古今医诗五十三卷**
(清)张望纂辑　清嘉庆八年(1803)刻本　‖　省图

0834　**古今医史七卷续增二卷附录王宏翰案一卷**
(清)王宏翰辑(清)钱顾琛参订　民国抄本　‖　省图

0835　**古今注三卷**
(晋)崔豹撰　清大关唐氏据叶林宗影抄明方氏芝秀堂刻本　‖　成都

0836　**古经天象考十二卷附图说一卷**
(清)雷学淇撰　清道光刻本　‖　西华师大

0837 **古历经征一卷**
刘师培撰 民国刻本 ‖ 省图

0838 **古梅梁氏疬科全书一卷**
(清)梁希曾著 民国铅印本 ‖ 省图

0839 **古吴童氏重校医宗必读十卷**
(明)李中梓著 民国十四年(1925)上海锦章图书局石印本 ‖ 省图 新都区

0840 **故宫博物院报告**
故宫博物院编 民国十九年(1930)铅印本 ‖ 成都

0841 **顾氏医镜六种**
(清)顾靖远撰 民国十三年(1924)扫叶山房石印本 ‖ 省图 川大

0842 **顾氏医苑二十种**
顾培玺编 民国二十六年(1937)上海千顷堂书局铅印本 ‖ 省图 川大 中医大

0843 **观聚方要补十卷**
(日本)丹波元简辑 日本文政二年(1819)聿修堂刻本 ‖ 川大

0844 **观我生室汇稿**
(清)罗士琳撰 清道光刻本 ‖ 省图

0845 **管窥辑要八十卷**
(清)黄鼎纂定 清刻本 ‖ 省图(不全) 成都 川大 川师大

0846 **灌记初稿四卷**
(清)彭洵撰 民国三年(1914)成都蔚成公司铅印本 ‖ 省图

0847 **光烈医方指南十卷**
吴光烈纂 民国抄本 ‖ 成都

0848 **光学二卷附视学诸器图说一卷**
(英国)田大里辑(美国)金楷理口译(清)赵元益笔述(清)沙英绘图 清光绪刻本 ‖ 省图 川大

0849 **光学一卷**
(清)江标辑 清光绪二十八年(1902)石印本 ‖ 西华师大

0850 **广蚕桑说一卷**
(清)沈练撰 清光绪三十一年(1905)四川藩署刻本 ‖ 省图

0851 **广嗣五种备要**
(清)王实颖辑 清刻本 ‖ 中医大

0852 **广瘟疫论四卷附广瘟疫论方一卷**
(清)戴天章著 民国六年(1917)上海昌明书局石印本 ‖ 省图

0853 **广瘟疫论四卷附广瘟疫论方一卷**
(清)戴天章著 民国上海千顷堂书局石印本 ‖ 川大

0854 **广注素问灵枢类纂三卷**
(清)汪昂辑注 江忍庵增注 民国十年(1921)上海广文书局石印本 ‖ 省图

0855　**广注素问灵枢类纂三卷**
(清)汪昂辑注　江忍庵增注　民国十三年(1924)上海广文书局石印本　‖　省图

0856　**广注素问灵枢类纂三卷**
(清)汪昂辑注　江忍庵增注　民国十四年(1925)上海广文书局石印本　‖　省图

0857　**鬼谷算命术一卷**
□□撰　民国十四年(1925)上海国粹保存会石印本　‖　泸州

0858　**鬼黴术三卷**
陆晋笙编　民国二十四年(1935)苏州铅印本　‖　省图

0859　**桂考一卷**
(清)张光裕撰　清光绪刻本　‖　南充

0860　**桂林医鉴九卷**
(清)王桂林补注　清光绪十七年(1891)王氏丛桂堂刻本　‖　省图

0861　**国民历一卷**
国立"中央研究院"天文研究所编　民国二十二年(1933)铅印本　‖　成都

0862　**国民历一卷**
国立"中央研究院"天文研究所编　民国三十四年(1945)铅印本　‖　成都

0863　**国学理科界不分卷**
(清)金嗣芬著　民国铅印本　‖　省图

0864　**国药诠证四卷**
王剑宾撰　民国铅印本　‖　省图

0865　**国药商抄一卷**
陈鼎之　廖涤新编辑　民国三十一年(1942)成都彬明印刷社铅印本　‖　省图

0866　**国医传染病一卷**
茹十眉编　邝素玲录　民国二十五年(1936)上海大众书局铅印本　‖　省图

0867　**国医创伤精要一卷**
熊宝珊编　民国二十八年(1939)铅印本　‖　省图

0868　**国医防疫概要一卷**
赖华锋纂述　民国二十五年(1936)同兴纸社铅印本　‖　省图

0869　**国医公报**
"中央国医馆"编审委员会编辑　民国二十四年(1935)"中央国医馆"编审委员会铅印本　‖　川大

0870　**国医讲义六种**
秦之济述　民国秦氏同学会铅印本　‖　川大

0871　**国医伤科方式一卷**
傅仲仙撰　民国成都同兴纸社影印本　‖　省图

0872　**国医生理新论六卷**
朱国均撰　民国铅印本　‖　省图　成都　中医大

0873 **国医小丛书三十二种**
国医书局编 民国十九年(1930)上海国医书局铅印本兼石印本 ‖ 省图 中医大

0874 **国医诊断学二卷首一卷**
胡善卢编 民国二十五年(1936)上海校经山房印刷所铅印本 ‖ 省图

0875 **果树园艺学不分卷**
□□撰 民国四川大学农科学院铅印本 ‖ 省图

0876 **裹扎新法一卷**
(美国)嘉约翰口译(清)林湘东笔述 清光绪元年(1875)刻本 ‖ 川大

0877 **孩童卫生编一卷**
(英国)傅兰雅译 清光绪十九年(1893)上海格致书室刻本 ‖ 省图 川大

0878 **海藏老人阴证略例一卷**
(元)王好古撰 清光绪五年(1879年)归安陆氏十万卷楼丛书刻本 ‖ 犍为

0879 **海错百一录五卷**
(清)郭柏苍辑 清光绪十二年(1886)刻本 ‖ 省图

0880 **海岛算经一卷**
(晋)刘徽撰(唐)李淳风注 清重刻武英殿聚珍版丛书 ‖ 西南民大

0881 **海军调度要言三卷**
(英国)擎核撰(清)舒高第译(清)郑昌棪译 清光绪江南制造总局铅印本 ‖ 省图 川大

0882 **海上仙方一卷**
无名氏撰 民国刻本 ‖ 成都

0883 **海塘辑要十一卷附释一卷**
(英国)韦更斯撰(英国)傅兰雅口译(清)赵元益笔述 & 海塘辑要附释一卷(英国)马立德著 清光绪刻本 ‖ 省图

0884 **海医道掌一卷**
方骏撰 民国抄本 ‖ 省图

0885 **海战指要一卷**
(英国)傅兰雅撰 清光绪二十六年(1900)铅印本 ‖ 西华师大

0886 **寒疫合编歌括四卷**
(清)王光甸编辑 清同治二年(1863)刻本 ‖ 省图 江油 川大

0887 **寒疫合编歌括四卷**
(清)王光甸编辑 民国二十六年(1937)成都正古堂刻本 ‖ 成都(不全) 泸州 川大

0888 **汉潺亭考**
蒙文通撰 民国三十八年(1949)盐亭县参议会刻本 ‖ 川师大

0889 **汉镜斋堪舆小识二卷附录一卷先严先慈像赞家传墓志行状及生平事迹录一卷**
查国珍撰 民国二十五年(1936)石印本 ‖ 川大

0890 **汉书地理志水道图说七卷附考证德清胡氏禹贡图一卷**
(清)陈澧撰 清道光二十八年(1848)刻本 ‖ 成都 西华师大

0891 **汉太初历考一卷心巢文录二卷**
(清)成蓉镜撰 清光绪刻本 ‖ 泸州

0892 **汉太初以前朔闰表一卷**
(清)张其翧撰 清刻本 ‖ 泸州

0893 **汉译诊病奇侅二卷附五云子腹诊法一卷**
(日本)丹波元坚类次(日本)松井操汉译 清光绪十四年(1888)日本铅印本 ‖ 省图

0894 **汉志水道疏证四卷**
(清)洪颐煊撰 清光绪十四年(1888)长洲蒋凤藻心炬斋刻本 ‖ 成都

0895 **撼龙经传订本注一卷**
廖平撰 黄镕笔述 民国六年(1917)成都存古书局刻本 ‖ 川大

0896 **撼龙经批注校补不分卷**
(唐)杨益撰(清)高其倬批点 清光绪十八年(1892)巴蜀善成堂刻本 ‖ 泸州

0897 **撼龙十卷**
(唐)杨益撰(清)高其倬批点 清京都琉璃厂刻本 ‖ 川大

0898 **行船免撞章程一卷附一卷**
(英国)傅兰雅译(清)钟天纬译 清光绪二十一年(1895)铅印本 ‖ 川大

0899 **行海要术四卷**
(美国)金楷理口译(清)李凤苞笔述 清同治光绪间江南制造总局刻本 ‖ 川大

0900 **行军测绘十卷首一卷**
(英国)连提撰(英国)傅兰雅口译(清)赵元益笔述 清光绪二十三年(1897)小仓山房铅印本 ‖ 安州区(绵阳市)

0901 **行军测绘十卷首一卷**
(英国)连提撰(英国)傅兰雅口译(清)赵元益笔述 清江南制造总局刻本 ‖ 省图 川大

0902 **行军铁路工程二卷**
(英国)武备工程学堂编(英国)傅兰雅译 汪振声译 清光绪十二年(1886)江南制造总局刻本 ‖ 省图 川大

0903 **行军指南一卷**
□□撰 清光绪二十四年(1898)成都崇文斋刻本 ‖ 省图 安州区(绵阳市)

0904 **行列式详论一卷**
段子燮撰 民国国立成都高等师范学校石印本 ‖ 川大

0905 **行水金鉴一百七十五卷首一卷**
(清)傅泽洪辑纂 清雍正刻本 ‖ 自贡

0906 **行素轩算稿五种**
(清)华蘅芳撰 清光绪八年(1882)梁溪华氏刻本 ‖ 省图 成都

0907 **行素轩算学五种**
(清)华蘅芳撰 清光绪二十二年(1896)文瑞楼石印本 ‖ 成都

0908 **航海简法四卷**
(英国)那丽撰(美国)金楷理口译(清)王德均笔述 清光绪江南制造总局刻本 ‖ 川大

0909　**航海通书不分卷**
(清)贾步纬等算校　民国二年(1913)上海江南制造局铅印本　‖　川大

0910　**航海章程一卷附初议纪录一卷**
(美国)弗兰克林撰(清)凤仪口译(清)徐家宝笔述　清末江南制造总局刻本　‖　川大

0911　**豪慈小儿科问答一卷**
(美国)豪慈撰　民国铅印本　‖　省图

0912　**合订本草备要八卷医方集解六卷**
(清)汪昂撰　清刻本　‖　三台 崇州

0913　**合镌士材三书三种附一种**
(明)李中梓撰　(清)尤乘辑　清嘉庆九年(1804)刻本　‖　省图

0914　**合镌士材三书三种附一种**
(明)李中梓撰　(清)尤乘辑　清天德堂刻本　‖　省图

0915　**合镌增补士材三书三种**
(明)李中梓撰　(清)尤乘辑　清刻本　‖　省图 成都 川大

0916　**合数述二卷**
(清)林绍清撰　清光绪石印本　‖　省图 川大(不全)

0917　**何博士备论二卷附李忠定共辅政本末一卷**
(宋)何去非撰 & 李忠定共辅政本末一卷(宋)李纲撰　清光绪元年(1875)湖北崇文书局刻本　‖　省图 成都

0918　**河防一览十四卷**
(明)潘季驯著(明)王元命等校订(明)陈昌言编次　清乾隆十三年(1748)刻本　‖　西华师大

0919　**河工器具图说四卷**
(清)麟庆撰　清道光十六年(1836)刻本　‖　省图

0920　**河洛理数七卷**
(宋)陈抟著(宋)邵雍述(清)史应选订　民国上海锦章图书局石印本　‖　泸州

0921　**河洛理数七卷**
(宋)陈抟著(宋)邵雍述(清)史应选订　清刻本　‖　川大

0922　**鹖冠子三卷**
(宋)陆佃解　民国上海涵芬楼影印本　‖　崇州

0923　**黑龙江垦殖说略一卷**
吴仲卿纂辑　民国四年(1915)刻本　‖　川大

0924　**衡阳药签一卷**
□□撰　民国五年(1916)宝善堂刻本　‖　成都

0925　**红炉点雪四卷**
(明)龚居中辑　清光绪二十五年(1899)杭州衢樽书局石印本　‖　省图

0926　**洪江育婴小识四卷**
(清)潘清修　(清)王汪文修(清)欧阳钟校勘(清)梁秀湖校　清光绪十三年(1887)刻本　‖　泸州

0927　**洪氏集验方五卷**
(宋)洪遵撰　清嘉庆二十四年(1819)士礼居刻本　‖　中医大

0928　**洪氏集验方五卷**
(宋)洪遵撰　清光绪二十五年(1899)上海千倾堂书局石印本　‖　中医大

0929　**洪氏集验方五卷**
(宋)洪遵辑　清末学海图书局影印本　‖　成都

0930　**喉科秘钥二卷附录一卷**
(清)郑西原辑(清)许佐廷增订　清光绪十二年(1886)成都刻本　‖　川大

0931　**喉科秘旨二卷**
(清)吴张氏原本　清同治十三年(1874)红杏山房刻本　‖　川大(不全)

0932　**喉科秘旨二卷**
(清)吴张氏原本　民国四年(1915)上海江左书林石印本　‖　省图

0933　**喉科杓指四卷**
(清)包永泰著(清)包福成校　清嘉庆二十年(1815)大文堂刻本　‖　中医大

0934　**喉科易知一卷**
中华书局编辑　民国十一年(1922)中华书局铅印本　‖　省图

0935　**喉科指掌论略治法一卷**
□□撰　清抄本　‖　省图

0936　**喉症汇参五卷**
(明)张介宾等撰　清光绪十九年(1893)三多砦福善堂刻本　‖　自贡

0937　**喉症考辨一卷附白喉症验一卷**
(清)罗绍芳纂 & 白喉证验一卷(清)雷子木述　清同治七年(1868)刻本　‖　川大

0938　**喉症秘集二卷痧症全书一卷**
(清)郑廛辑(清)许佐廷增订 & 痧症全书一卷(清)林森传授(清)王凯编辑　清光绪十二年(1886)刻本　‖　省图

0939　**喉症全科紫珍集二卷**
(清)燕山窦氏原本(清)朱翔宇辑　清道光二十五年(1845)成都学道街刻本　‖　中医大

0940　**喉症全科紫珍集二卷**
(清)燕山窦氏原本(清)朱翔宇辑　清咸丰十一年(1861)刻本　‖　川大

0941　**喉症全科紫珍集二卷附保婴篇一卷**
(清)燕山窦氏原本(清)朱翔宇辑　清刻本　‖　泸州　中医大

0942　**呼吸器病一卷**
余岩述　民国石印本　‖　省图

0943　**弧三角举隅一卷**
(清)江临泰著　清光绪成都算学书局刻本　‖　省图

0944　**弧三角平视法一卷**
(清)陈沣撰　清光绪刻本　‖　省图

0945 **弧三角拾遗一卷用表推日食三差一卷朔食九服里差三卷造各表简法一卷附咽喉脉症通论一卷**
(清)徐有壬学 & 咽喉脉症通论一卷 佚名撰 清光绪归安姚氏刻咫进斋丛书本 ‖ 犍为

0946 **胡庆余堂丸散膏丹全集不分卷**
(清)胡光墉编 清光绪三年(1877)杭州石印本 ‖ 成都 中医大

0947 **湖北武学二十二种**
(清)湖北武备学堂编 清光绪二十六年(1900)湖北官书处刻本 ‖ 省图

0948 **湖南省农业改进所溆浦推广实验区工作报告不分卷**
湖南省农业改进所溆浦推广实验区编 民国二十九年(1940)石印本 ‖ 省图

0949 **虎钤经二十卷**
(宋)许洞撰 清咸丰七年(1857)刻本 ‖ 省图

0950 **虎钤经二十卷**
(宋)许洞撰 清光绪八年(1882)成都志古堂刻本 ‖ 省图

0951 **互相问答八卷**
(英国)傅兰雅撰 清光绪石印本 ‖ 西华师大

0952 **护士应用饮食学一卷**
江清编译 民国二十年(1931)上海广学书局铅印本 ‖ 省图 安州区(绵阳市)

0953 **花卉栽培一览表不分卷**
□□撰 民国铅印本 ‖ 省图

0954 **花柳易知二卷**
李公彦撰 民国八年(1919)铅印本 ‖ 省图

0955 **花柳易知二卷**
李公彦编 民国十一年(1922)中华书局铅印本 ‖ 新都区

0956 **华氏医学心传五卷**
华秉麈著 民国无锡锡成印刷公司铅印本 ‖ 省图

0957 **华氏中藏经三卷**
(汉)华佗撰(清)孙星衍校 清光绪九年(1883)重刻本 ‖ 省图 郫都区(不全) 川大

0958 **华佗神医秘传二十二卷**
(汉)华佗撰(唐)孙思邈集 民国十一年(1922)上海大陆图书公司铅印本 ‖ 省图

0959 **华佗神医秘传二十二卷**
(汉)华佗撰(唐)孙思邈集 民国十四年(1925)上海大陆图书公司铅印本 ‖ 省图 成都

0960 **化学材料中西名目表一卷**
(清)江南制造总局撰 清光绪石印本 ‖ 省图 川大

0961 **化学初阶四卷**
(美国)嘉约翰口译(清)何了然笔述 清同治九年(1870)羊城博济医局刻本 ‖ 雅安

0962 **化学分原八卷**
(英国)蒲陆山撰(英国)傅兰雅口译(清)徐建寅笔述(清)曹钟秀画图 清光绪江南制造局刻本 ‖ 省图 川大

0963　**化学工艺初集二集四卷三集二卷**
(英国)能智撰 (英国)傅兰雅译 (清)汪振声译　清光绪二十四年(1898)江南制造总局铅印本　‖　川大

0964　**化学鉴原补编六卷附一卷**
(英国)傅兰雅口译 (清)徐寿笔述　清光绪江南制造总局刻本　‖　省图　泸州　川大

0965　**化学鉴原六卷续编二十四卷**
(英国)韦而司撰 (英国)傅兰雅口译 (清)徐寿笔述 & 续编二十四卷 (英国)蒲陆山撰 (英国)傅兰雅口译 (清)徐寿笔述　清光绪刻本　‖　省图　川大

0966　**化学考质八卷附表一卷**
(德国)富里西尼乌司撰 (英国)傅兰雅口译 (清)徐寿笔述　清光绪刻本　‖　省图

0967　**化学器图说六卷**
(英国)傅兰雅撰　清光绪石印本　‖　西华师大

0968　**化学求数十五卷附表一卷**
(德国)富里西尼乌司撰 (英国)傅兰雅口译 (清)徐寿笔述　清末江南制造总局刻本　‖　川大

0969　**化学实验新本草一卷**
(清)丁福保编　民国启渝公司铅印本　‖　省图

0970　**化学一卷**
(清)江标辑　清光绪二十八年(1902)石印本　‖　西华师大

0971　**化学源流论四卷**
(英国)方尼司辑 (清)王汝骈译　清光绪二十七年(1901)江南制造总局铅印本　‖　省图

0972　**怀胎歌一卷**
□□撰　民国协记书庄刻本　‖　成都

0973　**淮南天文训补注二卷**
(清)钱唐撰　清光绪三年(1877)湖北崇文书局刻本　‖　省图　泸州

0974　**淮南万毕术二卷**
(汉)刘安纂　清光绪二十年(1894)长沙叶氏观古堂刻本　‖　泸州

0975　**淮阳水利图说一卷**
(清)冯道立撰　清道光十九年(1839)西园刻本　‖　西华师大

0976　**圜容校义一卷附晓庵新法六卷**
(意大利)利玛窦授 & 晓庵新法六卷 (清)王锡阐撰　民国十一年(1922)守山阁丛书影印本　‖　成都

0977　**圜天图说三卷**
(清)李明彻撰 (清)阮元鉴定　清嘉庆二十四年(1819)刻本　‖　省图

0978　**圜天图说续编二卷**
(清)李明彻撰 (清)阮元鉴定　清道光元年(1821)刻本　‖　省图

0979　**圜锥曲线说三卷**
(英国)艾约瑟口译 (清)李善兰笔述　清同治刻本　‖　省图

0980　**寰宇述要二卷**
(清)马德新撰　清光绪十八年(1892)刻本　‖　成都

0981　**皇朝京师中线地球全图说一卷**
(清)张秉枢述　清末刻本　‖　川大

0982　**黄帝甲乙经十二卷**
(晋)皇甫谧辑　民国江左书林石印本　‖　南充

0983　**皇汉医学丛书**
陈存仁编校　民国世界书局铅印本　‖　南充(不全)

0984　**皇极经世观物外篇衍义九卷**
(宋)张行成撰　民国二十四年(1935)上海商务印书馆影印本　‖　西南交大

0985　**皇极经世书九卷**
(宋)邵雍撰　民国二十五年(1936)上海中华书局珍仿宋版铅印本　‖　西南交大

0986　**皇极经世四编**
(宋)邵雍撰　清光绪十九年(1893)邵毓蒿刻本　‖　川大

0987　**皇极经世索隐一卷**
(宋)张行成撰　民国二十四年(1935)上海商务印书馆影印本　‖　西南交大

0988　**黄帝八十一难经疏证二卷**
(日本)丹波元胤学　日本刻本　‖　省图

0989　**黄帝八十一难经正本一卷**
(战国)秦越人章句　张骥校补　民国二十六年(1937)成都义生堂刻本　‖　川大

0990　**黄帝内经灵枢集注十二卷**
(清)张志聪集注(清)赵尔功参(清)闵振儒参(清)朱输校正　清善成堂刻本　‖　泸州(不全)

0991　**黄帝内经灵枢十二卷**
(唐)王冰次注(宋)林亿校正(宋)孙奇校正(宋)高保衡校正(宋)孙兆重改误　清三味堂刻本　‖　郫都区(不全)

0992　**黄帝内经灵枢十二卷**
(唐)王冰次注(宋)林亿校正(宋)孙奇校正(宋)高保衡校正(宋)孙兆重改误　清光绪三年(1877)浙江书局刻二十二子本
　‖　省图　成都　雅安

0993　**黄帝内经灵枢十二卷**
(唐)王冰次注(宋)林亿校正(宋)孙奇校正(宋)高保衡校正(宋)孙兆重改误　民国二十五年(1936)上海中华书局珍仿宋版铅印本　‖　绵竹　西南交大　川博

0994　**黄帝内经灵枢十二卷**
(唐)王冰次注(宋)林亿校正(宋)孙奇校正(宋)高保衡校正(宋)孙兆重改误　民国育文书局石印本　‖　泸州　安岳　安州区(绵阳市)(不全)

0995　**黄帝内经灵枢十二卷补注二十四卷**
(唐)王冰次注(宋)林亿校正(宋)孙奇校正(宋)高保衡校正(宋)孙兆重改误　民国五年(1916)上海鸿文书局石印本
　‖　泸州(不全)　川博

0996　**黄帝内经灵枢十二卷附灵枢隋杨氏太素注本目录一卷黄帝内经太素篇目一卷**
(唐)王冰次注(宋)林亿校正(宋)孙奇校正(宋)高保衡校正(宋)孙兆重改误　民国抄本　‖　省图

0997　**黄帝内经灵枢素问十卷**
(清)张志聪集注　清光绪三年(1877)刻本　‖　温江区　川大(不全)

0998　**黄帝内经灵枢注证发微九卷**
(明)马莳注　清刻本　‖　郫都区

0999　**黄帝内经素问二十四卷**
(明)吴崐注　清大兴堂刻本　‖　成都

1000　**黄帝内经素问二十四卷**
(明)吴崐注　清隆文堂刻本　‖　省图　中医大

1001　**黄帝内经素问二十四卷**
(明)张志聪集注　(清)朱长春参订　清刻本　‖　泸州(不全)雅安(不全)三台(不全)郫都区(不全)川大

1002　**黄帝内经素问二十四卷**
(唐)王冰注(宋)林亿等校正　民国育文书局石印本　‖　安岳

1003　**黄帝内经素问二十四卷灵枢经十二卷**
(清)张志聪集注　民国铅印本　‖　郫都区

1004　**黄帝内经素问集注九卷灵枢经集注九卷**
(清)张志聪集注　清光绪琉璃厂刻本　‖　成都　泸州(不全)

1005　**黄帝内经素问九卷**
(清)高世栻批注　清康熙三十四年(1695)侣山堂刻本　‖　省图

1006　**黄帝内经素问九卷**
(清)高世栻批注　清光绪十三年(1887)浙江书局刻本　‖　省图　成都　雅安　郫都区(不全)　安州区(绵阳市)　川大

1007　**黄帝内经素问九卷**
(清)张志聪集注(清)莫承艺参订(清)朱景韩校正　清光绪十六年(1890)浙江书局刻本　‖　中医大

1008　**黄帝内经素问九卷**
(清)张志聪集注(清)莫承艺参订(清)朱景韩校正　民国成都昌福公司铅印本　‖　泸州(不全)川大

1009　**黄帝内经素问九卷灵枢经九卷**
(清)张志聪集注　清光绪十六年(1890)浙江书局刻本　‖　省图　成都　雅安　川大

1010　**黄帝内经素问九卷灵枢经十卷**
(清)张志聪集注　清末北京琉璃厂刻本　‖　省图　泸州(不全)　南充

1011　**黄帝内经素问灵枢合纂二十卷**
(清)张志聪集注(清)莫承艺参订(清)朱景韩校正　清光绪太医院刻本　‖　省图

1012　**黄帝内经素问灵枢合纂二十卷**
(明)马莳(清)张志聪注　民国上海锦章图书局石印本　‖　省图　南充(不全)　川大　中医大

1013　**黄帝内经素问详注直讲全集二十四卷**
(唐)王冰撰(清)高士亿注　清末刻本　‖　新都区

1014　**黄帝内经素问校义一卷**
(清)胡澍撰　清光绪五年(1879)世泽楼刻绩溪胡氏丛书本　‖　省图　成都　乐山　中医大

1015　**黄帝内经素问校义一卷**
(清)胡澍撰　清光绪九年(1883)二仁堂刻本　‖　省图

1016　**黄帝内经素问遗篇一卷**
(宋)刘温舒原本　民国影印本　‖　泸州

1017　**黄帝内经素问注证发微九卷补遗一卷**
(明)马莳注　清光绪五年(1879)刻本　‖　川大

1018　**黄帝内经素问注证发微九卷补遗一卷**
(明)马莳注　清末芸生堂刻本　‖　省图

1019　**黄帝内经素问注证发微九卷补遗一卷**
(明)马莳注　清刻本　‖　成都　三台

1020　**黄帝内经素问证症发微九卷灵枢注证发微九卷**
(明)马莳注　清光绪十四年(1888)扬州文富堂刻本　‖　省图

1021　**黄帝内经太素三十卷**
(隋)杨上善辑注　清光绪二十三年(1897)通隐堂刻本　‖　南充

1022　**黄帝内经太素三十卷**
(隋)杨上善辑注　萧延平校正　民国十三年(1924)兰陵堂刻本　‖　省图　中医大

1023　**黄帝内经太素三十卷黄帝内经明堂一卷附录一卷**
(隋)杨上善注 & 附录一卷(清)黄以周撰　清光绪二十三年(1897)通隐堂刻渐西村舍汇刊本　‖　省图

1024　**黄帝内经太素诊皮篇补症一卷附古经诊皮名词一卷释尺一卷仲景诊皮法一卷杨氏太素论诊皮法一卷**
(隋)杨上善撰注　廖平等辑并补证　民国三年(1914)成都存古书局刻新订六译馆丛书本　‖　省图　三台

1025　**黄帝素问灵枢经十二卷**
(唐)王冰次注(宋)林亿校正(宋)孙奇校正(宋)高保衡校正(宋)孙兆重改误　民国二十五年(1936)影印本　‖　成都　雅安　温江区　崇州　西华师大

1026　**黄帝素问灵枢经十二卷补注释文黄帝内经素问十二卷遗篇一卷**
(唐)王冰次注(宋)林亿校正(宋)孙奇校正(宋)高保衡校正(宋)孙兆重改误　明赵府居敬堂刻本　‖　中医大

1027　**黄帝太素人迎脉口诊补症二卷**
廖平撰　民国三年(1914)成都存古书局刻新订六译馆丛书本　‖　省图　南充　川大

1028　**黄帝逸典十三卷**
□□撰　清活字本　‖　省图

1029　**黄河论一卷**
(英国)玛礼孙稿　清光绪石印本　‖　西华师大

1030　**黄廉访精选经验方一卷目录一卷**
(清)黄毓恩辑　清光绪刻本　‖　省图

1031　黄石公三略二卷六韬一卷唐太宗李卫公问对二卷
□□撰　清光绪日本和汉洋书籍发行所刻本　‖　省图

1032　黄石公素书解一卷
程昌祺著述　民国二十三年(1934)铅印本　‖　省图　成都

1033　黄石公素书一卷
(汉)黄石公撰(汉)魏鲁注　民国七年(1918)双鉴楼影印道藏本　‖　省图

1034　黄石公素书一卷
(汉)黄石公撰(汉)魏鲁注　抄本　‖　省图

1035　黄石公素书一卷附天隐子一卷玄真子外篇一卷无能子三卷齐五子一卷
(汉)黄石公撰 & 天隐子一卷(唐)司马承祯撰 & 玄真子外篇一卷(唐)张志和撰 & 无能子三卷(唐)无能子撰 & 齐丘子一卷(五代)谭峭撰　民国二十六年(1937)上海商务印书馆影印本　‖　西南民大

1036　黄石公素书一卷附留侯世家一卷
(汉)黄石公撰(汉)魏鲁注　民国二十五年(1936)铅印本　‖　成都

1037　黄氏医书八种
(清)黄元御撰　(清)徐树铭校　清同治刻本　‖　省图　安州区(绵阳市)　川大

1038　黄氏医书八种
(清)黄元御撰　(清)徐树铭校　清咸丰十年(1860)长沙燮和精舍刻本　‖　川大

1039　黄氏医书八种
(清)黄元御撰　(清)徐树铭校　清光绪三十年(1904)刻本　‖　成都

1040　黄氏医书八种
(清)黄元御撰　(清)徐树铭校　清宣统元年(1909)上海江左书林石印本　‖　省图

1041　黄氏医书八种
(清)黄元御撰　(清)徐树铭校　清刻本　‖　泸州(不全)　新都区(不全)　川大

1042　黄氏医书八种
(清)黄元御撰　(清)徐树铭校　清民国元年(1912)上海江左书林石印本　‖　省图(不全)　泸州(不全)　绵竹(不全)

1043　黄氏医书八种
(清)黄元御撰　(清)徐树铭校　民国四年(1915)上海铸记书局石印本　‖　省图

1044　黄氏医书八种
(清)黄元御撰　(清)徐树铭校　民国锦章图书局石印本　‖　南充

1045　回春集金匮浅注十卷
(汉)张仲景原文(清)陈念祖注　清光绪四年(1878)刻本　‖　泸州

1046　回春集四圣悬枢五卷
(清)黄元御注　清刻本　‖　泸州

1047　回澜纪要二卷安澜纪要二卷
(清)徐端撰　清道光刻本　‖　省图

1048　**回澜社医书四种**
汪绍达辑　民国影印本　‖　省图

1049　**回生集二卷**
(清)陈杰撰　清同治刻本　‖　省图　郫都区

1050　**洄溪医案一卷**
(清)徐大椿撰　(清)王士雄编　清咸丰五年(1855)刻本　‖　成都

1051　**洄溪医案一卷**
(清)徐大椿撰　(清)王士雄编　清光绪十九年(1893)上海图书集成印书局铅印本　‖　温江区

1052　**洄溪医案一卷**
(清)徐大椿撰　(清)王士雄编　清刻本　‖　成都　泸州　川大　中医大

1053　**汇集金鉴四卷**
(清)释本圆辑　民国刻本　‖　川大

1054　**汇集奇方一卷**
□□撰　民国抄本　‖　省图

1055　**绘地法原不分卷附表一卷图一卷**
(美国)金楷理口译(清)王德均笔述　清光绪刻本　‖　省图

1056　**绘地法原一卷**
(美国)金楷理口译(清)王德均笔述　清末上海江南机器制造总局刻本　‖　川大

1057　**绘图痧惊合璧四卷**
(清)陈汝铨撰　民国六年(1917)上海天宝书局石印本　‖　省图

1058　**绘图痧惊合璧四卷**
(清)陈汝铨撰　民国十九年(1930)上海千顷堂书局石印本　‖　省图

1059　**绘图食物本草一卷**
(清)朱斗南编　民国上海锦章图书局影印本　‖　省图

1060　**绘图外科正宗十二卷**
(明)陈实功撰(清)徐大椿评　清光绪扫叶山房刻本　‖　南充

1061　**绘图卫生至宝一卷**
□□撰　民国石印本　‖　省图

1062　**绘图针灸易学三卷**
(清)李守先注(清)王庭煊等参　清末民初石印本　‖　川大

1063　**绘图针灸易学三卷**
(清)李守先注(清)王庭煊等参　一九五五年上海锦章书局石印本　‖　省图

1064　**汇编奇效良方一卷**
杨鹏先辑　民国二十二年(1933)上海明善书局石印本　‖　省图

1065　**汇集金鉴二卷**
(清)释本圆辑　清道光二十二年(1842)刻本　‖　省图　中医大

1066　**浑盖通宪图说二卷首一卷**
(明)李之藻撰　民国十一年(1922)影印本　‖　成都

1067　**活法机要一卷**
(明)吴中珩校　清二酉堂刻本　‖　中医大

1068　**活人精言三种**
(明)戈维城著(清)席树馨校梓(清)席之瑛兑字　清光绪二十七年(1901)刻本　‖　省图　泸州　川大

1069　**活人书二十卷**
(明)徐镕校正　清光绪二十三年(1897)刻本　‖　川大　中医大

1070　**活人心法四卷**
(清)王文选编辑　清同治三年(1864)刻本　‖　泸州　川大

1071　**活幼心法八卷末一卷**
(明)聂尚恒撰　清同治刻本　‖　川大　中医大

1072　**活幼心法大全八卷末一卷**
(明)聂尚恒撰　民国上海千倾堂石印本　‖　中医大

1073　**活幼心法二卷**
(明)聂尚恒撰　清道光二十二年(1844)刻本　‖　温江区

1074　**活幼珠玑二卷续编一卷**
(清)许佐廷编辑(清)程学诜等校　清同治刻本　‖　中医大

1075　**火车铁路论一卷**
(英国)傅兰雅撰　清光绪石印本　‖　西华师大

1076　**火龙经三卷**
(三国蜀)诸葛亮撰(明)刘基(明)焦玉校　清善成堂刻本　‖　自贡

1077　**霍乱病治疗验方一卷**
刘秉衡拟　民国石印本　‖　省图

1078　**霍乱论二卷**
(清)王士雄述　民国新新公司铅印本　‖　成都　泸州　川大

1079　**霍乱论二卷**
(清)王士雄述　清道光浙杭湖墅长盛纸行刻本　‖　省图

1080　**霍乱论二卷**
(清)王士雄述　清咸丰元年(1851)吟香书屋刻本　‖　川大　新都区

1081　**霍乱论二卷**
(清)王士雄述　清光绪十七年(1891)蒲圻但氏刻本　‖　成都　泸州　川大　中医大

1082　**霍乱论二卷**
(清)王士雄述　清光绪二十五年(1899)成都多文会刻本　‖　省图

1083　**霍乱论二卷**
(清)王士雄述　民国上海锦章书局石印本　‖　川博

1084　**霍乱论二卷**
(清)王士雄述　民国大昌公司铅印本　‖　省图 中医大

1085　**霍乱论二卷**
(清)王士雄述　民国油印本　‖　省图

1086　**霍乱燃犀说二卷末一卷**
(清)许起述(清)许玉瀛等校　清光绪十四年(1888)刻本　‖　中医大

1087　**霍乱新论一卷**
(清)姚训恭撰　清光绪二十八年(1902)狼虎街官刻字居铅印本　‖　中医大

1088　**霍乱症防治法一卷**
□□撰　民国富顺县县政府铅印本　‖　省图

1089　**机工教范二卷**
(清)王汝骊译述(清)曹永清绘图　民国元年(1912)上海制造局图书处刻本　‖　川大

1090　**机器择要图说一卷**
(英国)傅兰雅撰　清光绪石印本　‖　西华师大

1091　**肌肉学一卷**
王德煦授　民国石印本　‖　犍为

1092　**缉古算经一卷**
(唐)王孝通撰并注(清)张敦仁细草　清道光刻本　‖　省图 成都 泸州

1093　**缉古算经一卷**
(唐)王孝通撰并注(清)张敦仁细草　清光绪八年(1882)刻本　‖　成都

1094　**缉古算经一卷**
(唐)王孝通撰并注(清)张敦仁细草　清知不足斋刻本　‖　成都 泸州 西南民大

1095　**稽瑞一卷**
(唐)刘赓辑　民国铅印本　‖　川大

1096　**畿辅水利四卷附录一卷**
(清)潘锡恩辑　清道光三年(1823)刻本　‖　西华师大

1097　**畿辅水利义一卷附国史本传一卷**
(清)林则徐撰　清光绪二年(1876)三山林氏刻本　‖　省图

1098　**吉利全书一卷**
□□撰　民国原盛堂刻本　‖　泸州

1099　**急救方一卷**
(明)胡臬宪撰　清乾隆余庆堂黄铣刻本　‖　省图

1100　**急救各方一卷**
(清)吴香湖校　清耦阁主人刻本　‖　省图

1101　**急救广生集十卷**
(清)程鹏程编　清嘉庆十年(1805)得生堂刻本　‖　中医大

1102　急救简便应验良方不分卷
□□撰　民国抄本　‖　省图

1103　急救简便应验良方一卷
□□辑　清光绪刻本　‖　省图

1104　急救经验良方一卷
(清)陈念祖评　民国上海锦章书局石印本　‖　川博

1105　急救痧奇方附经验百病内外一卷
□□撰　清光绪十三年(1887)成都多文会刻本　‖　成都

1106　急救痧症全集三卷
(清)费山寿辑纂　清光绪九年(1883)笠泽三省书屋刻本　‖　中医大

1107　急救鼠疫传染良方一卷
(清)吴宣崇撰　清光绪二十七年(1901)上海千顷堂石印本　‖　省图

1108　急救仙方六卷
(清)鲍泰圻重校　清道光八年(1828)刻本　‖　省图

1109　急救异痧奇方一卷附经验百病内外一卷
(清)陈念祖原评　清光绪十三年(1887)成都多文会刻本　‖　省图

1110　急救异痧奇方一卷
(清)陈念祖评　清光绪二十年(1894)四川资州官廨刻本　‖　泸州

1111　急救易知一卷
□□撰　民国铅印本　‖　省图

1112　急救应验良方一卷
(清)徐干敬选(清)费山寿纂辑　清光绪九年(1883)成都敬豫堂刻本　‖　省图　乐山　中医大

1113　急救应验良方一卷
(清)徐干敬选(清)费山寿纂辑　清光绪十三年(1887)荣县正堂唐选皋刻本　‖　中医大

1114　急救应验良方一卷
(清)徐干敬选(清)费山寿纂辑　清光绪华阳李承光刻本　‖　川大

1115　急救应验良方一卷
(清)徐干敬选(清)费山寿纂辑　民国八年(1919)刻本　‖　省图　乐山

1116　急救应验良方一卷
(清)徐干敬选(清)费山寿纂辑　民国二十三年(1934)六陆印刷馆铅印本　‖　南充南

1117　急慢惊风一卷
秦勋撰　民国四年(1915)抄本　‖　省图

1118　急治汇编三卷
(清)张穌荼纂录　清宣统元年(1909)石印本　‖　中医大

1119　急治良方一卷
(清)罗思举撰　清道光刻本　‖　省图

1120　**集成萃编兰台轨范八卷**
(清)徐大椿著　清守约堂刻本　‖　省图

1121　**集选奇效简便良方四卷**
(清)丁尧臣辑　清光绪刻本　‖　省图

1122　**集验背疽方一卷**
(宋)李迅撰　民国二十四年(1935)上海商务印书馆影印本　‖　南充　西南交大　川博

1123　**集验简易良方四卷**
(清)怀庭德丰辑(清)莫树蕃校订　清光绪三十四年(1908)武昌肇杏书屋刻本　‖　省图(不全)

1124　**集验良方拔萃二卷**
(清)恬素辑　清同治五年(1866)刻本　‖　中医大

1125　**集注伤寒论十卷**
(汉)张机撰　清光绪二十年(1894)刻本　‖　郫都区(不全)

1126　**集注太玄经十卷**
(宋)司马光撰　民国二十五年(1936)上海中华书局仿聚珍版宋刻铅印本　‖　西南交大

1127　**几何举隅六卷补译几何原本一卷**
(英国)托咸都辑(清)郑毓英译述(清)汤金铸校绘　清光绪二十八年(1902)上海扫叶山房石印本　‖　省图

1128　**几何举隅三卷**
(英国)托咸都辑(清)郑毓英译述(清)汤金铸校绘　清光绪二十四年(1898)江夏董家埠刻本　‖　川师大

1129　**几何原本六卷首六卷**
(希腊)欧几里得撰(意大利)利玛窦口译(明)徐光启笔录　清道光二十七年(1847)刻本　‖　温江区

1130　**几何原本十五卷**
(意大利)利玛窦口译(明)徐光启笔受　清同治四年(1865)金陵刻本　‖　省图　成都　泸州　雅安　西华师大

1131　**几何原本十五卷**
(意大利)利玛窦口译(明)徐光启笔受　清光绪二十二年(1898)上海积山书局石印本　‖　省图　川大

1132　**几希录良方合璧一卷**
(清)张惟善辑　清同治八年(1869)姑苏得见斋刻本　‖　中医大

1133　**己任编四种**
(清)杨乘六辑评　清道光十年(1830)刻本　‖　省图

1134　**纪慎斋易学求雨图说一卷附录虫胀脚气两症经验良方一卷**
(清)劳守慎纂辑　清光绪三十二年(1906)南海劳礼安堂刻本　‖　川大

1135　**纪效新书十八卷首一卷**
(明)戚继光撰　清道光十年(1830)来鹿堂刻本　‖　省图　安州区(绵阳市)

1136　**纪效新书十八卷首一卷**
(明)戚继光撰　清道光二十一年(1841)虎林西泉氏刻本　‖　成都

1137　**纪元以来朔闰考六卷**
罗振玉校录　民国东方学会铅印本　‖　省图

1138　济生拔萃十九卷

(元)杜思敬撰　民国二十七年(1938)商务印书馆影印上海涵芬楼元刻本　‖　川大　川师大　西华师大

1139　济世达生撮要八种

(清)李泽身撰　清刻本　‖　泸州

1140　济世良方六卷首一卷

(清)周其芬原辑(清)莹轩氏增辑　清同治四年(1865)武昌节署刻本　‖　省图　中医大

1141　济世良方六卷首一卷补遗四卷

(清)周其芬原辑(清)莹轩氏增辑　清同治四年(1865)武昌节署刻同治七年(1868)重刻本　‖　省图

1142　济世良方六卷首一卷补遗四卷

(清)周其芬原辑(清)莹轩氏增辑　清光绪十年(1884)枕经书屋重刻本　‖　川大

1143　济世山房痧症医案全集一卷

吴荣漳著　陶轩汇辑并图注　民国二十六年(1937)新繁县石印本　‖　省图

1144　济世养生集一卷

(清)毛世洪辑(清)汪瑜增订　清同治十一年(1872)刻本　‖　省图

1145　济世养生经验良方八卷

费梧纂订　费樊元等校　清光绪十九年(1891)居敬斋刻本　‖　中医大

1146　济阳纲目一百零八卷

(明)武之望编辑(清)张楠注　清咸丰六年(1856)张氏宏道书院刻本　‖　省图

1147　济阴纲目十四卷

(明)武之望辑注(清)汪淇笺释　清善成堂刻本　‖　成都　自贡　中医大

1148　济阴纲目十四卷

(明)武之望注(清)汪淇笺释　民国十七年(1928)刻本　‖　成都(不全)　川大

1149　济阴纲目十四卷附保生碎事一卷

(明)武之望辑注(清)汪淇笺释 & 附保生碎事一卷(清)汪淇论定　清致盛堂刻本　‖　省图　中医大

1150　济阴纲目十四卷附保生碎事济阴慈幼外编一卷

(明)武之望注(清)汪淇笺释 & 附保生碎事一卷(清)汪淇论定　清刻本　‖　省图　成都　郫都区(不全)　川大

1151　济阴纲目十四卷附保生碎事一卷

(明)武之望辑注(清)汪淇笺释 & 附保生碎事一卷(清)汪淇论定　清天德堂刻本　‖　省图　中医大(不全)

1152　济阴纲目十四卷附保生琐事一卷

(明)武之望辑注(清)汪淇笺释 & 附保生碎事一卷(清)汪淇论定　民国上海锦章图书局石印本　‖　安州区(绵阳市)

1153　济众录三卷

(清)劳守慎辑　清光绪三十二年(1906)刻本　‖　中医大

1154　寄生虫病学不分卷

孙重仪撰　民国抄本　‖　省图

1155　加非考一卷

(清)陈寿彭译辑　清光绪铅印本　‖　省图

1156　**加批圈点内经知要二卷**
(明)李中梓原辑(清)陈莲舫批　民国十七年(1928)上海广益书局石印本　‖　省图

1157　**加批圈点内经知要二卷**
(明)李中梓原辑(清)陈莲舫批　民国二十二年(1933)上海广益书局石印本　‖　省图　乐山

1158　**加批圈点外台秘要方四十卷**
(唐)王焘撰　民国十三年(1924)上海广益书局石印本　‖　省图

1159　**加批详评景岳全书六十四卷**
(明)张介宾著(清)叶桂评　江家桢订　民国上海广益书局石印本　‖　中医大

1160　**加批校正金匮心典三卷**
(清)陈莲舫批　江忍庵校正　民国十七年(1928)广益书局石印本　‖　中医大

1161　**加评温病条辨六卷首一卷**
(清)吴瑭著　陆士谔加评　民国二十一年(1932)神州医学编辑社石印本　‖　省图

1162　**家藏心典十六卷**
(清)陈念祖撰　清刻本　‖　郫都区

1163　**家畜病理学不分卷**
□□撰　民国抄本　‖　省图

1164　**家畜产科学不分卷**
陆军兽医学校编　民国中华书局铅印本　‖　省图

1165　**家畜传染病学一卷**
罗清生编撰　民国三十年(1941)西南印书局铅印本　‖　省图

1166　**家畜内科学不分卷**
陆军兽医学校编　民国益阳震亚印书馆铅印本　‖　省图

1167　**家畜内科学讲义一卷附病马看护一卷**
□□撰　民国油印本　‖　省图

1168　**家畜内科诊断学不分卷**
陆军兽医学校编　民国毅记印刷局铅印本　‖　省图

1169　**家畜内科诊断学不分卷**
崔步瀛编　民国中华印刷局铅印本　‖　省图

1170　**家畜外科各论学一卷**
□□撰　民国铅印本　‖　省图

1171　**家畜卫生不分卷**
焦龙华著　民国三十五年(1946)铅印本　‖　省图

1172　**家畜卫生学不分卷**
陆军兽医学校编　民国中华印刷局铅印本　‖　省图

1173　**家传医学入门二卷**
(清)江秉乾编辑　清宣统三年(1911)师古堂刻本　‖　中医大

1174　嘉量算经三卷
(明)朱载堉著　清咸丰四年(1854)存古书局刻本　‖　南充

1175　兼济堂纂刻梅勿庵先生历算全书二十九种
(清)梅文鼎撰　清光绪十年(1885)上海敦怀书屋石印本　‖　川师大　西华师大

1176　简明病理学不分卷
陆军兽医学校编　民国三十六年(1947)铅印本　‖　省图

1177　简明家畜内科学一卷
陆军兽医学校编　民国铅印本　‖　省图

1178　简明家畜内科诊断学不分卷
□□撰　民国铅印本　‖　省图

1179　简明家畜药物学不分卷
□□撰　民国二十六年(1937)铅印本　‖　省图

1180　简明外科总论讲义不分卷
陆军兽医学校编　民国铅印本　‖　省图

1181　简明中西汇参医学图说二卷
(清)王中忠编辑　清光绪三十二年(1906)上海广益书局石印本　‖　川大

1182　简要经药一卷
□□撰　清抄本　‖　省图

1183　简易庵算稿四卷
(清)刘彝程撰(清)龚杰绘图　清光绪二十六年(1900)制造局刻本　‖　省图　川大

1184　简易格致课本不分卷
杜亚泉编纂　清光绪三十二年(1906)上海商务印书馆铅印本　‖　省图

1185　简易医诀四卷
(清)周云章著　清宣统元年(1909)刻本　‖　省图　成都　温江区　川大　中医大

1186　剑法真传二卷
(清)宋赓平撰　吴剑华　吴剑泉重编　民国上海六艺仁记书局石印本　‖　省图

1187　健康秘诀一卷
卢世英著　民国同文石印局石印本　‖　泸州

1188　江苏海塘新志八卷首一卷
(清)李庆云总纂(清)蒋师辙编辑　清光绪十六年(1890)刻本　‖　川大

1189　江苏水利图说不分卷
(清)李庆云撰　清宣统二年(1910)刻本　‖　西华师大

1190　讲求矿物一卷
(英国)傅兰雅撰　清光绪十五年(1889)铅印本　‖　西华师大

1191　讲求种植一卷
(英国)玛高温撰　清光绪石印本　‖　西华师大

1192　**绛雪园古方选注不分卷**
(清)王子接注(清)叶桂校　清雍正十年(1732)介景楼刻本　‖　西华师大

1193　**绛雪园古方选注三卷**
(清)王子接注(清)叶桂校　清扫叶山房刻本　‖　省图　泸州　乐山　中医大

1194　**绛雪园古方选注三卷**
(清)王子接注(清)叶桂校　民国上海千倾堂书局石印本　‖　中医大

1195　**焦氏易诂十一卷补遗一卷**
尚秉和撰　民国二十三年(1934)刻本　‖　川大

1196　**焦氏易林校略十六卷**
(清)翟云升撰　清末刻本　‖　川大

1197　**脚气治法总要二卷**
(宋)董汲著　民国二十四年(1935)上海商务印书馆影印本　‖　南充　西南交大　川博

1198　**教种山蚕谱不分卷**
(清)杜国棠辑　清光绪二十三年(1897)名山官署刻本　‖　川大

1199　**教种山蚕谱一卷樗茧谱一卷**
(清)汪国璋撰(清)郑珍纂(清)莫友芝注　清光绪二十年(1894)宜宾官署刻本　‖　省图　泸州

1200　**痎疟论疏一卷**
(明)卢之颐撰　清光绪四年(1878)刻本　‖　绵竹　川大　中医大

1201　**捷法算盘一卷**
□□撰　民国坊刻本　‖　成都

1202　**捷要算法不分卷**
□□撰　清咸丰元年(1851)成都刻本　‖　省图

1203　**捷要杂略脉诀一卷附邓氏杂略汤头歌括一卷**
□□撰　民国二十六年(1937)张智和抄本　‖　省图

1204　**解毒编不分卷**
(清)汪汲辑　清古愚山房刻本　‖　泸州

1205　**解剖学七卷**
□□撰　民国国立成都大学球新印刷厂铅字排印本　‖　川大

1206　**解析几何不分卷**
□□撰　民国油印本　‖　川大

1207　**戒烟简章说明书一卷**
四川自立戒烟总社撰　民国二十年(1931)刻本　‖　省图

1208　**今水经一卷**
(清)黄宗羲撰　清光绪三年(1877)湖北崇文书局刻本　‖　成都

1209　**金镜录不分卷**
□□撰　清刻本　‖　川大

1210　**金镜录伤寒门一卷**
(元)敖氏撰(清)太医院校正　清嘉庆二十二年(1817)文林堂重刻本　‖　乐山

1211　**金匮读本二卷**
(汉)张机著　清同治七年(1868)刻本　‖　中医大

1212　**金匮方歌括六卷**
(清)陈念祖著(清)陈蔚订(清)陈元犀韵注(清)陈心典等校字　清咸丰五年(1855)重庆闿书业堂刻本　‖　中医大

1213　**金匮方歌括六卷**
(清)陈念祖著(清)陈蔚订(清)陈元犀韵注(清)陈心典等校字　清光绪十五年(1889)遂宁务本堂刻本　‖　成都　中医大

1214　**金匮方歌括六卷**
(清)陈念祖著(清)陈蔚订(清)陈元犀韵注(清)陈心典等校字　清光绪十八年(1892)上海图书集成印书局石印本　‖　泸州

1215　**金匮方歌括六卷**
(清)陈念祖著(清)陈蔚订(清)陈元犀韵注(清)陈心典等校字　清光绪二十四年(1898)刻本　‖　成都　江油　三台　温江区　郫都区　川大

1216　**金匮方歌括六卷**
(清)陈念祖著(清)陈蔚订(清)陈元犀韵注(清)陈心典等校字　清天道堂刻本　‖　省图

1217　**金匮方歌括六卷**
(清)陈念祖著(清)陈蔚订(清)陈元犀韵注(清)陈心典等校字　清五福堂刻本　‖　中医大

1218　**金匮方歌括六卷**
(清)陈念祖著(清)陈蔚订(清)陈元犀韵注(清)陈心典等校字　民国上海锦章书局石印本　‖　泸州

1219　**金匮方解六卷**
张静涛编述　张泽沛参校　民国二十一年(1932)璧山县文学社影印本　‖　省图

1220　**金匮论方合解七卷**
(清)许宗正撰　民国元年(1912)潼川郡许氏刻本　‖　省图

1221　**金匮启钥五种**
(清)黄朝坊辑　清咸丰十年(1860)绍雅堂刻本　‖　省图

1222　**金匮伤寒补遗合编二卷碎玉补拾一卷**
(汉)张仲景著 & 碎玉补拾一卷(汉)华佗著　民国三十年(1941)铅印本　‖　川大

1223　**金匮悬解二十二卷**
(清)黄元御著(清)徐树铭校刊　清咸丰十年(1860)燮龢精舍刻本　‖　成都(不全)　泸州

1224　**金匮悬解二十二卷**
(清)黄元御著(清)徐树铭校刊　清刻本　‖　崇州

1225　**金匮学一卷**
□□撰　民国铅印本　‖　成都

1226　**金匮要略二卷**
(汉)张机撰　(晋)王叔和集　民国二十五年(1936)上海中华书局珍仿宋版铅印本　‖　西南交大

1227　金匮要略方论本义二十二卷
(汉)张机原本　(清)何炫评定(清)冀栋评定(清)魏荔彤释义　清刻本　‖　中医大

1228　金匮要略方论本义二十二卷
(汉)张机原本　(清)何炫评定(清)冀栋评定(清)魏荔彤释义　民国成都昌福公司铅印本　‖　省图　泸州　温江区　川大

1229　金匮要略方论今释八卷
陆渊雷撰述　沈本琰参校　民国二十四年(1935)上海陆渊雷医室铅印本　‖　省图

1230　金匮要略方论三卷
(汉)张机撰　(晋)王叔和集　清光绪成都崇文斋刻本　‖　川大

1231　金匮要略方论三卷
(汉)张机撰　(晋)王叔和集　民国十二年(1923)王选卿抄本　‖　省图

1232　金匮要略方论三卷
(汉)张机撰　(晋)王叔和集　民国十八年(1929)上海商务印书馆影印本　‖　西南交大

1233　金匮要略方论三卷
(汉)张机撰　(晋)王叔和集　民国二十五年(1936)刻本　‖　川大

1234　金匮要略方论三卷
(汉)张机撰　(晋)王叔和集　民国影印本　‖　雅安

1235　金匮要略集注折衷九卷
(汉)张仲景原文　胡毓秀补注　民国二十六年(1937)信阳义兴福印书馆铅印本　‖　川大

1236　金匮要略讲义九卷
(汉)张机原文　陈绍勋讲述　周德馨笔录　民国成都彬明印刷社铅印本　‖　省图

1237　金匮要略浅注补正九卷
(汉)张机原文　(清)陈念祖浅注　(清)唐宗海补正　清光绪三十二年(1906)善成堂刻本　‖　自贡(不全)　泸州

1238　金匮要略浅注补正九卷
(汉)张机原文　(清)陈念祖浅注　(清)唐宗海补正　清光绪三十二年(1906)中西书屋铅印本　‖　省图　成都　川大(不全)

1239　金匮要略浅注补正九卷
(汉)张机原文　(清)陈念祖浅注　(清)唐宗海补正　清光绪三十四年(1908)千顷堂书局石印本　‖　省图　成都　泸州　川大

1240　金匮要略浅注方论合编十卷
(清)陈念祖著(清)严岳莲辑(清)严式海校补　清宣统元年(1909)渭南严氏汇刻医学初阶刻本　‖　省图

1241　金匮要略浅注十卷
(汉)张机撰(清)陈念祖集注　清道光十年(1830)刻本　‖　郫都区

1242　金匮要略浅注十卷
(汉)张机撰(清)陈念祖集注　清咸丰五年(1855)闽书业堂刻本　‖　中医大

1243　金匮要略浅注十卷
(汉)张机撰(清)陈念祖集注　清光绪二年(1876)刻本　‖　郫都区(不全)

1244　金匮要略浅注十卷
(汉)张机撰(清)陈念祖集注　清光绪十五年(1889)刻本　‖　成都(不全)　中医大

1245　金匮要略浅注十卷
(汉)张机撰(清)陈念祖集注　清光绪二十四年(1898)刻本　‖　成都 江油 三台 新都区(不全) 温江区 郫都区 崇州(不全) 川大 中医大

1246　金匮要略浅注十卷
(汉)张机撰(清)陈念祖集注　清光绪三十一年(1905)蜀东信义书局刻本　‖　省图

1247　金匮要略浅注十卷
(汉)张机撰(清)陈念祖集注　清五福堂刻本　‖　中医大

1248　金匮要略浅注十卷
(汉)张机撰(清)陈念祖集注　民国上海锦章书局石印本　‖　泸州 安州区(绵阳市)(不全) 川博

1249　金匮要略三卷
(汉)张仲景著(晋)王叔和撰次(宋)林亿校正(明)赵开美校刊　清刻本　‖　泸州

1250　金匮要略三卷
(汉)张仲景著(晋)王叔和撰次(宋)林亿校正(明)赵开美校刊　抄本　‖　温江区

1251　金匮要略心典三卷
(汉)张机著(清)尤怡集注　清光绪七年(1881)爱德书院刻本　‖　成都 南充 川大(不全)

1252　金匮要略心典三卷
(汉)张机著(清)尤怡集注　清宣统元年(1909)同文会刻本　‖　省图

1253　金匮要略心典三卷
(汉)张机著(清)尤怡集注　清广益书局石印本　‖　雅安 中医大

1254　金匮要略心典三卷
(汉)张机著(清)尤怡集注　民国十七年(1928)刻本　‖　川大

1255　金匮要略心典三卷
(汉)张机著(清)尤怡集注　民国上海文瑞楼石印本　‖　成都 中医大

1256　金匮翼八卷
(清)尤怡集(清)徐锦炳读　清嘉庆十八年(1813)刻本　‖　省图

1257　金匮翼八卷
(清)尤怡集(清)徐锦炳读　清嘉庆吴中忠恕堂刻本　‖　省图 成都 荣县 郫都区(不全)

1258　金匮翼八卷
(清)尤怡集(清)徐锦炳读　清宏道堂刻本　‖　中医大

1259　金匮翼八卷
(清)尤怡集(清)徐锦炳读　民国上海鸿章书局石印本　‖　省图 川大

1260　金匮玉函经二注二十二卷
(明)赵以德衍义(清)周扬俊补注(清)李清俊重刊(清)叶万青校　清同治二年(1863)刻本　‖　川大

1261　金匮玉函经二注二十二卷
(明)赵以德衍义(清)周扬俊补注(清)李清俊重刊(清)叶万青校　民国十年(1921)苏州萃芬书屋刻本　‖　中医大

1262　**金匮玉函经二注二十二卷附十药神书一卷**
(明)赵以德衍义(清)周扬俊补注(清)李清俊重刊(清)叶万青校　清道光十八年(1838)吴郡经义斋刻本　‖　省图　荣县　郫都区　川大　中医大

1263　**金匮玉函要略方论三卷**
(汉)张仲景撰(晋)王叔和集(宋)林亿诠次　民国上海中华书局铅印本　‖　雅安　川博

1264　**金类器皿机器图说一卷**
(英国)傅兰雅撰　清光绪石印本　‖　西华师大

1265　**金石表一卷**
(美国)玛高温译　清末江南制造总局铅印本　‖　川大

1266　**金石草匦识三卷**
(明)李时珍撰　清刻本　‖　温江区

1267　**金石识别十二卷**
(美国)代那撰(美国)玛高温口译(清)华蘅芳笔述　清光绪江南制造总局刻本　‖　省图　川大

1268　**金汤借箸十二筹十二卷**
(清)李盘等撰　清光绪五年(1879)淮南李氏刻本　‖　省图

1269　**金文历朔疏证八卷**
吴其昌撰　民国二十五年(1936)商务印书馆铅印本　‖　川师大

1270　**近代中西公历对照表一卷**
□□撰　抄本　‖　省图

1271　**近世动物学不分卷**
□□撰　民国国立成都大学日新工业社铅印本　‖　川大

1272　**近世化学教科书二卷**
(日本)大幸勇吉撰(清)樊炳清译　清光绪二十九年(1903)教育世界出版所铅印本　‖　西南民大

1273　**近世内科国药处方集一卷**
叶橘泉撰　民国二十五年(1936)上海家庭工业社石印本　‖　成都

1274　**近世内科国药处方集一卷**
叶橘泉撰　民国二十五年(1936)浙江双林存济医庐叶氏医学丛书铅印本　‖　省图

1275　**近世长寿法一卷**
(日本)田中佑吉著　丁福保译　民国铅印本　‖　泸州

1276　**经方实验录第一集三卷**
曹颖甫撰　姜佐景编　民国二十六年(1937)上海大东书局铅印本　‖　安州区(绵阳市)

1277　**经络歌诀一卷医方汤头歌括一卷保产机要一卷保生碎事一卷**
(清)汪昂编辑　清刻本　‖　川大

1278　**经络图说一卷**
(清)姚澜撰　清刻本　‖　成都

1279 **经络要穴歌诀百症赋笺注合编**
承澹盦编撰　民国二十二年(1933)无锡锡成公司铅印本　‖　成都

1280 **经脉分图四卷**
(清)吴之英撰　民国九年(1920)名山吴氏刻本　‖　三台

1281 **经脉图考四卷**
(清)陈惠畴注　清光绪四年(1878)贵州巡抚部院刻本　‖　川大　中医大

1282 **经脉图考四卷**
(清)陈惠畴注　民国十七年(1928)上海民和书局影印本　‖　省图

1283 **经脉图考四卷**
(清)陈惠畴注　清末广州登云阁刻本　‖　川大

1284 **经史证类大观本草三十一卷**
(宋)唐慎微撰　民国七年(1918)铅印本　‖　成都

1285 **经书算学天文考二卷**
(清)陈懋龄学　清刻本　‖　泸州

1286 **经天星座歌不分卷附图表暨中西星名合谱**
黄维翰撰　民国铅印本　‖　成都

1287 **经效产宝三卷续编一卷**
(唐)昝殷撰集　民国影印宋本　‖　省图

1288 **经星汇考一卷上元甲子恒星表一卷**
(清)贾步纬撰　清刻本　‖　泸州

1289 **经穴考正一卷**
何仲皋撰　何龙举编　清光绪三十年(1904)四川高等国医学院石印本　‖　川大

1290 **经穴考正一卷**
何仲皋撰　何龙举编　民国成都学渊印刷社铅印本　‖　省图

1291 **经穴学讲义三卷**
承澹盦编　民国铅印本　‖　省图

1292 **经穴学三卷**
□□撰　民国抄本　‖　成都

1293 **经穴纂要五卷**
(日本)小坂营升元佑纂辑(日本)大桥德泉等校　日本文化七年(1810)东都下谷御成道青云堂刻本　‖　中医大

1294 **经验百方一卷良方续录一卷**
(清)汪世隽辑　清同治七年(1868)金肖农刻本　‖　省图

1295 **经验便捷奇方二卷**
李云庵辑　民国明善书局石印本　‖　省图　成都

1296 **经验方抄四卷**
(清)陆言辑　清道光八年(1828)刻本　‖　中医大

1297 **经验灸法独本一卷**
□□撰 清抄本 ‖ 省图 乐山

1298 **经验良方大全十卷首一卷**
(清)黄统撰(清)王孟英续编 民国上海进步书局石印本 ‖ 成都 泸州(不全)

1299 **经验良方大全十卷首一卷**
(清)黄统著(清)王孟英续编 民国十年(1921)文明书局石印本 ‖ 省图 泸州 中医大

1300 **经验良方二卷**
(清)次留编辑 民国六年(1917)炼石斋书局石印本 ‖ 川大

1301 **经验良方二卷**
(清)周桂山编(清)梁思淇续编 民国十六年(1927)上海锦章图书局石印本 ‖ 省图

1302 **经验良方一卷**
(清)□□辑 清道光二十二年(1842)刻本 ‖ 省图

1303 **经验选秘六卷**
(清)胡增彬辑订 清同治刻本 ‖ 省图

1304 **荆楚修疏指要二卷首一卷**
(清)胡祖翩著 清同治十一年(1873)湖北崇文书局刻本 ‖ 省图

1305 **惊风辨证必读书二卷**
(清)刘德馨辑 清光绪二十七年(1901)上元江氏刻本 ‖ 省图 成都 泸州 南充

1306 **惊风痘疹秘本一卷**
□□撰 民国抄本 ‖ 省图

1307 **精法摘要录一卷**
静庵氏著 民国三十年(1941)抄本 ‖ 省图

1308 **精神病广义二卷**
周利川著 民国铅印本 ‖ 省图

1309 **精校加批增图医学入门八卷**
(明)李梴著 民国校经山房石印本 ‖ 南充

1310 **精校竹林女科五卷**
(清)叶其蓁撰 民国上海锦章图书局石印本 ‖ 南充

1311 **精选外症经验良方一卷**
□□撰 清光绪抄本 ‖ 省图

1312 **精选长历全本**
□□撰 民国二十二年(1933)刻本 ‖ 川博

1313 **井矿工程三卷**
(英国)白尔捺辑(英国)傅兰雅口译(清)赵元益笔述 清末江南制造总局刻本 ‖ 川大

1314 **景德镇陶录十卷**
(清)蓝浦原著(清)郑廷桂补辑 清光绪十七年(1891)京都书业堂重刻本 ‖ 川师大 西华师大

1315　**景佑干象新书**
(宋)杨惟德撰　民国十六年(1927)上虞罗氏影印本　‖　川师大(不全)

1316　**景岳全书德集新方八阵**
(明)张介宾撰　民国抄本　‖　成都

1317　**景岳全书二十四集十六种**
(明)张介宾撰　清聚文堂刻本　‖　省图 川大

1318　**景岳全书二十四集十六种**
(明)张介宾撰　清振贤堂刻本　‖　省图

1319　**景岳全书二十四集十六种**
(明)张介宾撰　清藜照楼刻本　‖　省图

1320　**景岳全书二十四集十六种**
(明)张介宾撰　清刻本　‖　省图 安州区(绵阳市)(不全)

1321　**景岳全书二十四集十六种**
(明)张介宾撰　民国上海会文堂新记书局石印本　‖　省图 自贡 安州区(绵阳市)

1322　**景岳全书发挥四卷**
(清)叶桂著　清光绪五年(1880)吴氏醉六堂刻本　‖　省图 川大 中医大

1323　**景岳全书发挥四卷首一卷**
(清)叶桂著　民国六年(1917)竞进书局石印本　‖　省图

1324　**景岳全书六十四卷**
(明)张介宾撰　清康熙四十九年(1710)刻本　‖　川大

1325　**景岳全书六十四卷**
(明)张介宾撰　清末集古堂刻本　‖　川大

1326　**景岳全书六十四卷**
(明)张介宾撰　清刻本　‖　泸州(不全) 郫都区(不全) 中医大

1327　**景岳全书六十四卷**
(明)张介宾撰(清)鲁超订　民国广益书局石印本　‖　中医大

1328　**景岳新方砭四卷**
(清)陈念祖撰(清)陈元豹等校字　清光绪二十一年(1895)仿南雅书屋刻本　‖　成都 温江区

1329　**景岳新方砭四卷**
(清)陈念祖撰(清)陈元豹等校字　清光绪二十九年(1903)蜀东信义书局刻本　‖　省图

1330　**景岳新方砭四卷**
(清)陈念祖撰(清)陈元豹等校字　清友文堂刻本　‖　成都

1331　**景岳新方砭四卷**
(清)陈念祖撰(清)陈元豹等校字　清成文堂刻本　‖　成都 中医大

1332　**景岳新方砭四卷**
(清)陈念祖撰(清)陈元豹等校字　清同文会刻本　‖　中医大

1333　**景岳新方砭四卷**
(清)陈念祖撰(清)陈元豹等校字　清稽古堂刻本　‖　成都

1334　**景岳新方砭四卷**
(清)陈念祖撰(清)陈元豹等校字　清刻本　‖　三台 郫都区(不全)

1335　**景岳新方歌一卷**
(清)高秉钧(清)姚志仁等纂　清嘉庆十四年(1809)刻本　‖　省图

1336　**景岳新方诗括注解四卷**
(清)林霈纂(清)陈念祖纂(清)郑杰订刊　清道光二十四年(1844)宝仁堂刻本　‖　中医大

1337　**静水学器图说一卷**
(英国)傅兰雅辑　清光绪石印本　‖　西华师大

1338　**镜镜詅痴五卷**
(清)郑复光撰(清)杨尚文绘图(清)张穆编　清道光二十七年(1847)灵石杨氏刻本　‖　南充

1339　**九峰采兰记一卷**
邬庆时撰　民国刻本　‖　省图

1340　**九数存古九卷**
(清)顾观光撰　清光绪十八年(1892)江苏书局刻本　‖　西华师大

1341　**九数通考十一卷首一卷末一卷**
(清)屈曾发辑　清光绪十四年(1888)上海点石斋石印本　‖　川大(不全) 西华师大

1342　**九数外录一卷附顾尚之别传一卷**
(清)顾观光别传(清)张文虎撰　清光绪刻本　‖　省图 西华师大

1343　**九思堂重订证治准绳六种**
(明)王肯堂辑　清九思堂刻本　‖　中医大

1344　**九章算术九卷附音义一卷**
(三国魏)刘徽注(唐)李淳风等注释 & 九章算术音义一卷(宋)李籍撰　民国上海商务印书馆影印本　‖　犍为 西南民大 西南交大

1345　**九章算术十卷**
(三国魏)刘徽注　(唐)李淳风等注释　民国二十五年(1936)上海涵芬楼影印本　‖　成都 自贡 崇州

1346　**九章算术细草图说九卷附海岛算经细草图说一卷**
(三国魏)刘徽注(唐)李淳风注释 & 附海岛算经细草图说一卷(清)李潢撰　清光绪十七年(1891)成都王氏刻本　‖　泸州 川大

1347　**九章算术细草图说九卷附海岛算经细草图说一卷**
(三国魏)刘徽注(唐)李淳风注释 & 附海岛算经细草图说一卷(清)李潢撰　清刻本　‖　川大

1348　**九章算术细草图说九卷海岛算经细草图说一卷**
(三国魏)刘徽注(唐)李淳风注释 & 附海岛算经细草图说一卷(清)李潢撰　清光绪二十二年(1896)上海文渊山房石印本　‖　省图 荣县 西华师大

1349 **灸法摘要一卷**
□□撰　清抄本　‖　省图

1350 **灸法纂要一卷**
悔迟居士撰　民国抄本　‖　省图

1351 **救火器图说一卷**
(英国)傅兰雅撰　清光绪石印本　‖　西华师大

1352 **救急便验良方二卷**
□□撰　清光绪刻本　‖　省图

1353 **救急便验良方二卷**
□□辑　民国刻本　‖　省图

1354 **救急金丹二卷**
□□撰　清咸丰八年(1858)刻本　‖　江油

1355 **救急奇方一卷**
□□撰　清刻本　‖　省图　泸州

1356 **救急奇方一卷飞鸿集眼科七十二症一卷**
(清)徐文弼编　清道光十一年(1831)刻本　‖　乐山

1357 **救急选方二卷**
(日本)栎窗多纪撰　日本文化十年(1810)刻本　‖　省图

1358 **救命神奇药方续命集不分卷**
寄居京都隐名士人辑　民国十四年(1925)北京京津印书局铅印本　‖　省图　乐山

1359 **救偏琐言五卷附琐言备用良方一卷**
(清)费启泰撰(清)费度等订　清道光二十一年(1841)刻本　‖　川大

1360 **救偏琐言五卷附琐言备用良方一卷**
(清)费启泰撰(清)费度等订　清文盛堂刻本　‖　省图　川大

1361 **救人良方一卷**
(清)秀耀春撰　清光绪十七年(1891)上海美华书馆铅印本　‖　省图

1362 **居宅卫生论二卷**
(英国)傅兰雅撰　清光绪铅印本　‖　西华师大

1363 **局方发挥一卷**
(元)朱震亨撰(明)吴中珩校　民国石印本　‖　成都

1364 **菊说不分卷**
许衍灼编　民国十二年(1923)新学会社石印本　‖　成都

1365 **菊逸山房地理一卷附菊逸山房法备收一卷**
(唐)杨益著 & 菊逸山房法备收一卷(清)寇宗辑　清京都琉璃厂刻本　‖　泸州

1366 **矩斋筹算丛刊**
(清)劳乃宣撰并辑　清光绪刻本　‖　川师大

1367　**决疑数学十卷首一卷**
(英国)傅兰雅译(清)华蘅芳述　清光绪二十三年(1897)上海格致书室铅印本本　‖　西华师大

1368　**军礼司马法考征二卷**
(清)黄以周撰　清光绪十八年(1892)黄氏试馆刻本　‖　省图

1369　**军人圭臬二卷**
周诗辑　民国十七年(1928)长沙六合公司铅印本　‖　省图

1370　**卡罗两氏外科学五卷**
□□辑　民国上海协和书局铅印本　‖　川大

1371　**开地道轰药法三卷**
(英国)傅兰雅口译(清)汪振声笔述　清江南制造总局刻本　‖　省图　川大

1372　**开方表说一卷**
(清)贾步纬算述　清江南制造局刻本　‖　省图

1373　**开方古义二卷**
(清)华蘅芳撰　清刻本　‖　安州区(绵阳市)

1374　**开矿器法图说十卷附图二卷**
(美国)俺特累撰(英国)傅兰雅(清)王树善口译　清光绪二十五年(1899)江南制造局石印本　‖　省图　川大

1375　**开煤要法十二卷**
(英国)士密德辑(英国)傅兰雅口译(清)王德均笔述(清)朱彝绘图　清光绪江南机器制造总局刻本　‖　川大

1376　**看护伦理学一卷**
梅教士撰　王开基译　民国九年(1920)成都华英书局铅印本　‖　安州区(绵阳市)

1377　**看护婴孩法一卷**
乐柯撰　民国十二年(1923)上海广学书局铅印本　‖　安州区(绵阳市)

1378　**看护者用饮食学一卷**
上海广学书局译　民国九年(1920)上海广学书局铅印本　‖　安州区(绵阳市)

1379　**考工创物小记四卷**
(清)程瑶田撰　清道光九年(1829)广东学海堂刻咸丰十年(1860)重刻本　‖　西南民大

1380　**考工记考辨八卷**
(清)王宗涑撰　清光绪十四年(1888)南菁书院刻本　‖　西南民大

1381　**考工记图二卷**
(清)戴震撰　清道光九年(1829)广东学海堂刻咸丰十年(1860)重刻本　‖　西南民大

1382　**考工记要十七卷附图一卷**
(英国)玛体生撰　(英国)傅兰雅　(清)钟天纬同译(清)汪振声校订　清光绪刻本　‖　省图　川大

1383　**考化白金一卷**
(清)傅云龙述　清光绪十五年(1889)石印本　‖　西华师大

1384　**考空气炮一卷**
(清)傅云龙述　清光绪二十六年(1900)石印本　‖　西华师大

1385　考试司机七卷
(英国)拖尔那撰(英国)傅兰雅口译(清)徐华封笔述　清光绪江南制造总局刻本　‖　省图

1386　科学演义二卷
胡寄尘撰　民国十八年(1929)中华书局铅印本　‖　温江区

1387　克虏伯炮表八卷
(德国)军政局撰(美国)金楷理口译(清)李凤苞笔述　清光绪江南制造总局刻本　‖　省图

1388　克虏伯炮弹造法二卷饼药造法二卷
(德国)军政局撰　(美国)金楷理口译(清)李凤苞笔述　邱瑞麟校　清光绪江南制造总局刻本　‖　省图

1389　克虏伯炮法四卷
(德国)军政局撰(美国)金楷理口译(清)李凤苞笔述　清光绪江南制造总局刻本　‖　省图

1390　克虏伯炮说操法四卷炮药弹造法二卷炮表一卷炮弹附图一卷附饼药造法一卷
(德国)军政局撰　(美国)金楷理口译(清)李凤苞笔述　邱瑞麟校　清光绪江南制造总局刻本　‖　川大

1391　克虏伯炮准心法一卷
(德国)军政局撰(美国)金楷理口译(清)李凤苞笔述　清光绪江南制造总局刻本　‖　省图　川大

1392　克虏伯电光瞄准器具图说一卷
□□撰　清光绪二十六年(1900)石印本　‖　西华师大

1393　克虏伯新式陆路炮图说不分卷附图表
(德国)瑞乃尔口译　清光绪二十六年(1900)石印本　‖　西华师大

1394　空际格致二卷地震解一卷
(意大利)高一志撰(明)韩云订 & 地震解一卷(意大利)龙华民述　民国上海聚珍仿宋印书局铅印本　‖　省图

1395　叩囊韵语一卷
(清)徐伯宏撰　清咸丰刻本　‖　省图

1396　矿物学一卷
(清)江标辑　清光绪二十八年(1902)石印本　‖　西华师大

1397　矿学考质十卷
(美国)奥斯彭纂(清)沈陶璋笔述(清)舒高第口译　清光绪三十三年(1907)江南制造总局刻本　‖　西华师大

1398　兰台轨范八卷
(清)徐大椿撰　(清)徐㸑校　清洄溪草堂刻本　‖　省图　成都　泸州　郫都区　川大

1399　兰台轨范八卷
(清)徐大椿撰　(清)徐㸑校　清刻本　‖　省图　成都　郫都区

1400　烂喉丹痧辑要一卷
(清)金德鉴撰　清光绪十八年(1892)玉台校刻本　‖　中医大

1401　烂喉丹痧辑要一卷
(清)金德鉴撰　民国影印本　‖　省图

1402　老农笔记一卷
辜尚纶编撰　民国铅印本　‖　省图

1403　雷公炮炙论三卷附义生堂书目提要一卷
(南朝宋)雷斆撰　张骥辑　民国二十一年(1932)成都义生堂刻本　‖　省图　绵竹　川大　中医大

1404　雷公药性赋四卷
(金)李杲编辑(清)王子接重订　民国上海商务印书馆铅印本　‖　省图

1405　雷氏医书三种
(清)雷丰等撰　民国成都昌福公司铅印本　‖　省图　川大　中医大

1406　类编朱氏集医方十五卷
(宋)朱佐集　民国二十四年(1935)商务印书馆影印选印宛委别藏本　‖　省图

1407　类方准绳八卷
(明)王肯堂辑　清刻本　‖　川大(不全)

1408　类经附翼四卷
(明)张介宾类注　民国石印本　‖　中医大

1409　类经三十二卷附类经图翼十一卷类经附翼四卷
(明)张介宾类注　清嘉庆四年(1799)金阊萃英堂刻本　‖　省图　中医大

1410　类经三十二卷附类经图翼十一卷类经附翼四卷
(明)张介宾类注　清道光二十年(1840)宏道堂刻本　‖　成都　川大

1411　类经图翼十一卷目录一卷附翼四卷
(明)张介宾类注　清嘉庆四年(1799)金阊萃英堂刻本　‖　省图　川大　中医大

1412　类经纂要三卷附追忆旧录四川治验医案一卷
(清)虞庠辑　(清)王廷俊增注 & 追忆旧录四川治验医案一卷(清)王廷俊撰　清同治六年(1867)刻本　‖　省图　乐山　川大　中医大

1413　类证普济本事方十卷
(宋)许叔微撰　(清)叶桂释义　清嘉庆十九年(1814)扫叶山房刻本　‖　省图　成都　泸州　郫都区　川大　中医大

1414　类证普济本事方十卷
(宋)许叔微撰　(清)叶桂释义　清成都藜照书屋刻本　‖　川大　中医大

1415　类证普济本事方十卷
(宋)许叔微撰　(清)叶桂释义　民国九年(1920)刻本　‖　川大

1416　类证普济本事方十卷
(宋)许叔微撰　(清)叶桂释义　抄本　‖　中医大

1417　类证治裁八卷附一卷
(清)林佩琴著(清)林芝本校　民国上海千顷堂书局影印本　‖　省图

1418　类证治裁八卷首一卷附舌色辨一卷
(清)林佩琴著(清)林芝本校　清光绪十年(1884)林氏研经堂重刻本　‖　省图　成都　泸州　川大

1419　冷庐医话五卷
(清)陆以湉注　清光绪刻本　‖　省图

1420 **冷庐医话五卷**
(清)陆以湉注　民国五年(1916)上海千顷堂书局石印本　‖　省图　川大

1421 **冷庐医话五卷**
(清)陆以湉注　抄本　‖　川大

1422 **厘正按摩要术四卷鬻婴提要说一卷痧喉正义一卷**
(清)张振銎纂辑(清)张质校刊(清)韩广宏校刊　清光绪十九年(1893)年四川资州刻本　‖　省图　成都(不全)　川师大(不全)

1423 **厘正按摩要术四卷鬻婴提要说一卷痧喉正义一卷**
(清)张振銎纂辑(清)张质校刊(清)韩广宏校刊　清光绪三十三年(1907)泸州文汇堂刻本　‖　泸州

1424 **厘正按摩要术四卷鬻婴提要说一卷痧喉正义一卷**
(清)张振銎纂辑(清)张质校刊(清)韩广宏校刊　民国二十三年(1934)国光印书局石印本　‖　省图(不全)

1425 **厘正按摩要术四卷鬻婴提要说一卷痧喉正义一卷**
(清)张振銎纂辑(清)张质校刊(清)韩广宏校刊　民国聚昌公司铅印本　‖　省图

1426 **李明仲营造法式三十六卷**
(宋)李诫编　民国十四年(1925)刻本　‖　川师大　西华师大

1427 **李盘金汤十二筹十二卷**
(明)李盘撰　清刻本　‖　安州区(绵阳市)

1428 **李氏算学遗书十一种**
(清)李锐撰　清道光三年(1823)刻本　‖　省图　川大

1429 **李氏算学遗书十一种**
(清)李锐撰　清光绪十六年(1890)上海醉六堂刻本　‖　省图　郫都区(不全)

1430 **李翁医记二卷**
(清)焦循撰　清道光刻本　‖　泸州

1431 **理解力学教科书三卷补遗一卷**
罗葆寅编辑　民国二年(1913)博雅山房绘图石印本　‖　川大

1432 **理瀹骈文一卷**
(清)吴师机撰　清同治十二年(1873)刻本　‖　成都

1433 **理瀹外治方要一卷附应验方一卷**
(清)吴尚先著　清光绪九年(1883)江西书局刻本　‖　省图

1434 **理虚元鉴二卷**
(明)汪绮石撰　清光绪二年(1876)沪上葛氏啸园刻本　‖　中医大

1435 **理虚元鉴二卷**
(明)汪绮石著(清)柯怀祖订　清光绪三十二年(1906)遂邑双江镇全寿堂刻本　‖　省图

1436 **理瀹外治方要一卷附应验诸方一卷**
(清)吴尚先撰　清光绪三年(1877)刻本　‖　省图

1437　历代兵略不分卷
(清)邓毓林撰　民国铅印本　‖　省图

1438　历代名将战略概要十六卷
杨宝善编　民国十四年(1925)映雪庐石印本　‖　省图　崇州(不全)

1439　历代名将战略概要下集十六卷
杨宝善编　民国十四年(1925)四川武德官书局铅印本　‖　省图

1440　历代医家传略一卷
熊志韬辑　稿本　‖　省图

1441　历代长术辑要十卷
(清)汪曰桢撰　民国中华书局铅印本　‖　自贡(不全)　川博

1442　历代长术辑要十卷首一卷附古今推步诸术考二卷
(清)汪曰桢撰　清光绪刻本　‖　川大

1443　历理通书七卷
(清)熊山鹰编　清康熙刻本　‖　省图

1444　历象考成后编十卷
(清)顾琮等撰　清光绪二十二年(1896)励志书局刻本　‖　川大

1445　历象考成上编十六卷
(清)顾琮等撰　民国杭省德记书庄石印本　‖　川大

1446　立方奇法一卷求一捷术一卷
(清)龚杰撰　清光绪二十五年(1899)石印本　‖　西华师大

1447　立天元术源流考一卷
陈观浔撰　民国铅印本　‖　省图

1448　利溥集四种
(清)王鸿骥编辑　清宣统二年(1910)成都闲存斋刻本　‖　省图　川大　中医大

1449　疬科全书一卷
(清)梁希曾著　九一老人校正　民国二十年(1931)上海国医书局铅印本　‖　省图　川大

1450　痢疾论四卷
(清)孔毓礼辑(清)杨大任参阅　清道光二十四年(1844)祥兴堂刻本　‖　省图

1451　痢疾论四卷
(清)孔毓礼辑(清)杨大任参阅　清道光二十七年(1847)谦益堂刻本　‖　中医大

1452　痢疾论四卷
(清)孔毓礼辑(清)杨大任参阅　民国八年(1919)刻本　‖　省图

1453　痢疾论四卷附小儿急惊风证论白喉症论一卷
(清)孔毓礼著　民国二十五年(1936)上海千顷堂书局石印本　‖　省图　川大

1454　痢证定论大全四卷
(清)孔毓礼著(清)明仲杰评　清咸丰八年(1858)刻本　‖　省图

1455　痢证定论大全四卷
(清)孔毓礼著(清)明仲杰评　清光绪三十四年(1808)刻本　‖　川大

1456　痢证定论大全四卷附失血症一卷
(清)孔毓礼著(清)明仲杰评　清光绪九年(1883)敦厚堂刻本　‖　省图

1457　痢证汇参十卷
(清)吴道源纂辑(清)王式金评定(清)刘文思参订(清)王天瑞校(清)龚锡勇校　清乾隆三十八年(1773)敦厚堂刻本　‖　中医大

1458　痢证汇参十卷
(清)吴道源纂辑(清)王式金评定(清)刘文思参订(清)王天瑞校(清)龚锡勇校　清光绪十七年(1891)三让堂刻本　‖　川大

1459　痢证汇参十卷
(清)吴道源纂辑(清)王式金评定(清)刘文思参订(清)王天瑞校(清)龚锡勇校　清戎州齐秉慧刻本　‖　省图

1460　痢证汇参十卷
(清)吴道源纂辑(清)王式金评定(清)刘文思参订(清)王天瑞校(清)龚锡勇校　清刻本　‖　江油

1461　痢证汇参十卷
(清)吴道源纂辑(清)王式金评定(清)刘文思参订(清)王天瑞校(清)龚锡勇校　民国上海千顷堂书局石印本　‖　川大

1462　痢症大全四卷
(清)孔毓礼著　清光绪九年(1883)敦厚堂刻本　‖　中医大

1463　痢症大全四卷
(清)孔毓礼著　清光绪三十四年(1908)富兴堂刻本　‖　中医大

1464　痢症汇参十卷
(清)吴道源纂辑(清)王式金评定(清)刘文思参订(清)王天瑞校(清)龚锡勇校　清崇顺堂刻本　‖　中医大

1465　痢症探源一卷
(清)刘莹辑著　民国抄本　‖　三台

1466　痢症探源一卷附喉风症一卷痧症一卷疯犬方一卷
(清)刘莹辑著　清光绪二十年(1894)刻本　‖　省图

1467　练兵实纪九卷
(明)戚继光撰(清)庆蕉园等鉴定　清道光十四年(1834)来鹿堂刻本　‖　川师大

1468　练兵实纪九卷杂集六卷
(明)戚继光撰(清)钱熙祚校　清道光二十年(1840)刻本　‖　省图

1469　练兵实纪九卷杂集六卷
(明)戚继光撰(清)庆蕉园等鉴定　清咸丰四年(1855)刻本　‖　省图 安州区(绵阳市)

1470　练兵实纪九卷杂集六卷
(明)戚继光撰(清)庆蕉园等鉴定　清光绪二十一年(1895)年上海醉经楼铅印本　‖　省图

1471　练兵实纪九卷杂集六卷
(明)戚继光撰(清)钱熙祚校　民国十一年(1922)上海博古斋影印守山阁丛书本　‖　西南民大

1472　**炼钢说一卷**
(英国)傅兰雅撰　清光绪十五年(1889)石印本　‖　西华师大

1473　**炼钢要言一卷附录试验各法一卷附图一卷**
(清)徐家宝译　清末江南制造总局刻本　‖　川大

1474　**炼金新语一卷**
(英国)奥斯吞撰(清)舒高第(清)郑昌棪译　清光绪江南机器制造总局铅印本　‖　川大

1475　**炼石编三卷**
(英国)亨利黎特撰(清)舒高第译(清)郑昌棪译　清光绪江南机器制造总局刻本　‖　川大

1476　**炼铁论一卷**
(英国)傅兰雅撰　清光绪石印本　‖　西华师大

1477　**良方合璧二卷附录一卷**
(清)谢元庆编集(清)王庆霄校纂　清光绪八年(1882)刻本　‖　省图

1478　**良方汇选二卷**
(日本)丹波元简编　民国八年(1919)中华书局铅印本　‖　省图 川大

1479　**良方集要一卷**
(清)周鹤群纂辑(清)周位西等增辑　清石印本　‖　省图

1480　**良方集腋二卷**
(清)谢元庆编(清)王庆霄参校　清道光二十八年(1848)汪曜奎重刻本　‖　省图

1481　**良方集腋二卷**
(清)谢元庆编(清)王庆霄参校　清光绪刻本　‖　川大 中医大

1482　**良方续录一卷**
(清)俞大文辑　清同治二年(1863)刻本　‖　乐山

1483　**两汉朔闰表二卷**
(清)张其翱学　清刻本　‖　泸州

1484　**两湖书院测绘学课程**
(清)两湖书院编　清光绪二十四年(1898)两湖书院刻本　‖　泸州

1485　**两湖书院课程二卷附一卷附表一卷**
(清)两湖书院编　清光绪二十四年(1898)两湖书院刻本　‖　西华师大

1486　**两堂医述一卷**
□□撰　清道光四年(1824)从吾所好山房抄本　‖　省图

1487　**量法须知一卷**
(英国)傅兰雅撰　清光绪三年(1877)刻本　‖　新都区

1488　**量光力器图说一卷**
(英国)傅兰雅撰　清光绪石印本　‖　西华师大

1489　**量药涨力罗德满器具说略一卷**
□□撰　清光绪二十六年(1900)石印本　‖　西华师大

1490　量药涨力微尺说略一卷
□□撰　清光绪二十六年(1900)石印本　‖　西华师大

1491　疗服石医方一卷
罗振玉辑　民国影印本　‖　西华师大

1492　聊复集五卷
(清)汪必昌辑纂　清嘉庆十五年(1810)刻本　‖　川大

1493　烈光治验医案一卷
范烈光注　民国二十二年(1933)协美印刷公司铅印本　‖　省图

1494　林产制造学不分卷
北京农业大学编　民国中华印刷局铅印本　‖　省图　江油

1495　林价学不分卷
杜苞九编　民国武学书局铅印本　‖　省图

1496　林新斋秘传脉诀一卷
□□撰　民国抄本　‖　成都

1497　林政学讲义不分卷
□□编　民国武学书局铅印本　‖　川大(不全)

1498　临阵管见九卷
(德国)斯拉弗司撰(美国)金楷理口译(清)赵元益笔述　清光绪江南制造总局刻本　‖　省图

1499　临阵伤科捷要四卷附图一卷
(英国)帕脱编(清)舒高第译(清)郑昌棪译　清末江南机器制造总局刻本　‖　省图　川大

1500　临证医案笔记六卷
(清)吴篪撰　清道光十六年(1836)树滋堂刻本　‖　中医大

1501　临证医案笔记六卷
(清)吴篪撰　民国集古阁石印本　‖　南充

1502　临证指南不分卷
丁福保注　民国六年(1917)医学书局铅印本　‖　川大

1503　临证指南医案八卷
(清)叶桂注(清)徐大椿评(清)华岫云等校　清光绪三十二年(1906)上海龙文书局石印本　‖　省图　中医大

1504　临证指南医案八卷
(清)叶桂注(清)徐大椿评(清)华岫云等校　民国八年(1919)上海文益书局石印本　‖　省图　安州区(绵阳市)

1505　临证指南医案八卷
(清)叶桂注(清)徐大椿评(清)华岫云等校　民国上海锦章书局石印本　‖　南充　三台　川大

1506　临证指南医案十二卷
(清)叶桂撰(清)李大瞻等校　清道光二十四年(1844)苏州经钼堂朱墨套印本　‖　中医大

1507　临证指南医案十卷
(清)叶桂注(清)徐大椿评(清)华岫云等校　清同治六年(1867)天德堂刻本　‖　成都

1508　**临证指南医案十卷**
(清)叶桂注(清)徐大椿评(清)华岫云等校　清光绪十四年(1888)蒲圻但氏刻本　‖　川大

1509　**临证指南医案十卷**
(清)叶桂注(清)徐大椿评(清)华岫云等校　清光绪二十年(1884)刘氏刻朱墨套印本　‖　成都(不全) 泸州(不全) 新都区

1510　**临证指南医案十卷**
(清)叶桂注(清)徐大椿评(清)华岫云等校　清光绪二十二年(1896)汇海书局石印本　‖　泸州

1511　**临证指南医案十卷附种福堂公选良方四卷**
(清)叶桂注(清)徐大椿评(清)华岫云等校　清道光二十四年(1844)苏州经鉏堂刻朱墨套印本　‖　省图 郫都区(不全) 安州区(绵阳市) 中医大

1512　**临证指南医案十卷种福堂公选良方四卷**
(清)叶桂注(清)徐大椿评(清)华岫云等校　清光绪十年(1884)古吴扫叶山房刻朱墨套印本　‖　省图

1513　**灵秘丹方全书一卷**
(明)钟惺辑　民国十八年(1929)上海千顷堂书局石印本　‖　省图

1514　**灵枢经合纂十卷**
(唐)王冰注(明)吴勉学校(清)张隐庵注(清)马元台注　民国上海锦章书局石印本　‖　自贡 雅安 安州区(绵阳市)(不全)

1515　**灵枢经九卷**
(唐)王冰注(明)吴勉学校(清)张志聪集注(清)张文启等参订(清)张兆璜等校正　清光绪十六年(1890)浙江书局刻本　‖　省图 泸州(不全) 川大(不全)

1516　**灵枢经十二卷**
(唐)王冰注(明)吴勉学校 张元济等辑　民国中华书局铅印本　‖　绵竹

1517　**灵枢经十二卷**
(唐)王冰注(明)吴勉学校 张元济等辑　民国十八年(1929)上海商务印书馆影印本　‖　郫都区(不全) 西南交大

1518　**灵枢经十卷**
(唐)王冰注(明)吴勉学校(清)张志聪集注(清)张文启参订(清)张兆璜校正　清光绪三年(1877)刻本　‖　泸州 郫都区 安州区(绵阳市)

1519　**灵枢经十卷**
(唐)王冰注(明)吴勉学校(清)张志聪集注(清)张文启参订(清)张兆璜校正　民国铅印本　‖　成都 泸州(不全)

1520　**灵枢识六卷**
(日本)丹波元简注　抄本　‖　川大

1521　**灵枢悬解九卷**
(清)黄元御解　清刻本　‖　省图

1522　**灵素集注节要十二卷**
(清)陈念祖集注(清)陈元犀参订(清)陈心典等校字　清同治十三年(1874)友文堂刻本　‖　郫都区(不全) 川大

1523　**灵素集注节要十二卷**
(清)陈念祖集注(清)陈元犀参订(清)陈心典等校字　清刻本　‖　成都(不全) 三台 崇州(不全)

1524 **灵素提要浅注十二卷**
(清)陈念祖集注(清)陈元犀参订(清)陈心典等校字 清同治九年(1870)奎壁堂刻本 ‖ 郫都区

1525 **灵素提要浅注十二卷**
(清)陈念祖集注(清)陈元犀参订(清)陈心典等校字 清光绪二十四年(1898)黎照书屋刻本 ‖ 成都 温江区(不全) 郫都区(不全)

1526 **灵素提要浅注十二卷**
(清)陈念祖集注(清)陈元犀参订(清)陈心典等校字 清光绪二十四年(1898)聚文书局刻本 ‖ 郫都区

1527 **灵素提要浅注十二卷**
(清)陈念祖集注(清)陈元犀参订(清)陈心典等校字 清光绪三十四年(1909)上海章福记石印本 ‖ 泸州

1528 **灵素提要浅注十二卷**
(清)陈念祖集注(清)陈元犀参订(清)陈心典等校字 民国石印本 ‖ 泸州(不全) 安州区(绵阳市)(不全) 川大 川博

1529 **灵素微旨不分卷**
□□撰 民国抄本 ‖ 省图

1530 **羚羊角辨一卷**
张锡纯撰 民国上海国医书局铅印本 ‖ 省图 乐山

1531 **刘河间伤寒六书**
(金)刘完素辑(明)吴勉学校 民国二年(1913)上海江左书林石印本 ‖ 郫都区

1532 **刘河间伤寒六书附伤寒三书**
(金)刘完素辑(明)吴勉学校 清宣统元年(1909)上海千顷堂书局石印本 ‖ 南充 川大

1533 **刘河间伤寒三书**
(金)刘完素辑(明)吴勉学校 清同德堂刻本 ‖ 川大

1534 **刘河间医学六书附二种**
(金)刘完素辑(明)吴勉学校 明吴勉学刻清递修本 ‖ 省图

1535 **刘河间医学六书附二种**
(金)刘完素辑(明)吴勉学校 清初步月楼刻本 ‖ 省图

1536 **柳选四家医案四种**
(清)柳宝诒选评 清宣统二年(1910)时中书局石印本 ‖ 成都

1537 **柳选四家医案四种**
(清)柳宝诒选评 清光绪三十年(1904)刻本 ‖ 省图

1538 **六合枪一卷**
金一明撰 民国十八年(1929)江苏影印本 ‖ 省图

1539 **六经定法一卷**
(清)舒诏撰 清光绪十三年(1887)抄本 ‖ 省图 乐山

1540 **六经定法一卷女科要诀一卷**
(清)舒诏撰 清刻本 ‖ 中医大

1541　**六经释义八卷首一卷**
(汉)张机原文(清)吴继恒释义　清光绪三十三年(1907)重庆广益书局铅印本　‖　省图

1542　**六科证治准绳六种**
(明)王肯堂辑　清光绪十八年(1892)广州石经堂刻本　‖　川大

1543　**六科证治准绳六种**
(明)王肯堂辑　清光绪十八年(1892)上海图书集成印书局石印本　‖　泸州

1544　**六科证治准绳六种**
(明)王肯堂辑　清九思堂刻本　‖　省图

1545　**六科证治准绳六种**
(明)王肯堂辑　民国三年(1914)上海鸿宝斋书局石印本　‖　省图　南充　江油(不全)　安岳　中医大(不全)

1546　**六韬六卷**
(周)吕望撰　清光绪二十四年(1898)成都志古堂刻本　‖　省图　温江区

1547　**六韬六卷**
(周)吕望撰　民国十五年(1926)皕忍堂刻本　‖　西华师大

1548　**六韬六卷附吴子二卷司马法三卷**
(周)吕望撰 & 吴子二卷(战国)吴起撰 & 司马法三卷(周)司马穰苴撰　民国上海涵芬楼影印本　‖　成都　温江区　崇州　西华师大

1549　**六韬六卷**
(周)吕望撰　抄本　‖　雅安

1550　**六韬逸文一卷附三略一卷**
(清)孙同元辑 & 三略一卷□□撰　清光绪二十四年(1898)成都志古堂刻本　‖　省图　荣县

1551　**六韬直解三卷**
(明)刘寅撰　民国影印本　‖　省图

1552　**六体斋医书十种**
(清)程永培辑　清光绪十七年(1891)广州儒雅堂刻本　‖　省图　南充(不全)　川大

1553　**六体斋医书十种**
(清)程永培辑　清于然堂刻本　‖　省图

1554　**六译馆丛书**
廖平撰辑　民国成都存古书局刻本　‖　川大

1555　**六淫要略不分卷**
高玉如撰　民国手抄本　‖　川博

1556　**颅囟经二卷**
□□撰　清光绪四年(1878)丁氏当归堂刻本　‖　中医大

1557　**颅囟经二卷出行宝镜一卷**
□□撰(清)李调元校　清光绪七年(1881)广汉刻本　‖　泸州

1558 陆兵枪学一卷
(清)傅范初述　清光绪二十六年(1900)石印本　‖　西华师大

1559 陆操新义四卷附录一卷
(德国)康贝撰(清)李丹崖译　清光绪十年(1884)刻本　‖　省图

1560 陆军兽医良友不分卷
陆军兽医学校编　民国二十七年(1938)铅印本　‖　省图

1561 陆氏论医集四卷
陆渊雷撰　沈本琰编纂　民国二十二年(1933)上海民光印刷公司铅印本　‖　省图　成都　川大

1562 陆氏三世医验五卷
(明)陆岳注(明)陆桂辑(明)陆士龙辑(清)卢明铨发明　民国四年(1915)上海会文堂石印本　‖　省图

1563 轮船布阵十二卷首一卷轮船布阵图一卷
(英国)裴路原书(英国)傅兰雅口译(清)徐建寅笔述　清光绪江南制造局刻本　‖　省图

1564 论电二卷
(英国)欧礼斐撰　清光绪二十六年(1900)铅印本　‖　西华师大

1565 论火药机器一卷
(英国)傅兰雅撰　清光绪二十六年(1900)铅印本　‖　西华师大

1566 论机器造冰法一卷
(美国)卜舫济(英国)傅兰雅辑　清光绪石印本　‖　西华师大

1567 论脉一卷
(清)舒高第译　清光绪二十四年(1898)铅印本　‖　西华师大

1568 论生气化学器与质一卷
(英国)傅兰雅撰　清光绪石印本　‖　西华师大

1569 罗氏会约医镜九种
(清)罗国纲辑(清)罗国俊　(清)罗国兴(清)罗国英校定(清)罗定鸿(清)罗定泰编次　清乾隆五十四年(1789)刻本
‖　省图

1570 瘰疬良方一卷
□□撰　民国石印本　‖　泸州

1571 侣山堂类辨二卷
(清)张志聪撰　清乾隆王琦宝笏楼刻医林指月本　‖　省图

1572 旅舍备要方一卷
(宋)董汲撰　民国二年(1913)四川成都存古书局刻本　‖　省图　川大　中医大

1573 旅舍备要方一卷伤寒微旨论二卷
(宋)董汲撰 & 伤寒微旨论二卷(宋)韩祗和撰　清咸丰四年(1854)新昌庄氏刻长恩室丛书甲集本　‖　省图

1574 旅舍备要方一卷伤寒微旨论二卷
(宋)董汲撰 & 伤寒微旨论二卷(宋)韩祗和撰　民国影印墨海金壶本　‖　川大

1575　**麻科合璧一卷**
(清)杨开泰汇编　清宣统三年(1911)文伦书局铅印本　‖　中医大

1576　**麻科合璧一卷**
(清)杨开泰汇编　民国五年(1916)垫江刻本　‖　成都

1577　**麻科活人全书四卷**
(清)谢玉琼纂辑　清抄本　‖　中医大

1578　**麻科活人全书四卷附录一篇产宝一卷**
(清)谢玉琼撰　清光绪二十五年(1899)重刻本　‖　犍为(不全)　川大

1579　**麻疹阐注四卷**
张廉述　民国五年(1916)成都大昌公司铅印本　‖　省图　成都　温江区　郫都区

1580　**痲瘄必读二卷**
(清)郑启寿撰　民国十五年(1926)上海千顷堂书局石印本　‖　省图

1581　**痲科活人全书四卷**
(清)谢玉琼纂辑　民国十年(1921)上海广益书局石印本　‖　安州区(绵阳市)

1582　**痲疹阐注四卷**
张廉述　民国五年(1916)成都刻本　‖　省图

1583　**痲疹证治要略一卷**
(清)郑志昀撰(清)黄秩柄校　清光绪五年(1879)冷然阁刻本　‖　省图

1584　**痲痘蠡言一卷**
陈伯坛撰　民国铅印本　‖　省图

1585　**痲痘新编二卷附疳疾虚热面部总歌一卷**
(清)俞世球编　清光绪十年(1884)刻本　‖　省图

1586　**痲疯再造神方一卷**
李季青撰　民国上海明善书局石印本　‖　省图

1587　**痲科合璧一卷**
(清)杨开泰汇辑(清)谢元瀛校订　民国五年(1916)垫江两湖会馆刻本　‖　乐山

1588　**痲科活人全书四卷**
(清)谢玉琼辑　清光绪三年(1877)刻本　‖　泸州

1589　**痲科活人全书四卷**
(清)谢玉琼辑　清光绪十七年(1891)江右包赤辑刻本　‖　中医大

1590　**痲科活人全书四卷**
(清)谢玉琼辑　民国十六年(1927)重庆志同镌刻石印社石印本　‖　省图

1591　**痲疹病学一卷**
郭若定编订　民国二十八年(1939)铅印本　‖　川大

1592　**痲症总论一卷**
□□撰　民国王显彰抄本　‖　省图

1593　**马学教科书不分卷**
四川陆军军官速成学堂编　民国二年(1913)四川陆军军官速成学堂铅印本　‖　省图

1594　**脉表诊病论二卷**
(英国)傅兰雅撰　清光绪二十四年(1898)铅印本　‖　西华师大

1595　**脉法条辨一卷**
(清)刘以仁辑(清)陈光熙增注并校定　清光绪四年(1878)德星书屋刻本　‖　省图

1596　**脉法易知不分卷**
□□撰　民国铅印本　‖　省图

1597　**脉简补义二卷**
(清)周学海撰　清末刻本　‖　中医大

1598　**脉经考证一卷**
廖平著　民国四年(1915)成都存古书局刻本　‖　省图　南充　三台

1599　**脉经论证一卷**
□□撰　清光绪抄本　‖　新都

1600　**脉经十卷**
(晋)王叔和撰(宋)林亿等类次　清光绪十九年(1893)景苏园影宋刻本　‖　省图　中医大

1601　**脉经十卷**
(晋)王叔和撰(宋)林亿类次　清光绪十九年(1893)宜都苏园校刻本　‖　川师大

1602　**脉经十卷**
(晋)王叔和撰(宋)林亿类次　清宣统元年(1909)借月山房刻本　‖　成都　雅安　郫都区

1603　**脉经十卷**
(晋)王叔和撰(宋)林亿类次　民国十八年(1929)上海商务印书馆影印本　‖　西南交大

1604　**脉经真本十卷首一卷**
(晋)王叔和撰(宋)林亿类次　清道光十三年(1883)怡山馆刻本　‖　川大

1605　**脉诀规正二卷**
(清)沈镜删注　清道光二十七年(1835)宏道堂刻本　‖　中医大

1606　**脉诀规正二卷**
(清)沈镜删注　清致盛堂刻本　‖　中医大

1607　**脉诀规正二卷**
(清)沈镜删注　清巴川奎元堂刻本　‖　中医大

1608　**脉诀刊误集解二卷附录一卷**
(元)戴起宗撰(元)朱升节抄(明)汪机补订 & 附录一卷(明)汪机辑　清光绪十七年(1891)刻本　‖　成都

1609　**脉诀刊误集解二卷附录一卷**
(元)戴起宗撰(元)朱升节抄(明)汪机补订 & 附录一卷(明)汪机辑　清宣统元年(1909)借月山房刻本　‖　郫都区　川大　中医大

1610 **脉诀考证一卷濒湖脉学一卷奇经八脉考一卷**
(明)李时珍撰　清同治五年(1866)刻本　‖　川大

1611 **脉诀启悟注释一卷**
(清)徐大椿撰　民国二十四年(1935)石印本　‖　成都

1612 **脉诀一卷局方发挥一卷**
(宋)崔嘉彦撰 &局方发挥一卷(元)朱震亨撰　清刻本　‖　郫都区

1613 **脉理存真三卷**
(元)滑寿注(清)余显廷校订　清光绪二年(1876)慎德堂刻本　‖　中医大

1614 **脉理纲要一卷**
冯尚忠注　民国十一年(1922)成都昌福公司铅印本　‖　省图 成都 乐山 川大 中医大

1615 **脉理金针一卷**
□□撰　清抄本　‖　省图

1616 **脉理求真三卷**
(清)黄宫绣撰　清乾隆三十九年(1774)刻本　‖　雅安

1617 **脉说二卷**
(清)叶霖注　民国三十八年(1949)杭州三三医社铅印本　‖　省图 中医大

1618 **脉学发微四卷**
恽铁樵著 徐衡之参校 章巨膺参校　民国十七年(1928)华丰印刷铸字所铅印本　‖　中医大

1619 **脉学发微四卷**
恽铁樵著 徐衡之参校 章巨膺参校　民国十九年(1930)铅印本　‖　省图

1620 **脉学发微四卷**
恽铁樵著 徐衡之参校 章巨膺参校　民国二十五年(1936)民友印刷公司铅印本　‖　中医大

1621 **脉学辑要三卷**
(日本)丹波元简注 廖平评　清光绪二十三年(1897)文芳堂刻本　‖　成都 中医大

1622 **脉学辑要三卷**
(日本)丹波元简著 廖平评　清光绪三十年(1904)文汇堂刻本　‖　省图 成都

1623 **脉学辑要三卷**
(日本)丹波元简注 廖平评　清石印本　‖　泸州

1624 **脉学辑要三卷**
(日本)丹波元简著 廖平评　民国三年(1914)成都存古书局刻本　‖　省图 成都 三台 川大 中医大

1625 **脉学辑要三卷**
(日本)丹波元简注 廖平评　民国十七年(1928)抄本　‖　省图

1626 **脉学脉诀奇经八脉考三卷**
(明)李时珍注(清)张士瑜等校　清刻本　‖　泸州

1627 **脉学秘传一卷**
何汝夔注 何龙举编　民国学渊铅石印社铅印本　‖　省图 乐山

1628　**脉学奇经八脉考二卷**
(明)李时珍撰辑　清天德堂刻本　‖　中医大

1629　**脉学奇经八脉考二卷**
(明)李时珍撰辑　清黎照书屋刻本　‖　中医大

1630　**脉学启蒙一卷**
许宗正注　民国五年(1916)射洪许氏自刻本　‖　省图　川大

1631　**脉学全书二卷**
(清)李崇素注　清同治八年(1869)刻本　‖　省图

1632　**脉学四卷**
恽树钰注　民国抄本　‖　省图

1633　**脉学正义六卷**
张寿颐稿　民国二十年(1931)兰溪协记书庄铅印本　‖　川大

1634　**脉药联珠古方考一卷**
(清)龙柏撰　民国上海江左书林石印本　‖　川大

1635　**脉要图注四卷**
(清)贺升平撰　清光绪二十七年(1901)新化三味书局刻本　‖　省图　乐山　川大

1636　**脉义简摩八卷**
(清)周学海撰辑　清光绪二十一年(1895)刻本　‖　中医大

1637　**脉因证治四卷**
(元)朱震亨著　清光绪十七年(1891)池阳周氏刻本　‖　省图

1638　**脉因证治四卷**
(元)朱震亨著　民国上海江左书林石印本　‖　三台

1639　**脉诊便读一卷**
(清)张秉成撰　民国十七年(1928)上海千倾堂书局刻本　‖　省图

1640　**漫游杂记二卷**
(日本)永富凤介注(日本)松士藏道远校(日本)藤元干隆昌订　日本文化六年(1809)刻本　‖　省图

1641　**梅氏丛书辑要二十三种附录两种**
(清)梅文鼎撰(清)梅毂成等校辑　清同治十三年(1874)刻本　‖　省图　成都(不全)　西南交大

1642　**梅氏丛书辑要二十五种**
(清)梅文鼎撰(清)梅毂成等校辑　清光绪石印本　‖　省图

1643　**梅氏验方新编七卷**
(清)梅启照原编　民国二十三年(1934)利用造纸厂铅印本　‖　省图　成都

1644　**霉疮秘录不分卷**
(明)陈司成著　民国生白堂刻本　‖　泸州

1645　**霉疮秘录不分卷**
(明)陈司成著　民国上海会文堂书局影印本　‖　省图

1646　**霉疮总说二卷附增订花柳指迷一卷**
(明)陈司成撰 & 增订花柳指迷一卷(美国)嘉约翰辑译 林应祥笔述 尹端模参订　清光绪文瑞楼石印本　‖　中医大

1647　**美国提炼煤油法一卷附图**
□□编著　清光绪三十一年(1905)江南制造总局刻本　‖　川大

1648　**美国铁路汇考十三卷**
(美国)柯理辑(英国)傅兰雅口译(清)潘松笔述　清光绪二十五年(1899)江南制造总局刻本　‖　川大

1649　**孟河丁氏医案八卷附喉痧症治概要一卷**
丁泽周注 丁万编辑　民国二十七年(1938)上海文明书局印刷所铅印本　‖　川大

1650　**梦溪笔谈二十六卷补笔谈二卷续笔谈一卷附梦溪笔谈补校一卷**
(宋)沈括撰 & 附梦溪笔谈补校一卷 林思进撰　清芜湖沈氏刻民国十七年(1928)渭南严氏重刻本　‖　川大

1651　**秘本丹方大全不分卷**
广文书局编辑　民国八年(1919)上海广文书局铅印本　‖　成都

1652　**秘本丹方大全不分卷**
上海世界书局编辑所编辑　民国十三年(1924)上海世界书局石印本　‖　省图

1653　**秘本疡科选粹八卷**
(明)陈文治辑(清)徐大椿批点　民国十一年(1922)上海鸿章书局石印本　‖　川大

1654　**秘传喉风神效精义一卷**
□□撰　民国抄本　‖　新都区

1655　**秘传花镜六卷**
(清)陈淏子辑　清康熙二十七年(1688)刻本　‖　川师大

1656　**秘传花镜六卷**
(清)陈淏子辑　清光绪敬书堂刻本　‖　省图

1657　**秘传花镜六卷**
(清)陈淏子辑　清善成堂刻本　‖　省图

1658　**秘传眼科龙木总论八卷**
(明)葆光道人撰　民国二十年(1931)上海中医书局石印本　‖　川大

1659　**秘传眼科龙木总论十卷**
(明)葆光道人撰　清刻本　‖　川大

1660　**秘传眼科纂要二卷**
(清)黄严纂　民国十四年(1925)上海千顷堂书局石印本　‖　川大

1661　**秘方汇集一卷**
□□撰　民国铅印本　‖　省图 乐山

1662　**棉土之化学分析法一卷**
叶元鼎著　民国十八年(1929)铅印本　‖　省图

1663　**棉业书报目录一卷**
章之汶编辑　民国十八年(1929)金陵大学农业专修科油印本　‖　省图

1664　**棉业图说一卷**
(清)农工商部辑　清宣统四川劝业公所铅印本　‖　省图

1665　**棉油厂说一卷**
(英国)傅兰雅撰　清光绪石印本　‖　西华师大

1666　**民医学堂医药杂抄一卷**
□□撰　抄本　‖　省图

1667　**岷江源委三卷**
(汉)桑钦撰　(北魏)郦道元注　清光绪十五年(1889)乐道斋刻本　‖　成都

1668　**闽产录异六卷**
(清)郭柏苍辑　清光绪铅印本　‖　省图

1669　**闽蜀医学三字经合编两种**
(清)陈念祖(清)胥敦义著(清)孙桐生检阅(清)龚世楷评订　清光绪十二年(1886年)盐亭刻本　‖　新都区

1670　**闽蜀医学三字经合编两种**
(清)陈念祖(清)胥敦义著(清)孙桐生检阅(清)龚世楷评订　清光绪三台刻本　‖　省图

1671　**闽蜀医学三字经合编两种**
(清)陈念祖(清)胥敦义著(清)孙桐生检阅(清)龚世楷评订　民国四年(1915)成都三府会刻本　‖　省图 江油 郫都区 安州区(绵阳市)

1672　**名莱嘉花论二卷**
(英国)傅兰雅撰　清光绪石印本　‖　西华师大

1673　**名医方论四卷**
(清)罗美辑(清)柯琴参阅(清)钱荣光校正　民国上海大成书局石印本　‖　中医大

1674　**名医方论四卷附补遗一卷**
(清)罗美评定(清)柯琴参阅　清金阊步月楼刻本　‖　成都

1675　**名医类案十二卷**
(明)江瓘集(清)鲍廷博等校　清同治十年(1871)藏修堂重刻知不足斋本　‖　省图 郫都区(不全) 川大 中医大

1676　**名医类案十二卷**
(明)江瓘集(清)余集等重校　清宣统元年(1909)上海书局石印本　‖　成都 泸州

1677　**名医类案十二卷附录一卷**
(明)江瓘集(明)江应宿增补 (清)余集等重校　清乾隆三十五年(1770)鲍氏知不足斋刻本　‖　省图 成都(不全)

1678　**名医类案十二卷续名医类案三十六卷**
(明)江瓘集 & 续名医类案三十六卷(清)魏之琇编集　清光绪二十二年(1896)畊余堂铅印本　‖　川大 中医大

1679　**命学须知二卷**
(清)胡柏龄录　清刻本　‖　泸州

1680　**命学指南二卷**
周松筠辑校　清崇让堂刻本　‖　泸州

1681 **目论一卷**
□□撰　清抄本　‖　省图

1682 **牧马学讲义不分卷**
陆军兽医学校编　民国铅印本　‖　省图

1683 **男科二卷**
(清)傅山撰　清同治重刻本　‖　川大

1684 **男科二卷**
(清)傅山撰　清宣统元年(1909)石印本　‖　温江区

1685 **男女性原论一卷**
(英国)德森氏撰　罗光道译述　民国中华书局铅印本　‖　省图

1686 **南雅堂医案八卷**
(清)陈念祖撰　民国九年(1920)上海群学社石印本　‖　泸州(不全) 温江区(不全) 川大

1687 **南雅堂医书全集二十一种**
(清)陈念祖撰　清光绪十八年(1892)上海图书集成印书局铅印本　‖　川师大

1688 **南雅堂医书全集二十一种**
(清)陈念祖撰　清光绪二十五年(1899)文澜书局石印本　‖　泸州(不全)

1689 **南雅堂医书全集七十二种**
(清)陈念祖撰　民国上海鸿文书局石印本　‖　川师大

1690 **南雅堂医书三十二种**
(清)陈念祖撰　清光绪同心公记刻本　‖　川大

1691 **南雅堂医书外集十种**
(清)陈念祖撰　清刻本　‖　泸州

1692 **南阳活人书二十卷**
(宋)朱肱撰　(明)徐镕校正　清儒林堂刻本　‖　省图

1693 **难经丛考一卷**
张骥辑　民国二十七年(1938)成都汲古书局刻本　‖　省图 川大

1694 **难经集注五卷**
(明)王九思撰　清光绪十五年(1889)上海鸿文书局石印本　‖　成都 雅安

1695 **难经集注五卷**
(明)王九思撰　民国十八年(1929)上海商务印书馆影印本　‖　崇州 西南交大

1696 **难经集注五卷**
(明)王九思辑　民国二十五年(1936)上海中华书局聚珍仿宋版铅印本　‖　西南交大 川博

1697 **难经经释补证二卷总论一卷**
(战国)秦越人注(清)徐大椿释　廖平补证　民国三年(1914)成都存古书局刻本　‖　泸州 南充 三台

1698 **难经经释二卷**
(战国)秦越人注(清)徐大椿释　清同治三年(1864)刻本　‖　成都 郫都区

1699 **难经经释二卷**
(战国)秦越人注(清)徐大椿释　清光绪十五年(1889)江左书局刻本　‖　西华师大

1700 **难经经释二卷**
(战国)秦越人注(清)徐大椿释　清光绪三十三年(1907)上海章福记书局石印本　‖　成都 川大

1701 **难经经释二卷**
(战国)秦越人注(清)徐大椿释　清吴江半松斋刻本　‖　成都

1702 **难经悬解二卷**
(清)黄元御解　民国上海中医书局影印本　‖　省图

1703 **难经学一卷**
邹慎撰　民国二十一年(1932)铅印本　‖　成都

1704 **内经撮要三卷**
陈绍勋注释　民国二十三年(1934)大足昌明石印社石印本　‖　省图 温江区

1705 **内经撮要三卷**
陈绍勋注释　民国彬明印刷社铅印本　‖　省图 乐山

1706 **内经方集释二卷附义生堂书目提要一卷**
张骥辑　民国二十二年(1933)双流张氏义生堂成都刻本　‖　省图 成都 川大 中医大

1707 **内经类要二卷**
□□撰　民国四川国医学院铅印本　‖　省图

1708 **内经脉学部位考一卷经说二卷经验方一卷**
(清)姜国伊撰　清刻本　‖　省图 郫都区

1709 **内经平脉考一卷**
廖平撰　民国四年(1915)成都存古书局刻本　‖　三台 崇州 川大

1710 **内经评文素问二十四卷遗篇一卷内经评文灵枢十二卷**
(清)周学海评注　清光绪二十四年(1898)建德周氏刻本　‖　省图

1711 **内经释要一卷**
(清)江之兰注　清光绪二十八年(1902)敏修斋铅印本　‖　省图 乐山

1712 **内经药论十卷附义生堂书目提要一卷**
张骥辑　民国二十四年(1935)成都张氏义生堂刻本　‖　省图 成都 川大

1713 **内经知要二卷**
(明)李中梓原辑(清)薛雪校　清刻本　‖　省图

1714 **内经知要二卷**
(明)李中梓辑(清)薛雪校正(清)陈莲舫加批 江忍庵校订　民国十七年(1928)广益书局石印本　‖　泸州(不全)

1715 **内经知要二卷**
(明)李中梓辑(清)薛雪校正(清)陈莲舫加批 江忍庵校订　民国二十六年(1937)上海千顷堂书局铅印本　‖　成都

1716 **内经知要二卷**
(明)李中梓辑(清)薛雪校正(清)陈莲舫加批 江忍庵校订　民国商务印书馆铅印本　‖　省图 中医大

1717　内经知要讲义三卷
钱荣光注　民国上海大成书局石印本　‖　省图 中医大

1718　内经知要讲义四卷
(明)李中梓辑(清)薛雪校正　民国石印本　‖　泸州

1719　内科理法二十三卷
(英国)虎伯撰(清)舒高第笔译(清)赵元益笔述　清光绪江南制造总局刻本　‖　川大

1720　内科理法前编六卷后编十卷附一卷
(英国)虎伯撰(清)舒高第笔译(清)赵元益笔述　清光绪江南制造总局刻本　‖　省图

1721　内科新说二卷
(英国)合信氏(清)管茂材撰　清咸丰八年(1858)上海仁济医馆刻本　‖　省图 成都 川大

1722　内科学讲义二卷
秦伯未著　民国铅印本　‖　省图 乐山

1723　内科易知一卷
中华书局编辑　民国九年(1920)中华书局铅印本　‖　省图 乐山

1724　内外伤辨三卷
(元)李杲撰(明)吴勉学校　清刻本　‖　泸州

1725　内外神方不分卷
□□撰　民国抄本　‖　成都

1726　内症通用方一卷
(清)陆汝衡集编　民国四年(1915)刻本　‖　省图 川大 中医大

1727　内症通用方一卷外症通用方一卷
(清)陆汝衡集编　民国四年(1915)刻本　‖　省图

1728　廿一史战略考三十三卷
(明)茅元仪辑　清光绪二十五年(1899)成都志古堂刻本　‖　成都

1729　牛痘新法全书一卷
(清)邱熺辑　清光绪二十一年(1895)刻本　‖　省图

1730　牛痘新书辑要一卷
(清)邱熺原本(清)陈福畴续补(清)陈思堂校订　清光绪九年(1883)刻本　‖　省图

1731　牛痘新书济世一卷
(清)邱熺原本(清)王惇甫增补　清光绪二年(1876)钱塘魏南伯刻本　‖　省图

1732　牛痘新书一卷
(清)武荣纶编(清)董玉山编　清光绪二十六年(1900)刻本　‖　省图

1733　牛经大全二卷
(明)喻仁 (明)喻杰撰　清大道堂刻本　‖　省图

1734　牛经切要不分卷
□□撰　清光绪刻本　‖　省图

1735 **牛相全图不分卷**
佚名撰 民国刻本 ‖ 成都

1736 **农丹一卷**
(清)张标撰 清末刻本 ‖ 西华师大

1737 **农候杂占四卷**
(清)梁章钜撰 清同治十二年(1873)浙江书局刻本 ‖ 西华师大

1738 **农话不分卷**
(清)陈启谦述 清光绪二十九年(1903)上海商务印书馆铅印本 ‖ 省图 成都

1739 **农器汇说一卷**
(英国)傅兰雅撰 清光绪二十七年(1901)铅印本 ‖ 西华师大

1740 **农桑辑要七卷**
(元)司农司撰 清同治十三年(1874)刻本 ‖ 成都

1741 **农桑辑要七卷**
(元)司农司撰 清光绪叶伯英刻本 ‖ 省图

1742 **农桑辑要七卷**
(元)司农司撰 民国二十五年(1936)上海中华书局铅印本 ‖ 绵竹 犍为 崇州 西华师大 西南交大 川博

1743 **农桑辑要七卷附蚕事要略一卷**
(元)司农司撰 & 蚕事要略一卷(清)张行孚缀 清光绪二十一年(1895)中江催署刻本 ‖ 省图 泸州(不全) 雅安 绵竹

1744 **农桑衣食撮要二卷**
(元)鲁明善撰 (清)钱熙祚辑 民国十一年(1922)上海博古斋影印守山阁丛书本 ‖ 西南民大

1745 **农桑衣食撮要二卷附旅舍备用方一卷伤寒微旨论二卷**
(元)鲁明善撰(清)庄肇麟校 & 旅舍备用方一卷(宋)董汲撰(清)庄肇麟校 & 伤寒微旨论二卷(宋)韩祗和撰(清)庄肇麟校 清刻本 ‖ 泸州

1746 **农事略论一卷**
(英国)傅兰雅撰 清光绪石印本 ‖ 西华师大

1747 **农事略论一卷蚕务图说一卷纺织机器图说一卷**
梁启超辑 清光绪二十三年(1897)慎记书庄石印本 ‖ 省图

1748 **农事调查报告及农场计划汇刊不分卷**
华阳县立职业学校编 民国三十一年(1942)华阳县立职业学校铅印本 ‖ 成都

1749 **农书二十二卷**
(元)王祯撰 民国十三年(1924)济南善成印务局铅印本 ‖ 川师大

1750 **农书三卷附蚕书一卷于潜令楼公进耕织二图诗一卷附录一卷**
(宋)陈旉撰 & 蚕书一卷(宋)秦观撰 & 于潜令楼公进耕织二图诗一卷附录一卷(宋)楼璹撰 清乾隆道光间知不足斋刻本 ‖ 成都 泸州

1751　农书三卷附多言三卷常识一卷
(宋)陈旉撰(清)李调元校订 & 刍言三卷(宋)崔敦礼撰(清)李调元校订 & 常谈一卷(宋)吴箕撰　(清)李调元校订　清光绪七年(1881)刻本　‖　成都　泸州

1752　农务化学简法三卷
(美国)固来纳撰(英国)傅兰雅口译(清)王树善笔述　清光绪二十九年(1903)上海江南制造总局刻本　‖　川大

1753　农务全书上编十六卷
(美国)施妥缕撰(清)舒高第口译(清)赵诒琛笔述　清光绪三十三年(1907)上海江南机器制造总局刻本　‖　川大

1754　农务土质论三卷
(美国)格令希兰撰(美国)卫理口译(清)范熙庸笔述　清光绪二十八年(1902)上海书局石印本　‖　省图

1755　农务土质论三卷附农务土质图说一卷
(美国)格令希兰撰(美国)卫理口译(清)范熙庸笔述　清光绪二十六年(1900)江南制造局刻本　‖　川大

1756　农学不分卷
□□撰　清光绪三十年(1904)四川官书局刻本　‖　省图

1757　农学论一卷
(清)张寿浯撰　清光绪铅印本　‖　省图

1758　农学新法一卷附开广学会书目一卷
(德国)贝德礼撰(英国)李提摩太译(清)铸铁生述　清光绪二十三年(1897)上海美华书馆铅印本　‖　省图

1759　农学一卷
(清)江标辑　清光绪二十八年(1902)石印本　‖　西华师大

1760　农学纂要四卷
(清)陈恢吾撰　清光绪二十八年(1902)刻本　‖　泸州　安州区(绵阳市)

1761　农业畜牧讲义养牛学不分卷
四川高等农业学校编　民国通文石印社石印本　‖　省图

1762　农业全书三卷
(美国)施妥缕撰(清)赵元益译述　清宣统三年(1911)上海农学实授所铅印本　‖　省图

1763　农业全书三十二卷
(美国)施妥缕撰　(清)赵元益译述　民国十二年(1923)石印本　‖　西华师大

1764　农用器具学一卷
(日本)西村荣十郎撰　清光绪铅印本　‖　省图

1765　农政全书六十卷
(明)徐光启纂修　清道光二十三年(1843)曙海楼刻本　‖　川师大　西华师大

1766　农政全书五十六卷
(明)徐光启纂修　清道光二十六年(1846)刻本　‖　川大

1767　弄丸心法八卷
(清)杨凤庭著　清宣统三年(1911)成都刻本　‖　省图　新都区　温江区　川大

1768 疟疾探源论一卷
敖士梁著　民国影印本　‖　省图

1769 疟疾学不分卷
梁乃津著　民国铅印本　‖　省图

1770 疟痢成法一卷
(清)王裕庆著　清光绪八年(1882)刻本　‖　省图　乐山

1771 女科百问二卷
(宋)齐仲甫撰　清刻本　‖　省图

1772 女科二卷
(清)傅青主撰　清刻本　‖　泸州

1773 女科二卷
(清)傅青主撰　抄本　‖　温江区

1774 女科二卷产后编二卷
(清)傅青主撰　清光绪三十一年(1905)成都官报书局铅印本　‖　川大

1775 女科歌诀六卷附经验方一卷
(清)邵步青撰　(清)邵炳扬述(清)邵景康等校　清刻本　‖　中医大

1776 女科辑要八卷附单养贤胎产全书一卷
(清)周纪常纂辑　清宣统二年(1910)上海千顷堂书局石印本　‖　省图　川大

1777 女科辑要二卷
(清)沈尧封辑(清)徐政杰补注　清同治元年(1862)刻本　‖　川大

1778 女科经纶八卷
(清)萧埙撰(清)萧鋐等校(清)金大起等参订　清光绪十六年(1890)扫叶山房刻本　‖　省图　泸州(不全)　新都区(不全)　川大　中医大

1779 女科经纶八卷
(清)萧埙撰(清)萧鋐等校(清)金大起等参订　民国二十六年(1937)影印本　‖　省图

1780 女科秘诀大全五卷
(清)陈莲舫编订　民国十二年(1923)上海广益书局石印本　‖　省图

1781 女科秘旨八卷
(清)释轮应纂(清)吴煜校订　民国二十三年(1934)上海中医书局影印本　‖　省图　乐山　川大　中医大

1782 女科仙方四卷
(清)傅山撰　清道光二十六年(1846)刻本　‖　省图　郫都区　安州区(绵阳市)(不全)　中医大

1783 女科仙方四卷附产科心法三卷
(清)傅山撰 & 产科心法三卷(清)汪喆撰　清光绪八年(1882)成都两仪堂刻本　‖　成都

1784 女科要略四卷
(清)潘霨辑　清光绪九年(1883)江西书局刻本　‖　川大

1785　**女科要旨四卷**
(清)陈念祖撰　(清)陈元蔚参订　(清)陈元犀韵注　(清)陈心典校　(清)陈心兰校　清道光二十三年(1843)陈心典刻本　‖　省图

1786　**女科要旨四卷**
(清)陈念祖撰　(清)陈元蔚参订　(清)陈元犀韵注　(清)陈心典校　(清)陈心兰校　清同治四年(1865)重刻本　‖　川大

1787　**女科要旨四卷**
(清)陈念祖撰　(清)陈元蔚参订　(清)陈元犀韵注　(清)陈心典校　(清)陈心兰校　清光绪八年(1882)文魁堂仿南雅书屋刻本　‖　安州区(绵阳市)

1788　**女科要旨四卷**
(清)陈念祖撰　(清)陈元蔚参订　(清)陈元犀韵注　(清)陈心典校　(清)陈心兰校　清光绪十八年(1892)图书集成印书局刻本　‖　中医大

1789　**女科要旨四卷**
(清)陈念祖撰　(清)陈元蔚参订　(清)陈元犀韵注　(清)陈心典校　(清)陈心兰校　清光绪二十一年(1895)多文会刻本　‖　成都　温江区　中医大

1790　**女科要旨四卷**
(清)陈念祖撰　(清)陈元蔚参订　(清)陈元犀韵注　(清)陈心典校　(清)陈心兰校　清光绪二十九年(1903)蜀东信义书局刻本　‖　省图

1791　**女科要旨四卷**
(清)陈念祖撰　(清)陈元蔚参订　(清)陈元犀韵注　(清)陈心典校　(清)陈心兰校　清成文堂刻本　‖　成都　中医大

1792　**女科要旨四卷**
(清)陈念祖撰　(清)陈元蔚参订　(清)陈元犀韵注　(清)陈心典校　(清)陈心兰校　清五福堂刻本　‖　省图

1793　**女科要旨四卷**
(清)陈念祖撰　(清)陈元蔚参订　(清)陈元犀韵注　(清)陈心典校　(清)陈心兰校　清宏道堂刻本　‖　泸州

1794　**女科要旨四卷**
(清)陈念祖撰　(清)陈元蔚参订　(清)陈元犀韵注　(清)陈心典校　(清)陈心兰校　清稽古堂刻本　‖　成都　中医大

1795　**女科要旨四卷**
(清)陈念祖撰　(清)陈元蔚参订　(清)陈元犀韵注　(清)陈心典校　(清)陈心兰校　清福文堂刻本　‖　郫都区

1796　**女科要旨四卷**
(清)陈念祖撰　(清)陈元蔚参订　(清)陈元犀韵注　(清)陈心典校　(清)陈心兰校　清成德堂刻本　‖　郫都区(不全)

1797　**女科要旨四卷**
(清)陈念祖撰　(清)陈元蔚参订　(清)陈元犀韵注　(清)陈心典校　(清)陈心兰校　清刻本　‖　乐山　三台　郫都区　崇州(不全)

1798　**女科要旨四卷**
(清)陈念祖撰　(清)陈元蔚参订　(清)陈元犀韵注　(清)陈心典校　(清)陈心兰校　民国上海广益书局石印本　‖　省图　成都　安州区(绵阳市)

1799　**抛物线炮弹远近图说一卷**
(清)梅启照撰　清同治十三年(1874)刻本　‖　西华师大

1800　**炮乘新法四卷**
英国制造官局撰(清)舒高第口译(清)郑昌棪笔述　清江南制造总局铅印本　‖　省图　川大

1801　**炮法昂度子落高低远近画谱一卷**
(清)丁乃文撰　清光绪十四年(1888)上海江南制造局铅印本　‖　川大

1802　**佩文斋广群芳谱一百卷**
(清)汪灏等编　清同治七年(1868)江左书林刻本　‖　省图　绵竹(不全)　川大

1803　**佩文斋广群芳谱一百卷**
(清)汪灏等编　民国上海锦章图书局石印本　‖　省图　新都　川大

1804　**佩文斋书画谱一百卷**
(清)孙岳颁纂辑　清光绪九年(1883)上海同文书局石印本　‖　绵竹(不全)

1805　**批注伤寒论十卷**
(汉)张机述(晋)王熙撰次(金)成无己批注　清光绪二十二年(1896)湖南书局刻本　‖　川大

1806　**批注伤寒论十卷**
(汉)张机述(晋)王熙撰次(金)成无己批注　民国元年(1912)江东书局影印本　‖　雅安　富顺

1807　**批注伤寒论十卷**
(汉)张机述(晋)王熙撰次(金)成无己批注　民国十三年(1924)熊罗宿影印本　‖　雅安

1808　**批注伤寒论十卷**
(汉)张机述(晋)王熙撰次(金)成无己批注　民国十八年(1929)上海商务印书馆影印本　‖　西南交大

1809　**批注伤寒论十卷**
(汉)张机述(晋)王熙撰次(金)成无己批注　民国上海涵芬楼影印本　‖　成都　崇州

1810　**批注伤寒论十卷论图一卷伤寒明理论四卷**
(汉)张机述(晋)王熙撰次(金)成无己批注　清同治九年(1870)双白燕堂刻本　‖　省图

1811　**批注伤寒论十卷药方目录一卷图一卷**
(汉)张机述(晋)王熙撰次(金)成无己批注　民国二十五年(1936)上海中华书局影印四部备要本　‖　省图　雅安　川博

1812　**皮肤新编一卷**
(美国)嘉约翰口译(清)林湘东笔述　清光绪二十五年(1899)刻本　‖　省图　成都

1813　**皮肤证治一卷**
(美国)聂会东译(清)尚宝臣笔述　(清)济南施医院校订　清光绪二十四年(1898)上海美华书馆铅印本　‖　省图　泸州

1814　**脾胃论三卷**
(金)李杲著　清光绪七年(1881)羊城云林阁刻医学十书本　‖　省图　泸州　川大

1815　**漂染棉布论一卷**
(英国)傅兰雅撰　清光绪石印本　‖　西华师大

1816　**平法寓言十卷**
(清)与樵山客撰(清)张笛樵　郭月槎等校　清光绪十三年(1887)刻本　‖　省图

1817　平面几何学二卷
(日本)□□撰　清光绪刻本　‖　省图

1818　平三角举要五卷
(清)梅文鼎著　清光绪成都算学书局刻本　‖　省图

1819　平冤录一卷
(元)赵逸斋著　抄本　‖　川大

1820　平治荟萃三卷
(元)朱震亨撰　清刻本　‖　中医大

1821　评琴书屋叶案括要八卷
(清)叶桂原本(清)潘名熊纂　清同治十二年(1873)刻本　‖　省图

1822　评琴书屋叶案括要八卷
(清)叶桂原本(清)潘名熊纂　民国二十四年(1935)汉文正楷书局铅印本　‖　省图

1823　评选环溪草堂医案一卷
(清)王泰林注(清)柳宝诒选评　民国三十二年(1943)成都市中医师公会医友出版社铅印本　‖　省图 成都

1824　评选继志堂医案二卷
(清)曹存心注(清)柳宝诒评选　民国上海文瑞楼石印本　‖　川大

1825　评选静香楼医案二卷
(清)尤怡注(清)柳宝诒评选　抄本　‖　川大

1826　评注七子兵略七卷
陈玖学撰　民国六年(1917)鸿文斋石印本　‖　省图

1827　洴澼百金方十四卷
(清)袁宫桂编　清嘉庆八年(1803)抄本　‖　成都

1828　洴澼百金方十四卷
(明)袁宫桂撰　清咸丰五年(1855)刻本　‖　安州区(绵阳市)(不全)

1829　洴澼百金方十四卷
(明)袁宫桂撰　清光绪二十五年(1899)刻本　‖　省图 川大

1830　洴澼百金方十四卷
(明)袁宫桂撰　清抄本　‖　省图(不全)

1831　普济应验良方八卷补遗一卷续录二卷
(清)德轩氏辑　清光绪三年(1877)文元堂刻本　‖　成都

1832　普济应验良方八卷末一卷
(清)德轩氏辑　清刻本　‖　中医大

1833　普济应验良方十一卷
(清)德轩氏辑　清咸丰七年(1857)刻本　‖　省图

1834　普救回生草不分卷
(清)悯人居士纂辑　清光绪十三年(1887)刻本　‖　省图 乐山 中医大

1835　普救应验良方一卷
□□撰　清刻本　‖　省图

1836　普通动物学不分卷
(日本)五岛清太郎著(清)樊炳清译　清光绪石印本　‖　省图　西南民大

1837　普通生物学不分卷
陈桢撰　民国十三年(1924)铅印本　‖　川大

1838　普通天文学不分卷
李珩撰　民国铅印本　‖　川大

1839　七先生医效方一卷
陈亘辑　民国九年(1920)聚昌公司铅印本　‖　省图

1840　七政经纬二卷
张肇修编　民国三十六年(1947)成都三元堂刻本　‖　成都

1841　七政历理不分卷
□□撰　抄本　‖　泸州

1842　七政台历全书一卷
(清)杨天爵考订　清光绪二十三年(1897)刻本　‖　成都

1843　七政推步七卷
(明)贝琳撰　民国二十四年(1935)上海商务印书馆影印本　‖　南充　西南交大　川博

1844　七政星历全书一卷
□□撰　民国石印本　‖　泸州

1845　齐民四术农三卷礼三卷刑二卷兵四卷
(清)包世臣著　清同治十一年(1872)刻本　‖　西华师大

1846　齐民要术七卷
(北魏)贾思勰撰　民国十四年(1925)扫叶山房石印本　‖　西华师大

1847　齐民要术十卷
(北魏)贾思勰撰　明刻本　‖　省图(不全)

1848　齐民要术十卷
(北魏)贾思勰撰　清光绪元年(1875)湖北崇文书局刻本　‖　省图　成都(不全)　泸州　雅安　江油

1849　齐民要术十卷
(北魏)贾思勰撰　清光绪十四年(1888)刻观象庐丛书本　‖　省图

1850　齐民要术十卷
(北魏)贾思勰撰　清光绪二十二年(1896)中江榷署刻本　‖　南充

1851　齐民要术十卷
(北魏)贾思勰撰　民国元年(1912)鄂官书处刻本　‖　川师大

1852　齐民要术十卷
(北魏)贾思勰撰　民国三年(1914)上虞罗氏影印本　‖　川大(不全)　川师大

1853　齐民要术十卷
(北魏)贾思勰撰　民国六年(1917)潮阳郑氏刻本　‖　西华师大

1854　齐民要术十卷
(北魏)贾思勰撰　民国十一年(1922)上海博古斋影印本　‖　西华师大

1855　齐氏家传医秘二卷
(清)齐秉慧撰　清道光十六年(1836)安怀堂刻本　‖　泸州　江油　中医大

1856　齐氏医案崇正辨讹六卷
(清)齐秉慧撰(清)齐高校录(清)齐瑞参订(清)杨宗煦等校阅　清道光十三年(1833)刻本　‖　成都　江油　崇州(不全)　中医大

1857　齐氏医案崇正辨讹六卷
(清)齐秉慧撰(清)齐高校录(清)齐瑞参订(清)杨宗煦等校阅　民国上海千顷堂书局石印本　‖　川大　中医大

1858　齐氏医案六卷
(清)齐秉慧纂(清)齐高校录(清)齐瑞参订(清)杨宗煦等校阅　清道光十三年(1833)刻本　‖　省图

1859　齐氏医案六卷
(清)齐秉慧纂(清)齐高校录(清)齐瑞参订(清)杨宗煦等校阅　清同治五年(1866)刻本　‖　中医大

1860　齐氏医案六卷
(清)齐秉慧纂(清)齐高校录(清)齐瑞参订(清)杨宗煦等校阅　民国千顷堂书局石印本　‖　泸州(不全)　中医大

1861　齐氏医书四种
(清)齐秉慧纂(清)齐高校录(清)齐瑞参订(清)杨宗煦等校阅　清刻本　‖　泸州

1862　奇方切要一卷
(清)钱德济纂　清抄本　‖　省图

1863　奇方纂要一卷
(清)王锡鑫编辑　民国三十二年(1943)年刻本　‖　中医大

1864　奇效海上良方秘本四卷
(唐)孙思邈撰　民国三年(1914)成都赵玉元堂刻本　‖　省图　川大

1865　起死回生秘诀一卷
(清)梅光鼎撰　民国十一年(1922)上海广雅书局石印本　‖　省图

1866　气象学一卷
□□编　民国铅印本　‖　川大

1867　气学器说一卷
(英国)傅兰雅撰　清光绪二十四年(1898)铅印本　‖　西华师大

1868　汽电车铁路论一卷
(英国)傅兰雅撰　清光绪石印本　‖　西华师大

1869　汽机必以十三卷
(英国)蒲而捺撰　(英国)傅兰雅口译(清)徐建寅笔述　清光绪刻本　‖　省图

1870　**汽机发轫九卷附表一卷**
(英国)美以纳(英国)白劳那合撰(英国)伟烈口译(清)徐寿笔述　清光绪江南制造总局刻本　‖　省图

1871　**汽机锅炉图说一卷**
(英国)傅兰雅撰　清光绪石印本　‖　西华师大

1872　**汽机命名说一卷**
(清)徐寿撰　清光绪石印本　‖　西华师大

1873　**汽学一卷**
(清)江标辑　清光绪二十八年(1902)石印本　‖　西华师大

1874　**器象显真四卷**
(英国)白力盖辑(英国)傅兰雅口译(清)徐建寅删述　清光绪江南制造总局刻本　‖　省图

1875　**千金宝要六卷**
(唐)孙思邈撰(宋)郭思节辑(清)孙星衍辑　清光绪十一年(1885)吴县朱氏槐庐家塾刻本　‖　中医大　西南民大

1876　**千金方衍仪三十卷**
(清)张璐撰　民国扫叶山房石印本　‖　南充

1877　**千金妇人方注一卷**
(唐)孙思邈著　张骥集　民国刻本　‖　省图

1878　**千金要方三十卷目录一卷**
(清)张璐衍义(清)席世臣校　民国十九年(1930)石印本　‖　泸州

1879　**千金翼方三十卷**
(唐)孙思邈撰　清同治七年(1868)扫叶山房刻本　‖　省图　中医大

1880　**千金翼方三十卷**
(唐)孙思邈撰　清光绪四年(1878)影印本　‖　省图　成都　川大

1881　**千金翼方三十卷**
(唐)孙思邈撰　民国九年(1920)江左书局石印本　‖　南充　川大

1882　**千金翼方三十卷**
(唐)孙思邈撰　民国十五年(1926)中原书局石印本　‖　南充

1883　**千金翼方三十卷目录一卷**
(唐)孙思邈撰　清光绪四年(1878)上海翻刻日本刻本　‖　中医大

1884　**前敌须知四卷**
(英国)克利赖著(清)舒高第等译　清光绪江南制造局铅印本　‖　省图

1885　**钱氏儿科案疏二卷**
(宋)钱乙撰(宋)阎孝忠编次　民国十五年(1926)上海大东书局铅印本　‖　省图

1886　**钱氏儿科案疏二卷**
(宋)钱乙撰(宋)阎孝忠编次　民国二十一年(1932)上海大东书局铅印本　‖　泸州(不全)

1887　**钱氏小儿药证直诀三卷**
(宋)钱乙撰(宋)阎孝忠编次　民国十九年(1930)兰溪协记书庄铅印本　‖　川大

1888　**钱氏小儿药证直诀三卷附方一卷董氏小儿斑疹备急方论一卷**
(宋)钱乙撰　(宋)阎孝忠集 & 附方一卷(宋)阎孝忠撰 & 董氏小儿斑疹备急方论一卷(宋)董汲之撰　民国影印本
‖ 川大

1889　**潜斋医书五种**
(清)王士雄撰　民国五年(1916)上海千顷堂书局石印本　‖　成都

1890　**潜斋医书五种**
(清)王士雄撰　民国上海广益书局石印本　‖　川大

1891　**潜斋医书五种**
(清)王士雄撰　民国上海锦章图书局石印本　‖　川大

1892　**潜斋医学丛书八种**
(清)王士雄撰　民国元年(1912)铅印本　‖　省图 成都

1893　**枪拳棍集一卷**
(清)张敬纲辑　清光绪抄本　‖　省图

1894　**强自力斋集十种**
(清)冯澄撰　清光绪石印本　‖　省图

1895　**切总伤寒不分卷**
(清)廖云溪撰　清同治九年(1870)刻本　‖　江油

1896　**切总伤寒不分卷**
(清)廖云溪撰　清光绪七年(1881)明堂刻本　‖　江油

1897　**切总伤寒不分卷**
(清)廖云溪撰　民国四年(1915)刻本　‖　川大

1898　**钦定七政四余万年书一卷**
□□撰　清光绪刻本　‖　省图

1899　**钦定授时通考七十八卷**
(清)鄂尔泰等撰　清乾隆七年(1742)刻本　‖　西华师大

1900　**钦定授时通考七十八卷**
(清)鄂尔泰等撰　清道光六年(1826)成都文三凤刻本　‖　新都区 川大

1901　**钦定协纪辨方书三十六卷**
(清)允禄等纂　清光绪二十五年(1899)上海书局石印本　‖　川大

1902　**钦定仪象考成三十卷首二卷**
(清)允禄等纂　清同治刻本　‖　省图

1903　**钦定诹吉便览不分卷**
(清)俞荣宽编　清乾隆五十二年(1787)天德堂刻本　‖　川博

1904　**秦氏痘疹图说三卷**
余德埧增订　民国七年(1918)上海商务印书馆铅印本　‖　省图 中医大

1905 禽鸟简要编一卷
(英国)傅兰雅撰 清光绪石印本 ‖ 西华师大

1906 禽星易见一卷
(明)池本理撰 民国二十四年(1935)上海商务印书馆影印本 ‖ 西南民大 西南交大

1907 青囊秘录四卷
(汉)华佗著(唐)孙思邈述 民国十二年(1923)济南道院铅字排印本 ‖ 川大

1908 青囊真秘六卷目录一卷
(汉)华佗撰 清光绪十五年(1889)刻本 ‖ 省图

1909 邱氏医书
邱崇著 民国二十六年(1937)北平和平印书局铅印本 ‖ 川大

1910 区田编一卷
(清)帅念祖撰 抄本 ‖ 成都

1911 区田图说一卷
(清)凌霄撰 清光绪十年(1884)阳湖杨氏刻本 ‖ 西华师大

1912 曲线新说一卷堤积术辨一卷
(清)蒋维钟撰 清光绪石印本 ‖ 省图

1913 取滤火油法一卷
(美国)日得乌特撰(英国)秀耀春(美国)卫理译(清)汪振声述 清光绪二十六年(1900)上海制造局刻本 ‖ 川大

1914 全生指迷方四卷
(宋)王贶撰 民国十九年(1930)上海中医书局石印本 ‖ 川大

1915 全体阐微三卷
(美国)柯为良译 清光绪十五年(1889)铅印本 ‖ 省图

1916 全体通考十八卷首一卷
(英)德贞撰 清光绪二十年(1886)铅印本 ‖ 泸州

1917 全体新论四卷
(英国)合信氏著(清)陈修堂同撰 清咸丰元年(1851)刻本 ‖ 泸州

1918 全体新论四卷
(英国)合信氏(清)陈修堂撰 清光绪铅印本 ‖ 省图 川大

1919 全体须知不分卷
(英国)傅兰雅撰 清光绪二十五年(1899)刻本 ‖ 省图

1920 全体学一卷
(清)江标辑 清光绪二十八年(1902)石印本 ‖ 西华师大

1921 拳经四卷
李肃之校 民国十九年(1930)上海大声图书局影印本 ‖ 省图

1922 劝桑说一卷
陈开沚撰 民国成都昌福公司铅印本 ‖ 省图 泸州

1923　**群方便览二卷**
(清)郭懋筠辑　民国三年(1914)刻本　‖　川大

1924　**群方便览续编不分卷**
(清)郭懋筠编(清)维新主人续编　清同治五年(1866)文昌宫刻本　‖　省图　成都　乐山　安州区(绵阳市)　中医大

1925　**群方便览续编二卷**
(清)郭懋筠编　民国铅印本　‖　省图

1926　**群芳花镜全书六卷**
(清)陈淏子辑　民国三年(1914)上海鹤记书局石印本　‖　泸州

1927　**群经见智录三卷附古医经论一卷**
恽树珏注　民国铅印本　‖　省图　乐山　中医大

1928　**人寸诊补证二卷**
(隋)杨上善注　廖平补证　民国三年(1914)成都存古书局刻本　‖　三台　川大

1929　**人镜经附录二卷**
(明)钱雷撰　抄本　‖　成都

1930　**人镜经附录二卷钟奇氏附录人镜经一卷**
(明)钱雷撰　清刻本　‖　省图　崇州　川大

1931　**人镜经三种**
(明)钱雷注　清刻本　‖　省图

1932　**仁寿镜四卷**
(清)孟鋗辑　民国重庆中西书局铅印本　‖　省图

1933　**日星测时新表一卷**
(清)余煌撰(清)张作楠撰　清抄本　‖　西华师大

1934　**容圆七术三卷曲面容方一卷**
(清)黄宗宪撰　清光绪二十二年(1896)梅城知足堂刻蓝印本　‖　省图

1935　**儒门事亲十五卷**
(金)张从正著　日本正德间浪华书肆田缘叔平刻本　‖　川大

1936　**儒门事亲十五卷**
(金)张从正著　清宣统二年(1910年)宁波汲绠斋石印本　‖　新都区

1937　**儒门事亲十五卷**
(金)张从正著　清宣统二年(1910)千顷堂石印本　‖　南充　中医大

1938　**儒门事亲十五卷**
(金)张从正著　清宣统二年(1910)上海国学扶轮社石印本　‖　川大

1939　**儒门医学三卷**
(英国)海得兰撰(英国)傅兰雅口译(清)赵元益笔述　清同治江南制造总局刻本　‖　省图　川大　中医大

1940　**蠕范八卷**
(清)李元撰　清刻本　‖　省图　泸州(不全)

1941　　入水衣论一卷
(英国)傅兰雅撰　清光绪石印本　‖　西华师大

1942　　赛金丹二编
(清)徐半峰等撰　清同治九年(1870)刻本　‖　川大

1943　　赛金丹二编
(清)徐半峰等撰　清光绪十三年(1887)刻本　‖　省图

1944　　赛金丹二编
(清)徐半峰等撰　民国二十二年(1933)刻本　‖　省图

1945　　赛金丹二卷
(清)徐半峰等撰　清光绪二十八年(1902)曾氏家藏刻本　‖　省图 成都 新都区 郫都区 中医大

1946　　三朝名医方论三种
(宋)骆龙吉等撰　清光绪二十六年(1900)上海千倾堂书局石印本　‖　省图 川大 中医大

1947　　三朝名医方论三种
(宋)骆龙吉等撰　清宣统三年(1911)宁波汲绠斋石印本　‖　省图 中医大

1948　　三家医案合刻三种
(清)吴金寿纂　清光绪二十五年(1899)上海书局石印本　‖　省图 川大 中医大

1949　　三家医案合刻三种附二种
(清)吴金寿纂　清道光十一年(1831)刻本　‖　省图 成都 川大

1950　　三角和较术一卷
(清)项名达撰　清光绪成都算学书局刻本　‖　省图

1951　　三角数理十二卷
(英国)海麻士辑(英国)傅兰雅口译(清)华蘅芳笔述　清光绪二十二年(1896)上海著易堂石印本　‖　省图

1952　　三角数理十卷
(英国)海麻士辑(英国)傅兰雅口译(清)华蘅芳笔述　清同治四年(1865)至宣统间上海江南制造总局刻本　‖　川大

1953　　三角须知一卷
(英国)傅兰雅撰　清光绪十四年(1888)刻本　‖　省图

1954　　三科备要三卷
(清)庄在田撰　清光绪元年(1875)吴师贤重刊成都文成斋刻本　‖　南充 中医大

1955　　三刻太医院补注妇人良方大全二十四卷
(宋)陈自明撰(明)薛己注　清竹林堂刻本　‖　中医大

1956　　三略兵法解证三卷附黄石公素书一卷史记留侯世家一卷
(周)吕望撰(汉)黄石公传授(清)杜蘅学　民国河南官印刷局铅印本　‖　成都

1957　　三命通会十二卷
(明)万民英著　清刻本　‖　川大

1958　　三农纪二十四卷
(清)张宗法撰　清光绪桂林堂刻本　‖　省图 三台 安州区(绵阳市)(不全) 川博

1959　**三农纪二十四卷**
(清)张宗法撰　清荣茂堂刻本　‖　成都

1960　**三农纪二十四卷**
(清)张宗法撰　清藜照书屋刻本　‖　成都

1961　**三农纪二十四卷**
(清)张宗法撰　清善成堂刻本　‖　成都

1962　**三农纪十卷**
(清)张宗法撰　清乾隆刻本　‖　省图　泸州(不全)

1963　**三书宝鉴三种**
(明)戚继光编　清道光咸丰间来鹿堂刻本　‖　省图

1964　**三统术详说四卷**
(清)陈沣撰　清刻本　‖　川大

1965　**三统术衍三卷钤一卷**
(清)钱大昕撰　清嘉庆六年(1801)刻本　‖　泸州

1966　**三因极一病源论粹十八卷**
(宋)陈言编　吴锡璜评注　吴锡琮校　民国十六年(1927)上海鸿章书局石印本　‖　省图

1967　**三因极一病源论粹十八卷**
(宋)陈言编　吴锡璜评注　吴锡琮校　民国二十三年(1934)上海文瑞楼石印本　‖　省图　新都区(不全)　中医大

1968　**三因极一病源论粹十八卷**
(宋)陈言编　吴锡璜评注　吴锡琮校　民国二十三年(1934)上海鸿章书局石印本　‖　省图　中医大

1969　**三因极一病证方论十八卷**
(宋)陈言编(清)蔡载鼎读　清道光二十三年(1843)刻本　‖　省图　川大

1970　**三元甲子万年书一卷**
上海文瑞楼编　民国铅印本　‖　成都

1971　**三元甲子新万年历附百二十年国历全书**
□□撰　民国十三年(1924)石印本　‖　川师大

1972　**三元甲子新万年历三卷**
钟之模辑　民国石印本　‖　川博(不全)

1973　**三证指南方论一卷**
(清)倪涵初原本　清抄本　‖　省图

1974　**三指禅脉理精蕴三卷**
(清)周学霆撰　清道光三十年(1850)志远堂刻本　‖　成都(不全)　中医大

1975　**三指禅三卷**
(清)周学霆撰　清道光十二年(1832)宏道堂刻本　‖　泸州

1976　**三指禅三卷**
(清)周学霆撰　清光绪二十九年(1903)文益书局刻本　‖　省图　成都　川大　中医大

1977　**三指禅三卷**
(清)周学霆撰　清湖南书局重刻本　‖　省图

1978　**三指禅三卷**
(清)周学霆撰　民国广益书局石印本　‖　中医大

1979　**三字经合编六种**
(清)陈念祖撰(清)张汝珍著　张骥等校　民国二十二年(1933)刻本　‖　省图　成都　江油

1980　**扫叶山房重校医宗必读十卷**
(明)李中梓著　清光绪十四年(1888)刻本　‖　川大

1981　**森林保护学不分卷**
□□撰　民国农业大学抄本　‖　江油

1982　**森林动物学讲义不分卷**
余必达编　民国四川大学农科学院铅印本　‖　省图

1983　**痧合编十五卷**
(清)刘奎撰　清刻本　‖　南充

1984　**痧喉阐义一卷**
(清)程镜宇撰　清扬州丁家湾严宏文斋刻书铺刻本　‖　中医大

1985　**痧喉正义一卷**
(清)张振鋆辑　清光绪刻本　‖　省图　乐山

1986　**痧喉正义一卷附录一卷**
(清)张振鋆辑　民国聚昌公司铅印本　‖　成都

1987　**痧麻明辨一卷**
(清)华坰编辑　民国二十四年(1935)上海千顷堂书局石印本　‖　省图　乐山

1988　**痧疫论三卷**
(清)胡杰辑著　清光绪二年(1876)刻本　‖　中医大

1989　**痧胀然犀照一卷**
(清)沈金鳌撰　清抄本　‖　省图

1990　**痧胀玉衡书三卷末一卷**
(清)郭志邃著　清姑苏吴氏刻本　‖　中医大

1991　**痧胀玉衡书三卷末一卷**
(清)郭志邃著　民国石印本　‖　三台

1992　**痧证指微一卷**
(清)释普净撰　清光绪二十二年(1896)镇江文成堂刻本　‖　中医大

1993　**痧症备要二卷**
(清)郭德勋撰(清)郭鐩纂　清刻本　‖　中医大

1994　**痧症度针二卷**
(清)胡凤昌辑　清同治十二年(1873)浙江赵宝墨斋刻本　‖　中医大

1995　**痧症汇要四卷痧症指微一卷**
(清)孙玘编辑(清)何其伟校阅(清)奚佳栋述(清)邱天序辑　民国十一年(1922)影印本　‖　省图

1996　**痧症汇要四卷**
(清)孙玘编(清)何其伟校阅　清光绪五年(1879)刻本　‖　中医大

1997　**痧症全书三卷**
(清)林森传授(清)王凯编辑(清)胡杰校订　清道光二年(1822)刻本　‖　乐山

1998　**痧症全书三卷**
(清)林森传授(清)王凯编辑(清)胡杰校订　清光绪二年(1876)刻本　‖　省图 中医大

1999　**痧症全书三卷**
(清)林森传授(清)王凯编辑(清)胡杰校订　清光绪四年(1878)刻本　‖　川大

2000　**痧症全书三卷**
(清)林森传授(清)王凯编辑(清)胡杰校订　清光绪八年(1882)渝城尊古堂刻本　‖　省图

2001　**痧症全书三卷**
(清)林森传授(清)王凯编辑(清)胡杰校订　民国上海千顷堂书局石印本　‖　省图 川大 中医大

2002　**痧症全书一卷**
(清)林森撰　清抄本　‖　省图

2003　**山蚕讲义不分卷**
余铣编辑　清宣统三年(1911)遵义艺徒学堂石印本　‖　省图

2004　**山蚕图说一卷**
(清)夏与赓编　民国铅印本　‖　成都

2005　**山蚕图说一卷附白话告示一卷**
(清)夏与庚辑　清光绪三十二年(1906)合江劝工局刻本　‖　省图

2006　**山东运河备览十二卷**
(清)陆耀纂　清乾隆四十年(1775)切问斋刻本　‖　川师大

2007　**山羊全书不分卷**
□□撰　民国四川高等农业学校成都文利石印社石印本　‖　省图

2008　**删补名医方论八卷**
(清)吴谦纂　民国十六年(1927)上海鸿宝斋石印本　‖　安州区(绵阳市)

2009　**删补名医方论八卷**
(清)吴谦等纂　抄本　‖　雅安

2010　**删补清太医院治瘟速效瘟疫辨论一卷**
(清)周禹锡删补　民国二十四年(1935)隆昌文宝斋石印本　‖　省图

2011　**删定伤寒论一卷**
(日本)南涯吉益删定(清)丁福宝编　清宣统二年(1910)上海文明书局铅印丁氏医学丛书本　‖　省图 乐山

2012　**删注脉诀规正二卷**
(清)沈镜删注(清)徐良臣参补　清宣统元年(1909)成都同文公会刻本　‖　省图 成都 自贡 泸州 温江区 郫都区 川大 川师大

2013　**删注脉诀规正二卷**
(清)沈镜删注(清)徐良臣参补　清黎照书屋刻本　‖　川大

2014　**伤寒百问四卷**
(宋)钱闻礼注(清)雷顺春校　清抄本　‖　省图

2015　**伤寒辨证痘疹合编十卷末一卷**
(清)陈尧道辑　清末刻本　‖　川大

2016　**伤寒辨证集解八卷附经方歌括二卷本经便读四卷脉法歌全卷一卷**
(清)黄钰辑　清光绪十九年(1893)芸经堂刻本　‖　省图 乐山

2017　**伤寒辨证录十四卷**
(清)陈士铎述　清咸丰四年(1854)新华斋刻本　‖　中医大

2018　**伤寒辨证录十四卷**
(清)陈士铎述　清同治七年(1868)刻本　‖　中医大

2019　**伤寒辨证录十四卷**
(清)陈士铎述　清光绪六年(1880)文奎堂刻本　‖　中医大

2020　**伤寒辨证十卷目录一卷**
(清)陈尧道撰(清)劳凤翔订　清瀛洲书屋刻本　‖　中医大

2021　**伤寒辨证四卷**
(清)陈尧道撰(清)劳凤翔订　清咸丰二年(1852)聚奎堂刻本　‖　中医大

2022　**伤寒辨证四卷**
(清)陈尧道辑(清)陈念祖订　清大道堂刻本　‖　安州区(绵阳市)(不全) 中医大

2023　**伤寒辨注一卷金匮辨注一卷**
(清)陈金声注　民国石印本　‖　成都 中医大

2024　**伤寒辨证痘科辨证九卷**
(清)陈尧道编(清)陈念祖评　清咸丰二年(1852)聚奎堂刻本　‖　省图

2025　**伤寒辨证四卷**
(清)陈尧道辑　(清)陈念祖订　清嘉庆十一年(1806)刻本　‖　省图

2026　**伤寒辨证四卷**
(清)陈尧道辑　(清)陈念祖订　清瀛洲书屋刻本　‖　省图

2027　**伤寒表里见症治例活法一卷**
□□撰　民国抄本　‖　成都

2028　**伤寒补天石二卷续二卷**
(明)戈维城著(清)席树馨校梓(清)席之瑛兑字　清嘉庆十六年(1811)汲绠斋木活字印本　‖　省图

2029　**伤寒撮要四卷**
(清)王梦祖辑并注(清)王鼎校(清)王绂校　清道光十九年(1839)瑞鹤堂刻本　‖　省图

2030　**伤寒撮要四卷**
(清)王梦祖辑并注(清)王鼎校(清)王绂校　清咸丰元年(1851)瑞鹤堂刻本　‖　川大

2031　**伤寒撮要四卷**
(清)王梦祖辑并注(清)王鼎校(清)王绂校　民国上海中医书局影印古本医学丛书本　‖　省图 中医大

2032　**伤寒大白四卷总论一卷**
(清)秦之桢撰　民国成都昌福公司铅印本　‖　省图 成都 川大

2033　**伤寒大成五种**
(清)张璐等撰　清光绪二十年(1894)上海图书集成印书局石印本　‖　泸州

2034　**伤寒大成五种**
(清)张璐等撰　清思德堂刻本　‖　泸州

2035　**伤寒大成五种**
(清)张璐等撰　清金闾书业堂刻本　‖　省图

2036　**伤寒第一书四卷附余二卷**
(清)车宗辂述(清)胡宪丰述　清光绪十一年(1885)刻本　‖　省图 川大

2037　**伤寒方歌一卷**
(清)甘席隆著　(清)王德宣校　清光绪十三年(1887)刻本　‖　省图 川大

2038　**伤寒方解六卷**
张静涛纂述 张泽沛参校　民国二十一年(1932)璧山县文学社铅印本　‖　成都

2039　**伤寒方经解不分卷**
(清)姜国伊注　清光绪十三年(1887)刻本　‖　成都 中医大

2040　**伤寒附翼二卷**
(清)柯琴编(清)马中骅校　清苏州扫叶山房刻本　‖　泸州 川大 中医大

2041　**伤寒附翼二卷**
(清)柯琴编(清)马中骅校　民国石印本　‖　省图

2042　**伤寒古本考不分卷**
(日本)内藤希振撰　廖平补评　民国六年(1917)四川成都存古书局刻本　‖　省图 成都 乐山 川大

2043　**伤寒古方通六卷条目一卷**
(清)王子接注　清刻本　‖　川大

2044　**伤寒贯珠集八卷**
(清)尤怡注(清)朱陶性校　清嘉庆绿荫堂活字本　‖　省图 中医大

2045　**伤寒贯珠集八卷**
(清)尤怡注(清)朱陶性校　清苏州会文堂刻本　‖　省图 江油

2046　**伤寒广要十二卷**
(日本)丹波元坚撰　日本文政十年(1827)聿修堂刻存诚药室丛书本　‖　省图

2047 **伤寒广要十二卷**
(日本)丹波元坚撰　民国九年(1920)成都昌福公司铅印本　‖　省图 温江区 川大 中医大

2048 **伤寒恒论十卷**
(清)郑寿全注　清光绪刻本　‖　省图

2049 **伤寒恒论十卷**
(清)郑寿全注　民国二十四年(1935)成都志古堂刻本　‖　省图 川大

2050 **伤寒汲古三卷**
周利川纂录　民国二十二年(1933)四明怡怡书屋铅印本　‖　省图 乐山 川大 中医大

2051 **伤寒集注六卷**
(清)张志聪注释(清)高世栻纂集　清咸丰六年(1856)刻本　‖　中医大

2052 **伤寒集注六卷**
(清)张志聪注释(清)高世栻纂集　民国成都昌福公司铅印本　‖　川大

2053 **伤寒兼证析义一卷**
(清)张倬著(清)王鼎较(清)苏继瞻较　清刻本　‖　泸州 中医大

2054 **伤寒讲义一卷附桂枝汤讲义一卷**
廖平撰　民国十年(1921)四川存古书局刻新订六译馆丛书本　‖　省图

2055 **伤寒经方阐奥三卷**
何仲皋撰　民国二年(1913)成都中医学堂刻本　‖　省图

2056 **伤寒经方阐奥三卷**
何仲皋撰　民国八年(1919)成都时和医社曹禹三抄本　‖　省图

2057 **伤寒经方阐奥三卷**
何仲皋撰　民国陶鼎勋抄本　‖　成都

2058 **伤寒九十论一卷**
(宋)许叔微述 张骥评校　清光绪二十五(1899)年成都崇文斋刻本　‖　川大

2059 **伤寒九十论一卷**
(宋)许叔微述 张骥评校　民国二年(1913)双流黄氏济忠堂刻本　‖　省图 成都 中医大

2060 **伤寒九十论一卷附校讹一卷续校一卷**
(宋)许叔微述(清)胡廷校讹 & 续校一卷　(清)董金鉴辑　清咸丰三年(1853)仁和胡廷木活字排印琳琅秘室丛书二集本
　‖　省图

2061 **伤寒括要二卷**
(明)李中梓著(明)张安苞校　清抄本　‖　省图

2062 **伤寒来苏集三种**
(清)柯琴编(清)马中骍校　清乾隆二十年(1755)马中骍校刻本　‖　南充

2063 **伤寒来苏集三种**
(清)柯琴编(清)马中骍校　民国上海棋盘街文瑞楼石印本　‖　省图 川大 中医大

2064　**伤寒来苏集三种**
(清)柯琴编 (清)马中骅校　民国上海锦章图书局石印本　‖　川大 中医大

2065　**伤寒来苏全集**
(清)柯琴编 (清)马中骅校　清宣统元年(1909)同文会刻本　‖　川大

2066　**伤寒来苏全集**
(清)柯琴编 (清)马中骅校　清务本堂刻本　‖　川大

2067　**伤寒类证活人书二十卷**
(宋)朱肱撰　清光绪二十三年(1897)儒林堂刻本　‖　中医大

2068　**伤寒类证三卷**
(汉)张机撰 (明)赵开美校　清光绪二十年(1894)崇文斋刻本　‖　省图 成都 郫都区 中医大

2069　**伤寒六书四卷**
(明)陶华述　民国十九年(1930)上海千顷堂书局石印本　‖　川大

2070　**伤寒论广训八卷**
巫燡著 蒲寓县等校　民国二十六年(1937)铅印本　‖　省图 成都 川大

2071　**伤寒论汇注精华九卷首一卷**
(清)汪莲石编　民国九年(1920)上海扫叶山房石印本　‖　省图

2072　**伤寒论霍乱训解二卷附章太炎霍乱论评注一卷**
刘复著 刘文扬参　民国二十年(1931)中国古医学会铅印本　‖　省图

2073　**伤寒论集注六卷**
(清)张志聪注释 (清)高世栻纂集　清刻本　‖　南充

2074　**伤寒论集注六卷**
(清)张志聪注释 (清)陈莲舫加批 (清)高世栻纂集　民国十二年(1923)上海广益书局石印本　‖　省图

2075　**伤寒论集注十卷外篇四卷**
(汉)张机撰 (清)徐赤集注 (清)吴士镇增订　清乾隆徐氏刻本　‖　省图

2076　**伤寒论集注折衷七卷首一卷**
(汉)张仲景原文 胡毓秀补注　民国二十六年(1937)信阳义兴福印书馆铅印本　‖　川大

2077　**伤寒论辑义六卷**
恽树珏著　民国油印本　‖　省图

2078　**伤寒论辑义七卷**
(日本)丹波元简著　日本文政五年(1822)聿修堂刻本　‖　省图

2079　**伤寒论讲义六卷附伤寒六经定法一卷**
(汉)张机撰 陈绍勋讲述 & 伤寒六经定法一卷 陈绍勋释　民国二十六年(1937)彬明印刷社铅印本　‖　省图 成都 温江区(不全)

2080　**伤寒论今释八卷**
陆渊雷撰　民国二十年(1931)上海国医学院铅印医学丛书本　‖　省图

2081　**伤寒论类方十二卷**
(清)徐大椿撰(清)徐爔校　清同治刻本　‖　成都

2082　**伤寒论类方一卷**
(清)徐大椿编释　(清)徐爔校　清同治三年(1864)刻本　‖　成都 泸州 温江区 郫都区

2083　**伤寒论类方一卷**
(清)徐大椿编辑　民国铅印本　‖　泸州

2084　**伤寒论类方一卷附六经脉证一卷**
(清)徐大椿编辑　民国石印本　‖　泸州

2085　**伤寒论六卷**
(清)张志聪注释(清)高世栻纂集　清同治九年(1870)刻本　‖　省图 泸州

2086　**伤寒论六卷**
(清)张志聪注释(清)高世栻纂集　清光绪二十五年(1899)石印本　‖　省图

2087　**伤寒论六卷**
(清)张志聪注释(清)高世栻纂集　清宣统元年(1909)同文公会刻本　‖　省图

2088　**伤寒论六卷**
(清)张志聪注释(清)高世栻纂集　民国上海锦章图书局影印本　‖　江油(不全)

2089　**伤寒论六卷伤寒论本义一卷**
(清)张志聪注释(清)高世栻纂集　民国成都昌福公司铅印本　‖　川大

2090　**伤寒论脉证式八卷附义生堂书目提要一卷**
(日本)川越正淑著 张骥校补 & 义生堂书目提要一卷 张骥著　民国二十六年(1937)成都义生堂刻本　‖　川大

2091　**伤寒论七卷**
(汉)张机著(晋)王叔和撰(金)成无己注　清圣济堂刻本　‖　省图

2092　**伤寒论七卷**
(汉)张机著(晋)王叔和撰(金)成无己注　清刻本　‖　省图 成都(不全)

2093　**伤寒论浅注补正七卷首一卷**
(汉)张机原文　(清)陈念祖注　(清)唐宗海补正　清光绪三十四年(1908)千顷堂书局石印本　‖　成都 泸州 江油 川大

2094　**伤寒论浅注补正七卷首一卷**
(汉)张机原文　(清)陈念祖注　(清)唐宗海补正　清光绪三十二年(1906)善成堂刻本　‖　成都 自贡 郫都区

2095　**伤寒论浅注补正七卷首一卷**
(汉)张机原文(清)陈念祖浅注(清)唐宗海补正　清光绪三十二年(1906)重庆中西书局铅印本　‖　省图 成都 新都区

2096　**伤寒论浅注补正七卷首一卷附识一道附录六首**
(汉)张机原文(清)陈念祖浅注(清)唐宗海补正　民国三年(1914)渝城瀛洲书屋刻本　‖　泸州

2097　**伤寒论浅注方论合编六卷**
(清)陈念祖著(清)严岳莲辑　严式诲校补　清宣统元年(1909)渭南严氏汇刻民国十三年(1924)校补医学初阶本　‖　省图

2098　**伤寒论浅注六卷**
(汉)张机原文(清)陈念祖浅注(清)唐宗海补正　清光绪三十一年(1905)刻本　‖　省图

2099　**伤寒论三卷**
(清)张志聪注释(清)朱景韩等参订　清咸丰六年(1856)刻本　‖　中医大

2100　**伤寒论三注十八卷**
(清)周扬俊等注　清浙江书局刻本　‖　省图　川大

2101　**伤寒论三注十八卷**
(清)周扬俊等注　清刻本　‖　郫都区(不全)

2102　**伤寒论三注十六卷**
(清)周扬俊等注　清乾隆四十五年(1780)松心堂刻本　‖　省图

2103　**伤寒论三注十六卷**
(清)周扬俊等注　清刻本　‖　成都(不全)

2104　**伤寒论三注十七卷医方歌一卷**
(清)周扬俊等注　清康熙刻本　‖　省图

2105　**伤寒论十卷**
(汉)张机述(晋)王叔和撰次　民国十年(1921)王选卿抄本　‖　省图

2106　**伤寒论十卷**
(汉)张机述(晋)王叔和撰(宋)林亿校正　民国十二年(1923)商务印书馆影印明赵开美刻本　‖　省图

2107　**伤寒论十卷**
(汉)张机述(晋)王叔和撰(宋)林亿校正　民国二十年(1931)上海中医书局影印本　‖　省图

2108　**伤寒论十卷**
(汉)张机述(晋)王熙撰(宋)林亿校正(明)赵开美校刻(清)沈琳校　民国二十五年(1936)上海中华书局聚珍仿宋版铅印本　‖　雅安　西南交大

2109　**伤寒论识六卷**
(日本)浅田栗园著　民国二十年(1931)上海六也堂书药局铅印本　‖　省图　川大

2110　**伤寒论述义五卷**
(日本)丹波元坚著　民国二十年(1931)上海六也堂书药局铅印何氏医学丛书本　‖　省图

2111　**伤寒论述义五卷**
(日本)丹波元坚撰　日本天保十四年(1843)刻存诚药室丛书本　‖　省图

2112　**伤寒论条辨八卷或问一卷本草抄一卷痉书一卷痉书或问一卷**
(明)方有执著(清)陈友恭校　清康熙五十八年(1719)浩然楼刻本　‖　省图　川大

2113　**伤寒论条辨八卷或问一卷本草抄一卷痉书一卷痉书或问一卷**
(明)方有执著(清)陈友恭校　民国十三年至十四年(1924-1925)刻渭南严氏孝义家塾丛书本　‖　省图(不全)成都(不全)川大

2114　**伤寒论通论一卷**
丁福保编辑　清宣统元年(1909)上海文明书局铅印丁氏医学丛书本　‖　省图

2115　**伤寒论新元编四卷首一卷**
(汉)张机撰　王正枢编次　民国十一年(1922)铅印本　‖　省图

2116　伤寒论研究四卷
恽树珏撰　何公度等参校　民国十三年(1924)铅印本　‖　省图

2117　伤寒论研究四卷
恽树珏撰　章巨膺等参校　民国二十四年(1935)铅印本　‖　省图 中医大

2118　伤寒论翼二卷
(清)柯琴编(清)马中骅校　清务本堂刻本　‖　省图 成都 泸州(不全)

2119　伤寒论原文浅注六卷
(清)陈念祖集注(清)陈蔚参校(清)陈元犀参校　民国上海锦章书局石印本　‖　泸州(不全)

2120　伤寒论直解六卷
(清)张锡驹批注　清康熙五十一年(1712)刻本　‖　成都

2121　伤寒论注六卷
(清)王丙著(清)陆懋修校　民国世补斋影印本　‖　江油

2122　伤寒论注三种
(汉)张机述(晋)王叔和撰(金)成无己注解　民国元年(1912)江东书局影印本　‖　省图

2123　伤寒论注四卷
(汉)张机原文(清)柯琴编注(清)马中骅校订　清务本堂刻本　‖　成都(不全) 中医大

2124　伤寒论注四卷
(汉)张机原文(清)柯琴编注(清)马中骅校订　清宏道堂刻本　‖　泸州

2125　伤寒论注四卷伤寒附翼二卷伤寒论翼二卷
(汉)张机原文(清)柯琴编(清)马中骅校订　清乾隆马氏刻本　‖　省图

2126　伤寒论注四卷伤寒论翼二卷伤寒附翼二卷
(汉)张机原文(清)柯琴编(清)马中骅校订　清宣统元年(1909)同文会刻本　‖　省图 泸州 乐山 安州区(绵阳市)

2127　伤寒论注四卷伤寒论翼二卷伤寒附翼二卷
(汉)张机原文(清)柯琴编(清)马中骅校订　清三多斋刻本　‖　省图 三台

2128　伤寒论注四卷伤寒论翼二卷伤寒附翼二卷
(汉)张机原文(清)柯琴编(清)马中骅校订　清弘仁会刻本　‖　省图 中医大

2129　伤寒论注四卷伤寒论翼二卷伤寒附翼二卷
(汉)张机原文(清)柯琴编(清)马中骅校订　民国上海锦章图书局石印本　‖　省图

2130　伤寒漫谈一卷
程天灵著　民国泸县钮子街健文石印社石印本　‖　省图

2131　伤寒明理论三卷
(金)成无己撰(明)吴勉学阅(明)徐镕校　清光绪二十年(1894)刻本　‖　成都 郫都区

2132　伤寒平议不分卷
廖平撰　民国六年(1917)成都存古书局刻新订六译馆丛书本　‖　省图

2133　伤寒钤法一卷原机启微二卷附录一卷
(汉)张机著(明)吴中珩校 & 原机启微二卷附录一卷(元)倪维德著(明)薛己校　民国上海大成书局石印本　‖　泸州

2134　**伤寒全生集四卷**
(清)陶节庵著　清嘉庆眉寿堂刻本　‖　南充

2135　**伤寒三字经一卷**
刘懋勋撰　民国二十一年(1932)上海千倾堂书局石印本　‖　温江区

2136　**伤寒舌鉴一卷**
(清)张登汇纂　清道光三十年(1850)黄习轩抄本　‖　省图

2137　**伤寒舌鉴一卷**
(清)张登撰　民国锦章书局石印本　‖　成都

2138　**伤寒审症表一卷**
(清)包诚纂辑　清同治十年(1871)湖北崇文书局刻本　‖　省图

2139　**伤寒说意不分卷**
(清)黄元御著　民国抄本　‖　省图

2140　**伤寒说意十卷首一卷**
(清)黄元御撰　(清)徐树铭校　清咸丰十年(1860)燮稣精舍刻本　‖　成都(不全) 泸州(不全) 江油(不全) 崇州(不全)

2141　**伤寒微旨论二卷**
(宋)韩祗和撰　(清)钱熙祚辑　民国十一年(1922)上海博古斋影印守山阁丛书本　‖　西南民大

2142　**伤寒瘟疫条辨六卷**
(清)杨璿撰(清)杨鼎编次(清)郭善邻参校　清同治六年(1867)重刻本　‖　省图

2143　**伤寒瘟疫条辨六卷**
(清)杨璿撰(清)杨鼎编次(清)郭善邻参校　清光绪元年(1875)重刻本　‖　川大

2144　**伤寒瘟疫条辨六卷**
(清)杨璿撰(清)杨鼎编次(清)郭善邻参校　清光绪四年(1878)善成堂刻本　‖　省图 泸州 中医大

2145　**伤寒瘟疫条辨六卷**
(清)杨璿撰(清)杨鼎编次(清)郭善邻参校　清光绪十五年(1889)刻本　‖　中医大

2146　**伤寒瘟疫条辨六卷**
(清)杨璿撰(清)杨鼎编次(清)郭善邻参校　清光绪三十三年(1907)同文公会刻本　‖　成都(不全) 郫都区(不全)

2147　**伤寒瘟疫条辨六卷**
(清)杨璿撰(清)杨鼎编次(清)郭善邻参校　民国上海锦章书局石印本　‖　省图 成都 乐山

2148　**伤寒绪论二卷**
(清)张璐撰　清末刻本　‖　成都 泸州

2149　**伤寒绪论二卷**
(清)张璐撰　民国石印本　‖　泸州

2150　**伤寒悬解歌诀十一卷**
(清)钟文焕述(清)徐廷卫校刊　清光绪师德堂刻本　‖　省图

2151　**伤寒悬解十四卷附说意十卷**
(清)黄元御著　清同治五年(1866)刻本　‖　南充

2152　伤寒悬解十四卷首一卷
(清)黄元御撰　(清)徐树铭校　清咸丰十年(1860)燮稣精舍刻本　‖　成都(不全)　泸州(不全)　江油(不全)　崇州(不全)

2153　伤寒悬解十四卷首一卷末一卷
(清)黄元御撰　(清)徐树铭校　民国石印本　‖　安州区(绵阳市)(不全)

2154　伤寒寻源三卷
(清)吕震名著　清光绪七年(1881)刻本　‖　省图　中医大

2155　伤寒寻源三卷
(清)吕震名著　民国上海中医书局影印本　‖　川大

2156　伤寒医诀串解六卷
(清)陈念祖撰(清)林寿萱校订　清咸丰六年(1856)远安堂刻本　‖　郫都区

2157　伤寒医诀串解六卷
(清)陈念祖撰(清)林寿萱校订　清光绪二十一年(1897)刻本　‖　成都　温江区　郫都区(不全)

2158　伤寒医诀串解六卷
(清)陈念祖撰(清)林寿萱校订　清五福堂刻本　‖　三台

2159　伤寒原旨八卷
(汉)张仲景原文　何仲皋批注　民国二十二年(1933)四川高等国医学校铅印本　‖　省图　温江区　郫都区(不全)　中医大

2160　伤寒约编六卷
(清)徐大椿著　民国石印本　‖　泸州

2161　伤寒杂病论古本三卷首一卷
(汉)张仲景著　廖平撰辑　民国十年(1921)成都存古书局重刻新订六译馆丛书本　‖　省图　乐山　川大

2162　伤寒杂病论集一卷
(清)顾观光撰　清光绪九年(1893)独山莫友芝上海刻武陵山人遗书本　‖　省图　乐山

2163　伤寒杂病论集注十六卷首二卷
(清)黄维翰撰　民国二十五年(1936)西安克兴印书馆铅印黄氏医学丛书本　‖　省图

2164　伤寒杂病论十六卷
(汉)张机述　刘瑞瀜校雠　民国二十三年(1934)影印本　‖　省图

2165　伤寒杂病论十六卷
(汉)张机述　刘瑞瀜校雠　民国贵阳文通书局铅印本　‖　泸州(不全)

2166　伤寒杂病论十六卷
(汉)张机述　刘瑞瀜校雠　民国成都日新印刷工业社铅印本　‖　省图　成都

2167　伤寒杂病论十六卷
(汉)张机述　刘瑞瀜校雠　民国石印本　‖　省图

2168　伤寒杂病论义疏十六卷
刘世祯述义　刘瑞瀜疏释　方锡藩敬录　民国二十三年(1934)湘鄂印刷公司铅印本　‖　省图

2169　伤寒杂病指南二卷
叶隐衡编纂　民国上海广益书局石印本　‖　省图

2170　**伤寒缵论二卷**
(清)张璐铨次(清)张倬等订(清)李瑾校正　清刻本　‖　泸州

2171　**伤寒针方浅解不分卷**
李澹盦编撰　民国德阳正兴石印社石印澹盦医学丛书本　‖　省图

2172　**伤寒真方歌括六卷**
(清)陈念祖撰　(清)林寿萱校　清咸丰九年(1859)昧根斋刻本　‖　成都

2173　**伤寒真方歌括六卷十药神书批注一卷**
(清)陈念祖撰　(清)林寿萱校　清光绪二年(1876)懿惠堂仿南雅堂刻本　‖　成都

2174　**伤寒证方一卷**
(□)□□撰　民国抄本　‖　省图 乐山

2175　**伤寒证治准绳八卷**
(明)王肯堂辑(清)程永培校　清光绪十八年(1892)上海图书集成印书局石印本　‖　泸州(不全) 江油(不全)

2176　**伤寒指掌四卷**
(清)吴贞原本　(清)陆懋修重订　清刻本　‖　成都(不全)

2177　**伤寒指掌四卷**
(清)吴贞原本　(清)陆懋修重订　民国七年(1918)上海鸿宝斋书局石印本　‖　省图

2178　**伤寒总病论六卷**
(宋)庞安时撰　清道光三年(1823)进业书局石印本　‖　泸州

2179　**伤寒总病论六卷附重雕宋刻伤寒总病论札记一卷**
(宋)庞安时撰 & 重雕宋刻伤寒总病论札记一卷(清)黄丕烈撰　民国上海千顷堂书局影印本　‖　川大

2180　**伤寒总论一卷**
廖平补证　民国六年(1917)四川成都存古书局刻新订六译馆丛书本　‖　省图

2181　**伤寒卒病论读一卷**
(汉)张仲景著(清)沈尧封抄读　清乾隆三十年(1765)宁检堂刻本　‖　成都

2182　**伤寒缵论二卷**
(清)张璐纂述　清石印本　‖　省图

2183　**伤科补要六卷**
(清)钱秀昌编　民国十三年(1924)石印本　‖　省图

2184　**伤科中西独步一卷**
罗裕生述　民国三十二年(1943)成都日新印刷社铅印本　‖　成都

2185　**伤科中西独步一卷**
罗裕生述　民国抄本　‖　成都

2186　**伤医大全四十卷**
(清)顾世澄纂(清)钱之栢等校　清同治九年(1870)敦仁堂刻本　‖　省图 江油

2187　**上虞算学堂课艺二卷**
(清)支雯甫选定(清)戚孔怀　(清)刘承祖(清)王璐同校　清光绪二十七年(1901)经正书院刻本　‖　省图

2188　**尚论篇四卷首一卷后篇四卷**
(清)喻昌撰　清光绪三十三年(1907)李节斋书局石印本　‖　南充

2189　**尚论篇四卷首一卷后篇四卷**
(清)喻昌撰　清刻本　‖　省图　成都(不全)　郫都区(不全)

2190　**尚论篇四卷首一卷后篇四卷**
(清)喻昌撰　民国上海广益书局石印本　‖　省图　川大

2191　**尚论张仲景伤寒论重编二卷首一卷后四卷**
(清)喻昌撰　民国刻本　‖　泸州

2192　**邵氏医书三种**
(清)邵登瀛撰　清光绪刻本　‖　省图

2193　**舌鉴辨正二卷**
(清)梁玉瑜传(清)陶保廉录　清光绪二十三年(1897)兰州固本堂书局刻本　‖　省图

2194　**舌苔统志一卷**
傅松元著　傅烈丕承校　民国铅印本　‖　乐山

2195　**舌苔统志一卷附振兴国医药刍议附析疑十五则**
傅松元注 & 振兴国医药刍议附析疑十五则 傅制然撰　民国铅印本　‖　省图

2196　**舌诊学二卷**
缪宏仁编注　民国二十六年(1937)铅印本　‖　省图

2197　**身验良方一卷**
(清)辜大安撰　民国十三年(1924)昌明印刷社铅印本　‖　省图

2198　**身验良方一卷**
(清)辜大安撰　清光绪五年(1879)刻本　‖　成都

2199　**神农本草备要医方合编六卷**
(清)汪昂鉴定　清刻本　‖　川大

2200　**神农本草经百种录一卷**
(清)徐大椿撰　(清)徐熺校　清刻本　‖　成都　泸州　郫都区　川大

2201　**神农本草经百种录一卷**
(清)徐大椿撰　(清)徐熺校　民国上海锦章书局石印本　‖　郫都区　川博

2202　**神农本草经读歌注一卷**
□□撰　民国陈遇安抄本　‖　成都

2203　**神农本草经读四卷**
(清)陈念祖著(清)陈元豹校(清)陈元犀校　清同治七年(1868)恒书堂刻本　‖　泸州(不全)　中医大

2204　**神农本草经读四卷**
(清)陈念祖撰(清)陈元豹校(清)陈元犀校　清光绪十三年(1887)刻本　‖　成都　郫都区

2205　**神农本草经读四卷**
(清)陈念祖撰(清)陈元豹校(清)陈元犀校　清光绪十四年(1888)刻本　‖　自贡

2206 **神农本草经读四卷**
(清)陈念祖著(清)陈元豹校(清)陈元犀校　清光绪二十二年(1896)刻本　‖　中医大

2207 **神农本草经读四卷**
(清)陈念祖著(清)陈元豹校(清)陈元犀校　清光绪三十一年(1905)善成堂刻本　‖　中医大

2208 **神农本草经读四卷**
(清)陈念祖撰(清)陈元豹校(清)陈元犀校　清光绪三十四年(1908)上海章福记石印本　‖　绵竹

2209 **神农本草经读四卷**
(清)陈念祖撰(清)陈元豹校(清)陈元犀校　清成文堂刻本　‖　成都

2210 **神农本草经读四卷**
(清)陈念祖撰(清)陈元豹校(清)陈元犀校　清刻本　‖　泸州　雅安　三台　川大(不全)

2211 **神农本草经读四卷**
(清)陈念祖撰(清)陈元豹校(清)陈元犀校　民国上海锦章图书局石印本　‖　泸州

2212 **神农本草经经释一卷**
(清)姜国伊撰　清刻本　‖　泸州

2213 **神农本草经三卷**
(魏)吴普等述　民国二十五年(1936)上海中华书局铅印本　‖　西南交大

2214 **神农本草三卷附本说一卷**
(清)王闿运辑　清光绪十一年(1885)尊经书院刻本　‖　省图　成都　安州区(绵阳市)　川大

2215 **神农本草三卷附本说一卷逸文一卷**
刘复民辑　民国三十一年(1942)中国中医学会铅印本　‖　省图

2216 **神农本经经释三卷**
(清)姜国伊撰　清光绪十八年(1892)抄本　‖　郫都区

2217 **神农本经一卷**
(清)姜国伊辑述　清光绪十八年(1892)刻本　‖　省图　郫都区

2218 **神农本经一卷**
(清)姜国伊辑述　清光绪二十一年(1895)刻本　‖　省图

2219 **神农书一卷**
(三国魏)吴普等述　清光绪九年(1883)长沙娜嬛馆刻本　‖　泸州

2220 **神授急救异痧奇方一卷**
(清)何其伟编　清光绪三十一年(1905)新化三昧书局刻本　‖　中医大

2221 **神授医理一卷**
□□撰　民国宜荪抄本　‖　省图

2222 **神相证验百条二卷**
刘学诚辑　清刻本　‖　泸州(不全)

2223 **神效良方一卷**
□□撰　清抄本　‖　省图

2224 **沈氏麻科一卷**
(清)赵开泰辑　清光绪二年(1876)浙江台州刻本　‖　省图

2225 **沈氏女科辑要笺正二卷勘误补正记一卷**
(清)沈尧封原本　张寿颐笺正　民国兰溪协记书庄铅印本　‖　川大

2226 **沈氏尊生书五种**
(清)沈金鳌辑　清同治元年(1862)刻本　‖　省图(不全)中医大

2227 **沈氏尊生书五种**
(清)沈金鳌撰　清同治十三年(1874)湖北崇文书局重刻本　‖　省图　泸州(不全)南充　中医大

2228 **沈氏尊生书五种**
(清)沈金鳌撰　清光绪二十一年(1895)图书集成局石印本　‖　省图　中医大

2229 **沈氏尊生书五种**
(清)沈金鳌撰　民国五年(1916)上海章福记书局铅印本　‖　泸州(不全)川大

2230 **审视瑶函六卷**
(明)傅仁宇纂(明)林长生校补(明)傅维藩编集　清宏德堂刻本　‖　成都

2231 **审视瑶函六卷附审视瑶函医案一卷**
(明)傅仁宇纂辑(清)张文凯参阅(清)林长生校补(清)傅维藩编集(清)张秀订正(清)周靖公校梓　民国石印本　‖　成都

2232 **审音精说一卷**
(英国)傅兰雅撰　清光绪二十四年(1898)铅印本　‖　西华师大

2233 **颐龄堂药目一卷**
(□)□□撰　民国八年(1919)刻本　‖　省图

2234 **慎疾刍言一卷**
(清)徐大椿撰　清道光四年(1824)刻本　‖　温江区

2235 **慎疾刍言一卷**
(清)徐大椿撰　清半松书屋刻本　‖　成都

2236 **慎疾刍言一卷世补斋不谢方一卷**
(清)徐大椿撰 & 世补斋不谢方一卷　(清)陆懋修撰　清光绪二十二年(1896)桂垣书局刻本　‖　省图

2237 **慎疾雏言一卷神农本草经百种录一卷**
(清)徐大椿撰　清刻本　‖　川大

2238 **慎柔五书五卷**
(明)胡慎柔撰(明)石震订正　(清)顾元交编次(清)程永培校　清刻本　‖　泸州(不全)

2239 **慎斋遗书十卷**
(明)周之干撰　清乾隆四十一年(1776)刻本　‖　省图

2240 **生理卫生学一卷**
(日本)大幸勇吉撰(清)樊炳清译　清光绪二十九年(1903)教育世界出版所铅印本　‖　西南民大

2241 **生理卫生学一卷**
(日本)世户测讲义　清光绪三十年(1904)四川官报局石印本　‖　省图　安州区(绵阳市)

2242　**生理卫生学一卷**
(日本)世户测讲义　民国四川官报局石印本　‖　乐山

2243　**生理新语四卷**
恽铁樵撰　徐衡之参校　章巨膺参校　民国十七年(1928)华丰印刷铸字所铅印本　‖　省图　中医大

2244　**生理新语四卷**
恽铁樵撰　徐衡之参校　章巨膺参校　民国二十五年(1936)上海民友印刷公司铅印本　‖　川大

2245　**生理学讲义一卷病理学讲义一卷病理学六经补义一卷**
沈反白编　民国油印本　‖　省图

2246　**生民常识一卷补遗一卷**
尹昌衡著　民国十五年(1926)铅印本　‖　川大

2247　**生生宝箓三卷附生生外录一卷**
(清)袁于江纂 & 生生外录二卷　(清)胡瀛国撰　民国五年(1916)仁愿堂铅印本　‖　省图　安州区(绵阳市)　川大

2248　**生生子医案五卷**
(明)孙一奎辑　民国成都昌福公司铅印本　‖　省图　川大　中医大

2249　**生物学二十八章**
(英国)坎拿达著　白明道编辑　民国八年(1919)成都华英书局铅印本　‖　川大

2250　**生育良方一卷**
倪伯惠撰　民国石印本　‖　泸州

2251　**生殖泌尿器病及花柳病简编一卷**
(美国)戴世璜撰　余冠瀛述　民国十五年(1926)上海广学书局铅印本　‖　省图　安州区(绵阳市)

2252　**声学八卷**
(英国)田大里撰(英国)傅兰雅口译(清)徐建寅笔述　清末上海江南机器制造总局刻本　‖　川大

2253　**声学一卷**
(清)江标辑　清光绪二十八年(1902)石印本　‖　西华师大

2254　**省身指掌九卷**
(美国)博恒理撰　清光绪二十三年(1897)铅印本　‖　省图

2255　**圣余医案诠解六卷**
(清)刘梖文撰　李俊释　民国三十五年(1946)李重俊堂排印本　‖　省图　川大

2256　**圣余医案诠解四卷**
(清)刘梖文撰　李俊诠解　张国铨参订　夏忠道参订　民国三十四年(1945)德胜印刷纸社铅印本　‖　省图　成都　中医大

2257　**失血澄治一卷**
(清)杨凤庭撰　清咸丰九年(1859)惠林堂刻本　‖　省图

2258　**失血澄治一卷**
(清)杨凤庭撰　清光绪刻本　‖　乐山

2259　**失血大法一卷**
(清)杨凤庭撰(清)刘梖文参订　清末民初成都守经堂刻本　‖　川大

2260　**失血新方二卷**
(清)杨凤阁撰　民国抄本　‖　新都

2261　**湿温病古今医案平议一卷**
张寿颐纂集　民国石印本　‖　省图

2262　**十三科古方选注三卷**
(清)王子接注(清)叶桂校　清扫叶山房刻本　‖　泸州

2263　**十药神书批注全卷一卷**
(清)陈念祖注　民国上海锦章书局石印本　‖　川博

2264　**十药神书一卷**
(元)葛可久编(清)潘霨重校增注　清光绪五年(1879)敏德堂刻本　‖　泸州

2265　**十药神书一卷附霍乱吐泻方论一卷**
(元)葛可久编 & 霍乱吐泻方论一卷 □□撰　清光绪十年(1884)江西书局刻本　‖　省图

2266　**十药神书注解全卷**
(元)葛可久编(清)陈念祖注　清光绪二十四年(1898)多文会刻本　‖　成都　三台　温江区　郫都区

2267　**石函嘉秘妇科良方一卷附妇科证方括歌一卷**
鹤洲野人编辑 & 妇科证方括歌一卷 长春堂编辑　民国抄本　‖　省图

2268　**石渠阁精订摄生秘剖四卷**
(明)洪基参订　清光绪石印本　‖　省图

2269　**石山医案三卷**
(明)陈桷校勘　民国石印本　‖　泸州(不全)

2270　**石室秘录六卷**
(清)陈士铎撰　清隆文堂刻本　‖　省图　安州区(绵阳市)　川大

2271　**石室秘录六卷**
(清)陈士铎撰　清文英堂刻本　‖　省图

2272　**石室秘录六卷**
(清)陈士铎撰　民国元年(1912)上海江东书局石印本　‖　南充　绵竹

2273　**石室秘录六卷**
(清)陈士铎撰　民国二十六年(1937)成都补刻本　‖　川大

2274　**石顽老人诊宗三昧一卷**
(清)张璐撰(清)张登编　清光绪二十年(1894)上海图书集成局铅印本　‖　省图

2275　**石雅三卷**
章鸿钊撰　民国七年(1918)铅印本　‖　川师大

2276　**时病歌括二卷**
(清)陈念祖撰(清)陈元豹校字(清)陈元犀校字　文魁堂校正　清光绪八年(1882)仿南雅书屋刻本　‖　安州区(绵阳市)

2277　**时病歌括一卷分病列队一卷**
□□撰　民国铅印本　‖　省图

2278 **时病论八卷**
(清)雷丰著(清)刘宾臣鉴定　清光绪石印本　‖　省图　安州区(绵阳市)

2279 **时病论八卷**
(清)雷丰著(清)刘宾臣鉴定　民国成都昌福公司铅印本　‖　省图　泸州　安州区(绵阳市)

2280 **时病学讲义一卷**
(清)雷丰撰　王杏楼辑　民国四川省国医学院铅印本　‖　成都

2281 **时方歌括二卷**
(清)陈念祖撰　(清)陈元豹校　(清)陈元犀校　清光绪二十一年(1895)多文会仿南雅书屋刻本　‖　成都　江油　温江区

2282 **时方歌括二卷**
(清)陈念祖撰　(清)陈元豹校　(清)陈元犀校　清光绪三十四年(1908)刻本　‖　成都

2283 **时方歌括二卷**
(清)陈念祖撰　(清)陈元豹校　(清)陈元犀校　清刻本　‖　成都　泸州　江油　川大

2284 **时方歌括二卷景岳新方砭四卷**
(清)陈念祖撰　(清)陈元豹校　(清)陈元犀校　民国上海锦章书局石印本　‖　川博

2285 **时方妙用四卷**
(清)陈念祖撰　(清)陈元豹校　(清)陈元犀校　清光绪八年(1882)仿南雅书屋刻本　‖　成都　温江区　郫都区　安州区(绵阳市)

2286 **时方妙用四卷**
(清)陈念祖撰　(清)陈元豹校　(清)陈元犀校　清刻本　‖　泸州　郫都区　崇州　川大

2287 **时方妙用四卷**
(清)陈念祖撰　(清)陈元豹校　(清)陈元犀校　民国上海锦章书局石印本　‖　安州区(绵阳市)

2288 **时疫解惑论二卷**
刘复撰　民国二十年(1931)上海三友实业社铅印本　‖　省图　成都　中医大

2289 **时疫解惑论一卷**
刘复撰　民国九年(1920)刻本　‖　省图　温江区　中医大

2290 **时用草药仙方一卷**
□□撰　民国古卧龙桥街记雪庄刻本　‖　成都

2291 **实验秘本中西良方大全不分卷**
缪乃澄编　抄本　‖　成都

2292 **实用灌溉工程设计学十四卷**
W.G.Bligh撰(清)雷斌译　冯雄译述　民国三十年(1941)成都协美印刷局铅印本　‖　川大

2293 **实用细菌学检验法不分卷**
陈少伯编撰　民国三十二年(1943)中华书局铅印本　‖　省图

2294 **实用制革法不分卷**
(清)张正成译　民国铅印本　‖　省图

2295 **食物本草会纂十二卷**
(清)沈李龙纂　清康熙三十年(1691)刻本　‖　西华师大

2296　**食物本草一卷**
(清)费伯雄鉴定　清刻本　‖　省图

2297　**食物本性效方抄一卷**
□□撰　清抄本　‖　省图

2298　**史记天官书补目一卷**
(清)孙星衍撰　清光绪十三年(1887)广雅书局刻本　‖　成都

2299　**史载之方二卷**
(宋)史堪撰　清光绪二年(1876)归安陆氏十万卷楼刻本　‖　自贡　泸州　犍为　川大

2300　**世补斋医书后集九种**
(清)陆懋修撰　清宣统元年(1909)刻本　‖　省图

2301　**世补斋医书后集九种**
(清)陆懋修撰　民国元年至三年(1912-1914)上海江东书局石印本　‖　省图　成都　泸州　绵竹

2302　**世补斋医书六种**
(清)陆懋修撰　清光绪十年(1884)刻本　‖　省图　泸州　温江区(不全)　川大　中医大

2303　**世补斋医书六种**
(清)陆懋修撰　清光绪十年(1884)刻光绪十二年(1886)山左书局重印本　‖　省图

2304　**世补斋医书文集十六卷**
(清)陆懋修著(清)沈彦模参校(清)方连轸参校(清)濮贤慈参校(清)陆润庠参校　清光绪十年(1884)刻本　‖　省图

2305　**市政工程学不分卷**
成都民立大学编　民国成都文化印刷局石印本　‖　新都区

2306　**释谷四卷**
(清)刘宝楠撰　清光绪十四年(1888)广雅书局刻本　‖　成都

2307　**释论二卷释椭一卷**
(清)焦循学　清刻本　‖　泸州

2308　**释名病释一卷**
余岩撰　民国二十七年(1938)华丰印刷局铅印本　‖　省图　成都　中医大

2309　**释天一卷重订谈天正义一卷三代纪年考一卷**
(清)吕调阳述　清光绪十四年(1888)刻观象庐丛书本　‖　犍为

2310　**释星图考一卷圜海图考四卷**
(清)李锡书撰　清光绪刻本　‖　省图

2311　**寿栎卢经脉分图四卷**
(清)吴之英辑　清刻本　‖　泸州

2312　**寿身小补八卷**
(清)黄兑楣辑　清光绪十四年(1888)佛镇文华阁书局铅印本　‖　川大

2313　**寿身小补八卷**
(清)黄克楣辑　清杨永瑞续抄本　‖　省图

2314 **寿世保元十卷**
(清)龚廷贤编　清刻本　‖　南充　温江区(不全)

2315 **寿世汇编十一卷**
(清)祝宝森辑　清光绪元年(1875)刻本　‖　省图

2316 **寿世青编二卷**
(清)尤乘纂　清光绪刻本　‖　省图

2317 **寿世医鉴三卷**
(清)王文选辑　清光绪刻本　‖　省图

2318 **兽经一卷虎苑二卷**
(明)黄省曾撰(明)王穉登撰　民国刻本　‖　泸州

2319 **兽医大意不分卷**
刘心舜选述　民国陆军兽医学校蹄铁科油印本　‖　省图

2320 **兽医科简明药物学不分卷**
□□撰　民国油印本　‖　省图

2321 **兽医内外科讲义一卷**
□□撰　民国油印本　‖　省图

2322 **兽医学不分卷**
□□撰　民国油印本　‖　省图

2323 **兽医学讲义外科各论篇不分卷**
陆军兽医学校编　民国铅印本　‖　省图

2324 **兽医学教科书二编**
□□撰　民国铅印本　‖　江油

2325 **兽医易知不分卷**
中华书局编　民国九年(1920)铅印本　‖　省图

2326 **兽有百种论一卷**
(英国)傅兰雅撰　清光绪石印本　‖　西华师大

2327 **书器须知一卷**
(英国)傅兰雅撰　清光绪成都算学书局刻本　‖　省图

2328 **叔和脉经真本十卷**
(晋)王叔和撰(清)张柏校正(清)朱锡穀重刊(清)陈一津参订　清光绪十六年(1890)重刻本　‖　省图　成都　江油　郫都区

2329 **叔和脉经真本十卷首一卷**
(晋)王叔和撰(清)张柏校正(清)朱锡穀重刊(清)陈一津参订　民国成都黄氏茹古书局刻本　‖　川大

2330 **淑老轩经验方不分卷**
(清)黄毓恩辑　清光绪十六年(1890)四川臬署刻本　‖　省图　乐山

2331 **蔬菜园艺学四卷**
四川省立农学院编　民国福民印刷公司铅印本　‖　省图

2332　蜀水考四卷
(清)陈登龙撰　清道光五年(1825)刻本　‖　温江区

2333　蜀水考四卷附补注分疏
(清)陈登龙撰　(清)朱锡榖补注　(清)陈一津分疏　清光绪五年(1879)绵竹杨氏清泉精舍刻本　‖　成都

2334　蜀西都江堰工志一卷
吴鸿仁撰　民国二十六年(1937)铅印本　‖　省图

2335　蜀尧研究中医自抄本一卷
蜀尧抄　民国抄本　‖　省图

2336　蜀中医纂五卷附习医规格一卷
(清)陈清湉辑　民国十二年(1923)铅印本　‖　省图　成都　川大

2337　蜀中医纂五卷附习医规格一卷
(清)陈清湉辑　民国三十年(1941)铅印本　‖　成都

2338　鼠疫约编一卷
(清)吴宣崇撰(清)罗汝兰增辑　清光绪二十八年(1902)刻本　‖　省图　乐山

2339　述卜筮星相学八卷
袁树珊纂述　民国十八年(1929)镇江德润堂铅印本　‖　川大

2340　述古斋幼科新书
张振鋆辑　民国聚昌公司铅印本　‖　川大

2341　述岳新书一卷
(清)赵延儒传(清)黄金式受传　清抄本　‖　省图

2342　树菊丛录五种
□□撰　民国八年(1919)龚泽浦抄本　‖　省图

2343　腧穴折衷二卷
(日本)安京元越撰　民国二十六年(1937)中国医药书局影印本　‖　川大

2344　数度衍二十三卷首一卷
(清)方中通撰　清光绪十六年(1890)成都太原王氏刻本　‖　川大

2345　数度衍二十三卷首一卷
(清)方中通撰　清光绪十六年(1890)成都志古堂刻本　‖　省图

2346　数诀三卷
(宋)祝泌撰　民国二十四年(1935)上海商务印书馆影印本　‖　西南交大

2347　数书九章十八卷
(宋)秦九韶撰　清道光二十二年(1842)刻本　‖　省图　自贡　川大

2348　数书九章札记四卷
(清)宋景昌撰　清道光二十二年(1842)刻本　‖　自贡

2349　数学丛书十四卷
(日本)林鹤一撰　日本明治四十三年(1910)刻本　‖　川大

2350　**数学教科书二卷**
(清)叶懋宣编　清光绪三十一年(1905)上海中新铅印本　‖　川大

2351　**数学精详十一卷附首一卷末一卷**
(清)屈曾发辑　清同治十年(1871)学海堂刻本　‖　省图 新都区 川大

2352　**数学精详十一卷附首一卷末一卷**
(清)屈曾发辑　清光绪八年(1882)刻本　‖　自贡

2353　**数学精详十一卷首一卷末一卷**
(清)屈曾发辑　清光绪三十一年(1905)精宏书局铅印本　‖　省图

2354　**数学理九卷附一卷**
(英国)棣么甘撰(英国)傅兰雅口译(清)赵元益笔述　清光绪江南制造总局刻本　‖　省图 川大

2355　**数学启蒙四卷**
(英国)伟烈亚力撰　清光绪二十二年(1896)上海先记书局铅印本　‖　省图

2356　**数学三千题三卷附解式一卷**
(日本)尾关正求撰　日本明治二十年(1887)刻本　‖　川大

2357　**数学史讲义不分卷**
汪奠基撰　民国铅印本　‖　省图

2358　**水道提纲二十八卷**
(清)齐召南编　清光绪二十四年(1898)新化三味书屋刻本　‖　成都

2359　**水雷秘要五卷**
(英国)史理孟纂(清)舒高第口译(清)郑昌棪笔述　清光绪六年(1880)刻本　‖　省图

2360　**水陆战议一卷**
(英国)傅兰雅撰　清光绪二十六年(1900)铅印本　‖　西华师大

2361　**水师保身法一卷**
(法国)勒罗阿撰(英国)伯克雷译(清)赵元益(清)程瀜重译　清光绪江南制造总局刻本　‖　省图

2362　**水师操练十八卷附一卷**
英国战船部原书(英国)傅兰雅口译(清)徐建寅笔述　清光绪江南制造总局刻本　‖　省图

2363　**顺直河道改善建议案一卷**
熊希龄撰　民国北京慈祥印刷工厂石印本　‖　川大

2364　**说疫全书三种**
(清)刘奎等著　清道光二十六年(1846)刻本　‖　川大

2365　**司马法古注三卷附司马法音义一卷**
曹元忠注 朱汝杰校 曹元森校　清光绪二十年(1894)曹氏笺经堂刻本　‖　省图

2366　**司马法三卷**
(战国)司马穰苴著　民国二十五年(1936)中华书局石印本　‖　成都 绵竹

2367　**四川蚕桑公社第一期蚕业白话一卷**
四川蚕桑公社初编　清光绪三十年(1904)刻本　‖　成都

2368　四川公报附载麻疹阐注六卷
张廉述　民国铅印本　‖　省图

2369　四川后方国防基本建设大纲不分卷
刘湘撰　民国二十六年(1937)铅印本　‖　成都

2370　四川省国医学院讲义十五种
四川国医学院编　民国祥记彬明印刷社铅印本　‖　省图

2371　四川省农业改进所棉业改良场三十五年度工作计划一卷
四川省农业改进所编　民国三十五年(1946)油印本　‖　省图

2372　四川省武备学堂战法学教程七卷
□□撰　清光绪二十九年(1903)四川省武备学堂刻本　‖　省图

2373　四川省医学总会痘科讲习所讲义一卷
何龙举编辑　民国石印本　‖　省图

2374　四川实业司通省蚕病预防规条不分卷
四川省实业司编　民国铅印本　‖　雅安

2375　四川通省蒙养师范学堂代数课程二卷
冯书学纂　清光绪二十九年(1903)成都刻本　‖　省图

2376　四川盐法志四十卷首一卷
(清)丁宝桢等纂修　清光绪八年(1882)刻本　‖　江油

2377　四川药材概论不分卷
谭炳杰编著　稿本　‖　川大

2378　四家医案
(清)柳宝诒选　民国上海文瑞楼石印本　‖　川大

2379　四酒拳一卷
王晋明编辑　民国四川明新大同印刷局铅印本　‖　省图

2380　四科简效方四卷
(清)王士雄选　清光绪十一年(1885)越州徐氏刻本　‖　川大

2381　四民月令一卷
(汉)崔寔撰　唐鸿学校辑　民国怡兰堂刻本　‖　川大

2382　四明它山水利备览二卷附校勘记一卷
(宋)魏岘撰　(清)徐时栋撰　民国二十四年(1935)四明张氏约园刻本　‖　西华师大

2383　四圣心源十卷
(清)黄元御著　清刻本　‖　崇州

2384　四圣悬枢五卷
(清)黄元御著　清刻本　‖　崇州

2385　四时病机十四卷
(清)邵登瀛辑　(清)邵炳扬杏泉述　(清)邵景康等校　清宣统元年(1909)江南医学公社石印本　‖　泸州

2386 **四益馆医书二十一种**
廖平编 民国三年(1914)至五年(1916)成都存古书局刻本 ‖ 省图

2387 **四元玉鉴三卷四元玉鉴细草三卷四元释例一卷**
(元)朱世杰编述(清)罗世琳补草(清)易之瀚释例 清道光十六年(1836)刻本 ‖ 川大

2388 **四元玉鉴三卷四元玉鉴细草三卷四元细草假令之图一卷**
(元)朱世杰编述(清)罗世琳补草(清)易之瀚释例 清光绪十七年(1891)成都志古堂重刻本 ‖ 川大

2389 **四元玉鉴细草三卷附四元释例一卷**
(清)罗世琳撰 & 四元释例一卷(清)易之瀚撰 清道光十六年(1836)刻本 ‖ 省图

2390 **四元玉鉴细草三卷附四元释例一卷**
(清)罗世琳撰 & 四元释例一卷(清)易之瀚撰 清光绪十七年(1891)成都志古堂刻本 ‖ 省图

2391 **四元玉鉴细草三卷附四元释例一卷**
(清)罗世琳撰 & 四元释例一卷(清)易之瀚撰 清光绪二十二年(1896)鸿宝斋书局石印本 ‖ 省图

2392 **四元玉鉴细草三卷附四元释例一卷**
(清)罗世琳撰 & 四元释例一卷(清)易之瀚撰 清光绪石印本 ‖ 省图

2393 **四元玉鉴细草三卷四象细草假令之图一卷附补增一卷四元释例一卷**
(元)朱世杰编述(清)罗世琳补草(清)易之瀚释例 清光绪十七年(1891)成都志古堂刻本 ‖ 成都

2394 **四原原理不分卷**
(清)顾澄译 清宣统元年(1909)刻本 ‖ 川大

2395 **俟医浅说一卷**
Geprge H. Hope 撰 石美玉译 民国四年(1915)上海广学会铅印本 ‖ 省图

2396 **松峰说疫七卷**
(清)刘奎著辑(清)刘秉锦述校 清刻本 ‖ 省图 乐山 安州区(绵阳市)

2397 **松峰说疫四卷**
(清)刘奎著辑(清)刘秉锦述校 清抄本 ‖ 省图

2398 **松心堂医案经验抄一卷**
(清)缪遵义注 抄本 ‖ 成都

2399 **嵩厓尊生书十五卷**
(清)景日昣撰 清道光(1821—1850)刻本 ‖ 川师大

2400 **嵩厓尊生书十五卷**
(清)景日昣撰 清刻本 ‖ 郫都区 崇州 川大

2401 **嵩厓尊生书十五卷**
(清)景日昣撰 民国十七年(1928)刻本 ‖ 川大

2402 **嵩厓尊生书十五卷**
(清)景日昣撰 民国上海锦章图书局石印本 ‖ 泸州

2403 **宋徽宗圣济经十卷**
(宋)宋徽宗撰(宋)吴禔注 清光绪十三年(1887)归安陆氏刻十万卷楼丛书本 ‖ 省图

2404　宋徽宗圣济经十卷
(宋)宋徽宗撰(宋)吴褆注　清刻本　‖　泸州

2405　宋辽金元四史朔闰考二卷
(清)钱大昕纂　清光绪长沙龙氏家塾刻本　‖　泸州

2406　宋平江城坊考五卷首一卷附录一卷补遗一卷
王謇撰　民国十四年(1925)苏州基督教青年会　‖　川师大

2407　苏沈良方八卷
(宋)苏轼(宋)沈括撰　清光绪二十年(1904)刻本　‖　省图

2408　苏沈良方八卷
(宋)苏轼(宋)沈括撰　清末铅印本　‖　省图

2409　苏沈良方八卷拾遗一卷校勘记一卷
(宋)苏轼(宋)沈括撰　清宣统元年(1909)上海朱氏焕文书局仿武英殿本石印本　‖　成都

2410　苏沈内翰良方十卷
(宋)苏轼(宋)沈括撰　民国十年(1921)知不足斋丛书影印本　‖　泸州　川师大

2411　苏氏孙子批注一卷
(春秋)孙武撰　苏阴森批注　民国二十二年(1933)铅印本　‖　省图

2412　素灵合纂三卷
(清)迎认庵辑　清咸丰十年(1860)刻本　‖　南充

2413　素灵类纂约注三卷
(清)汪昂纂辑　民国上海锦章图书局石印本　‖　南充

2414　素灵微蕴四卷
(清)黄元御撰　清咸丰十年(1865)刻本　‖　成都　崇州

2415　素书一卷附心书一卷孙子一卷
(汉)黄石公撰(宋)张商英注 & 心书一卷 题(三国蜀)诸葛亮撰 & 孙子一卷 (春秋)孙武撰　清宣统三年(1911)上海大通书局铅印本　‖　西南民大

2416　素书注一卷
(汉)黄石公撰　民国三十二年(1943)怀清石室铅印本　‖　成都

2417　素问灵枢类纂约注三卷
(清)汪昂纂辑　清咸丰十年(1860)善成堂刻本　‖　泸州(不全)郫都区

2418　素问灵枢类纂约注三卷
(清)汪昂纂辑　清光绪六年(1880)刻本　‖　川大

2419　素问灵枢类纂约注三卷
(清)汪昂纂辑　清刻本　‖　省图　泸州(不全)川大

2420　素问灵枢类纂约注三卷
(清)汪昂纂辑　民国商务印书馆铅印本　‖　省图　川大

2421　素问灵枢类纂约注三卷
(清)汪昂纂辑　民国石印本　‖　省图

2422　素问灵台秘典论篇新解一卷灵素五解篇一卷
廖平撰　民国十年(1921)四川存古书局刻本　‖　省图 乐山

2423　素问六气玄珠密语十卷
(唐)王冰述　清抄本　‖　省图

2424　素问释义十卷
(清)张琦撰　清道光十年(1830)宛邻书屋刻本　‖　省图

2425　素问痿论释难一卷
刘复注　民国二十三年(1934)上海三友实业社铅印本　‖　省图 中医大

2426　素问悬解十三卷
(清)黄元御解　清同治十一年(1873)阳湖冯氏刻黄氏遗书三种本　‖　省图 中医大

2427　素问学一卷
金匡贻学　民国有记文华印字馆铅印本　‖　乐山

2428　素问学一卷
金匡贻学　民国成都国医讲习所铅印本　‖　省图

2429　鍊钢要言一卷附录试验各法一卷
(清)徐家宝译述　清光绪刻本　‖　省图

2430　算草丛存八卷
(清)华蘅芳撰　清光绪二十二年(1896)至二十七年(1897)文海书局石印本　‖　省图

2431　算迪八卷
(清)何梦瑶撰　清道光二十五年(1845)岭南遗书刻本　‖　泸州

2432　算法须知二卷
(清)华衡芳辑(清)徐树勋校刊　清光绪乌程徐树勋刻本　‖　省图 新都区

2433　算法须知六种
(英国)傅兰雅辑(清)华蘅芳辑　清光绪十三至十四年(1887—1888)刻本　‖　川大

2434　算经十书十一种
(清)孔继涵辑　清乾隆间(1736—1795)曲阜孔氏微波榭刻本　‖　川师大 西华师大

2435　算经十书十种
(清)孔继涵辑　清刻本　‖　郫都区(不全)

2436　算经十书十种附七种
(清)孔继涵辑　清同治刻本　‖　省图 成都

2437　算经十书十种附七种
(清)孔继涵辑　清光绪二十二年(1896)上海鸿宝斋石印本　‖　省图

2438　算器图说一卷
(英国)傅兰雅辑　清光绪石印本　‖　西华师大

2439　**算式集要四卷**
(英国)哈司韦辑(英国)傅兰雅口译(清)江衡笔述(清)朱彝绘图　清末江南制造总局刻本　‖　川大

2440　**算式解法十四卷**
(美国)好敦司(美国)开奈利同著撰(英国)傅兰雅口译(清)华蘅芳笔述　清光绪二十五年(1899)江南制造局刻本　‖　省图　川大

2441　**算学揭要一卷**
亚泉学馆编辑　清光绪二十七年(1901)上海炼石斋刻本　‖　川大

2442　**算学精华七种**
(清)黄炳垔等撰　清光绪二十四年(1898)湖南新学书局刻本　‖　川大

2443　**算学难题问答一卷**
(英国)傅兰雅撰　清光绪石印本　‖　西华师大

2444　**算学奇论一卷**
(英国)傅兰雅撰　清光绪石印本　‖　西华师大

2445　**算学奇题图解一卷**
(英国)巴心田稿　清光绪石印本　‖　西华师大

2446　**算学启蒙述义三卷**
(元)朱世杰编撰(清)王鉴述义　清光绪刻本　‖　省图

2447　**算学入门三卷**
(清)周广询辑录　清光绪二十四年(1898)中江知兴馆刻本　‖　安州区(绵阳市)

2448　**算学入门三卷**
(清)周广询辑录　清光绪二十四年(1898)成都玉元堂刻本　‖　省图

2449　**算雅一卷**
(清)李固松著　清光绪二十八年(1902)石印本　‖　西华师大

2450　**算雅一卷**
(清)李固松撰　清光绪乌程徐树勋刻本　‖　省图

2451　**算牖四卷**
(清)许桂林学　清道光十年(1830)刻本　‖　省图

2452　**隋息居重订霍乱论四卷**
(清)王士雄纂　清同治二年(1863)陈氏上海崇本堂刻本　‖　川大

2453　**随山宇方抄一卷**
(清)汪曰桢撰　清光绪元年(1874)刻荔蔷丛刻本　‖　省图

2454　**随息居饮食谱七卷**
(清)王士雄撰　民国二十年(1931)成都美学林铅印本　‖　省图

2455　**随息居饮食谱一卷**
(清)王士雄纂　清刻本　‖　川大

2456 **随息居饮食谱一卷**
(清)王士雄纂　民国二十四年(1935)上海千顷堂书局石印本　‖　川大

2457 **随息居重订霍乱论四卷**
(清)王士雄纂　民国三年(1914)上海千顷堂书局石印本　‖　成都

2458 **随息居重订霍乱论四卷**
(清)王士雄纂　民国三年(1914)上海文瑞楼石印本　‖　省图　泸州　中医大

2459 **随园食单不分卷**
(清)袁枚撰　清刻本　‖　西南民大

2460 **随园食单不分卷**
(清)袁枚撰　民国二年(1913)上海中华图书馆铅印本　‖　省图

2461 **遂生编一卷福幼编一卷**
(清)庄一夔撰(清)恒敏订 & 福幼编一卷(清)庄一夔撰　清光绪十年(1884)刻本　‖　中医大

2462 **遂生编一卷福幼编一卷广生编一卷**
(清)庄一夔撰 & 福幼编一卷(清)庄一夔撰 & 广生编一卷(清)包诚撰　民国二十三年(1934)铅印本　‖　成都

2463 **孙氏医学丛书六种**
孙鼎宜撰　民国二十一年(1932)上海中华书局铅印本　‖　川大　西南交大

2464 **孙氏医学丛书六种**
孙鼎宜撰　民国二十五年(1936)中华书局铅印本　‖　省图　成都　川大

2465 **孙真人备急千金要方九十六卷目录二卷序一卷**
(唐)孙思邈撰(清)张璐衍义　清同治七年(1868)刻本　‖　新都区(不全)　安州区(绵阳市)　川大

2466 **孙真人备急千金要方三十卷**
(唐)孙思邈撰(清)张璐衍义　民国十九年(1930)上海中原书局石印本　‖　省图　泸州(不全)

2467 **孙真人备急千金要方三十卷**
(唐)孙思邈撰(清)张璐衍义　民国四年(1915)江左书局石印本　‖　温江区(不全)　川大

2468 **孙真人海上方一卷**
(唐)孙思邈撰(清)张璐衍义　清刻本　‖　省图

2469 **孙真人千金方衍义三十卷**
(唐)孙思邈撰(清)张璐衍义(清)席世臣校　清嘉庆六年(1801)扫叶山房刻本　‖　省图　广汉　郫都区　川大　中医大

2470 **孙子考十卷**
杨言昌主编　民国二十九年(1940)重庆军用图书社石印本　‖　省图

2471 **孙子三卷吴子二卷司马法一卷**
□□撰　民国中华书局铅印本　‖　绵竹

2472 **孙子十家注十三卷附遗说一卷孙子叙录一卷**
(宋)吉天保辑(清)孙星衍等校 & 遗说一卷(南宋)郑友贤撰 & 孙子叙录一卷(清)毕以珣撰　清嘉庆二年(1797)兖州观察署刻本　‖　西华师大

2473 **孙子十家注十三卷附遗说一卷孙子叙录一卷**
(宋)吉天保辑(清)孙星衍等校 & 遗说一卷(南宋)郑友贤撰 & 孙子叙录一卷(清)毕以珣撰　清咸丰五年(1855)淡香斋活字本　‖　省图　成都　荣县

2474 **孙子十家注十三卷附遗说一卷孙子叙录一卷**
(宋)吉天保辑(清)孙星衍校(清)吴人骥校 & 遗说一卷(南宋)郑友贤撰 & 孙子叙录一卷(清)毕以珣撰　清光绪三年(1877)浙江书局刻本　‖　省图　成都　雅安　荣县

2475 **孙子十家注十三卷附遗说一卷孙子叙录一卷**
(宋)吉天保辑(清)孙星衍校(清)吴人骥校 & 遗说一卷(南宋)郑友贤撰 & 孙子叙录一卷(清)毕以珣撰　民国六年(1917)年育文书局石印本　‖　省图　绵竹

2476 **孙子十家注十三卷附遗说一卷孙子叙录一卷**
(宋)吉天保辑(清)孙星衍校(清)吴人骥校 & 遗说一卷(南宋)郑友贤撰 & 孙子叙录一卷(清)毕以珣撰　民国十年(1921)上海章福记书局石印本　‖　省图

2477 **孙子十家注十三卷附遗说一卷孙子叙录一卷**
(宋)吉天保辑(清)孙星衍校(清)吴人骥校 & 遗说一卷(南宋)郑友贤撰 & 孙子叙录一卷(清)毕以珣撰　民国二十年(1931)年扫叶山房石印本　‖　省图　成都　绵竹

2478 **孙子十家注十三卷附遗说一卷孙子叙录一卷**
(宋)吉天保辑(清)孙星衍校(清)吴人骥校 & 遗说一卷(南宋)郑友贤撰 & 孙子叙录一卷(清)毕以珣撰　民国二十五年(1936)中华书局聚珍仿宋版石印本　‖　成都　雅安

2479 **孙子十家注十三卷附遗说一卷孙子叙录一卷**
(宋)吉天保辑(清)孙星衍校(清)吴人骥校 & 遗说一卷(南宋)郑友贤撰 & 孙子叙录一卷(清)毕以珣撰　民国上海会文堂书局石印本　‖　省图

2480 **孙子十三卷**
(春秋)孙武著　清咸丰五年(1855)刻本　‖　安州区(绵阳市)(不全)

2481 **孙子十三卷**
(春秋)孙武撰　苏阴森批注　民国上海中华书局铅印本　‖　绵竹

2482 **孙子十三卷**
(春秋)孙武撰　清抄本　‖　省图

2483 **孙子算经三卷**
(唐)李淳风等注释　清重刻武英殿聚珍版丛书　‖　西南民大

2484 **孙子算经三卷**
(唐)李淳风等注释　民国十年(1921)影印本　‖　成都

2485 **孙子算经三卷附海岛算经一卷**
(唐)李淳风注释 & 海岛算经一卷(晋)刘徽注(唐)李淳风注释　清道光二十七年(1847)仿武英殿聚珍版刻本　‖　犍为

2486 **孙子选注一卷**
(春秋)孙武撰　夏寿田选注　民国影印本　‖　省图

2487　**孙子选注一卷**
(春秋)孙武撰　夏寿田选注　民国石印本　‖　省图

2488　**胎产集要二卷**
(清)黄惕斋辑　清刻本　‖　川大

2489　**胎产集要三卷**
(清)黄惕斋辑　清同治七年(1868)沈峙亭刻本　‖　省图

2490　**胎产集要三卷**
(清)黄惕斋辑　清同治十三年(1874)刻本　‖　川大

2491　**胎产辑萃四卷**
(清)汪嘉谟纂辑　清乾隆刻本　‖　川大

2492　**胎产秘书三卷首一卷**
(清)陈笏庵撰　清刻本　‖　成都

2493　**胎产秘书三卷首一卷**
(清)陈笏庵撰　清道光二十八年(1848)刻本　‖　川大

2494　**胎产秘书三卷首一卷**
(清)陈笏庵撰　清咸丰十年(1860)刻本　‖　省图　江油

2495　**胎产秘书三卷首一卷**
(清)陈笏庵撰　清道光二十八年(1848)刻宣统元年(1909)重刻本　‖　川大

2496　**胎产秘书三卷首一卷**
(清)陈笏庵撰　清宣统三年(1911)上海书局石印本　‖　南充

2497　**胎产秘书三卷首一卷**
(清)陈笏庵撰　清宣统三年(1911)山阴蒋氏成都刻本　‖　川大

2498　**胎产心法六卷**
(清)阎纯玺撰　清光绪七年(1881)刻本　‖　省图

2499　**胎产心法三卷**
(清)阎纯玺撰　清道光八年(1828)善庆堂刻本　‖　省图

2500　**胎产心法三卷**
(清)阎纯玺撰　清道光二十四年(1844)刻本　‖　省图

2501　**胎产心法三卷**
(清)阎纯玺撰　清咸丰五年(1855)西昌三官会刻本　‖　郫都区　川大

2502　**胎产心法三卷**
(清)阎纯玺撰　清光绪四年(1878)长沙刻本　‖　川大

2503　**胎产心法三卷**
(清)阎纯玺撰　民国石印本　‖　泸州

2504　**胎产心法三卷**
(清)阎纯玺撰　抄本　‖　省图

2505　胎生学要领一卷
黄岛晴编撰　黄芥舟校阅　民国二十年(1931)成都球新印刷厂铅印本　‖　省图 川大

2506　太仓傅氏医学三书
(清)傅松元撰　民国十九年(1930)浏河学古堂傅氏铅印本　‖　川大

2507　太素脉诀三卷
(明)张太素撰　清刻本　‖　犍为(不全)

2508　太素张神仙脉诀立微纲领诀宗统三卷
(明)张太素述(明)龚廷贤撰　清刻本　‖　成都 川大

2509　太玄集注四卷
(汉)扬雄撰(宋)司马光集注　清道光十一年(1831)岷阳孙氏鹅溪刻本　‖　川大

2510　太医院增补青囊药性赋直解一卷附医方快捷方式一卷
(明)罗必炜参订 & 医方快捷方式一卷(明)罗必炜校正　民国八年(1919)上海锦章图书局石印本　‖　成都

2511　太医院增补青囊药性赋直解一卷附医方快捷方式一卷药性歌括一卷四言举要一卷
(明)罗必炜参订 & 医方快捷方式一卷(明)罗必炜校正 & 药性歌括一卷(明)龚廷贤撰 & 四言举要一卷(宋)崔嘉彦著 (明)李言闻删补　民国上海大成书局石印本　‖　省图

2512　太乙金镜式经十卷
(唐)王希明撰　民国二十四年(1935)上海商务印书馆影印本　‖　西南交大

2513　太乙神照神经三卷
(清)刘学成辑　清藏修书屋刻本　‖　泸州

2514　太乙神针方一卷
(清)范毓𩔖传(清)冯卓怀订正　清同治三年(1864)江阳试院刻本　‖　省图

2515　太乙神针一卷
(清)范毓𩔖传(清)周雍和编　清同治二年(1863)刻本　‖　省图

2516　太乙神针一卷
(清)范毓𩔖传(清)周雍和编　民国二十一年(1932)上海万有书局石印本　‖　省图

2517　太原傅科二卷
(清)傅山撰　清光绪三十一年(1905)成都官书局铅印本　‖　省图 乐山 川大

2518　泰西船政论一卷
(英国)傅兰雅撰　清光绪二十五年(1899)铅印本　‖　西华师大

2519　谈天十八卷首一卷表一卷
(英国)候失勒原本(英国)伟烈亚力口译(清)李善兰删述(清)徐建寅续述　清咸丰九年(1859)江南制造局刻本　‖　省图 川大

2520　谈天十八卷首一卷表一卷
(英国)候失勒原本(英国)伟烈亚力口译(清)李善兰删述(清)徐建寅续述　清光绪二十二年(1896)上海著易堂石印本　‖　泸州 西华师大

2521　**谈天十八卷首一卷表一卷**
(英国)候失勒原本(英国)伟烈亚力口译(清)李善兰删述(清)徐建寅续述　清同治四年(1865)至宣统间上海江南制造总局刻本　‖　川大

2522　**探矿取金六卷续编一卷附编一卷**
(英国)密拉撰(清)舒高第译(清)汪振声述　清光绪三十年(1904)上海江南制造局译书馆刻本　‖　川大

2523　**汤头歌诀本草备要合刊**
(清)汪昂著　民国上海广益书局石印本　‖　南充南

2524　**汤头歌诀一卷经络歌诀一卷**
(清)汪昂撰　民国商务印书馆铅印本　‖　省图

2525　**汤液本草三卷**
(元)王好古类集(明)吴中珩校正　清光绪七年(1881)羊城云林阁刻医学十书本　‖　省图　泸州　郫都区

2526　**汤液经八卷**
(商)伊尹撰(汉)张机论(清)杨师尹考次　民国刘氏一钱阁曾福臻铅印本　‖　中医大

2527　**唐本千金方第一序例注八卷序目一卷跋尾一卷**
(唐)孙思邈撰　张骥集注　民国三十一年(1942)刻本　‖　成都

2528　**唐本伤寒一卷医心方一卷**
□□撰　清抄本　‖　省图

2529　**唐开元占经一百二十卷**
(唐)瞿昙悉达撰　清抄本　‖　川师大

2530　**唐王焘先生外台秘要方四十卷**
(唐)王焘撰(清)程衍道订　清同治十三年(1874)广东翰墨园刻本　‖　省图　成都　泸州　川大　中医大

2531　**唐王焘先生外台秘要方四十卷**
(唐)王焘撰(清)程衍道订　清光绪二十四年(1898)上海图书集成印书局铅印本　‖　省图　安岳　中医大

2532　**唐王焘先生外台秘要四十卷**
(唐)王焘撰(清)程衍道订　民国四年(1915)上海鸿宝书局石印本　‖　省图　泸州(不全)　安州区(绵阳市)(不全)　川大(不全)　中医大

2533　**陶节庵伤寒全生集四卷**
(清)叶天士评　清眉寿堂刻本　‖　川大

2534　**藤氏医谈二卷**
(日本)近藤明隆昌撰　日本享和二年(1802)浪华书铺刻本　‖　省图　新都区

2535　**蹄铁学不分卷**
陆军兽医学校编　民国和平印书局铅印本　‖　省图

2536　**体操图式一卷**
(清)王光折撰　清光绪二十九年(1903)刻本　‖　省图

2537　**体学撮要一卷**
乐柯撰　民国十二年(1923)上海广学书局铅印本　‖　安州区(绵阳市)

2538 **天宝本草二卷**
(清)龚锡麟编 民国刻本 ‖ 成都

2539 **天宝草本一卷**
(清)龚锡麟编 清光绪二年(1875)刻本 ‖ 川大

2540 **天变地异一卷**
(日本)小幡笃次郎著 民国铅印本 ‖ 泸州

2541 **天工开物三卷**
(明)宋应星撰 民国十八年(1929)武进陶氏涉园石印喜咏轩丛书本 ‖ 西华师大

2542 **天官五星四卷**
(清)廖瀛海辑 清道光十二年(1832)刻本 ‖ 川大

2543 **天花精言六卷**
(清)袁句著 民国十八年(1929)黄岩杨氏种书楼铅印本 ‖ 省图 中医大

2544 **天文步天歌一卷**
(唐)王希明撰 清刻本 ‖ 省图

2545 **天文初阶一卷**
(美)赫士口译(清)刘荣贵笔述 清光绪二十四年(1898)上海美华书馆铅印本 ‖ 新都区

2546 **天文歌略一卷**
(清)叶澜撰 清光绪二十三年(1897)武林叶子义刻本 ‖ 安州区(绵阳市)

2547 **天文歌略一卷地学歌略一卷**
叶澜撰 叶翰撰 民国沔阳庐氏慎始基斋刻本 ‖ 泸州

2548 **天文揭要二卷**
(美国)赫士口译(清)周文源笔述 清光绪二十五年(1899)上海美华书馆铅印本 ‖ 省图 川大

2549 **天文精义五卷**
(元)岳熙载撰 清光绪刻本 ‖ 泸州

2550 **天文略解二卷**
(美国)李安德著 (美国)刘海澜订 清光绪二十二年(1896)日本京都汇文书院铅印本 ‖ 省图 新都区 川大

2551 **天文书四卷**
(明)海达儿等译 民国六年(1917)铅印本 ‖ 成都

2552 **天文书四卷**
(明)海达儿等译 民国二十四年(1935)北京天华馆铅印本 ‖ 省图 泸州(不全)

2553 **天文算学纂要二十卷首一卷**
(清)陈松撰 清光绪十三年(1887)树德堂刻本 ‖ 川大

2554 **天文算学纂要二十卷首一卷 国朝万年书两卷推测易知四卷**
(清)陈松撰 清光绪十三年(1887)树德堂刻朱墨套印本 ‖ 省图

2555 **天文图考四卷**
吴之英撰 民国九年(1920)刻本 ‖ 成都

2556　**天文图说四卷**
(英国)柯雅各撰(美国)摩嘉立(美国)薛承恩同译　清光绪九年(1883)益智书会刻本　‖　省图　新都区　川大

2557　**天文问答四卷**
(清)畲宾王撰　清光绪二十九年(1903)上海徐家汇南首土山湾慈母堂印书馆铅印本　‖　川大

2558　**天文问答四卷**
(清)王亨统撰　清光绪三十年(1904)渝城晋通书室刻本　‖　成都

2559　**天文须知不分卷**
(英国)傅兰雅辑　清光绪十三年(1887)刻本　‖　温江区

2560　**天文仪器志略一卷**
常福元撰　民国京都印书局铅印本　‖　川大　西南交大

2561　**天象不分卷**
□□撰　抄本　‖　川大

2562　**天元草五卷**
(清)王树枏撰　清光绪十九年(1893)成都新城文莫室刻本　‖　成都

2563　**天元一释二卷**
(清)焦循学　清光绪著易堂仿聚珍版铅印本　‖　省图　泸州

2564　**天元一术图说一卷**
(清)叶棠撰　清光绪七年(1881)艺林山房刻本　‖　西华师大

2565　**田亩比类乘除捷法二卷**
(宋)杨辉集　清道光二十二年(1842)刻本　‖　自贡

2566　**调疾饮食辨五卷**
(清)章穆纂述(清)程步岩参订　清道光三年(1823)刻本　‖　省图

2567　**调剂学一卷**
□□撰　民国抄本　‖　成都

2568　**调元集腋二卷**
(清)陈子豫撰　清抄本　‖　省图

2569　**铁板神数不分卷**
(宋)陈抟撰　民国石印本　‖　泸州

2570　**铁甲丛谈五卷附图一卷**
(英国)黎特著(清)舒高第译(清)郑昌棪译　清光绪(1875－1908)江南制造总局刻本　‖　川大　西华师大

2571　**铁路工程一卷**
(英国)傅兰雅撰　清光绪石印本　‖　西华师大

2572　**铁路纪要三卷**
(美国)柯理集(清)潘松译　清光绪江南制造总局刻本　‖　川大

2573　**铁樵杂著四卷**
恽铁樵著　民国三十年(1941)上海民友印刷公司铅印本　‖　省图

2574　**通物电光四卷附图一卷**
(美国)莫耳登撰(英国)傅兰雅口译 王季烈笔述　清光绪二十五年(1899)江南制造总局刻本　‖　省图　川大

2575　**同文算指前编二卷通编八卷**
(意大利)利玛窦授(明)李之藻演　清道光二十九年(1849)刻海山仙馆丛书本　‖　泸州

2576　**桐君阁丸药提要一卷**
□□撰　清宣统三年(1911)广东种福堂铅印本　‖　省图

2577　**铜人灸法二卷**
(清)释本圆撰(清)萧福庵续编　清道光十一年(1831)刻本　‖　成都　乐山

2578　**铜人灸法二卷**
(清)释本圆撰(清)萧福庵续编　清同治八年(1869)刻本　‖　省图　川大

2579　**铜人腧穴针灸图经三卷附穴腧都数一卷**
(宋)王惟一撰　清康熙三十九年(1700)书林刘锡公刻本　‖　省图

2580　**铜人堂针灸一卷**
(清)释本圆撰　清道光十二年(1832)刻本　‖　泸州

2581　**铜人图考正穴法一卷**
□□撰　民国抄本　‖　省图

2582　**铜人针灸经七卷附校勘记一卷**
□□撰 & 附校勘记一卷(清)冯一梅撰　清光绪九年(1883)钱塘丁氏当归草堂刻本　‖　川大

2583　**透廉细草一卷附续古摘奇算法一卷丁巨算法一卷**
□□撰 & 续古摘奇算法一卷(宋)杨辉撰 & 丁巨算法一卷(元)丁巨撰　清乾隆道光间鲍氏知不足斋丛书本　‖　泸州

2584　**图形枕藏外科一卷**
(清)李云骈注　清乾隆四十七年(1782)必盛堂刻本　‖　省图

2585　**图形枕藏外科一卷**
(清)李云骈注　清刻本　‖　省图

2586　**图注八十一难经辨真四卷**
(战国)秦越人述(明)张世贤注　清乾元堂刻本　‖　中医大

2587　**图注八十一难经辨真四卷**
(战国)秦越人述(明)张世贤注　清善成堂刻本　‖　泸州

2588　**图注八十一难经辨真四卷**
(战国)秦越人述(明)张世贤注　清刻本　‖　省图　新都区　崇州　中医大

2589　**图注八十一难经辨真四卷**
(战国)秦越人述(明)张世贤注　清全茂堂刻本　‖　省图

2590　**图注八十一难经四卷**
(战国)秦越人述(明)张世贤注　清刻本　‖　省图　成都　泸州　犍为　温江区　川大　中医大

2591　**图注八十一难经四卷**
(战国)秦越人述(明)张世贤注　清与龙堂刻本　‖　自贡

2592   **图注八十一难经四卷附校正频湖脉学一卷奇经八脉考一卷**
(战国)秦越人述(明)张世贤注 & 校正频湖脉学一卷奇经八脉考一卷(明)李时珍撰　民国石印本　‖　省图　富顺

2593   **图注八十一难经四卷校定图注脉诀四卷附二种**
(战国)秦越人述(明)张世贤注　民国锦章图书局石印本　‖　省图

2594   **图注八十一难经辨真四卷附图注脉诀辨真四卷**
(战国)秦越人述(明)张世贤注 & 图注脉诀辨真四卷　(晋)王叔和原著　(明)李时珍撰注　清务本堂刻本　‖　省图　崇州(不全)

2595   **推爱堂痘疹集验□□卷附痘疹补方一卷**
(清)傅霖补辑　清光绪六年(1880)刻本　‖　川大

2596   **推背图说一卷附刘伯温烧饼歌一卷**
□□编　民国上海石印书局石印本　‖　川大

2597   **推测地球一卷**
(英国)傅兰雅撰　清光绪二十六年(1900)铅印本　‖　西华师大

2598   **推拿广意三卷**
(清)熊应雄纂辑(清)陈世凯重订　清光绪刻本　‖　川师大

2599   **推拿易知一卷**
中华书局编　民国八年(1919)上海中华书局铅印本　‖　省图

2600   **推求师意二卷**
(明)汪机编辑(明)陈桷校刊　民国石印本　‖　泸州

2601   **退思庐女科证治约旨四卷**
严鸿志辑　严智鹤校字　民国千顷堂书局石印本　‖　中医大

2602   **退思庐医书四种**
严鸿志纂辑　民国上海千顷堂书局石印本　‖　省图　川大

2603   **外科大成四卷**
(清)祁坤辑著(清)祁嘉锡等正字　清乾隆王氏三多斋刻本　‖　省图

2604   **外科大成四卷**
(清)祁坤辑著(清)祁嘉锡等正字　清善成堂刻本　‖　省图　川大

2605   **外科大成四卷**
(清)祁坤辑著(清)祁嘉锡等正字　民国二十年(1931)上海锦章图书局石印本　‖　省图

2606   **外科大成四卷**
(清)祁坤辑著(清)祁嘉锡等正字　民国上海江东书局石印本　‖　省图　泸州

2607   **外科发挥八卷**
(明)薛己注　(明)吴玄有校　干凤岐重校　民国上海大成书局石印本　‖　泸州

2608   **外科歌诀一卷**
□□撰　民国抄本　‖　成都

2609　**外科护病一卷**
丁美蓉编译　民国十四年(1925)上海广学书局铅印本　‖　安州区(绵阳市)

2610　**外科辑要四卷首一卷**
(清)邵澍辑　民国八年(1919)上海千顷堂书局石印本　‖　川大

2611　**外科金方一卷**
□□撰　民国抄本　‖　省图

2612　**外科精要三卷**
(宋)陈自明编　(明)薛己注　民国大成书局石印本　‖　泸州

2613　**外科理例七卷**
(明)汪机辑(明)陈桷校正　民国上海千顷堂书局石印本　‖　泸州　川大

2614　**外科切要一卷**
□□撰　民国抄本　‖　省图

2615　**外科神方不分卷**
□□撰　民国抄本　‖　成都

2616　**外科枢要四卷**
(明)薛己撰(明)吴玄有校　清刻本　‖　郫都区

2617　**外科枢要四卷**
(明)薛己撰(明)吴玄有校　民国大成书局石印本　‖　泸州

2618　**外科图说四卷**
(清)高文晋辑　民国上海锦章图书局石印本　‖　省图

2619　**外科心法七卷**
(明)薛己撰(明)吴玄有校　民国十年(1921)上海大成书局石印本　‖　成都

2620　**外科心法要诀十六卷目录一卷**
(清)吴谦纂　民国十六年(1927)上海鸿宝斋石印本　‖　安州区(绵阳市)

2621　**外科易知一卷**
(清)汪祝尧撰　民国铅印本　‖　省图

2622　**外科杂方一卷**
□□撰　民国抄本　‖　省图

2623　**外科真方传一卷**
邵朝著　民国二十一年(1932)上海万有书局铅印本　‖　省图

2624　**外科真诠二卷**
(清)邹岳撰(清)沈振瑞校　清同治十一年(1872)刻本　‖　中医大

2625　**外科正宗十二卷**
(明)陈实功撰(清)徐大椿评(清)许楣订(清)蒋光焴校　清咸丰十年(1860)刻本　‖　川大

2626　**外科正宗十二卷**
(明)陈实功撰(清)徐大椿评(清)许楣订(清)蒋光焴校　清光绪三十三年(1907)成都书局正字山房刻本　‖　省图　崇州(不全)

2627　**外科正宗十二卷**
(明)陈实功撰(清)徐大椿评(清)许楣订(清)蒋光焴校　民国十年(1921)上海大成书局石印本　‖　泸州　川大

2628　**外科正宗十二卷**
(明)陈实功撰(清)徐大椿评(清)许楣订(清)蒋光焴校　民国上海锦章图书局石印本　‖　省图　安州区(绵阳市)

2629　**外科正宗十二卷附录一卷**
(明)陈实功撰(清)徐大椿评(清)许楣订(清)蒋光焴校　清光绪八年(1882)刻本　‖　成都

2630　**外科证治全生集四卷附福幼篇一卷**
(清)王维德撰(清)潘蔚较 & 福幼篇一卷(清)庄一夔著　清重庆新记启渝公司铅印本　‖　成都

2631　**外科证治全生一卷伤寒舍鉴一卷秘本眼科快捷方式一卷**
(清)王维德撰 & 伤寒舍鉴一卷(清)张登撰 & 秘本眼科快捷方式一卷(清)□□撰　民国石印本　‖　成都

2632　**外科证治全书五卷附刻疡医雅言丹药集方一卷全生集医案一卷**
(清)许克昌辑(清)毕法辑　清光绪二十六年(1900)刻本　‖　省图　富顺　中医大

2633　**外科证治全书五卷附全生集医案一卷疡医雅言丹药集方一卷**
(清)许克昌辑(清)毕法辑　清同治六年(1867)刻本　‖　省图　川大　中医大

2634　**外科证治全书五卷末一卷**
(清)许克昌辑(清)毕法辑　清道光十一年(1831)刻本　‖　川大

2635　**外科症治全生集四卷**
(清)王维德纂辑(清)潘霨校刊　清光绪四年(1878)潘敏德堂刻本　‖　省图　乐山

2636　**外科症治全生集四卷**
(清)王维德纂辑(清)潘霨重校　清光绪十年(1884)江西书局刻本　‖　省图

2637　**外科症治全生集四卷附新增马氏试验秘方一卷**
(清)王维德纂　清光绪九年(1883)成都六益文化会刻本　‖　川大

2638　**外科症治全生前集三卷后集三卷**
(清)王维德纂辑(清)王其龙参订　清道光二十八年(1848)三余堂刻本　‖　省图

2639　**外台秘要四十卷目录一卷**
(唐)王焘撰(明)陆锡明校阅　清同治十三年(1874)广东翰墨园刻本　‖　省图　南充

2640　**外台秘要四十卷目录一卷**
(唐)王焘撰(明)陆锡明校阅　清光绪二十四年(1898)上海图书集成印书局石印本　‖　泸州(不全)南充

2641　**外台秘要方四十卷**
(唐)王焘撰(宋)林亿等上进　许偁校(清)程衍道订梓　民国铅印本　‖　新都区

2642　**外症通用方一卷**
□□撰　民国四年(1915)刻本　‖　省图

2643 **万病回春八卷**
(明)龚廷贤撰　民国锦章图书局石印本　‖　南充

2644 **万病回春八卷**
(明)龚廷贤撰　民国上海扫叶山房石印本　‖　泸州(不全)

2645 **万方类编三十二卷**
(清)曹绳彦集(清)闵其昌校　清光绪三十年(1904)睦华堂刻本　‖　泸州(不全)

2646 **万方针线八卷**
(清)蔡烈先辑(清)范锡尧等校　清刻本　‖　泸州

2647 **万国药方八卷**
(美国)洪士提译　清光绪三十一年(1905)杜柄记石印书局石印本　‖　中医大

2648 **万国药方八卷**
(美国)洪士提译　民国八年(1919)铅印本　‖　成都

2649 **万国药方八卷**
(美国)洪士提译　民国十一年(1922)中西五彩石印书局石印本　‖　中医大

2650 **万年书十二卷**
□□撰　清末刻本　‖　西华师大

2651 **万氏家传痘疹心法二十三卷**
(明)万全撰　清视履堂刻本　‖　川大

2652 **万氏家传片玉痘疹十三卷**
(明)万全撰　清刻本　‖　川大

2653 **万氏家传片玉心书五卷万氏家传片玉痘疹十三卷**
(明)万全撰　清刻本　‖　川大

2654 **万氏家传伤寒摘锦二卷**
(明)万全撰　清视履堂刻本　‖　川大

2655 **万氏家传幼科发挥二卷**
(明)万全撰　清刻本　‖　川大

2656 **万氏家传育婴秘诀四卷**
(明)万全撰　清敷文堂刻本　‖　省图

2657 **万氏女科三卷**
(明)万全撰　清光绪十五年(1889)守经堂刻本　‖　省图　温江区　郫都区　川大

2658 **万氏女科三卷**
(明)万全撰　清宣统三年(1911)槐荫书屋刻本　‖　省图

2659 **万药归宗一卷**
□□撰　民国抄本　‖　省图

2660 **万应奇效秘方一千五百种一卷**
(清)叶桂撰　李古直编订　民国铅印本　‖　成都

2661　**汪氏医方集解录要二卷**
(清)汪昂撰　民国抄本　‖　成都

2662　**汪氏医书七种**
(明)汪机等撰　明嘉靖刻清递修本　‖　川大

2663　**汪氏医学丛书八种**
(明)汪机等撰　民国上海石竹山房石印本　‖　泸州

2664　**王翰林集注黄帝八十一难经五卷**
(战国)秦越人撰(宋)王惟一音释(明)王九思集注　清刻本　‖　省图

2665　**王翰林集注黄帝八十一难经五卷**
(战国)秦越人撰(宋)王惟一音释(明)王九思集注　民国上海涵芬楼影印本　‖　成都

2666　**王洪绪先生外科证治全生一卷**
(清)王维德撰　清咸丰十一年(1861)武昌节署刻本　‖　成都

2667　**王洪绪先生外科证治全生一卷**
(清)王维德撰　清同治六年(1867)江宁藩署木活字印本　‖　省图

2668　**王洪绪先生外科证治全生一卷**
(清)王维德撰　清同治十二年(1873)山左陈介谋刻本　‖　川大

2669　**王洪绪先生外科证治全生一卷**
(清)王维德撰　民国四年(1915)遵古堂刻本　‖　省图

2670　**王氏脉经十卷**
(晋)王叔和撰　清宣统元年(1909)借月山房刻本　‖　新都区

2671　**王氏医案二卷**
(清)王士雄撰(清)周镳辑　清光绪十七年(1891)蒲圻但氏刻本　‖　泸州

2672　**王氏医案二卷**
(清)王士雄撰(清)周镳辑　民国上海图书集成局铅印本　‖　泸州

2673　**王氏医案二卷续编八卷**
(清)王士雄撰(清)周镳 张鸿辑　清道光刻本　‖　省图

2674　**王氏医案二卷续编八卷**
(清)王士雄撰(清)周镳辑　清咸丰元年(1851)吟春书屋刻本　‖　川大

2675　**王氏医案二卷续编八卷**
(清)王士雄撰(清)周镳辑　清光绪十七年(1891)蒲圻但氏校刻本　‖　成都

2676　**王氏医案四卷**
(清)王泰林撰　民国二十三年(1934)聚珍版铅印本　‖　泸州 川大

2677　**王氏医案续编八卷**
(清)王士雄撰　(清)周镳张鸿辑　清道光三十年(1850)刻本　‖　泸州 新都区

2678　**王氏医案译注十卷附录一卷**
(清)王士雄撰 石念祖译注 谢观校订　民国九年(1920)商务印书馆铅印本　‖　泸州

2679　**王氏医案译注十卷附录一卷**
(清)王士雄撰 石念祖译注 谢观校订　民国二十三年(1934)上海商务印书馆铅印本　‖　川大

2680　**王氏医存十七卷**
(清)王燕昌述　清同治十三年(1874)皖城黄竹友斋刻本　‖　省图 泸州 中医大

2681　**王氏医存十七卷新选验方一卷**
(清)王燕昌述　清光绪元年(1875)刻本　‖　川大

2682　**王叔和脉经十卷**
(晋)王叔和撰　清光绪十七年(1891)池阳周氏刻本　‖　泸州

2683　**王叔和图注难经脉诀二种**
(晋)王叔和撰　清乾隆二年(1737)刻本　‖　省图

2684　**王叔和图注难经脉诀二种**
(晋)王叔和撰　民国十七年(1928)刻本　‖　川大

2685　**王旭高医书六种**
(清)王泰林编辑　民国上海千顷堂书局石印本　‖　省图 川大 中医大 川师大

2686　**王宇泰先生订补古今医鉴十六卷**
(明)龚信纂辑(明)龚廷贤续编(明)王肯堂订补　民国上海中一书局石印本　‖　泸州

2687　**微积溯源八卷**
(英国)华里司辑(英国)傅兰雅口译(清)华蘅芳笔述　清光绪江南机器制造总局刻本　‖　省图 川大

2688　**微生物理论一卷**
(英国)傅兰雅撰　清光绪二十四年(1898)铅印本　‖　西华师大

2689　**蓣园医学六种**
(清)潘霨辑　清光绪九年至光绪十年(1883—1884)江西书局刻本　‖　省图

2690　**卫公兵法辑本三卷**
(唐)李靖撰　清光绪刻本　‖　省图

2691　**卫济余编十八卷**
(清)王缵堂编　清道光二十三年(1843)三让堂刻本　‖　泸州(不全)

2692　**卫济余编十八卷**
(清)王缵堂编　清宏道堂刻本　‖　南充

2693　**卫生宝鉴二十四卷补遗一卷**
(元)罗天益撰(清)李锡龄辑　清光绪二十二年(1896)长沙刻惜阴轩丛书本　‖　省图 泸州 犍为 川大

2694　**卫生鸿宝六卷**
(清)祝补斋编辑　清道光二十六年(1846)刻本　‖　中医大

2695　**卫生鸿宝六卷**
(清)祝补斋编辑　清咸丰七年(1857)刻本　‖　川大

2696　**卫生鸿宝六卷**
(清)祝补斋编辑　民国元年(1912)上海江东书局石印本　‖　省图

2697　**卫生鸿宝六卷**
(清)祝补斋编辑　民国上海锦章图书局石印本　‖　中医大

2698　**卫生集三卷**
(清)梧栖老人辑　清同治八年(1869)刻本　‖　西南交大

2699　**卫生家宝产科备要八卷**
(宋)朱端章撰　清刻本　‖　泸州

2700　**卫生十二法一卷**
□□撰　民国六年(1917)成都华英书局铅印本　‖　泸州

2701　**卫生学问答九卷**
丁福保纂　清光绪二十九年(1903)成都刻本　‖　安州区(绵阳市)安岳

2702　**卫生要术一卷**
(清)潘霨编　清光绪十八年(1892)刻本　‖　省图

2703　**卫生要旨一卷**
(美国)嘉约翰口译(清)海琴氏校正　清光绪九年(1883)刻本　‖　省图

2704　**卫生要旨一卷**
钟秀芝编译　民国十三年(1924)成都华英书局铅印本　‖　安州区(绵阳市)

2705　**尉缭子直解五卷**
(明)刘寅撰　民国影印本　‖　省图

2706　**魏武帝注孙子三卷**
(三国魏)曹操注(清)左枢笺　清光绪成都运筹山房刻本　‖　省图

2707　**魏武帝注孙子三卷**
(三国魏)曹操注(清)左枢笺　清光绪六年(1880)尊经书局刻民国元年(1912)存古书局重刻本　‖　省图 成都

2708　**魏武帝注孙子三卷吴子二卷司马法三卷尸子二卷燕丹子三卷牟子一卷**
(三国魏)曹操注(清)孙星衍校　清光绪十一年(1885)吴县朱氏槐庐家塾刻本　‖　西南民大

2709　**温病百言一卷**
(清)刘宗第编述　民国成都聚昌印刷公司铅印本　‖　省图

2710　**温病挈要一卷**
(清)江秉干撰　清宣统三年(1911)江氏师古堂刻本　‖　成都

2711　**温病明理五卷**
恽树珏著 徐衡之等参校　民国二十五年(1936)民友印刷公司铅印药盦医学丛书本　‖　省图

2712　**温病浅说一卷**
(清)温存厚著(清)温仁寿等校字　清刻温氏医书三种本　‖　省图 乐山 川大

2713　**温病浅说一卷小儿急惊风治验一卷**
(清)温存厚著(清)温仁寿等校字　清光绪十三年(1887)刻本　‖　成都 川大

2714　**温病三字诀一卷**
(清)张子培草创 廖吉人校　清光绪三年(1877)刻本　‖　省图 乐山 川大

2715　**温病提要续刻一卷**
(清)曹文远撰　民国十二年(1923)铅印本　‖　省图 成都

2716　**温病提要一卷**
(清)曹华峰撰　民国十二年(1923)铅印本　‖　省图

2717　**温病提要一卷**
(清)曹华峰撰　民国绵竹垄明石印本　‖　省图

2718　**温病提要一卷**
(清)曹华峰撰　民国抄本　‖　省图

2719　**温病条辨六卷**
(清)吴塘著(清)汪瑟安参订(清)征以园参订(清)朱武曹点评　清道光十五年(1835)刻本　‖　江油

2720　**温病条辨六卷**
(清)吴塘著(清)汪瑟安参订(清)征以园参订(清)朱武曹点评　清道光二十八年(1848)刻本　‖　川师大

2721　**温病条辨六卷**
(清)吴塘著(清)汪瑟安参订(清)征以园参订(清)朱武曹点评　清咸丰九年(1859)四川即心斋刻本　‖　郫都区

2722　**温病条辨六卷**
(清)吴塘著(清)汪瑟安参订(清)征以园参订(清)朱武曹点评　清咸丰九年(1859)天津孙昌刻本　‖　省图 泸州

2723　**温病条辨六卷**
(清)吴塘著(清)汪瑟安参订(清)征以园参订(清)朱武曹点评　清同治十年(1871)刻本　‖　三台

2724　**温病条辨六卷**
(清)吴塘撰(清)汪瑟安参订(清)征以园参订(清)朱武曹点评　清光绪十年(1884)刻本　‖　崇州

2725　**温病条辨六卷**
(清)吴塘著(清)汪瑟安参订(清)征以园参订(清)朱武曹点评　清光绪十八年(1892)文源堂刻本　‖　省图

2726　**温病条辨六卷**
(清)吴塘著(清)汪瑟安参订(清)征以园参订(清)朱武曹点评　清光绪十九年(1893)上海图书集成书局铅印本　‖　江油 安州区(绵阳市)

2727　**温病条辨六卷**
(清)吴塘著(清)汪瑟安参订(清)征以园参订(清)朱武曹点评　清宣统元年(1909)渭南严氏孝义家塾刻本　‖　省图 川大 中医大

2728　**温病条辨六卷**
(清)吴塘著(清)汪瑟安参订(清)征以园参订(清)朱武曹点评　清慈溪叶氏浚吾楼重刻本　‖　成都

2729　**温病条辨六卷**
(清)吴塘著(清)汪瑟安参订(清)征以园参订(清)朱武曹点评　清刻本　‖　成都 泸州 江油 温江区

2730　**温病条辨六卷**
(清)吴塘著(清)汪瑟安参订(清)征以园参订(清)朱武曹点评　清抄本　‖　省图

2731　**温病条辨六卷**
(清)吴塘著(清)汪瑟安参订(清)征以园参订(清)朱武曹点评　民国三年(1914)上海锦章图书局石印本　‖　省图 成都

2732　**温病条辨六卷**
(清)吴塘著(清)汪瑟安参订(清)征以园参订(清)朱武曹点评　民国六年(1917)年上海炼石书局石印本　‖　省图

2733　**温病条辨六卷**
(清)吴塘著(清)汪瑟安参订(清)征以园参订(清)朱武曹点评　民国七年(1918)年上海鸿宝斋书局石印本　‖　省图

2734　**温病条辨六卷**
(清)吴塘著(清)汪瑟安参订(清)征以园参订(清)朱武曹点评　民国十三年(1924)刻本　‖　泸州

2735　**温病条辨六卷**
(清)吴塘著(清)汪瑟安参订(清)征以园参订(清)朱武曹点评　民国章福记书局石印本　‖　泸州 南充 安州区(绵阳市)

2736　**温病条辨六卷**
(清)吴塘著(清)汪瑟安参订(清)征以园参订(清)朱武曹点评　抄本　‖　成都

2737　**温病问题之解决一卷附霍乱证与痧症鉴别及治疗法一卷**
冉剑虹撰　民国八年(1919)文藻斋铅印本　‖　省图

2738　**温病学三卷**
何伯埙述　民国四川省国医学院彬明印刷社铅印本　‖　省图

2739　**温病学一卷**
陆景廷撰　民国油印本　‖　成都

2740　**温病学一卷诊断学一卷**
陆景廷编　民国有记文华印字馆铅印本　‖　省图 乐山

2741　**温病要旨一卷**
何仲皋著　民国二十六年(1937)四川高等国医学校学渊铅石印社铅印本　‖　省图

2742　**温病症治歌括二卷**
(明)张介宾撰　清光绪十九年(1893)三多砦福善堂刻本　‖　自贡

2743　**温热便读二卷附麻疹概论一卷小儿平脉之我见一卷**
邹仲彝编　民国二十四年(1935)石印本　‖　省图 新都区

2744　**温热经纬歌括五卷**
(清)杨淯编　民国十八年(1929)石印本　‖　省图

2745　**温热经纬五卷**
(清)王士雄纂(清)杨照藜 汪曰桢等评　清光绪八年(1882)四川新繁东湖刻本　‖　省图 泸州 川大 中医大

2746　**温热经纬五卷**
(清)王士雄纂(清)杨照藜 汪曰桢等评　清光绪十一年(1885)刻本　‖　成都(不全)

2747　**温热经纬五卷**
(清)王士雄纂(清)杨照藜 汪曰桢等评　清光绪十八年(1892)上海醉六堂刻本　‖　温江区

2748　**温热经纬五卷**
(清)王士雄纂(清)杨照藜 汪曰桢等评　清光绪十九年(1893)三多砦福善堂重刻本　‖　自贡

2749　**温热经纬五卷**
(清)王士雄纂(清)杨照藜 汪曰桢等评　清光绪三十年(1904)石印本　‖　省图 乐山

2750　温热经纬五卷
(清)王士雄纂(清)杨照藜 汪曰桢等评　清刻本　‖　成都 南充

2751　温热经纬五卷
(清)王士雄纂(清)杨照藜评(清)汪曰桢评(清)沈宗淦参订　民国四年(1915)上海普新书局石印本　‖　中医大

2752　温热经纬五卷
(清)王士雄纂(清)杨照藜 汪曰桢等评　民国铅印本　‖　泸州 安州区(绵阳市)

2753　温热暑疫全书四卷
(清)周扬俊辑(清)薛雪校(清)吴蒙校　清光绪十五年(1889)扫叶山房刻本　‖　省图

2754　温热暑疫全书四卷
(清)周扬俊辑(清)薛雪校(清)吴蒙校　民国上海千顷堂书局石印本　‖　省图 川大

2755　温热赘言一卷
(清)寄瓢子述　清刻本　‖　成都 川大

2756　温氏医案一卷
(清)温存厚撰 温仁椿等校字　清光绪十三年(1887)刻本　‖　省图 成都 川大

2757　温氏医案一卷小儿急惊风治验一卷
(清)温存厚撰 温仁椿等校字　清光绪刻本　‖　省图

2758　温氏医书三种
(清)温存厚撰　清光绪刻本　‖　省图

2759　温疫明辨四卷温疫明辨方一卷
(清)戴天章撰　清乾隆刻本　‖　省图 乐山

2760　温疹述要一卷
袁励桢编　民国铅印本　‖　省图

2761　温症挈要一卷
江秉千辑　清宣统三年(1911)师古堂刻本　‖　省图

2762　瘟病条辨六卷首一卷
(清)吴塘著　民国七年(1918)上海鸿宝斋书局石印本　‖　川大

2763　瘟病条辨医方撮要二卷遂生编一卷福幼编一卷
(清)杨璇撰(清)黄德濂纂 & 遂生编一卷福幼编一卷(清)庄一夔著　清道光二十一年(1841)刻本　‖　川大

2764　瘟病要诀一卷
□□撰　民国积文石印社石印本　‖　川大

2765　瘟痧症治要略七卷
曹炳章编撰　民国铅印曹氏医药学丛书本　‖　省图

2766　瘟疫汇编十卷
(明)吴有性著(清)戴天章增广(清)刘奎订正　清道光刻本　‖　省图

2767　瘟疫论补注二卷
(明)吴有性著(清)戴天章增广(清)刘奎订正　民国上海锦章图书局石印本　‖　省图

2768　**瘟疫论二卷**
(明)吴有性撰　清光绪二十年(1894)刻本　‖　省图 成都 中医大

2769　**瘟疫论二卷附刘宏璧先生集补方一卷**
(明)吴有性撰(明)许永康校　清光绪三十三年(1907)刻本　‖　省图 温江区

2770　**瘟疫论二卷附刘宏璧先生集补方一卷朱煜治案一卷**
(明)吴有性撰(明)许永康校　清大经堂刻本　‖　省图

2771　**瘟疫论类编五卷**
(明)吴有性著(清)刘奎订正(清)刘秉锦编(清)刘嗣宗参订　清道光二十年(1840)三泰堂刻本　‖　江油

2772　**瘟疫论类编五卷**
(明)吴有性著(清)刘奎订正(清)刘秉锦编(清)刘嗣宗参订　清咸丰五年(1855)刻本　‖　川大

2773　**瘟疫论类编五卷**
(明)吴有性著(清)刘奎订正(清)刘秉锦编(清)刘嗣宗参订　清敦厚堂刻本　‖　省图 乐山 江油 安州区(绵阳市)

2774　**瘟疫明辨四卷方一卷**
(清)戴天章撰(清)郑奠一编　清乾隆李光明书庄刻本　‖　省图

2775　**瘟疫明辨四卷末一卷**
(清)戴天章撰(清)郑奠一编　民国商务印书馆铅印本　‖　省图

2776　**瘟疫枢要三种**
(清)胡精一撰　清光绪二十一年(1895)刻本　‖　省图

2777　**瘟疫摘要一卷**
□□撰　清光绪二十九年(1903)抄本　‖　成都

2778　**问心堂温病条辨六卷首一卷**
(清)吴瑭著(清)汪瑟庵等参订(清)朱武曹点评　清光绪十四年(1888)刻本　‖　郫都区

2779　**问心堂温病条辨六卷首一卷**
(清)吴瑭著(清)汪瑟庵等参订(清)朱武曹点评　清光绪十八年(1892)文源堂刻本　‖　省图

2780　**问心堂温病条辨六卷首一卷**
(清)吴瑭著(清)汪瑟庵等参订(清)朱武曹点评　清信义书屋刻本　‖　省图

2781　**问心堂温病条辨六卷首一卷**
(清)吴瑭著(清)汪瑟庵等参订(清)朱武曹点评　清刻本　‖　省图 三台

2782　**问斋医案五卷**
(清)蒋宝素注　清道光三十年(1850)镇江蒋氏快志堂刻本　‖　川大

2783　**翁仲仁先生痘科金镜赋六卷**
(清)俞茂鲲集解(清)于人龙参评　清光绪二年(1876)刻本　‖　省图

2784　**翁仲仁先生原本幼科七种大全**
(明)翁仲仁原本　民国上海石印本　‖　省图

2785　**无机化学教科书三卷**
(英)琼司原著　徐兆熊译述　清光绪三十四年(1908)江南制造总局刻本　‖　西华师大

2786　**无线电报一卷补编一卷**
(英国)克尔撰(美国)卫理口译(清)范熙庸笔述　清光绪二十六年(1900)江南制造总局刻本　‖　川大

2787　**无冤录二卷**
(元)王与撰　抄本　‖　川大

2788　**芜园种植学五种一卷**
潘与三撰　民国三十二年(1943)铅印本　‖　川大

2789　**吴鞠通医案二卷**
(清)吴瑭撰　高德僧重录　民国十三年(1924)上海世界书局石印本　‖　省图　自贡

2790　**吴门治验录四卷**
(清)顾金寿注(清)徐玉书等校　民国上海千顷堂书局石印本　‖　省图

2791　**吴兴蚕书二卷**
(清)高铨辑　清光绪刻本　‖　省图

2792　**吴医汇讲十一卷**
(清)唐大烈纂辑(清)沈文燮校订　民国十二年(1923)成都昌福公司铅印本　‖　川大

2793　**吴医汇讲十一卷**
(清)唐大烈纂辑(清)沈文燮校订　清乾隆五十七年(1792)刻本　‖　省图

2794　**吴中水利书一卷**
(宋)单锷撰　清光绪二十三年(1897)刻本　‖　西华师大

2795　**吴子二卷**
(战国)吴起撰　高时显辑校　民国二十五年(1936)中华书局石印本　‖　省图　成都　雅安　绵竹

2796　**五曹算经五卷孙子算经三卷**
(唐)李淳风等注释　清知不足斋刻本　‖　成都

2797　**五分钟呼吸体操一卷附图一卷**
邹伯皞译　民国二十三年(1934)万县聚利生铅印本　‖　川大

2798　**五经算术二卷**
(北周)甄鸾撰(唐)李淳风等注释　清光绪七年(1881)艺林山房刻本　‖　西华师大

2799　**五经算术二卷**
(北周)甄鸾撰　(唐)李淳风等注　清重刻武英殿聚珍版丛书　‖　川大　西南民大

2800　**五禽图工图说一卷**
□□撰　民国遵义抄本　‖　省图

2801　**五禽图呼吸运动法一卷**
王礼庭述　孙培之校勘　李泽民笔记　喻支仙摩图　民国十四年(1925)石印本　‖　省图

2802　**五纬捷算四卷**
(清)黄丙垕撰述(清)胡士培校梓　清光绪四年(1878)刻本　‖　成都　泸州

2803　**五星集腋五卷**
(清)廖瀛海著　清刻本　‖　泸州

2804　五言杂字庄家一卷
佚名撰　民国新都鑫记书庄刻本　‖　成都

2805　五症明辨一卷
□□撰　抄本　‖　省图　乐山

2806　武备说一卷
(德国)瑞乃尔撰　清光绪二十六年(1900)铅印本　‖　西华师大

2807　武备新书十种
(清)廖寿丰辑　清光绪浙江书局刻本　‖　省图

2808　武备制胜编十三卷
□□撰　清抄本　‖　省图

2809　武昌医馆丛书八种
(清)柯逢时辑　民国中国书店影印本　‖　省图

2810　武经备旨汇解说约大全一卷
□□撰　清咸丰五年(1855)刻本　‖　安州区(绵阳市)

2811　武经七书七种
(宋)□□辑　清光绪二十四年(1898)成都志古堂刻本　‖　省图

2812　武经总要前集二十卷后集二十卷
(宋)曾公亮等撰　民国二十四年(1935)上海商务印书馆影印四库全书珍本　‖　西南民大

2813　武陵山人遗书十种
(清)顾观光撰　清光绪九年(1893)独山莫祥芝上海刻武陵山人遗书本　‖　省图

2814　勿庵历算书目一卷
(清)梅文鼎撰(清)梅毂成校　清乾隆道光间鲍氏知不足斋丛书刻本　‖　泸州

2815　勿庵学医杂抄一卷
熊志韬辑　民国抄本　‖　省图

2816　戊笈谈兵十卷首一卷
(清)汪绂撰　清光绪二十年(1894)刻汪双池先生丛书本　‖　省图

2817　务民义斋算学九种
(清)徐有壬撰(清)徐震翰编辑　清光绪乌程徐树勋刻本　‖　省图　泸州(不全)

2818　物理学上编四卷中编四卷下编四卷
(日本)饭盛挺造编纂(日本)丹波敬三　(日本)柴田承桂校补(日本)藤田丰八译(清)王季烈重编　清光绪二十六年(1900)上海制造局刻本　‖　川大

2819　物诠八卷附一卷
(清)汪绂撰　清光绪九年(1883)紫阳书院刻本　‖　西华师大

2820　物体遇热改易记四卷
(英国)瓦特斯辑(英国)傅兰雅口译(清)徐寿笔述(清)赵元益校录　清光绪二十五年(1899)江南制造局刻本　‖　省图　川大

2821　西灯略说一卷
(英国)傅兰雅撰　清光绪石印本　‖　西华师大

2822　西法发蓝一卷
(英国)傅兰雅撰　清光绪石印本　‖　西华师大

2823　西方子明堂灸经八卷附校勘记一卷
(清)冯一梅撰　清光绪十年(1884)钱塘丁氏刻当归草堂医学丛书初编本　‖　省图

2824　西国天学源流考一卷
(清)王韬撰　清光绪二十八年(1902)石印本　‖　西华师大

2825　西国造桥略论一卷
(英国)傅兰雅撰　清光绪石印本　‖　西华师大

2826　西国造糖法一卷
(英国)傅兰雅撰　清光绪石印本　‖　西华师大

2827　西画初学六卷
(英国)傅兰雅撰　清光绪石印本　‖　西华师大

2828　西康宁属北部之地质与矿产不分卷
刘之祥编　民国三十年(1941)铅印本　‖　省图

2829　西炮丛说一卷
(英国)傅兰雅撰　清光绪二十六年(1900)铅印本　‖　西华师大

2830　西山杨凤庭先生汇选古验一卷
(清)杨凤庭注　清抄本　‖　省图

2831　西山杨老先生汇辑失血大法一卷
(清)杨凤庭撰　清咸丰五年(1855)天彭惠林堂刻本　‖　川大

2832　西学大成五十六种
(清)王西清(清)卢梯青辑　清光绪二十一年(1895)上海醉六堂书坊石印本　‖　省图　川大

2833　西学辑存六种
(清)王韬辑　清光绪铅印本　‖　省图

2834　西学考略二卷
(美国)丁韪良撰(清)贵荣(清)时雨化译　清光绪九年(1883)同文馆铅印本　‖　省图

2835　西学启蒙十六种
(英国)赫德辑(英国)艾约瑟译　清光绪二十四年(1898)石印本　‖　省图

2836　西学自强丛书七十五种
(清)张之洞辑　清光绪二十四年(1898)上海测海山房石印本　‖　泸州

2837　西洋种痘秘诀一卷
(清)邱熺撰　清光绪十四年(1888)四川刻本　‖　省图

2838　西药大成补编十卷首一卷
(英国)哈来撰(英国)傅兰雅口译(清)赵元益笔述　清刻本　‖　川大

2839　**西药大成十卷**
(英国)来拉(英国)海得兰撰(英国)傅兰雅口译(清)赵元益笔述　清光绪十年(1884)上海江南机器制造总局刻本　‖　泸州　川大

2840　**西药大成药品中西名目表一卷附人名地名两表**
(英国)来拉撰(清)江南制造总局编译课编译　清光绪十三年(1887)江南制造总局铅印本　‖　泸州

2841　**西药略释四卷**
(清)孔继良译撰(美国)嘉约翰校正　清光绪十二年(1886)广东刻本　‖　省图　川大

2842　**西医大成十卷首一卷**
(英国)来拉　(英国)海得兰撰(英国)傅兰雅译(清)赵元益笔述　清光绪江南机器制造总局刻本　‖　省图(不全)

2843　**西医略论三卷**
(英国)合信撰(清)管茂材译　清咸丰七年(1857)上海仁济医馆刻本　‖　省图　成都　川大

2844　**西医略论三卷**
(英国)合信撰(清)管茂材译　民国石印本　‖　泸州

2845　**西医内科全书六卷**
(清)孔庆高笔译(美国)嘉约翰校正　清光绪八年(1882)刻本　‖　省图　川大

2846　**西医热症总论一卷**
(清)孔庆高笔译(美国)嘉约翰校正　清光绪七年(1881)刻本　‖　省图

2847　**西医五种**
(英国)合信撰(清)管茂材撰(清)陈修堂撰　清末民初铅印本　‖　川大

2848　**西医眼科撮要一卷**
(清)博济医局编　清光绪六年(1880)刻本　‖　省图

2849　**西艺通考十七种**
(清)袁宗濂(清)晏志清编辑　清光绪二十八年(1902)萃新书馆石印本　‖　省图

2850　**西域水道记五卷汉书西域传补注二卷新疆赋一卷**
(清)徐松撰　清光绪鸿文书局石印本　‖　西华师大

2851　**洗冤录详义四卷首一卷附洗冤录摭遗二卷**
(清)许梿编校 & 洗冤录摭遗二卷(清)葛元煦辑　清咸丰六年(1856)许梿刻本　‖　川大

2852　**洗冤录详义四卷首一卷附洗冤录摭遗二卷**
(清)许梿编校 & 洗冤录摭遗二卷(清)葛元煦辑　清光绪二年(1876)葛氏啸园刻本　‖　川大

2853　**洗冤录详义四卷首一卷附洗冤录摭遗二卷**
(清)许梿编校 & 洗冤录摭遗二卷(清)葛元煦辑　清光绪十六年(1890)湖北官书处刻本　‖　泸州(不全)　川大

2854　**洗冤录摭遗二卷补一卷**
(清)葛元煦撰 & 补一卷　(清)张开运撰(清)王秉恩校定　清刻本　‖　泸州

2855　**细菌学初编一卷**
□□撰　民国十六年(1927)上海广学书局铅印本　‖　省图　安州区(绵阳市)

2856　峡江救生船志二卷图考一卷行船必要一卷
(清)贺缙绅著　清光绪三年(1877)刻本　‖　成都

2857　夏侯阳算经三卷
(北魏)夏侯阳撰　清重刻武英殿聚珍版丛书　‖　西南民大

2858　夏秋蚕人工孵化法一卷人工孵化论一卷
四川省立农学院编　民国成都日新印刷工业社铅印本　‖　省图

2859　夏小正一卷
王闿运注　清光绪十年(1884)成都尊经书局刻本　‖　三台

2860　夏紫笙算书五种
(清)夏鸾翔撰(清)徐树勋校刊　清光绪乌程徐树勋刻本　‖　省图

2861　仙拈集四卷
(清)李文炳撰(清)李怀祖等校字　清三槐堂刻本　‖　中医大

2862　先醒斋医学广笔记四卷
(明)缪希雍著(明)丁元荐辑(明)李枝季参订 曹炳章其他　民国八年(1919)上海集古阁石印本　‖　省图 乐山

2863　仙传白喉忌表治法吹药合刊二种
□□辑　民国三年(1914)成都精术馆刻本　‖　温江区 川大

2864　弦雪居重订遵生八笺十九卷目录一卷
(明)钟惺校阅　清刻本　‖　川大

2865　显微镜说一卷
(英国)傅兰雅撰　清光绪石印本　‖　西华师大

2866　乡守辑要合抄十卷
(清)许乃钊编　清咸丰刻本　‖　省图 荣县 川师大

2867　相地探金石法四卷
(英国)喝尔勃特喀格司撰　清光绪二十九年(1903)江南制造总局刻本　‖　川大

2868　相地指迷十卷
(明)蒋大鸿撰(清)凌堃辑　清末安康张鹏飞刻本　‖　川大

2869　相法挈要五卷
(清)刘学诚撰　清光绪二十年(1894)刻本　‖　泸州(不全)

2870　相法证验百条一卷
(清)刘学诚辑著　刻本　‖　泸州(不全)

2871　相理衡真十卷首一卷
(清)陈钊著　清刻本　‖　泸州

2872　相马学讲义不分卷
吴家鹏编　民国毅记印刷局铅印本　‖　省图

2873　湘军营制二种
□□撰　清光绪二十六年(1900)成都志古堂刻本　‖　省图

2874　详解九章算法一卷纂类一卷札记一卷
(宋)杨辉撰　清道光二十二年(1842)上海郁氏刻本　‖　自贡　西华师大

2875　详校医宗必读十卷
(明)李中梓著　清光绪六年(1880)扫叶山房刻本　‖　省图

2876　详要胎产问答一卷附管氏儿女至宝一卷
(清)亟斋居士原编　三农老人附注 & 管氏儿女至宝一卷(清)管斯骏编辑　民国二十年(1931)泸州益明石印书局石印本　‖　川大

2877　象林二卷
(明)陈荩谟撰　明崇祯七年(1634)刻本　‖　省图

2878　象数一原七卷
(清)项名达著　清光绪十四年(1888)上海刻本　‖　省图

2879　橡蚕新编一卷柳蚕新编一卷布种洋芋方法一卷
(清)许鹏翊编　清宣统南洋印刷官厂铅印本　‖　省图

2880　小儿保险书五卷
况庚星撰　民国十八年(1929)刻本　‖　省图

2881　小儿耳鼻咽喉病学三章
(英国)格思烈原著　谭世鑫编译　民国二十二年(1933)上海广学书局铅印本　‖　省图　川大

2882　小儿科一卷
□□撰　民国抄本　‖　三台

2883　小儿推拿附方不分卷
□□辑　民国铅印本　‖　川大

2884　小儿推拿广意三卷
(清)熊应雄辑(清)陈世凯重订　民国七年(1918)上海锦章图书局石印本　‖　省图

2885　小儿推拿图说不分卷
□□撰　抄本　‖　新都区

2886　小儿卫生总微论方二十卷附校记一卷
□□撰　民国十三年(1924)兰陵堂刻本　‖　省图

2887　小儿养育法四章
(日本)渡边光次撰(清)周家树笔译　清光绪二十七年(1907)无锡丁氏畴隐卢石印本　‖　川大

2888　小儿药证直诀三卷附阎氏小儿方论一卷氏斑疹方论一卷
(宋)钱乙撰(宋)阎孝忠编次 & 阎氏小儿方论一卷　(宋)阎孝忠撰 & 董氏斑疹方论一卷　(宋)董汲撰　清光绪二十二年(1896)长沙重刻本　‖　泸州

2889　小儿药证直诀三卷附阎氏小儿方论一卷氏斑疹方论一卷
(宋)钱乙撰(宋)阎孝忠编次 & 阎氏小儿方论一卷　(宋)阎孝忠撰 & 董氏斑疹方论一卷　(宋)董汲撰　民国二十年(1931)上海千顷堂书局石印本　‖　省图　川大

2890　小蓬莱山馆方抄二卷
(清)竹林寺僧撰　清道光十七年(1837)刻本　‖　省图　乐山

2891　小蓬莱山馆方抄二卷
(清)竹林寺僧撰　清咸丰二年(1852)刻本　‖　省图

2892　小蓬莱山馆方抄二卷
(清)竹林寺僧撰　清光绪十年(1884)刻本　‖　成都

2893　小外科不分卷
张绍麟抄　民国二十四年(1935)抄本　‖　成都

2894　校补天元选择辨症八卷末一卷
(清)谢乡瘫辑　王元极校补　杨天佑绘图　民国十五年(1926)犍为周氏刻本　‖　犍为(不全)

2895　校定图注脉诀四卷
(晋)王叔和撰(明)张世贤注　民国石印本　‖　泸州(不全)

2896　校刊目经大成三卷首一卷
(清)黄庭镜撰　清两仪堂刻本　‖　川大

2897　校刻伤寒图歌活人指掌五卷
(元)吴恕著　明致和堂刻本　‖　省图

2898　校正本草纲目五十二卷
(明)李时珍撰(清)吴毓昌校订　民国元年(1912)上海章福记书局石印本　‖　成都

2899　校正濒湖脉学一卷奇经八脉考一卷
(明)李时珍撰　民国石印本　‖　泸州

2900　校正傅青主男女科二卷附妇科杂症一卷
(清)傅山著 & 妇科杂症一卷　(清)文晟辑　民国上海进步书局石印本　‖　省图

2901　校正国药古方汇编四卷
施家栋等编辑　民国十九年(1930)南京药业公所铅印本　‖　省图

2902　校正李仕材先生三书四种
(明)李中梓著　(清)尤乘生补　民国十四年(1925)上海锦章书局石印本　‖　泸州

2903　校正伤寒论十卷
(晋)王叔和撰(日本)浅野徽元校　日本宽政九年(1798年)刻本　‖　新都区

2904　校正时病论八卷
(清)雷丰著　清光绪影印本　‖　乐山

2905　校正世补斋医书正集续集
(清)陆懋修著　民国二十年(1931)上海中医书局铅印本　‖　川大

2906　校正图注八十一难经四卷
(战国)秦越人述(明)张世贤注　民国石印本　‖　温江区(不全)

2907　校正医林状元寿世保元十卷
(明)龚廷贤编(清)周亮登校　清嘉庆二十四年(1819)书林宏道堂重刻本　‖　成都　泸州　三台(不全)　郫都区(不全)

2908 **校正增广验方新编十八卷首一卷**
(清)鲍相璈辑 清光绪三十年(1904)上海洽记书局石印本 ‖ 新都区

2909 **校正增广验方新编十六卷首一卷痧症全书三卷首一卷**
(清)鲍相璈辑 民国元年(1912)上海会文堂书局石印本 ‖ 省图 川大(不全)

2910 **写本外科奇方一卷**
□□撰 民国抄本 ‖ 省图

2911 **写本药方一卷**
□□撰 民国抄本 ‖ 省图 乐山

2912 **谢谷堂算学三种**
(清)谢家禾撰 清道光刻本 ‖ 省图

2913 **心身强健之秘诀一卷**
(日本)藤田灵斋撰 徐云译 民国二年(1913)铅印本 ‖ 省图

2914 **心眼指要四卷附元空秘旨一卷**
(清)章仲山集 清宣统元年(1909)成都三昧堂刻本 ‖ 泸州 犍为 川大

2915 **新编保生录要一卷**
静安山人纂辑 民国十六年(1927)重庆中西铅石印局铅印本 ‖ 省图

2916 **新编集成马医方一卷牛医方一卷**
(朝鲜)赵浚撰 民国二十八年(1939)奉天粹文斋影印本 ‖ 川大

2917 **新编金匮要略方论三卷**
(汉)张机述(晋)王熙集(宋)林亿等诠次 民国二十五年(1936)上海涵芬楼影印本 ‖ 成都 泸州 雅安 崇州

2918 **新编救急奇方二卷**
(清)徐文弼辑 清刻本 ‖ 省图

2919 **新编历府通书克择大全二卷**
□□撰 清康熙刻本 ‖ 省图

2920 **新编吏治悬镜之救急奇方一卷**
(清)徐文弼辑 清刻本 ‖ 省图

2921 **新编女科指掌五卷**
(清)叶其蓁撰辑 清光绪十五年(1889)刻本 ‖ 省图

2922 **新编女科指掌五卷**
(清)叶其蓁撰辑 民国上海锦章书局石印本 ‖ 成都

2923 **新编评注通玄先生张果星宗大全十卷**
(清)陆位辑校 民国十年(1921)上海校经山房石印本 ‖ 泸州

2924 **新编算学启蒙三卷识误一卷**
(元)朱世杰编撰 清同治十年(1871)江南机器制造局影刻本 ‖ 省图

2925 **新编算学启蒙三卷识误一卷**
(元)朱世杰编撰 清光绪八年(1882)吴氏醉六堂刻本 ‖ 川大

2926　新编算学启蒙三卷识误一卷
(元)朱世杰编撰　清光绪十五年(1889)成都志古堂刻本　‖　省图

2927　新编张仲景批注伤寒发微论二卷伤寒百诀歌五卷
(宋)许叔微述　清光绪七年(18182)陆氏十万卷楼重刻本　‖　成都 泸州

2928　新测恒星图表一卷中星图表一卷
(清)张作楠衍表(清)江临泰绘图　清光绪二十三年(1897)上海鸿宝斋石印本　‖　泸州

2929　新出普通体操图说三卷
作新社译　清光绪三十一年(1905)泸州开智书局铅印本　‖　省图

2930　新订崇正辟谬通书十四卷
(清)李奉来辑　民国三年(1914)醉醒社石印本　‖　泸州

2931　新订崇正辟谬通书十四卷
(清)李奉来辑　民国四年(1915)上海章福记书局石印本　‖　泸州

2932　新订第四版卫生学问答八卷
丁福保纂　清光绪二十九年(1903)文明书局石印本　‖　泸州

2933　新订王氏罗经透解四卷
(清)王道亨辑录　清道光十五年(1835)刻本　‖　川大

2934　新法步兵操法一卷
□□撰　清末铅印本　‖　省图

2935　新方八略一卷
(明)张介宾撰　清抄本　‖　省图

2936　新辑汤头歌诀不分卷
张仁敏辑　清宣统元年(1909)五音书局铅印本　‖　省图

2937　新辑纂像素亨疗马集六卷元亨疗牛集二卷附驼经一卷
(明)喻本元(明)喻本亨撰　民国元年(1912)民生印刷社石印本　‖　川大

2938　新建陆军兵书录存八卷
袁世凯撰　清光绪铅印本　‖　省图

2939　新镌本草医方合编四种
(明)汪昂辑　清道光十年(1830)崇顺堂刻本　‖　郫都区

2940　新镌工师雕斫正式鲁班木经匠家镜三卷
(明)午荣编　(明)章严辑(明)周言校　民国上海锦章书局石印本　‖　成都

2941　新镌历法便览象吉备要通书大全二十九卷
(清)魏鉴汇述　清儒兴堂刻本　‖　泸州

2942　新镌玉函全奇五气朝元斗首合节象吉备要通书二十九卷
(明)刘伯温重述(清)魏鉴重选　清刻本　‖　崇州(不全)

2943　新刊补注铜人腧穴针灸图经五卷
(宋)王惟一编修　清光绪三十三年(1897)贵池刘氏玉海堂刻本　‖　川大

2944　新刊良朋汇集十卷
(清)孙伟辑(清)吴化善梓订　清同治四年(1865)刻本　‖　中医大

2945　新刊良朋汇集四卷
(清)孙伟辑(清)吴化善梓订　清善成堂刻本　‖　泸州　川大　中医大

2946　新刊良朋汇集四卷
(清)孙伟辑(清)吴化善梓订　民国十一年(1922)上海锦章图书局石印本　‖　省图

2947　新刊外科正宗四卷
(明)陈实功纂(明)王象晋订　清经元堂刻本　‖　省图

2948　新刊王氏脉经十卷
(晋)王叔和撰(宋)林亿等类次　民国上海涵芬楼影印本　‖　成都　泸州(不全)　雅安　崇州

2949　新刊医林状元寿世保元十卷
(明)龚廷贤编　清嘉庆十四年(1809)文顺堂刻本　‖　省图

2950　新刊增补万病回春原本八卷
(明)龚廷贤编　清刻本　‖　省图　成都　江油(不全)

2951　新刊增补万病回春原本八卷
(明)龚廷贤编(清)周亮登校　清上海扫叶山房石印本　‖　泸州(不全)

2952　新刊增集纪验田家五行三卷
(明)娄元礼撰　清抄本　‖　省图

2953　新刊纂像素亨疗马集六卷图像水黄牛经合并大全二卷驰经一卷
(明)喻本元(明)喻本亨撰　清刻本　‖　西华师大

2954　新刻合并十八飞星策天紫微斗数全集六卷
(明)徐良弼校正(明)唐谦绣梓　清刻本　‖　泸州

2955　新刻惊风辟谬全集一卷
(清)陈复正辑　清刻本　‖　省图

2956　新刻秘授外科百效全书六卷
(明)龚居中编　清刻本　‖　省图

2957　新刻伤寒活人指掌补注辨疑三卷
(明)童养学纂辑(清)周亮节校阅　清刻本　‖　泸州

2958　新刻陶节庵家藏秘授伤寒六书六卷
(明)陶华撰(明)吴勉学校　清道光十三年(1833)刻本　‖　中医大

2959　新刻陶节庵家藏秘授伤寒六书六卷
(明)陶华撰(明)吴勉学校　清藜照书屋刻本　‖　省图　郫都区(不全)

2960　新刻陶节庵家藏秘授伤寒六书六卷
(明)陶华撰(明)吴勉学校　清文发堂刻本　‖　省图

2961　新刻小儿推拿方脉活婴秘旨全书三卷
(清)龚云林撰　(清)姚国祯补辑　(清)胡连壁校　清经国堂刻本　‖　新都区(不全)

2962　**新刻校正大字李东垣先生珍珠囊二卷**
(金)李东垣撰　清刻本　‖　省图 成都 郫都区 崇州 川大

2963　**新刻校正大字李东垣先生珍珠囊二卷**
(金)李东垣撰　民国四年(1915)刻本　‖　省图 川大

2964　**新刻针医参补马经大全二卷**
(日本)马师问编辑　日本宝善堂刻本　‖　省图

2965　**新内经一卷**
承澹盫编注　民国石印本　‖　省图 乐山 中医大

2966　**新锲云林神彀四卷**
(明)龚廷贤撰(明)龚懋升校(明)吴济民校　清道光二十三年(1843)正古堂刻本　‖　川大

2967　**新锲云林神彀四卷**
(明)龚廷贤撰(明)龚懋升校(明)吴济民校　清光绪刻本　‖　郫都区

2968　**新锲希夷陈先生紫微斗数全书四卷**
(宋)陈抟著(明)潘希尹补辑　清文光堂刻本　‖　泸州

2969　**新锲希夷陈先生紫微斗数全书四卷**
(宋)陈抟撰　(明)潘希尹补辑　民国上海广益书局石印本　‖　泸州

2970　**新伤寒证治庸言四卷**
罗文杰著　民国三十六年(1947)京城印书局铅印本　‖　省图 乐山

2971　**新生理一卷**
恽铁樵著　民国油印本　‖　省图

2972　**新世纪国历万年书一卷**
东方国历研究社编　民国十八年(1929)石印本　‖　成都

2973　**新手工科教材及教授法不分卷**
赵治昌编　民国成都有记文华印字馆铅印本　‖　省图

2974　**新万国药方**
(日本)息田重仪撰　丁福保译　清光绪元年(1875)医学书局铅印本　‖　南充

2975　**新修本草二十卷**
(唐)苏敬等编　民国影印本　‖　川大

2976　**新增疔疮要诀一卷**
(清)应其南撰(清)应遵诲辑　民国七年(1918)上海千顷堂书局石印本　‖　省图 川大

2977　**新增绘图指明算法全编一卷**
□□撰　民国刻本　‖　成都

2978　**新增伤寒集注十五卷**
(清)舒诏著　民国上海千顷堂书局石印本　‖　川大

2979　**新制灵台仪象志十四卷**
(比利时)南怀仁撰　清乾隆刻本　‖　省图

2980　新注医学辑著解说十八卷
曹荫南著　民国十九年(1930)石印本　‖　省图

2981　新注医学辑著解说十八卷
曹荫南著　民国二十一年(1932)复兴石印馆石印本　‖　省图

2982　新纂儿科诊断学八卷
何廉臣撰　民国十四年(1925)上海大东书局铅印本　‖　省图　乐山　中医大

2983　新纂简捷易明算法四卷附一卷
(清)沈士桂纂辑　清道光二十八年(1848)刻本　‖　川大

2984　星经二卷
(汉)甘公(汉)石申撰　清光绪二十二年(1896)崇文书局刻本　‖　泸州

2985　星座指南一卷
(美国)克里门斯　(美国)格莱撰　民国二十三年(1934)铅印本　‖　成都

2986　形学备旨十卷
(美国)狄考文选译(清)邹立文笔述(清)刘永锡参阅　清光绪二十八年(1903)上海美华书馆铅印本　‖　省图　川大

2987　形学十卷首一卷圆锥曲线三卷
(美国)鲁米斯撰订(美国)狄考文选译　清光绪成都算学书局刻本　‖　省图

2988　形学习题解证八卷
(清)徐树勋选辑　清光绪二十八年(1902)成都算学书局刻本　‖　省图

2989　形意拳谱五纲七言论一卷
靳云亭撰　民国十三年(1924)上海大东书局影印本　‖　省图

2990　袖珍奇方三卷
(清)谢鹤洲辑　清抄本　‖　省图

2991　须曼精庐算学二十四卷
(清)杨兆鋆撰　民国五年(1916)吴兴刘氏嘉业堂刻本　‖　西华师大

2992　徐灵胎十二种全集
(清)徐大椿著　清同治三年(1864)善成堂刻本　‖　省图　成都　泸州　川大

2993　徐灵胎十二种全集
(清)徐大椿著　清光绪刻本　‖　省图

2994　徐灵胎先生医学全书十六种
(清)徐大椿著　清光绪三十三年(1907)上海六艺书局石印本　‖　省图　成都　泸州　富顺

2995　徐灵胎先生医学全书十六种
(清)徐大椿著　民国十一年(1922)至二十四年(1935)上海锦文堂石印本　‖　省图　泸州(不全)　安州区(绵阳市)

2996　徐灵胎医书八种
(清)徐大椿著(清)徐燨校　清乾隆刻本　‖　省图

2997　徐灵胎医书三十二种
(清)徐大椿著　清鸿宝斋石印本　‖　南充

2998　**徐批临证指南医案十卷附种福堂续选临证指南医案四卷**
(清)叶桂注(清)李大瞻等校 & 种福堂续选临江指南医案四卷(清)叶桂论(清)田岫云较　清光绪十二年(1886)成都培元堂刻本　‖　成都(不全) 中医大

2999　**徐批临证指南医案十卷附种福堂续选临证指南医案四卷**
(清)叶桂注(清)李大瞻等校 & 种福堂续选临江指南医案四卷(清)叶桂论(清)田岫云较　清光绪十四年(1888)蒲圻但氏刻本　‖　成都

3000　**徐氏医书八种**
(清)徐大椿撰　清光绪十八年(1892)湖北官书局刻本　‖　成都 川大

3001　**徐氏医书六种**
(清)徐大椿撰　清同治十二年(1873)湖北崇文书局重刻本　‖　省图 川大

3002　**续古摘奇算法一卷附丁巨算法一卷**
(宋)杨辉撰 & 丁巨算法一卷(元)丁巨撰　清乾隆道光间鲍氏知不足斋丛书刻本　‖　泸州

3003　**续名医类案三十六卷**
(清)魏之琇编集(清)王士雄校(清)杨照藜校　清同治刻本　‖　省图 成都

3004　**续名医类案三十六卷**
(清)魏之琇编集(清)王士雄校(清)杨照藜校　清宣统元年(1909)上海书局石印本　‖　成都 泸州(不全) 中医大

3005　**续名医类案三十六卷**
(清)魏之琇编集(清)王士雄校(清)杨照藜校　清末民初上海注易堂刻本　‖　川大

3006　**续名医类案三十六卷**
(清)魏之琇编集(清)王士雄校(清)杨照藜校　清光绪二十二年(1896)畔余堂刻本　‖　川大

3007　**续嗣珍宝一卷**
白云居士辑　民国二十一年(1932)铅印本　‖　省图

3008　**续医方辨难大成四卷**
□□撰　清光绪三十二年(1906)刻本　‖　川大

3009　**续医说十卷**
(明)俞弁著　清宣统三年(1911)上海文明书局铅印本　‖　省图

3010　**续增洗冤录辨正三卷**
(清)瞿中溶撰　清光绪三十二年(1906)上海通时书局石印本　‖　成都 泸州

3011　**续纂江苏水利全案图说不分卷**
(清)李庆云辑　清光绪十五年(1889)刻本　‖　西华师大

3012　**溆浦县农业概况不分卷附湖南省农业改进所溆浦工作站报告不分卷**
□□撰　民国二十八年(1939)溆浦万福隆石印局石印本　‖　省图

3013　**轩辕碑记秘藏医书祝由十三科二卷**
□□撰　清刻朱墨二色套印本　‖　省图

3014　**轩辕碑记医学祝由十三科二卷**
□□撰　清光绪三十二年(1906)西属城山空青洞天刻本　‖　南充

3015　轩辕碑记医学祝由十三科二卷
□□撰　清蜀刻本　‖　省图

3016　薛案辨疏二卷
(明)薛己撰　徐莲塘录存　民国七年(1918)绍兴医药学报社铅印本　‖　省图　中医大

3017　薛立斋医案全集二十四种
(明)薛己等撰　(明)吴管辑　民国十年(1921)大成书局石印本　‖　省图　成都　南充　中医大

3018　薛生白医案一卷
(清)薛雪撰　陆士谔编辑　民国十年(1921)上海世界书局石印本　‖　省图

3019　薛生白医案一卷
(清)薛雪撰　陆士谔编辑　民国十二年(1923)上海世界书局石印本　‖　省图

3020　薛氏医案二十四种
(明)薛己等撰(明)吴管辑(明)朱廷枢校　清嘉庆十四年(1809)书业堂刻本　‖　南充　江油　犍为(不全)　川大

3021　薛院判医案全集二十四种
(明)薛己等撰(明)吴管辑(明)朱廷枢校　清裕元堂刻本　‖　省图

3022　薛院判医案全集二十四种
(明)薛己等撰(明)吴管辑(明)朱廷枢校　民国上海焕文书局石印本　‖　省图　泸州(不全)

3023　学圃杂疏一卷附花历一卷瓶花谱一卷药圃同春一卷瓶史二卷
(明)王世懋撰 & 花历一卷(明)程羽文撰 & 瓶花谱一卷(明)袁宏道撰 & 瓶史月表一卷(明)屠本畯撰 & 药圃同春一卷(明)夏旦撰 & 瓶史二卷(明)袁宏道撰　清刻本　‖　川大

3024　学圃杂疏一卷附花历一卷瓶花谱一卷药圃同春一卷瓶史二卷
(明)王世懋撰 & 花历一卷(明)程羽文撰 & 瓶花谱一卷(明)袁宏道撰 & 瓶史月表一卷(明)屠本畯撰 & 药圃同春一卷(明)夏旦撰 & 瓶史二卷(明)袁宏道撰　民国铅印本　‖　省图　成都

3025　学强恕斋笔算十卷
(清)梅启照辑(清)梅文堉绘图校字　清光绪二十四年(1898)文盛书局石印本　‖　省图(不全)　川大

3026　学算笔谈十二卷
(清)华蘅芳撰　清光绪十一年(1885)金匮华氏刻本　‖　西华师大

3027　学算笔谈十二卷
(清)华蘅芳撰　清光绪二十二年(1896)上海文瑞楼石印本　‖　泸州

3028　学算笔谈十二卷
(清)华蘅芳撰　清光绪二十二年(1896)蘧盘徐氏校刻本　‖　西华师大

3029　学算笔谈十二卷
(清)华蘅芳撰　清光绪二十三年(1897)求贤书院刻本　‖　省图　安州区(绵阳市)

3030　学医笔记一卷课余杂著二卷
(清)万钟(清)万钧著　民国上海医学书局铅印本　‖　省图

3031　学医快捷方式十四种
上海文明书局编辑　民国二十年(1931)上海文明书局铅印本　‖　省图　川大

3032　**血证论八卷**
(清)唐宗海撰　(清)邓其章参校　清光绪十六年(1890)年刻本　‖　省图

3033　**血证论八卷**
(清)唐宗海撰　(清)邓其章参校　清光绪二十年(1894)申江袖海山房书局石印本　‖　省图

3034　**血证论八卷**
(清)唐宗海撰　(清)邓其章参校　清光绪三十二年(1906)善成堂刻本　‖　郫都区

3035　**血证论八卷**
(清)唐宗海撰　(清)邓其章参校　清光绪三十二年(1906)中西书屋铅印本　‖　成都

3036　**血证论八卷**
(清)唐宗海撰　(清)邓其章参校　清光绪三十四年(1908)上海千顷堂书局石印本　‖　成都　温江区

3037　**血症疗养法一卷**
吴超明著　民国三十五年(1946)石印本　‖　省图

3038　**亚拙医鉴一卷**
(清)王锡鑫撰　清光绪十六年(1890)刻本　‖　成都　郫都区

3039　**咽喉脉症通论一卷**
(清)许桄校订　清光绪归安姚氏刻咫进斋丛书刻本　‖　犍为

3040　**咽喉秘集二卷**
(清)吴张氏原本　清光绪九年(1883)山西浚文书局刻本　‖　中医大

3041　**延年益寿论一卷**
(英国)傅兰雅辑　清光绪二十四年(1898)铅印本　‖　西华师大

3042　**延寿药言四卷附录一卷**
延寿堂主人辑　民国上海中华书局铅印本　‖　省图

3043　**研经言四卷**
(清)莫枚士撰　清光绪五年(1879)月河莫氏刻本　‖　省图

3044　**颜料篇三卷**
(日本)江守襄吉郎编订(日本)藤田丰八译　清光绪江南制造总局刻本　‖　川大

3045　**衍元笔算今式二卷**
(清)汪香祖撰　清光绪二十三年(1897)江苏书局刻本　‖　西华师大

3046　**眼科百问二卷**
(清)王子固编辑　清光绪十年(1884)善成堂刻本　‖　川大

3047　**眼科百问二卷**
(清)王子固编辑　民国上海锦章图书局石印本　‖　泸州

3048　**眼科百问二卷**
(清)王子固编辑　民国上海广益书局影印本　‖　省图

3049　**眼科大全六卷**
(明)傅仁宇辑　清善成堂刻本　‖　南充

3050　**眼科大全六卷**
(明)傅仁宇辑　民国三年(1914)章福记书局石印本　‖　南充

3051　**眼科及杂病药方一卷**
□□撰　民国抄本　‖　成都

3052　**眼科捷要一卷**
张育三编　民国四川万育堂铅印本　‖　省图

3053　**眼科锦囊四卷**
(日本)本庄俊笃撰　清光绪十一年(1885)上海福瀛书局刻本　‖　省图

3054　**眼科精华录二卷首一卷**
康维恂编　民国二十四年(1935)上海千顷堂书局石印本　‖　川大

3055　**眼科快捷方式一卷伤寒舌鉴一卷达生编一卷**
(清)□□撰 & 伤寒舌鉴一卷(清)张登汇纂 & 达生编一卷(清)亟斋居士撰　清光绪三十四年(1908)上海章福记石印本　‖　泸州

3056　**眼科良方一卷**
(清)叶桂著(清)陈世溶选辑　清光绪二十年(1894)刻本　‖　成都

3057　**眼科良方一卷**
(清)叶桂撰　民国九年(1920)上海宏大善书局石印本　‖　省图

3058　**眼科良方一卷**
(清)叶桂撰　民国二十年(1931)上海明善书局影印本　‖　省图

3059　**眼科秘诀四卷**
(唐)孙思邈著(清)王万化传(清)马化龙受　清刻本　‖　江油

3060　**眼科秘旨二卷**
□□撰　清红杏山房刻本　‖　川大

3061　**眼科内症二卷**
(清)高玉如辑　民国抄本　‖　省图

3062　**眼科奇书一卷**
孙本端编　民国十六年(1927)刻本　‖　省图

3063　**眼科切要一卷**
(清)王锡鑫选辑　清刻本　‖　成都

3064　**眼科仙方一卷**
刘镕经辑　民国四川省印刷局石印本　‖　省图

3065　**眼科宜书一卷**
廖政参订　民国二十五年(1936)重庆精益印刷社石印本　‖　省图

3066　**眼科易知一卷**
中华书局编　民国中华书局铅印本　‖　省图

3067　**眼科症治一卷**
(美国)聂会东译(清)尚宝臣笔述　清光绪二十四年(1898)上海美华书馆铅印本　‖　省图

3068　**验方秘本一卷**
□□撰　民国抄本　‖　省图

3069　**验方新编八卷首一卷附喉症秘集二卷痧症全书三卷**
(清)鲍相璈等辑　清尊古堂刻本　‖　泸州

3070　**验方新编十八卷**
(清)鲍相璈编辑(清)鲍相璧校　清光绪十八年(1892)日本横滨中华会馆铅印本　‖　省图

3071　**验方新编十八卷**
(清)鲍相璈编辑(清)鲍相璧校　清光绪三十年(1904)刻本　‖　自贡(不全)

3072　**验方新编十八卷**
(清)鲍相璈编辑(清)张绍棠增辑　清刻本　‖　温江区

3073　**验方新编十八卷**
(清)鲍相璈编辑(清)张绍棠增辑　民国三年(1914)上海锦章图书局石印本　‖　温江区

3074　**验方新编十八卷**
(清)鲍相璈辑(清)张绍棠增辑　民国十四年(1925)上海启新书局石印本　‖　安州区(绵阳市)

3075　**验方新编十八卷选录验方新编勘误表一卷**
(清)鲍相璈辑(清)张绍棠增辑　民国二年(1913)成都昌福公司铅印本　‖　省图　川大

3076　**验方新编十六卷**
(清)鲍相璈编辑(清)鲍相璧校　清同治三年(1864)刻本　‖　成都(不全)

3077　**验方新编十六卷**
(清)鲍相璈编辑(清)鲍相璧校　清光绪七年(1881)刻本　‖　成都(不全)

3078　**验方新编十六卷**
(清)鲍相璈辑(清)张绍棠增辑　清光绪三十年(1904)大成会刻本　‖　成都　川大

3079　**验方新编十六卷目录一卷**
(清)鲍相璈编辑(清)鲍相璧校　清同治十三年(1875)春华堂刻本　‖　省图　新都区(不全)

3080　**验方新编十六卷目录一卷**
(清)鲍相璈编辑(清)鲍相璧校　清善成堂刻本　‖　省图

3081　**验方新编十六卷目录一卷末一卷**
(清)鲍相璈编辑(清)鲍相璧校　清宏道堂刻本　‖　省图

3082　**验方新编十六卷首一卷附痧症全书一卷验方续编一卷**
(清)鲍相璈辑(清)张绍棠增辑　清光绪三十年(1904)上海洽记书局石印本　‖　泸州

3083　**验方杂录不分卷**
□□撰　清光绪刻本　‖　省图

3084　**验方增辑二卷**
(清)黄钤增辑　清道光三十年(1850)刻本　‖　川大

3085 **验方纂要一卷附秘传汤火神妙方一卷**
(清)彭文友撰 清宣统元年(1909)崇善堂刻本 ‖ 省图

3086 **晏子春秋一卷**
(清)郝懿行撰 清光绪五年(1879)刻本 ‖ 省图

3087 **扬州水道记四卷**
(清)刘文淇撰 清道光十七年(1887)欲寡过斋刻同治十一年(1872)淮南书局补刻本 ‖ 西华师大

3088 **扬子江流域现势论不分卷**
(日本)林繁著 清光绪二十八年(1902)上海广智书局铅印本 ‖ 西华师大

3089 **阳明按索五卷**
(元)陈复心编 清刻本 ‖ 泸州

3090 **杨氏太素三部诊法补症一卷**
(隋)杨上善撰 廖平补证 民国四年(1915)成都存古书局刻新订六译馆丛书本 ‖ 省图

3091 **杨氏太素三部诊法补症一卷杨注太素九候篇诊法补证一卷**
(隋)杨上善注 廖平补证 民国四年(1915)成都存古书局刻新订六译馆丛书本 ‖ 省图

3092 **杨氏太素诊络篇补症三卷附诊络篇病表名词一卷**
(隋)杨上善撰注 廖平补证 民国三年(1914)存古书局刻本 ‖ 成都 三台

3093 **杨氏提纲四卷**
杨旭东辑(□)黄成章校订 抄本 ‖ 省图

3094 **杨西山失血大法一卷**
(清)杨凤庭撰(清)刘根文参订 民国守经堂刻本 ‖ 省图 温江区

3095 **疡痕备考二卷**
□□撰 清抄本 ‖ 省图 乐山

3096 **疡科临证心得集三卷附疡科心得集方汇三卷家用膏丹丸散方一卷**
(清)高秉钧纂辑(清)吴辰灿参订 清光绪二十七年(1901)无锡日升山房刻本 ‖ 省图 乐山

3097 **疡科临证心得集三卷景岳新方歌括一卷**
(清)高秉钧纂辑 & 景岳新方歌括一卷(清)高秉钧(清)吴辰灿等纂 民国石印本 ‖ 成都

3098 **疡科心得集**
(清)高秉钧纂辑 清光绪三十二年(1906)上海文瑞楼石印本 ‖ 南充

3099 **疡科选粹八卷**
(明)陈文治辑 清康熙四十六年(1707)刻本 ‖ 成都

3100 **疡医大全四十卷**
(清)顾世澄纂(清)钱之栢等校 清同治九年(1870)敦仁堂刻本 ‖ 省图 川大

3101 **疡医大全四十卷**
(清)顾世澄纂(清)钱之栢等校 民国六年(1917)章福记书局石印本 ‖ 泸州(不全) 南充

3102 **疡医大全四十卷**
(清)顾世澄纂(清)钱之栢等校 民国铅印本 ‖ 泸州(不全)

3103　疡医准绳六卷
(明)王肯堂辑　清九思堂刻本　‖　省图

3104　洋防辑要二十四卷
(清)严如熤辑　清道光十八年(1838)来鹿堂刻本　‖　成都

3105　洋防说略二卷
(清)徐桡荪著　清光绪十三年(1887)荆州府署敬事堂刻本　‖　川师大

3106　洋枪浅言一卷
(清)颜邦固撰　清光绪十一年(1885)上海江南机器制造总局刻本　‖　川大

3107　养病庸言一卷
(清)沈嘉澍撰　清光绪三年(1877)刻本　‖　省图

3108　养蚕法教科书不分卷
陈佶撰　民国八年(1919)四川省蚕务局铅印本　‖　省图

3109　养蜂讲义不分卷
策力蜂业研究社编　民国策力蜂业研究社石印本　‖　省图

3110　养蜂之法一卷
(英国)傅兰雅撰　清光绪石印本　‖　西华师大

3111　养鸽新法一卷
□□撰　民国抄本　‖　省图

3112　养生保命录一卷
史立庭撰　民国八年(1919)石印本　‖　南充　川大

3113　养豚学讲义不分卷
□□撰　民国二年(1913)蔚成公司铅印本　‖　省图

3114　尧典月令中星异同说一卷
陈观浔撰　民国铅印本　‖　川大

3115　药盦医案全集八卷
恽树珏注　民国二十五年(1936)民友印刷公司铅印本　‖　成都

3116　药品化义十三卷首一卷末一卷
(清)贾所学辑注 李延是补订　民国九年(1920)铅印本　‖　川大

3117　药品总目一卷本草万方针线八卷
(清)蔡烈先辑　民国二年(1913)上海鸿宝斋石印本　‖　川师大

3118　药物学不分卷
(法国)安和授 吴均衡译　民国石印本　‖　泸州

3119　药物学讲义二编
秦伯未撰 辛瑞锋等参订　民国秦氏同学会铅印本　‖　省图

3120　药物学一卷
吴光烈撰　民国十八年(1929)稿本　‖　成都

3121 **药物学一卷**
顾燮卿编辑 民国有记文华印字馆油印本 ‖ 成都

3122 **药性概要一卷**
李太占撰 民国抄本 ‖ 省图

3123 **药性简要三百首一卷**
(清)廖云溪撰 民国二年(1913)刻本 ‖ 省图 温江

3124 **药性通考八卷**
(清)刘汉基编 (清)黄以约参订(清)陈自新校 清道光二十九年(1849)刻本 ‖ 省图 安州区(绵阳市)

3125 **药性新参一卷**
熊勿盦辑 民国抄本 ‖ 省图

3126 **药性易知一卷**
中华书局编 民国十五年(1926)上海中华书局铅印本 ‖ 省图 新都区

3127 **药要便蒙二卷**
(清)徐成基编辑 民国抄本 ‖ 省图

3128 **药症忌宜一卷**
(清)陈澈编辑 清光绪十六年(1890)藏修书屋刻本 ‖ 成都

3129 **药症忌宜一卷**
(清)陈澈编辑 清刻本 ‖ 泸州

3130 **药治通义辑要二卷**
(日本)丹波元坚撰 民国二年(1913)四川成都存古书局刻本 ‖ 省图 川大

3131 **野菜博录三卷**
(明)鲍山撰 民国十一年(1922)新学会社石印本 ‖ 川大 西华师大

3132 **叶案疏症二卷**
(清)叶桂撰(清)李启贤编 民国二十六年(1937)上海求恒医社铅印本 ‖ 省图 川大 中医大

3133 **叶氏女科症治四卷**
(清)叶桂撰 民国石印本 ‖ 省图 成都

3134 **叶氏医案存真三卷附马氏医案并附祁氏王氏一卷**
(清)叶桂撰 叶万青编 & 马氏医案并附祁氏王氏一卷(清)马俶撰 清刻本 ‖ 川大

3135 **叶氏医案存真三卷附马氏医案并附祁氏王氏一卷**
(清)叶桂撰 叶万青编 & 马氏医案并附祁氏王氏一卷(清)马俶撰 民国上海千顷堂书局石印本 ‖ 川大

3136 **叶氏医衡二卷**
(清)叶桂撰 清同治十二年(1873)正古书屋刻本 ‖ 泸州

3137 **叶氏医衡二卷**
(清)叶桂撰 民国二十三年(1934)刻本 ‖ 省图

3138 **叶天士秘方一卷**
(清)叶桂撰 陆士谔编辑 民国十二年(1923)上海世界书局石印本 ‖ 省图

3139　**叶天士秘方一卷**
(清)叶桂撰 陆士谔编辑　民国十五年(1926)上海世界书局石印本　‖　省图

3140　**叶天士女科医案一卷**
(清)叶桂撰 陆士谔编辑　民国二十四年(1935)上海广文书局石印本　‖　省图 成都

3141　**叶天士女科证治秘方四卷**
(清)竹林寺僧撰　民国三年(1914)上海章福记书局石印本　‖　新都区 温江区

3142　**叶天士幼科医案一卷**
(清)叶桂撰 陆士谔编辑　民国十二年(1923)上海广文书局石印本　‖　省图

3143　**叶种德堂丹丸全录一卷**
(清)叶种德堂编　清同治五年(1866)刻本　‖　省图

3144　**叶种德堂丹丸全录一卷**
(清)叶种德堂编　清光绪刻本　‖　省图

3145　**一草亭全书四种**
(清)文永周编　清光绪二十年(1894)刻本　‖　省图

3146　**一壶天三卷**
(清)邓荣服著(清)杨体仁纂辑　民国十八年(1929)蜀北果州棠华石印局印本　‖　省图

3147　**一名雷火针一卷**
□□撰　清光绪四年(1878)刻本　‖　川大

3148　**伊尹汤液经六卷末一卷附录一卷**
(商)伊尹撰 (汉)张机论 杨师尹考次　民国三十七年(1948)刘氏一钱阁铅印本　‖　省图

3149　**医案初集一卷**
(清)程文囿注(清)程文畹等校　清光绪十七年刻本　‖　中医大

3150　**医案初集一卷**
□□撰　民国抄本　‖　省图

3151　**医案五卷**
(明)孙一奎辑　明万历刻本　‖　成都 川大

3152　**医案五卷**
(明)孙一奎撰　民国成都昌福公司铅印本　‖　郫都区(不全)

3153　**医碥七卷**
(清)何梦瑶辑　清同文堂刻本　‖　省图

3154　**医碥七卷**
(清)何梦瑶撰　清刻本　‖　省图

3155　**医碥七卷**
(清)何梦瑶辑　民国十一年(1922)上海千顷堂书局石印本　‖　省图 川大

3156　**医醇賸义四卷**
(清)费伯雄撰(清)费应兰编(清)费荣祖等校　清光绪三年(1877)刻本　‖　泸州 郫都区(不全) 川大

3157　**医醇賸义四卷**
(清)费伯雄撰(清)费应兰编(清)费荣祖等校　清光绪十四年(1888)上海扫叶山房刻本　‖　南充

3158　**医醇賸义四卷医方论四卷**
(清)费伯雄撰(清)费应兰编(清)费荣祖等校　清光绪三年(1877)重刻本　‖　省图

3159　**医醇賸义四卷医方论四卷**
(清)费伯雄撰(清)费应兰编(清)费荣祖等校　民国六年(1917)上海萃英书局石印本　‖　省图 成都 川大

3160　**医法圆通四卷**
(清)郑寿全编辑　清同治十三年(1874)成都刻本　‖　省图 成都 中医大

3161　**医法圆通四卷**
(清)郑寿全编辑　清光绪十三年(1887)刻本　‖　省图 安州区(绵阳市)

3162　**医法圆通四卷**
(清)郑寿全编辑　清光绪十七年(1891)宏道堂刻本　‖　泸州

3163　**医法圆通四卷**
(清)郑寿全编辑　清光绪二十九年(1903)刻本　‖　安州区(绵阳市) 川大

3164　**医法征验录二卷**
(清)李文庭注　清光绪二十年(1894)四川资州官廨刻本　‖　省图 成都 川大

3165　**医方备录一卷**
□□撰　民国抄本　‖　省图

3166　**医方辨难大成三集二百六卷首一卷**
□□撰　清刻本　‖　江油(不全) 川大(不全)

3167　**医方抄本**
□□撰　清抄本　‖　省图

3168　**医方丛话八卷**
(清)徐士銮辑　清光绪十五年(1889)津门徐氏蝶园刻本　‖　川大

3169　**医方汇编四卷首一卷**
(英国)梅滕更口译(清)刘廷桢笔述　清光绪二十八年(1902)上海商务印书馆铅印本　‖　川大

3170　**医方集解本草备要合编三种**
(清)汪昂撰　民国元年(1912)上海同文书局石印本　‖　省图

3171　**医方集解本草图说合刻二种**
(清)汪昂撰　民国章福记书局石印本　‖　南充南

3172　**医方集解二十一卷附一卷**
(清)汪昂撰　民国十一年(1922)刻本　‖　川大

3173　**医方集解三卷**
(清)汪昂撰　清光绪十三年(1887)鸿文书局石印本　‖　省图

3174　**医方集解三卷**
(清)汪昂撰　清刻本　‖　省图

3175　**医方简易二卷**
(清)虞仲伦述　周启明订　清同治十年(1871)刻本　‖　自贡

3176　**医方捷径指南二卷药性赋二卷**
(明)王宗显辑(明)钱允治校　清末正字山房刻本　‖　川大

3177　**医方捷径指南全书二卷**
(明)王宗显辑(明)钱允治校　清光绪十八年(1892)宝全堂刻本　‖　成都

3178　**医方捷径指南全书二卷**
(明)王宗显辑(明)钱允治校　清光绪刻本　‖　乐山 荣县

3179　**医方捷径指南全书二卷**
(明)王宗显辑(明)钱允治校　清刻本　‖　省图 成都 三台 新都区 郫都区 川大

3180　**医方捷径指南全书二卷**
(明)王宗显辑(明)钱允治校　民国四年(1915)刻本　‖　川大

3181　**医方捷径指南全书四卷**
(明)王宗显辑(明)钱允治校　清刻本　‖　郫都区

3182　**医方论三卷**
(清)柯琴撰　清抄本　‖　省图

3183　**医方论四卷**
(清)费伯雄撰(清)费应兰编(清)费荣祖等校　清光绪三年(1877)刻本　‖　南充 川大

3184　**医方论四卷**
(清)费伯雄撰(清)费应兰编(清)费荣祖等校　民国上海萃英书局石印本　‖　泸州 川大

3185　**医方脉诀一卷**
□□著　清抄本　‖　省图

3186　**医方汤头歌诀一卷保产机要一卷保生碎事一卷**
(清)汪昂辑 & 保产机要一卷保生碎事一卷(清)汪洪撰　清刻本　‖　省图

3187　**医方易简新编六卷**
(清)龚自璋汇辑　清咸丰六年(1856)正文堂刻本　‖　川大

3188　**医方易简新编六卷**
(清)龚自璋汇辑　清同治三年(1864)刻本　‖　川大

3189　**医方易简新编六卷**
(清)龚自璋汇辑　清同治四年(1865)许氏泸州刻本　‖　泸州

3190　**医方易简新编六卷**
(清)龚自璋汇辑　清同治十二年(1873)刻本　‖　川大

3191　**医方择要二卷**
(清)汪廷楷辑(清)李棪衔辑(清)周棣辑　清道光二十二年(1896)刻本　‖　雅安

3192　**医方择要续集二卷补遗一卷**
(清)文祥撰　清道光十六年(1836)刻本　‖　雅安

3193　**医疯经验奇方三卷**
(清)陈起荣撰　清同治十二年(1873)年刻本　‖　省图

3194　**医纲提要八卷**
(清)李宗源纂集论注　清光绪二十三年(1897)李光明庄刻本　‖　川大

3195　**医古文选评一卷**
张骥辑　民国刻本　‖　省图 成都 川师大

3196　**医官玄稿三卷**
(日本)望月三英撰　日本宝历三年(1753)苏领山刻本　‖　新都区

3197　**医贯砭二卷**
(清)徐大椿著(清)徐燨校　清乾隆半松斋刻徐氏医书六种本　‖　泸州 郫都区 川大

3198　**医贯砭二卷**
(清)徐大椿注(清)徐燨校　清刻本　‖　成都 郫都区

3199　**医贯辑要十二卷首一卷**
(清)秦大任编辑　清嘉庆刻本　‖　省图

3200　**医贯六卷**
(明)赵献可著(明)吕医山人评　清刻本　‖　省图 川大

3201　**医会纪要六卷**
胡秋帆著　民国八年(1919)刻本　‖　省图 中医大

3202　**医籍考八十卷**
(日本)丹波元胤撰　民国二十五年(1936)中西医药研究社影印无患室丛书本　‖　省图

3203　**医寄伏阴论二卷**
(清)田宗汉著　清光绪十四年(1888)汉川田氏刻本　‖　省图

3204　**医寄痰饮治效方三卷**
(清)田宗汉撰　清光绪二十八年(1902)汉川田氏刻本　‖　省图

3205　**医家四要四卷**
(清)江诚(清)雷大震等纂　清光绪十二年(1886)刻本　‖　成都 川大

3206　**医家四要四卷**
(清)江诚(清)雷大震等纂　民国上海千顷堂书局石印本　‖　省图 中医大

3207　**医家四要四卷**
(清)江诚(清)雷大震等纂　民国成都昌福公司铅印本　‖　省图 中医大

3208　**医经理解九卷**
(清)程知述　清顺治刻本　‖　省图

3209　**医经溯洄集一卷**
(元)王履注(明)吴勉学校　清光绪七年(1881)羊城云林阁刻医学十书本　‖　省图 泸州

3210　**医经原旨六卷**
(清)薛雪集注　清乾隆十九年(1754)薛氏扫叶庄刻本　‖　省图

3211 **医经原旨六卷**
(清)薛雪集注 清宣统元年(1909)同文会刻本 ‖ 川大

3212 **医经原旨六卷**
(清)薛雪集注 清重刻扫叶山庄本 ‖ 省图

3213 **医经原旨六卷**
(清)薛雪集注 清宁郡简香斋刻本 ‖ 省图 成都

3214 **医经原旨六卷**
(清)薛雪集注 民国十七年(1928)上海千顷堂书局石印本 ‖ 雅安

3215 **医经原旨十四卷**
(清)薛雪集注 清刻本 ‖ 省图 川大

3216 **医垒元戎一卷海藏癍论萃英一卷**
(元)王好古著(清)吴中珩校 & 海藏癍论萃英一卷(元)王好古著(明)吴勉学校 清光绪七年(1881)羊城云林阁刻医学十书本 ‖ 省图 泸州

3217 **医理大概约说一卷**
(清)刘沅撰(清)刘枳文辑 清光绪三十二年(1906)成都守经堂刻本 ‖ 省图 成都 川大 中医大

3218 **医理大概约说一卷**
(清)刘沅撰(清)刘枳文辑 清宣统三年(1911)绵竹槐荫书屋刻本 ‖ 省图

3219 **医理大概约说一卷附录一卷**
(清)刘沅撰(清)刘枳文辑 清光绪刻本 ‖ 省图

3220 **医理发明八卷**
(清)黄元吉辑 清春林堂刻本 ‖ 郫都区

3221 **医理汇精二卷**
(清)李培郁编辑 清同治十二年(1873)成蹊书屋刻本 ‖ 省图 成都

3222 **医理精髓三卷**
(唐)孙思邈撰 清光绪三十一年(1905)精宏书局铅印本 ‖ 省图

3223 **医理略述二卷**
(清)尹端模笔译 清光绪十八年(1892)刻本 ‖ 省图

3224 **医理略述二卷**
(清)尹端模笔译 清光绪二十四年(1898)铅印本 ‖ 西华师大

3225 **医理元枢七种附一种**
(清)朱音恬编辑 清四川文诚堂刻本 ‖ 省图

3226 **医理元枢药性全集一卷**
□□撰 民国抄本 ‖ 成都

3227 **医理真传四卷**
(清)郑寿全著(清)汪天经校正 清同治八年(1869)刻本 ‖ 省图 安州区(绵阳市)

3228　**医理真传四卷**
(清)郑寿全著(清)汪天经等校正　清同治十三年(1874)成都刻本　‖　省图 成都 犍为 中医大

3229　**医量一卷医案一卷**
陈无咎撰　民国上海铅印本　‖　省图

3230　**医林改错二卷**
(清)王清任撰(清)贾廷玉校　清道光五年(1825)刻本　‖　川大

3231　**医林改错二卷**
(清)王清任撰(清)贾廷玉校　清咸丰十年(1860)刻本　‖　省图

3232　**医林改错二卷**
(清)王清任撰(清)贾廷玉校　清光绪二十六年(1900)善成堂刻本　‖　泸州

3233　**医林改错二卷**
(清)王清任撰(清)贾廷玉校　清竹园刻本　‖　成都

3234　**医林改错二卷**
(清)王清任撰(清)贾廷玉校　清末刻本　‖　省图 崇州 安州区(绵阳市)

3235　**医林改错二卷**
(清)王清任撰(清)贾廷玉校　民国上海大成书局石印本　‖　温江区

3236　**医林改错二卷**
(清)王清任撰(清)贾廷玉校　民国上海广益书局石印本　‖　省图 成都

3237　**医林汇粹二卷**
王德庆撰　民国二十四年(1935)铅印本　‖　省图

3238　**医林人物剪影一卷**
文琢之主编　民国三十六年(1947)铅印本　‖　省图 成都

3239　**医林尚友录一卷**
章巨膺编　民国二十五年(1936)章巨膺医寓铅印本　‖　川大

3240　**医林枕秘保赤存真十卷**
(清)余含棻辑　清光绪二年(1876)刻本　‖　中医大

3241　**医林指月十二种**
(清)王琦辑　清乾隆三十二年(1767)宝笏楼刻本　‖　省图

3242　**医林指月十二种**
(清)王琦辑　清光绪二十二年(1896)上海图书集成印书局铅印本　‖　泸州 川大

3243　**医林纂要探源十卷附录一卷**
(清)汪绂辑(清)徐鋆校(清)吴大彬等校　清光绪二十三年(1897)江苏书局刻本　‖　省图 成都 泸州 川大 中医大

3244　**医录便览六卷首一卷**
(清)刘福庆撰(清)王夔勋编次　清光绪三十年(1904)刻本　‖　省图

3245　**医门棒喝二种**
(清)章楠编注　清同治六年(1867)聚文堂刻本　‖　省图 成都 川大

3246　**医门补要三卷采集先哲察生死秘法一卷**
(清)赵濂撰辑(清)马培之鉴　民国上海中医书局影印古本医学丛书本　‖　省图　川大

3247　**医门法律六卷尚论篇四卷首一卷**
(清)喻昌撰(清)陈守诚重梓　清刻本　‖　泸州

3248　**医门法律六卷尚论篇四卷首一卷**
(清)喻昌撰(清)陈守诚重梓　民国二十一年(1932)上海锦章图书局石印本　‖　中医大

3249　**医门法律六卷尚论篇四卷首一卷**
(清)喻昌撰(清)陈守诚重梓　民国上海江东书局石印本　‖　成都

3250　**医门法律六卷尚论篇四卷首一卷**
(清)喻昌撰(清)陈守诚重梓　民国上海广益书局石印本　‖　省图　雅安

3251　**医门法律六卷尚论篇四卷首一卷**
(清)喻昌撰(清)陈守诚重梓　民国简青斋书局石印本　‖　省图　南充

3252　**医门一字一卷**
(清)魏长春著　抄本　‖　省图

3253　**医门总诀二卷**
(清)唐永杰撰　清光绪九年(1883)刻本　‖　省图　川大

3254　**医人要法一卷**
□□撰　民国抄本　‖　省图

3255　**医师秘籍二卷**
(清)李言恭传　民国十四年(1925)刻本　‖　川大

3256　**医事蒙求一卷**
张寿颐撰　民国二十三年(1934)铅印本　‖　省图

3257　**医事蒙求一卷**
张寿颐撰　民国石印本　‖　省图

3258　**医事启源一卷**
(日本)今村亮撰　民国石印本　‖　成都

3259　**医书汇参辑成二十四卷**
(清)蔡宗玉纂辑(清)蔡绚校刊(清)蔡绶校刊　清道光十九年(1839)崇让堂刻本　‖　省图

3260　**医书捷抄七卷**
(清)王鸿骥编辑(清)马世儒参校　清宣统刻本　‖　省图

3261　**医书摘要本草类编五卷**
王昌基编集　清光绪抄本　‖　省图

3262　**医述八种医案二种**
(清)程文囿著　清光绪十七年(1891)刻本　‖　省图　川大

3263　**医说十卷续医说十卷**
(宋)张杲著 & 续医说十卷(明)俞弁著　清宣统三年(1911)上海文明书局铅印本　‖　省图　泸州

3264　**医文字学一卷**
李天根辑　民国二十七年(1938)铅印本　‖　省图

3265　**医无闾子医贯六卷**
(明)赵献可撰(明)薛三才订正(明)李梃详阅　清三多斋刻本　‖　省图

3266　**医效秘传三卷**
(清)叶桂撰(清)吴金寿校　清道光十一年(1831)刻本　‖　省图　成都　川大

3267　**医效秘传三卷**
(清)叶桂撰　(清)吴金寿校　清刻本　‖　成都　泸州

3268　**医效秘传三卷**
(清)叶桂撰　(清)吴金寿校　民国石印本　‖　省图　乐山　江油

3269　**医效秘传三卷**
(清)叶桂撰　(清)吴金寿校　民国抄本　‖　成都

3270　**医楔二卷**
张雨三初稿　民国二十四年(1935)太原成文斋铅印本　‖　川大

3271　**医心方三十卷**
(日本)丹波康赖撰　民国国学学校抄本　‖　犍为(不全)

3272　**医心方三十卷**
(日本)丹波康赖撰　民国影印本　‖　川博(不全)

3273　**医心方三十卷附札记**
(日本)丹波康赖撰　抄本　‖　川大

3274　**医学白话四卷**
(清)洪寿曼编　民国八年(1919)上海广益书局石印本　‖　省图　川大

3275　**医学辨正四卷**
(清)张学醇撰(清)张克元校订　清光绪刻本　‖　省图　中医大

3276　**医学辨正四卷**
(清)张学醇撰(清)张克元校订　民国九年(1920)补刻本　‖　川大

3277　**医学崇正七卷首一卷**
许宗正撰　民国四年(1915)刻本　‖　川大

3278　**医学崇正三卷**
(清)罗绥堂撰　清光绪二十二年(1896)裴江场三邑山刻本　‖　省图

3279　**医学初规十卷**
汪道荣撰　民国十六年(1927)石印本　‖　省图

3280　**医学初阶四种**
(清)严岳莲辑　清光绪宣统间渭南严氏刻民国十三年(1924)校补汇印本　‖　省图　川大

3281　**医学从众录八卷**
(清)陈念祖撰(清)陈元犀参订(清)陈心典(清)陈心兰校字　清道光二十五年(1845)刻本　‖　成都

3282　**医学从众录八卷**
(清)陈念祖撰(清)陈元犀参订(清)陈心典(清)陈心兰校字　清光绪二十一年(1895)刻本　‖　成都　温江区　郫都区

3283　**医学从众录八卷**
(清)陈念祖撰(清)陈元犀参订(清)陈心典(清)陈心兰校字　清聚元堂刻本　‖　川大

3284　**医学从众录八卷**
(清)陈念祖撰(清)陈元犀参订(清)陈心典(清)陈心兰校字　清南雅堂刻本　‖　三台　郫都区　川大

3285　**医学从众录八卷**
(清)陈念祖撰(清)陈元犀参订(清)陈心典(清)陈心兰校字　清福文堂刻本　‖　郫都区

3286　**医学从众录八卷**
(清)陈念祖撰(清)陈元犀参订(清)陈心典(清)陈心兰校字　民国上海锦章书局石印本　‖　泸州　安州区(绵阳市)　川博

3287　**医学丛书二十八种**
□□辑　民国石印本　‖　省图(不全)

3288　**医学读书记三卷续记一卷附静香楼医案一卷**
(清)尤怡撰(清)程梅龄等校订　清光绪十四年(1888)行素草堂刻本　‖　西华师大

3289　**医学读书记三卷续记一卷附静香楼医案一卷**
(清)尤怡撰(清)程梅龄等校订　民国上海文瑞楼石印本　‖　川大

3290　**医学读书记三卷续记一卷附静香楼医案一卷**
(清)尤怡撰(清)程梅龄等校订　民国成都昌福公司铅印本　‖　省图　川大　中医大

3291　**医学纲目四十卷**
(明)楼英撰　明嘉靖刻清抄补配本　‖　成都(不全)

3292　**医学贯通五卷**
杨清编撰　杨国俊等校　民国二十一年(1932)石印本　‖　省图

3293　**医学集成四卷**
(清)刘仕廉纂辑(清)李培郁校正(清)刘仕鹏等校　清同治十二年(1873)刻本　‖　省图　成都　南充

3294　**医学集成四卷**
(清)刘仕廉纂辑(清)李培郁校正(清)刘仕鹏等校　清刻本　‖　成都　自贡　泸州　三台　郫都区　川大

3295　**医学集成四卷**
(清)刘仕廉纂辑(清)李培郁校正(清)刘仕鹏等校　民国三年(1914)成都博文堂刻本　‖　成都　泸州　温江区　崇州　川大

3296　**医学集成四卷**
(清)刘仕廉纂辑(清)李培郁校正(清)刘仕鹏等校　民国十一年(1922)铅印本　‖　省图

3297　**医学集成四卷**
(清)刘仕廉纂辑(清)李培郁校正(清)刘仕鹏等校　民国成都昌福公司铅印本　‖　川大

3298　**医学辑要一卷**
(清)吴燡编　民国抄本　‖　省图

3299　**医学辑著解说十八卷**
曹荫南撰　民国十九年(1930)石印本　‖　温江区(不全)

3300　**医学见能四卷**
(清)唐宗海著　秦伯未批校　民国十八年(1929)上海中医书局石印谦斋医学丛书本　‖　省图　中医大

3301　**医学见能四卷**
(清)唐宗海著　秦伯未批校　民国二十三年(1934)国光印书局石印本　‖　省图

3302　**医学讲义二十一种**
恽树珏撰　民国油印本　‖　省图(不全)

3303　**医学捷要四卷**
(清)尹乐渠辑　清同治十年(1871)刻本　‖　川大

3304　**医学捷要四卷**
(清)尹乐渠辑　清光绪刻本　‖　省图

3305　**医学捷要四卷**
(清)尹乐渠辑　清刻本　‖　郫都区

3306　**医学金针八卷**
(清)陈念祖原本(清)潘霨增辑　清光绪四年(1878)敏德堂刻本　‖　省图　泸州(不全)　川大　中医大

3307　**医学金箴脉要全旨一卷**
朱丰坤编辑　清光绪三十四年(1908)石印本　‖　成都

3308　**医学津梁六卷**
(明)王肯堂撰(清)安昌源删补　民国上海孚华书局石印本　‖　川大

3309　**医学津梁六卷**
(明)王肯堂撰(清)安昌源删补　民国上海千顷堂书局石印本　‖　川大

3310　**医学精要八卷**
(清)黄岩撰　清同治六年(1867)刻本　‖　川大

3311　**医学考辨十二卷**
(清)罗绍芳纂辑(清)罗文溥编次　清咸丰五年(1855)罗氏粹白斋刻本　‖　省图　郫都区(不全)　川大(不全)

3312　**医学六种**
(清)姜国伊撰　民国二十年(1931)刻本　‖　成都

3313　**医学门径语一卷继编一卷**
陈邦贤　万钟撰　民国铅印本　‖　省图

3314　**医学南针二卷**
陆士谔编　民国十三年(1924)世界书局石印本　‖　中医大

3315　**医学南针十卷续集六卷**
陆士谔编　民国十三年(1924)至十七年(1928)世界书局石印本　‖　省图

3316　**医学南针续集六编**
陆士谔撰　民国十四年(1925)世界书局石印本　‖　成都

3317　**医学篇八卷**
(清)曾懿撰　清光绪三十三年(1907)长沙刻本　‖　省图　成都

3318　医学启蒙汇编六卷
(清)翟良纂(清)翟文楠参补(清)李聚和参补　清文盛堂刻本　‖　省图　中医大

3319　医学切要七种
(清)王锡鑫编辑　清光绪八年(1882)刻本　‖　省图　中医大

3320　医学切要全集六种
(清)王锡鑫编辑　清道光二十七年(1847)善成堂刻本　‖　崇州

3321　医学切要一卷
(清)王锡鑫选辑　清道光二十七年(1847)刻本　‖　省图

3322　医学切要一卷附医学一统一卷
(清)王锡鑫选辑　清道光二十七年(1847)刻本　‖　省图

3323　医学全书九卷
(清)刘常彦纂　清光绪五年(1879)刻本　‖　省图

3324　医学入门二卷
周本一辑　清宣统二年(1910)铅印本　‖　江油

3325　医学入门二卷
周本一辑　民国二十年(1931)铅印本　‖　省图

3326　医学入门六卷
(清)李梴编注　清乾隆四年(1739)刻本　‖　江油

3327　医学入门内集二卷附一卷外集五卷首一卷
(清)李梴编注　民国上海锦章图书局石印本　‖　省图

3328　医学三字经二卷
(清)陈念祖撰(清)陈元犀等校　民国抄本　‖　成都

3329　医学三字经二卷附五种
(清)陈念祖撰(清)陈元犀等校　民国二十二年(1933)刻本　‖　省图

3330　医学三字经六卷
(清)陈念祖撰(清)陈元犀等校　清成都刻本　‖　广汉　安州区(绵阳市)

3331　医学三字经四卷
(清)陈念祖撰(清)陈元犀等校　清嘉庆九年(1804)刻本　‖　绵竹(不全)

3332　医学三字经四卷
(清)陈念祖撰(清)陈元犀等校　清光绪八年(1882)仿南雅书屋刻本　‖　安州区(绵阳市)

3333　医学三字经四卷
(清)陈念祖撰(清)陈元犀等校　清光绪十三年(1887)仿南雅书屋刻本　‖　温江区　郫都区

3334　医学三字经四卷
(清)陈念祖撰(清)陈元犀等校　清光绪十三年(1887)多文会刻本　‖　川大

3335　医学三字经四卷
(清)陈念祖撰(清)陈元犀等校　清光绪十六年(1890)刻本　‖　郫都区(不全)

3336　**医学三字经四卷**
(清)陈念祖撰(清)陈元犀等校　清渝郡乐取堂刻本　‖　崇州

3337　**医学三字经四卷**
(清)陈念祖撰(清)陈元犀等校　清巴川文渊阁刻本　‖　泸州

3338　**医学三字经四卷**
(清)陈念祖撰(清)陈元犀等校　清宏道堂刻本　‖　泸州

3339　**医学三字经四卷**
(清)陈念祖撰(清)陈元犀等校　清刻本　‖　成都 郫都区 崇州 川大

3340　**医学三字经四卷**
(清)陈念祖撰(清)陈元犀等校　民国八年(1919)上海锦章图书局石印本　‖　省图 成都 自贡 泸州 江油 安州区(绵阳市)

3341　**医学三字经四卷**
(清)陈念祖撰(清)陈元犀等校　民国上海广益书局石印本　‖　自贡

3342　**医学三字经四卷**
(清)陈念祖撰(清)陈元犀等校　民国上海大成书局石印本　‖　郫都区

3343　**医学十书十种附二种**
(清)陈璞编　清光绪七年(1881)羊城云林阁刻本　‖　成都 川大

3344　**医学十书十种附二种**
(清)陈璞编　清光绪七年(1881)石印本　‖　川大

3345　**医学实在易八卷**
(清)陈念祖撰(清)陈元犀参订(清)陈心典(清)陈心兰校字　清光绪十五年(1889)刻本　‖　三台

3346　**医学实在易八卷**
(清)陈念祖撰(清)陈元犀参订(清)陈心典(清)陈心兰校字　清光绪二十四年(1898)聚文书局刻本　‖　成都 温江区

3347　**医学实在易八卷**
(清)陈念祖撰(清)陈元犀参订(清)陈心典(清)陈心兰校字　清光绪二十四年(1898)多文会刻本　‖　郫都区

3348　**医学实在易八卷**
(清)陈念祖撰(清)陈元犀参订(清)陈心典(清)陈心兰校字　清光绪三十四年(1908)上海章福记书局石印本　‖　泸州 绵竹

3349　**医学实在易八卷**
(清)陈念祖撰(清)陈元犀参订(清)陈心典(清)陈心兰校字　清光绪敦厚堂刻本　‖　西南交大

3350　**医学实在易八卷**
(清)陈念祖撰(清)陈元犀参订(清)陈心典(清)陈心兰校字　清刻本　‖　郫都区 川大

3351　**医学实在易八卷**
(清)陈念祖撰(清)陈元犀参订(清)陈心典(清)陈心兰校字　清友文会刻本　‖　郫都区

3352　**医学实在易八卷**
(清)陈念祖撰(清)陈元犀参订(清)陈心典(清)陈心兰校字　民国上海锦章书局石印本　‖　泸州 安州区(绵阳市) 川博(不全)

3353　**医学实在易八卷**
(清)陈念祖撰(清)陈元犀参订(清)陈心典(清)陈心兰校字　民国影印本　‖　江油

3354　**医学实在易诗续不分卷**
仲屏口诵　民国抄本　‖　犍为

3355　**医学史不分卷**
李子俊辑　民国四川高等国医学校石印本　‖　省图

3356　**医学史纲要一卷**
徐庶遥增编　民国铅印本　‖　成都

3357　**医学史三卷**
孙永祚编　民国油印本　‖　省图

3358　**医学探源六卷**
陈鼎三辑著　民国三十一年(1942)石印本　‖　省图

3359　**医学问难一卷**
范烈光编　民国成都文华印字馆铅印本　‖　省图

3360　**医学五则五种**
(清)廖云溪辑　清光绪十三年(1887)刻本　‖　省图　江油

3361　**医学五则五种**
(清)廖云溪辑　清光绪三十三年(1907)刻本　‖　崇州

3362　**医学五则五种**
(清)廖云溪辑　清光绪兴发堂刻本　‖　川博

3363　**医学五则五种**
(清)廖云溪辑　民国四年(1915)成都三府会刻本　‖　成都　泸州　川大

3364　**医学五种**
(清)张子培(清)唐宗海等著　民国上海锦章书局石印本　‖　泸州　川博

3365　**医学心悟六卷**
(清)程国彭撰　清光绪六年(1880)扫叶山房刻本　‖　川大

3366　**医学心悟六卷**
(清)程国彭撰　清光绪二十一年(1895)学库山房刻光绪二十八年(1902)重校本　‖　川大

3367　**医学心悟六卷**
(清)程国彭撰　民国上海锦章图书局石印本　‖　省图　自贡　安州区(绵阳市)

3368　**医学心悟六卷**
(清)程国彭撰　民国上海广益书局石印本　‖　省图

3369　**医学心悟五卷附华佗外科十法一卷**
(清)程国彭撰　民国上海铸记书局石印本　‖　安州区(绵阳市)

3370　**医学心悟五卷附华佗外科十法一卷**
(清)程国彭撰　清光绪三十四年(1908)渝城善成书庄刻本　‖　省图　安州区(绵阳市)

3371　**医学一见能一卷**
(清)唐宗海著　清光绪刻本　‖　省图

3372　**医学一卷**
(清)江标辑　清光绪二十八年(1902)石印本　‖　西华师大

3373　**医学易读三种**
(清)王锡鑫著　清刻本　‖　省图

3374　**医学引端二卷**
王永鉴著　民国二十五年(1936)石印本　‖　省图

3375　**医学引深录二卷**
何仲皋撰　民国四川高等国医学校社铅印本　‖　省图

3376　**医学源流论二卷**
(清)徐大椿撰　清乾隆二十二年(1757)半松斋刻本　‖　成都　泸州　温江区　郫都区

3377　**医学摘粹六种**
(清)庆恕辑　清光绪刻本　‖　省图

3378　**医学真传二卷附陈氏医案一卷**
(清)高世栻著(清)王嘉嗣述(清)曹增美述 & 陈氏医案一卷(清)陈念祖著　清光绪三十二年(1906)成都刻本　‖　省图

3379　**医学真传一卷**
(清)高世栻著(清)王嘉嗣　曹增美等述　民国抄本　‖　省图

3380　**医学真宗五卷**
(清)李奎元著(清)李善成参订　清光绪三十一年(1905)汉安刻本　‖　泸州

3381　**医学正传八卷**
(明)虞抟编集　民国上海会文堂书局石印本　‖　省图　泸州　川大

3382　**医学正旨三卷**
蒲悉生著　民国八年(1919)活字本　‖　省图

3383　**医学指归二卷首一卷**
(清)赵术堂辑　清同治元年(1862)刻本　‖　省图

3384　**医学指南四卷**
(清)刘仕廉辑　民国益新书局石印本　‖　省图

3385　**医学衷中参西录第七期四卷**
张锡纯注　张荫潮汇订　张铭盛等参订　李宝稣等参校　民国抄本　‖　省图

3386　**医学衷中参西录医方歌括三卷**
李启元编　民国二十年(1931)铅印本　‖　省图

3387　**医学总论一卷附录一卷**
(清)陆汝衔著 & 附录一卷　(清)钱保塘辑　清光绪二十一年(1895)钱保塘什邡刻本　‖　省图　中医大

3388　**医验录初集二卷**
(清)吴楚注　清抄本　‖　省图

3389　**医验录初集二卷二集三卷首一卷**
(清)吴楚注　清咸丰三年(1853)刻本　‖　省图　川大

3390　**医药家枢六卷**
(清)王铨著　清光绪王氏文莫室刻本　‖　省图　川大

3391　**医原三卷附医学举要六卷**
(清)石寿棠撰　清光绪十七年(1891)铅印本　‖　川大

3392　**医约四卷附死候概要一卷**
(清)程芝田著　龚香圃补略 & 死候概要一卷　龚香圃述　民国十九年(1930)六一草堂铅印本　‖　省图　川大

3393　**医旨绪余二卷**
(明)孙一奎著辑　明刻本　‖　川大

3394　**医中百误歌诀一卷**
(清)陈鹤君著　清光绪铅印本　‖　省图

3395　**医宗宝镜五卷**
(清)邓复旦撰　民国上海锦章图书局石印本　‖　省图

3396　**医宗备要三卷**
(清)曾鼎撰　清同治八年(1870)崇文书局刻本　‖　省图　中医大

3397　**医宗必读十卷**
(明)李中梓撰　清光绪三十二年(1906)善成堂刻本　‖　川大

3398　**医宗必读十卷**
(明)李中梓撰　清光绪扫叶山房石印本　‖　南充

3399　**医宗必读十卷**
(明)李中梓撰　清藻思堂刻本　‖　川师大

3400　**医宗必读十卷**
(明)李中梓撰　清宏道堂刻本　‖　成都　川大

3401　**医宗金鉴六十卷**
(清)钱斗保等撰　清光绪刻本　‖　南充(不全)

3402　**医宗金鉴七十四卷**
(清)吴谦等纂　清光绪启新书局石印本　‖　成都(不全)　南充

3403　**医宗金鉴三种**
(清)吴谦纂　民国铅印本　‖　江油

3404　**医宗金鉴十五种**
(清)吴谦(清)刘裕铎总修　民国上海锦章书局石印本　‖　成都(不全)

3405　**医宗金鉴外科十六卷**
(清)吴谦等纂　清光绪刻本　‖　省图

3406　**医宗金鉴外科十六卷**
(清)吴谦等纂　民国八年(1919)上海广益书局石印本　‖　成都(不全)

3407　**医宗金鉴外科十六卷**
(清)吴谦等纂　民国上海锦章图书局石印本　‖　成都(不全)

3408　**医宗说约六卷**
(清)蒋士吉纂述　清藜照书屋刻本　‖　郫都区

3409　**医宗说约六卷**
(清)蒋士吉纂述　清末石印本　‖　泸州(不全)

3410　**医宗说约六卷**
(清)蒋士吉纂述　民国上海广益书局石印本　‖　省图

3411　**医宗说约六卷**
(清)蒋士吉纂述　民国铸记书局石印本　‖　南充

3412　**医宗说约六卷**
(清)蒋士吉纂述　民国上海锦章图书局石印本　‖　川大

3413　**颐身集**
(元)邱处机等注　清咸丰二年(1852)广东抚署刻本　‖　川大

3414　**乙巳占十卷**
(唐)李淳风撰　清光绪二年(1876)吴兴陆氏十万卷楼刻本　‖　泸州

3415　**艺学采新一卷**
(美国)卜舫济撰(英国)傅兰雅辑　清光绪石印本　‖　西华师大

3416　**艺学统纂八十八卷**
(清)马建忠辑　清光绪二十八年(1902)上海文林石印本　‖　泸州

3417　**异授眼科一卷**
□□撰　(清)江灏勤　(清)杨士楷校　清光绪三年(1877)刻本　‖　省图

3418　**易筋经二卷**
(西竺)释达摩撰(唐)释般刺密帝译　清光绪刻本　‖　省图

3419　**易筋经二卷**
(西竺)释达摩撰(唐)释般刺密帝译　傅金钰校正　抄本　‖　省图

3420　**易筋经二卷洗髓经一卷**
(西竺)释达摩撰(唐)释般刺密帝译　清末刻本　‖　成都

3421　**易筋经义一卷附录一卷**
□□撰　抄本　‖　川大

3422　**易通变四十卷**
(宋)张行成撰　民国二十四年(1935)上海商务印书馆影印本　‖　西南交大

3423　**艺林伐山十二卷**
(明)杨慎撰(清)李调元校定　清刻本　‖　江油

3424　**疫喉浅论二卷**
(清)夏春农撰　民国元年(1912)耕心山房朱氏石印本　‖　川大

3425　**疫喉浅论二卷补遗一卷附新补会厌论一卷**
(清)夏云著　民国二年(1913)耕心山房朱氏铅印本　‖　省图

3426　**疫喉证治一卷**
黄勋夷辑　民国二十年(1931)成都河洛印刷局石印本　‖　川大

3427　**疫痉家庭自疗集二卷**
严云著　徐亦仁等校　民国二十一年(1932)上海国光印书局铅印本　‖　省图

3428　**疫痧二症合编三种**
(明)吴有性撰(清)刘奎订正　清道光二十六年(1846)九皇宫刻本　‖　省图

3429　**疫证集说四卷补遗一卷**
余德埙编　清宣统三年(1911)铅印本　‖　省图

3430　**益古演段三卷**
(元)李冶撰　(清)黄宗宪校　清同治十二年(1873)重刻本　‖　泸州　安州区(绵阳市)

3431　**疡科心得集四卷附家用膏丹丸散方一卷景岳新方歌括一卷**
(清)高秉钧纂辑　民国上海鸿章书局石印本　‖　省图

3432　**疡医大全四十卷**
(清)顾世澄纂(清)钱之栢等校　清光绪二十年(1894)刻本　‖　川大

3433　**意大利蚕书一卷附图一卷**
(意大利)丹吐鲁撰(英国)傅兰雅口译(清)汪振声笔述(清)赵元益校录　清光绪二十四年(1898)江南制造局刻本　‖　省图　川大

3434　**翼梅八卷**
(清)江永著　清光绪七年(1881)群玉山房刻本　‖　省图　川大

3435　**阴证略例不分卷附医经正本书一卷**
(元)王好古撰 & 医经正本书一卷(宋)程迥撰　清光绪五年(1879)吴兴陆氏十万卷楼刻本　‖　泸州　川大

3436　**殷历谱十四卷**
董作宾撰　民国三十四年(1945)国立"中央研究院"历史语言所石印本　‖　川博

3437　**银海精微二卷**
(唐)孙思邈辑(清)周亮节校正(清)龚云林编定　民国十年(1921)上海锦章图书局石印本　‖　南充

3438　**银海精微二卷**
(唐)孙思邈辑(清)周亮节校正(清)龚云林编定 陈滋评　民国十九年(1930)上海千顷堂书局石印本　‖　川大

3439　**银海精微二卷**
(唐)孙思邈辑(清)周亮节校正(清)龚云林编定　民国上海锦章图书局石印本　‖　省图　泸州

3440　**银海精微二卷**
(唐)孙思邈辑(清)周亮节校正(清)龚云林编定　民国上海广益书局影印本　‖　省图

3441　**银海精微四卷**
(唐)孙思邈辑(清)周亮节校正(清)龚云林编定　清同治九年(1870)文德堂刻本　‖　川师大

3442 **银海精微四卷**
(唐)孙思邈辑(清)周亮节校正(清)龚云林编定　清刻本　‖　南充　川大

3443 **银海指南四卷**
(清)顾锡撰(清)殳芬(清)张畹(清)顾庆(清)顾师渔校(清)汪翰校阅　民国上海文华书局石印本　‖　省图　自贡

3444 **引痘方书一卷**
(清)邱熺辑　清同治七年(1868)留云仙馆刻本　‖　省图

3445 **引痘略一卷**
(清)邱熺辑　清刻本　‖　中医大

3446 **引痘略一卷附十药神书批注一卷喉痧正的一卷医家心法一卷易氏医案一卷**
(清)邱熺撰 & 十药神书批注一卷(元)葛可久编(清)陈念祖注(清)林寿萱韵 & 喉痧正的一卷(清)曹心怡撰 & 医家心法一卷(清)高鼓峰著(清)胡珏评 & 易氏医案一卷(明)易大艮录　民国上海锦章书局石印本　‖　成都　泸州

3447 **饮膳正要三卷**
(元)忽思慧撰　民国二十三年(1934)上海商务印书馆影印本　‖　西华师大　西南交大

3448 **饮食卫生学一卷**
(日本)山田幸太郎原译(清)罗振常重译　清光绪二十九年(1903)教育世界出版所铅印本　‖　西南民大

3449 **饮馔服食谱一卷**
□□辑　民国十八年(1929)上海千顷堂书局石印本　‖　川大

3450 **印写新法一卷**
(英国)傅兰雅辑　清光绪石印本　‖　西华师大

3451 **英国定准军药书四卷附编二卷附表一卷**
(清)舒高第译(清)汪振声述　清光绪江南制造总局刻本　‖　川大

3452 **英国铸钱说一卷**
(英国)傅兰雅撰　清光绪石印本　‖　西华师大

3453 **婴孩护病学一卷**
DR. E. ROWLEY撰　民国二十九年(1940)上海广协书局铅印本　‖　省图　川大

3454 **婴童百问十卷**
(明)鲁伯嗣撰(明)熊宗立校(明)王肯堂订　清刻本　‖　省图　成都

3455 **营城揭要二卷**
(英国)储意比撰(英国)傅兰雅口译(清)徐寿笔述　清光绪江南制造总局刻本　‖　新都区(不全)　川大

3456 **营工要览四卷**
(英国)武备工程课则(英国)傅兰雅　(清)汪振声同译　清光绪江南制造总局石印本　‖　省图　川大

3457 **营垒图说一卷**
(比利时)伯里牙芒著(美国)金楷理口译　清光绪江南制造总局石印本　‖　川大

3458 **营卫运行补证一卷**
(隋)杨上善撰　廖平补正　民国三年(1914)成都存古书局刻本　‖　南充　三台

3459 **营造法式三十四卷**
(宋)李诫撰　民国八年(1919)石印本　‖　省图　川大

3460 **颖川心法汇编一卷**
(清)陈炳泰著　清光绪十九年(1893)刻本　‖　省图

3461 **影戏灯说一卷**
(英国)傅兰雅撰　清光绪石印本　‖　西华师大

3462 **影印古本医学丛书第七集**
上海中医书局编　民国上海中医书局影印本　‖　省图

3463 **影印古本医学丛书十种**
钱季寅辑　民国十九年至二十年(1930—1931)上海中医书局影印本　‖　成都

3464 **影印古本医学丛书五种**
钱季寅辑　民国十九年(1930)上海中医书局影印本　‖　省图　中医大

3465 **应验简便良方二卷**
(清)孙克任编　清光绪刻本　‖　省图

3466 **应验奇方二卷**
□□撰　民国抄本　‖　成都

3467 **应验药方一卷**
□□撰　清抄本　‖　省图

3468 **永年历不分卷**
刘扬艇撰　民国二十三年(1934)油印本　‖　川博

3469 **甬上水利志六卷**
(清)周道遵考述　民国二十四年(1935)四明张氏约园刻本　‖　西华师大

3470 **用之有益医方五卷**
□□撰　民国抄本　‖　省图

3471 **尤氏喉科一卷附方一卷种痘心法一卷种痘指掌一卷**
(清)尤乘撰 & 种痘心法一卷种痘指掌一卷　(清)朱奕梁撰　民国九年(1920)上海博古斋影印借月山房汇抄本　‖　西南民大

3472 **幼科法戒录一卷**
刘恕撰　民国十九年(1930)铅印本　‖　省图

3473 **幼科切要一卷**
(清)王锡鑫编辑　清道光二十七年(1847)重庆刻本　‖　成都

3474 **幼科铁镜二卷**
(清)夏鼎撰(清)夏铎等参　民国元年(1912)上海校经山房石印本　‖　省图

3475 **幼科铁镜二卷**
(清)夏鼎撰(清)夏铎等参　民国六年(1917)上海章福记书局石印本　‖　南充

3476　**幼科铁镜六卷**
(清)夏鼎撰(清)夏铎等参　清光绪二十一年(1895)贵池刘氏唐石簃刻本　‖　川大

3477　**幼科铁镜六卷**
(清)夏鼎撰(清)夏铎等参　清宣统元年(1909)土山湾慈母堂铅印本　‖　川大

3478　**幼科铁镜六卷**
(清)夏鼎撰(清)夏铎等参　清登云堂刻本　‖　省图　乐山

3479　**幼科铁镜六卷**
(清)夏鼎撰(清)夏铎等参　清天德堂刻本　‖　省图

3480　**幼科铁镜六卷**
(清)夏鼎撰(清)夏铎等参　清大道堂刻本　‖　省图

3481　**幼科推拿法二卷**
(清)张韶九辑　清光绪十八年(1892)合浦官廨刻本　‖　省图

3482　**幼科医学指南四卷**
(清)周震撰(清)吴恒等校　清刻本　‖　省图

3483　**幼科医学指南四卷**
(清)周震撰(清)吴恒等校　民国上海千顷堂书局石印本　‖　川大

3484　**幼科准绳九卷**
(明)王肯堂辑　清光绪十八年(1892)上海图书集成印书局铅印本　‖

3485　**幼童卫生编一卷**
(英国)傅兰雅译　清光绪二十年(1894)上海格致书室铅印本　‖　川大

3486　**幼幼合编二卷**
(清)石璧辑　清咸丰六年(1856)刻本　‖　省图　乐山

3487　**幼幼集成六卷**
(清)陈复正辑(清)刘一勤校(清)周宗颐参　籽黄居士评点　清光绪十八年(1892)漑棠轩刻本　‖　泸州

3488　**幼幼集成六卷**
(清)陈复正辑(清)刘一勤校(清)周宗颐参　籽黄居士评点　清光绪三十四年(1808)汉文堂刻本　‖　川大

3489　**幼幼集成六卷**
(清)陈复正辑(清)刘一勤校(清)周宗颐参　籽黄居士评点　清紫荑仙馆重刻本　‖　省图

3490　**余注伤寒论翼四卷**
(清)柯琴著　能静居士评阅　清光绪十九年(1893)刻本　‖　川大

3491　**鱼雷图说九卷首一卷**
(清)黎晋贤绘纂　清光绪二十六年(1900)石印本　‖　西华师大

3492　**俞天池先生痧痘集解六卷**
(清)俞茂鲲集解　清光绪二年(1875)刻本　‖　川大

3493　**渔业历史一卷**
沈同芳撰　清宣统三年(1911)铅印本　‖　泸州

3494　**舆地测绘学一卷**
(清)丁震撰　清光绪二十八年(1902)石印本　‖　西华师大

3495　**玉函经三卷**
(唐)杜光庭撰(宋)崔嘉彦注(清)程林校　清初刻本　‖　省图

3496　**玉机微义五十卷**
(明)徐用诚撰(明)刘纯续增　日本宽文四年(1664)刻清末民初上海乐善堂刻本　‖　川大

3497　**玉楸药解八卷**
(清)黄元御撰　(清)徐树铭校　清咸丰十年(1866)刻本　‖　成都　泸州

3498　**聿修堂医学丛书十三种**
(日本)丹波元简等撰　(清)杨守敬辑　清光绪十年(1885)青云堂刻本　‖　川大

3499　**聿修堂医学丛书十三种**
(日本)丹波元简等撰　(清)杨守敬辑　日本宽政(1789)至嘉永四年(1851)刻清光绪十年(1884)杨守敬汇刻本　‖　省图

3500　**聿修堂医学丛书十三种**
(日本)丹波元简等撰　(清)杨守敬辑　民国二十四年(1935)上海中医书局印聿修堂医学丛书十三种本　‖　省图　成都　川师大

3501　**郁谢麻科合璧一卷**
(清)杨开泰汇辑(清)谢元瀛校订　清宣统三年(1911)文伦书局铅印本　‖　省图

3502　**郁谢麻科合璧一卷**
(清)杨开泰汇辑(清)谢元瀛校订　清刻本　‖　成都

3503　**郁谢麻科合璧一卷**
(清)杨开泰汇辑(清)谢元瀛校订　民国五年(1916)垫江刻本　‖　省图

3504　**郁谢麻科合璧一卷**
(清)杨开泰汇辑(清)谢元瀛校订　民国十九年(1930)石印本　‖　省图

3505　**郁谢麻科合璧一卷**
(清)杨开泰汇辑(清)谢元瀛校订　民国三十四年(1945)四川富顺石印本　‖　泸州

3506　**育蚕新法答问一卷**
张景旭辑　清光绪刻本　‖　省图

3507　**育麟全书十二章**
惟一子撰　民国十年(1921)铅印本　‖　川大

3508　**喻氏医书三种**
(清)喻昌撰　清竹秀山房刻本　‖　省图　安州区(绵阳市)　川大

3509　**喻氏医书三种**
(清)喻昌撰　清刻本　‖　省图　泸州(不全)

3510　**喻氏医书三种**
(清)喻昌撰　民国二十一年(1932)上海锦章图书局石印本　‖　省图

3511　喻氏医书三种
(清)喻昌撰　民国二十四年(1935)上海扫叶山房机器造书局石印本　‖　泸州

3512　喻氏医书三种
(清)喻昌撰　民国简青斋石印本　‖　安岳

3513　御风要术三卷
(英国)白尔特撰 (美国)金楷理口译 (清)华蘅芳笔述　清光绪江南制造总局刻本　‖　川大

3514　御医曹沧洲医案秘本二卷
曹沧洲撰　屠锡淇汇编　奚缵黄选录　民国十三年(1924)江左书林石印本　‖　省图

3515　御制耕织图一卷
(清)焦秉贞绘　(清)圣祖玄烨题诗　清光绪二十九年(1903)北洋官报局石印本　‖　省图

3516　御制耕织图一卷
(清)焦秉贞绘　(清)圣祖玄烨题诗　清刻本　‖　省图

3517　御制历象考成二十六卷
(清)允禄等编纂　清光绪二十一年(1895)湖北官书处刻本　‖　川师大　西南交大

3518　御制历象考成二十六卷
(清)允禄等编纂　清光绪二十三年(1897)双梧书屋石印本　‖　省图

3519　御制历象考成二十六卷
(清)允禄等编纂　清光绪二十四年(1898)湖北富强斋石印本　‖　省图

3520　御制历象考成二十六卷
(清)允禄等编纂　清光绪刻本　‖　省图

3521　御制历象考成后编十卷
(清)允禄等编纂　清光绪二十二年(1896)刻本　‖　成都

3522　御制历象考成后编十卷
(清)允禄等编纂　清光绪二十四年(1898)富强斋石印本　‖　省图

3523　御制历象考成上编十六卷下编十卷表十六卷
(清)允禄等编纂　清光绪二十一年(1895)湖北官书处刻本　‖　泸州(不全)新都区(不全)

3524　御制数理精蕴表八卷
(清)圣祖玄烨撰　清光绪江宁刻本　‖　省图(不全)

3525　御制数理精蕴几何原本十二卷
(清)圣祖玄烨撰　清光绪江南制造总局铅印本　‖　省图

3526　御制数理精蕴五十三卷
(清)圣祖玄烨撰　清光绪八年(1882)广东藩司刻本　‖　省图　成都　川师大

3527　御制数理精蕴五十三卷
(清)圣祖玄烨撰　清光绪八年(1882)江宁藩署刻本　‖　省图　安岳　西南交大

3528　御制数理精蕴五十三卷
(清)圣祖玄烨撰　清光绪八年(1882)上海大书同局石印本　‖　省图　新都区

3529　**御制数理精蕴五十三卷**
(清)圣祖玄烨撰　清光绪十四年(1888)上海慎记书局石印本　‖　新都区

3530　**御制数理精蕴五十三卷**
(清)圣祖玄烨撰　清光绪二十二年(1896)上海博文书局石印本　‖　省图

3531　**御制数理精蕴五十三卷**
(清)圣祖玄烨撰　清刻本　‖　川大

3532　**御制数理精蕴五十三卷**
(清)圣祖玄烨撰　民国铅印本　‖　泸州

3533　**御纂三十六舌金镜录一卷**
(清)太医院校正　清文林堂刻本　‖　省图

3534　**御纂医宗金鉴六十卷附首一卷编辑外科心法要诀十六卷首一卷御纂医宗金鉴续编十四卷首一卷**
(清)吴谦等撰　清光绪二年(1876)江西书局刻本　‖　省图 成都 川大

3535　**御纂医宗金鉴六十卷首一卷附编辑外科心法要诀十六卷首一卷御纂医宗金鉴续编十四卷首一卷**
(清)吴谦等撰　清光绪九年(1883)上海刻本　‖　川大

3536　**御纂医宗金鉴十五种**
(清)吴谦等纂　清光绪二十九年(1903)上海飞鸿阁刻本　‖　成都(不全)

3537　**御纂医宗金鉴十五种**
(清)吴谦等撰　清光绪三十二年(1906)上海商务印书馆铅印本　‖　省图 成都 泸州

3538　**御纂医宗金鉴十五种**
(清)吴谦等撰　清宣统元年(1909)上海章福记石印本　‖　成都 新都区

3539　**御纂医宗金鉴十五种**
(清)吴谦等撰　清末刻本　‖　省图 成都 泸州(不全) 新都 崇州 安州区(绵阳市)

3540　**御纂医宗金鉴十五种**
(清)吴谦等撰　民国十八年(1929)上海鸿宝斋石印本　‖　省图 成都 江油 崇州 安州区(绵阳市)

3541　**御纂医宗金鉴十五种**
(清)吴谦等撰　民国青斋书局石印本　‖　江油

3542　**御纂医宗金鉴十五种**
(清)吴谦等撰　民国商务印书馆铅印本　‖　省图 三台 郫都区(不全)

3543　**御纂医宗金鉴外科心法要诀十六卷**
(清)吴谦等撰　清聚奎堂刻本　‖　省图

3544　**御纂医宗金鉴外科心法要诀十六卷**
(清)吴谦等撰　民国石印本　‖　省图

3545　**寓意草一卷**
(清)喻昌撰　清竹秀山房刻本　‖　省图 泸州 川大

3546　**寓意草一卷**
(清)喻昌撰　民国李节斋书局石印本　‖　南充

3547　**寓意草一卷**
(清)喻昌撰　民国上海广益书局石印本　‖　川大

3548　**毓麟芝室玉髓摘要二卷**
(明)彭端吾编　清咸丰七年(1857)四川资州罗恒保刻本　‖　省图

3549　**鬻婴提要说一卷**
(清)张振銮辑　清光绪二十三年(1907)泸州文汇堂刻本　‖　泸州

3550　**鬻婴提要说一卷**
(清)张振銮辑　民国聚昌公司铅印本　‖　成都

3551　**鬻婴提要说一卷附音释一卷**
(清)张振銮辑　清光绪十五年(1889)刻本　‖　川大

3552　**鬻子一卷附计倪子一卷子华子二卷**
(周)鬻熊撰 & 计倪子一卷(春秋)计然著 & 子华子二卷(战国)程本著　清光绪元年(1875)刻本　‖　成都

3553　**元代合参不分卷**
(清)胡预　(清)沈光烈撰(清)徐锡麟编　清光绪二十七年(1901)绍兴墨润堂石印本　‖　省图

3554　**元亨疗马集四卷**
(明)喻仁　(明)喻杰撰　清咸丰四年(1854)刻本　‖　省图

3555　**元亨疗牛集二卷**
(明)喻仁　(明)喻杰撰　清叙府本立堂刻本　‖　川大

3556　**元亨疗牛集二卷**
(明)喻仁　(明)喻杰撰　清刻本　‖　省图

3557　**元亨疗牛集二卷**
(明)喻仁　(明)喻杰撰　民国二十一年(1932)文渊阁刻本　‖　泸州

3558　**元亨疗牛集二卷**
(明)喻仁　(明)喻杰撰　民国三十年(1941)新都鑫记书庄刻本　‖　成都

3559　**元俞宗本种树书一卷**
(元)俞宗本撰　清光绪二十三年(1897)浙西村刻本　‖　南充

3560　**园容较义一卷附测量法义一卷测量异同一卷勾股义一卷**
(意大利)利玛窦授(明)李之藻演 & 测量法义一卷(意大利)利玛窦品译(明)徐光启笔受 & 测量异同一卷(明)徐光启撰 & 勾股义一卷(明)徐光启撰　清道光二十七年(1847)刻海山仙馆丛书本　‖　泸州

3561　**园艺学不分卷**
□□撰　民国影印本　‖　泸州

3562　**原本直指算法统宗十二卷**
(明)程大位编　清道光二十年(1840)刻本　‖　省图 成都

3563　**圆机堂纂集痘科良方四卷**
(清)谢曦编辑(清)王云锦校订(清)王怀庆校字　清光绪十六年(1890)刻本　‖　省图

3564 **圆锥曲线一卷**
(美国)求德生选译 (清)刘维师笔述(清)张宝善校阅 清光绪二十四年(1898)上海美华书馆铅印本 ‖ 省图

3565 **远镜图说一卷**
(英国)傅兰雅撰 清光绪石印本 ‖ 西华师大

3566 **远西奇器图说录最三卷新制诸器图说一卷**
(德国)邓玉函口授(明)王征译绘 明刻本 ‖ 省图

3567 **月令粹编二十四卷图说一卷首一卷**
(清)秦嘉谟撰 清嘉庆十七年(1812)琳琅仙馆刻本 ‖ 川大

3568 **云间李士材脉诀一卷**
(明)李士材注(清)谢鹤洲编辑 清抄本 ‖ 省图

3569 **云林神彀四卷**
(明)龚廷贤编著 清芳桂堂刻本 ‖ 泸州(不全)

3570 **运规约指三卷**
(英国)白起德辑(英国)傅兰雅口译(清)徐建寅笔述 清光绪江南制造总局刻本 ‖ 省图 川大

3571 **运气辩一卷**
(清)陆儋辰注 民国九年(1920)影印海陵丛刻第七种本 ‖ 省图

3572 **恽铁樵演讲录一卷**
恽铁樵著 章巨膺编校 民国二十四年(1935)上海新群印刷所铅印本 ‖ 省图 成都

3573 **杂病论章节一卷**
(汉)张仲景原文 包识生分例 包天白参校 民国十九年(1930)包氏医宗铅印本 ‖ 成都

3574 **杂病心法要诀一卷**
□□撰 民国抄本 ‖ 省图

3575 **杂证谟二十八卷目录一卷**
(明)张介宾著(清)朱见一订 清刻本 ‖ 三台

3576 **杂症大小合参二十卷首二卷目录一卷**
(清)冯兆张纂辑(清)罗如桂等校 清宏道堂刻本 ‖ 郫都区

3577 **再重订伤寒集注十五卷**
(清)舒诏撰 清竹秀山房刻本 ‖ 江油(不全)

3578 **再重订伤寒集注十五卷**
(清)舒诏撰 清三余堂刻本 ‖ 省图

3579 **在玑述略一卷**
(英国)傅兰雅撰 清光绪石印本 ‖ 西华师大

3580 **脏腑图说症治合璧医案类录一卷**
(清)罗定昌撰(清)王钊参订 清光绪十九年(1893)刻本 ‖ 江油

3581 **脏腑图说症治要言全璧三卷**
(清)罗定昌撰(清)王钊参订 清光绪十二年(1886)刻本 ‖ 川大

3582　**脏腑图说症治要言全璧三卷**
(清)罗定昌撰(清)王钊参订　清刻本　‖　成都

3583　**脏腑图说症治要言全璧三卷**
(清)罗定昌述 & 春温三字诀一卷(清)张子培注 & 痢症三字诀一卷(清)唐宗海注　民国十年(1921)上海千顷堂书局石印本　‖　泸州 川大

3584　**脏腑图说症治要言全璧三卷**
(清)罗定昌撰(清)王钊参订　民国石印本　‖　泸州

3585　**脏腑证治图说人镜经八卷附录二卷**
(明)张俊英纂述(清)张吾瑾重辑　清刻本　‖　泸州(不全)

3586　**臟府经络穴道图一卷**
□□撰　清抄本　‖　省图

3587　**澡泉余录一卷**
(日本)浅田宗伯注　日本明治二十三年(1890)秀英舍铅印本　‖　省图

3588　**造玻璃法一卷**
(英国)傅兰雅撰　清光绪石印本　‖　西华师大

3589　**造瓷机器择要一卷**
(英国)傅兰雅撰　清光绪石印本　‖　西华师大

3590　**造林学不分卷**
□□撰　民国武学书局铅印本　‖　省图

3591　**造林学不分卷**
□□撰　民国成都协美印刷公司铅印本　‖　省图

3592　**造洋漆法一卷附续编一卷**
(日本)田原良纯撰　王振声参校　清光绪二十九年(1903)江南制造总局刻本　‖　西华师大

3593　**造针制钮法一卷**
(英国)傅兰雅撰　清光绪石印本　‖　西华师大

3594　**则古昔斋算学十三种**
(清)李善兰撰　清同治六年(1867)刻本　‖　省图 泸州

3595　**则古昔斋算学十三种**
(清)李善兰撰　清光绪二十二年(1896)上海积山书局石印本　‖　省图

3596　**增补本草备要八卷**
(清)汪昂撰　民国元年(1912)上海同文书局石印本　‖　安州区(绵阳市)

3597　**增补本草备要八卷**
(清)汪昂撰　民国上海锦章书局石印本　‖　省图(不全) 郫都区(不全)

3598　**增补本草图说二卷**
(清)汪昂撰(清)李保常重辑　清石印本　‖　郫都区

3599　**增补本草医方合编五种**
(清)汪昂撰辑　清宏盛堂刻本　‖　省图

3600　**增补陈修园医书七十种**
(清)陈念祖撰　民国上海广益书局石印本　‖　泸州(不全)

3601　**增补大生要旨五卷**
(清)唐千顷纂(清)马振蕃续增　清咸丰元年(1851)资州天上宫刻本　‖　中医大

3602　**增补大生要旨五卷**
(清)唐千顷纂(清)马振蕃续增　清咸丰五年(1855)春林堂刻本　‖　郫都区

3603　**增补大生要旨五卷**
(清)唐千顷纂(清)马振蕃续增　清光绪十四年(1888)刻本　‖　川大

3604　**增补大生要旨五卷**
(清)唐千顷纂(清)马振蕃续增　清光绪二十一年(1895)县红十字会刻本　‖　南充

3605　**增补大生要旨五卷**
(清)唐千顷纂(清)马振蕃续增　民国自井美新印刷公司铅印本　‖　省图

3606　**增补大生要旨五卷经验各种秘方辑要一卷**
(清)唐千顷纂(清)马振蕃续增　民国上海宏大善书局石印本　‖　泸州

3607　**增补绘图针灸大成十二卷**
(明)杨继洲纂(清)章廷珪重修　民国上海锦章图书局石印本　‖　省图

3608　**增补雷公炮制药性解六卷附四百味药性歌括一卷**
(明)李中梓撰　民国石印本　‖　泸州

3609　**增补脉诀不分卷**
(清)廖云溪撰　清光绪七年(1881)文明堂刻本　‖　江油

3610　**增补秘传痘疹玉髓金镜录真本四卷**
(明)翁仲仁撰　清刻本　‖　省图

3611　**增补秘传痘疹玉髓金镜录真本四卷首一卷**
(明)翁仲仁撰　民国三年(1914)上海校经山房石印本　‖　省图

3612　**增补秘传痘疹玉髓金镜录真本四卷首一卷**
(明)翁仲仁著　民国上海锦章图书局石印本　‖　省图

3613　**增补三指禅二卷**
(清)周学霆著(清)周光宝等录　民国上海大成书局石印本　‖　省图

3614　**增补士材三书四种**
(明)尤生洲辑　清善成堂刻本　‖　中医大

3615　**增补万病回春原本八卷**
(明)龚廷贤编(明)周亮登校　民国六年(1917)上海普通书局石印本　‖　省图　江油

3616　**增补万病回春原本八卷**
(明)龚廷贤编(明)周亮登校　民国上海锦章图书局石印本　‖　新都区(不全)

3617　增补瘟疫论二卷
(明)吴又可著　清光绪六年(1880)上海扫叶山房刻本　‖　南充

3618　增补新本草一卷
陈逊斋撰　民国影印本　‖　省图

3619　增补医方捷径二卷
(清)王宗显辑　清末成都存古书局刻本　‖　南充

3620　增补医方一盘珠全集十卷首一卷
(清)洪金鼎纂(清)洪濂洛参订　清道光二十七年(1847)崇顺堂刻本　‖　省图

3621　增补医方一盘珠全集十卷首一卷
(清)洪金鼎纂(清)洪濂洛参订　清光绪十三年(1887)刻本　‖　川大

3622　增补医方一盘珠全集十卷首一卷
(清)洪金鼎纂(清)洪濂洛参订　清刻本　‖　省图　郫都区

3623　增补医方一盘珠全集十卷首一卷
(清)洪金鼎撰(清)洪濂洛参订　民国石印本　‖　郫都区

3624　增补医林状元寿世保元十卷
(明)龚廷贤撰(清)周亮登校　清宣统元年(1909)朱氏焕文书局石印本　‖　省图

3625　增补医林状元寿世保元十卷
(明)龚廷贤撰(清)周亮登校　民国八年(1919)上海普通书局石印本　‖　省图

3626　增补医林状元寿世保元十卷
(明)龚廷贤撰(清)周亮登校　民国上海锦章图书局石印本　‖　省图　泸州　安州区(绵阳市)　川大

3627　增补重编叶天士医案四卷
(清)叶桂注　陆士谔编辑　民国十年(1921)上海世界书局石印本　‖　泸州

3628　增补重编叶天士医案四卷
(清)叶桂注　陆士谔编辑　民国十三年(1924)上海世界书局石印本　‖　省图　川大

3629　增补重编叶天士医案四卷
(清)叶桂著　陆士谔编辑　民国上海广文书局影印本　‖　安州区(绵阳市)

3630　增补遵生八笺二十卷
(明)高濂编　清道光十二年(1832)步月楼刻本　‖　川师大

3631　增订本草备要八卷
(清)汪昂撰(清)汪桓等参订(清)汪端等校　清末广顺堂刻本　‖　新都区

3632　增订本草备要四卷
(清)汪昂撰(清)汪桓等参订(清)汪端等校　清刻本　‖　泸州　西华师大

3633　增订本草备要四卷医方集解六卷
(清)汪昂撰(清)汪桓参订(清)汪端等校　清刻本　‖　成都　泸州

3634　增订本草附方二卷
□□撰　清刻本　‖　川大

3635　增订格物入门七卷
(美)丁韪良著　清光绪二十三年(1897)归安姚氏刻本　‖　省图

3636　增订经验良方十四卷
(清)沈肇元重订　清光绪十八年(1892)宏道堂刻本　‖　省图　川大

3637　增订时疫五方一卷
萧鸿卿撰　民国九年(1920)铅印本　‖　省图

3638　增订士材三书三种附一种
(明)李中梓撰(清)尤乘辑　清善成堂刻本　‖　省图

3639　增订童氏本草备要八卷
(清)汪昂辑(清)李保常增辑　清光绪三十四年(1908)上海章福记书局石印本　‖　郫都区

3640　增订童氏本草备要八卷
(清)汪昂辑(清)李保常增辑　民国石印本　‖　成都(不全)

3641　增订童氏本草备要八卷图说一卷
(清)汪昂辑(清)李保常增辑　清光绪三十年(1904)上海六艺书局石印本　‖　泸州

3642　增订医医病书二卷
(清)吴瑭注　(清)黄寿衮鉴定　曹炳章注　民国四年(1915)绍兴育新书局石印本　‖　省图　安州区(绵阳市)　川大

3643　增订医宗金鉴目录一卷首一卷
(清)吴谦等撰　民国十四年(1925)上海鸿宝斋书局石印本　‖　安州区(绵阳市)

3644　增订治疗汇要三卷
(清)过铸著(清)宁本瑜等校　民国二十二年(1933)日新印刷工业社铅印本　‖　省图　成都

3645　增订治疗汇要三卷
(清)过铸著(清)宁本瑜等校　清光绪三十年(1904)成都官报书局铅印本　‖　省图　川大

3646　增广保婴要旨一卷
(清)敏兰居士辑(清)拜松居士增订　民国石印本　‖　成都

3647　增广本草纲目五十二卷
(明)李时珍编辑(清)张绍棠重校　民国二年(1913)上海商务印书馆石印本　‖　成都

3648　增广本草纲目五十二卷濒湖脉学一卷奇经八脉考一卷脉诀考证一卷图三卷
(明)李时珍撰　清光绪十四年(1888)上海鸿宝斋书局石印本　‖　川大

3649　增广达生要旨五卷
(清)唐千顷纂(清)叶灏增订　民国上海明善书局石印本　‖　安州区(绵阳市)

3650　增广大生要旨五卷
(清)唐千顷纂(清)叶灏增订　民国二年(1913)华阳张氏渊雅堂刻本　‖　省图　新都区

3651　增广灵验验方新编十六卷首一卷续集五卷
(清)鲍相璈辑 & 续集五卷 (清)张绍堂增辑　民国上海锦章图书局石印本　‖　郫都区

3652　增广太平惠民和剂局方十卷附增广和剂局方用药总论三卷
(清)张海鹏校　清张海鹏照旷阁刻本　‖　省图

3653 **增广太平惠民和剂局方十卷用药总论三卷**
(宋)陈师文等编 清渤海高氏刻本 ‖ 泸州 西华师大

3654 **增广新术二卷**
(清)罗士琳撰 清光绪十七年(1891)南陵徐氏刻本 ‖ 西华师大

3655 **增广验方新编十六卷**
(清)鲍相璈编辑(清)张绍堂增辑 民国上海锦章图书局石印本 ‖ 安州区(绵阳市)

3656 **增广验方新编十六卷首一卷痧症全书三卷首一卷**
(清)鲍相璈编辑(清)张绍堂增辑 & 痧症全书 (清)林森撰 民国三年(1914)上海锦章图书局石印本 ‖ 省图 川大

3657 **增广玉匣记通书六卷末一卷**
□□撰 民国刻本 ‖ 川大

3658 **增辑曾胡治兵语录不分卷**
蔡锷辑 民国抄本 ‖ 省图

3659 **增辑陈修园医书七十种**
(清)陈念祖等撰 民国上海昌文书局石印本 ‖ 川大

3660 **增辑陈修园医书七十种**
(清)陈念祖等撰 民国上海广益书局石印本 ‖ 省图(不全)

3661 **增辑伤寒类方四卷**
(清)潘霨辑 清同治五年(1866)刻本 ‖ 川大

3662 **增辑伤寒类方四卷**
(清)潘霨辑 清光绪九年(1883)江西书局刻本 ‖ 川大

3663 **增批温热经纬四卷**
(清)王士雄纂(清)叶霖增批 民国十三年(1924)神州医药编辑社石印本 ‖ 省图

3664 **增评童氏医方集解二十三卷**
(清)汪昂撰辑(清)费伯雄评 清光绪三十年(1904)上海六艺书局石印本 ‖ 泸州

3665 **增评童氏医方集解二十三卷**
(清)汪昂撰辑(清)费伯雄评 清光绪三十四年(1908)上海章福记书局石印本 ‖ 郫都区

3666 **增评医方集解二十三卷**
(清)汪昂撰辑(清)费伯雄评 民国上海广益书局石印本 ‖ 省图

3667 **增评医方集解二十三卷目录一卷**
(清)汪昂撰辑(清)费伯雄评 民国元年(1912)五音书局石印本 ‖ 安州区(绵阳市)

3668 **增删算法统宗十一卷首一卷重刊梅文穆公增删算法统宗校算记一卷**
(明)程大位编集(清)梅谷成增删 清光绪三年(1877)江南制造总局刻本 ‖ 省图 川大

3669 **增注古方新解八卷**
(清)徐大椿撰 陆士谔编订 民国十年(1921)上海广文书局石印本 ‖ 省图

3670 **增注古方新解八卷**
(清)徐大椿撰 陆士谔编订 民国十二年(1923)上海广文书局石印本 ‖ 成都

3671　增注古方新解八卷
(清)徐大椿撰 陆士谔编订　民国十三年(1924)上海广文书局石印本　‖　省图

3672　增注类证活人书二十二卷
(宋)朱肱著(明)吴勉学校　清光绪二十三年(1897)广州拾芥园重刻本　‖　省图

3673　增注类证活人书二十二卷
(宋)朱肱著(明)吴勉学校　清光绪江南制造总局刻本　‖　省图

3674　增注条注伤寒心法八卷
陈绍勋韵注　民国宏文石印局石印本　‖　南充

3675　增注萧山竹林寺妇科一卷
(清)竹林寺僧著 史济纲增注　民国二十一年(1932)上海万有书局影印本　‖　省图

3676　增注医宗己任编八卷
(清)杨乘六辑　清光绪十七年(1891)南京李光明庄刻本　‖　川大

3677　摘星楼治痘全书十八卷
(明)朱一麟撰(清)朱法订补　清道光六年(1826)耕乐堂刻本　‖　省图 川大

3678　占风铎不分卷
□□撰　抄本　‖　川大

3679　战法学二卷
(日本)石井忠利撰(清)王治木订　清光绪日本善邻译书馆刻本　‖　省图

3680　张九苍增补李芝岩先生瘟疫三方一卷
(清)李芝岩撰(清)张九苍增补　清刻本　‖　省图 泸州

3681　张丘建算经三卷
(北魏)张丘建撰(北周)甄鸾注(唐)李淳风等注释　清知不足斋刻本　‖　成都

3682　张氏藏府药式补正三卷
(金)张元素撰(清)赵双湖注 张寿颐补正　民国十年(1921)嘉定张氏体仁堂铅印本　‖　省图 川大

3683　张氏景岳全书六十四卷
(明)张介宾撰(清)鲁超订　民国四年(1915)江东书局石印本　‖　南充 中医大

3684　张氏类经三十二卷图翼十一卷附翼四卷
(明)张介宾撰　清道光崇让堂刻本　‖　新都区

3685　张氏医案二十卷
(清)张乃修注(清)吴文涵编辑(清)邵清儒附注　民国七年(1918)铅印本　‖　省图

3686　张氏医案二十卷
(清)张乃修注(清)吴文涵编辑(清)邵清儒附注　民国十八年(1929)上海萃英书局石印本　‖　省图

3687　张氏医案二十卷
(清)张乃修注(清)吴文涵编辑(清)邵清儒附注　民国二十四年(1935)上海萃英书局石印本　‖　川大

3688　张氏医案一卷附经验药方一卷
张国华注 张体沅等校　民国日新印刷社铅印本　‖　省图 成都

3689　**张氏医书七种**
(清)张璐等撰　日本享和二年(1802)思得堂刻本　‖　川大

3690　**张氏医通六种**
(清)张璐等撰　清光绪十三年(1907)上海广益书局石印本　‖　中医大

3691　**张氏医通七种**
(清)张璐等撰　(日本)前田安宅订正　日本文化元年(1804)刻本　‖　省图

3692　**张氏医通七种**
(清)张璐等撰　清光绪二十五年(1899)浙江官书局重印日本思得堂刻本　‖　省图　成都　泸州　中医大

3693　**张氏医通七种**
(清)张璐等撰　清光绪三十三年(1907)上海书局石印本　‖　省图

3694　**张氏医通七种**
(清)张璐等撰　清三元堂刻本　‖　省图　中医大

3695　**张氏医通十六卷**
(清)张璐纂述　清光绪三十三年(1907)上海书局石印本　‖　省图　温江区　中医大

3696　**张氏医通十六卷**
(清)张璐纂述　民国上海锦章图书局石印本　‖　崇州

3697　**张氏医通十六卷**
(清)张璐纂述　民国铅印本　‖　泸州(不全)

3698　**张仲景金匮要略二十四卷**
(清)沈明宗编注　清道光二十二年(1842)扫叶山房刻本　‖　中医大

3699　**张仲景金匮要略论方七卷首一卷**
(汉)张机撰　许宗正合解　清宣统三年(1911)刻本　‖　川大

3700　**张仲景金匮要略论注二十四卷**
(汉)张机撰(清)徐彬注　清康熙刻本　‖　川大

3701　**张仲景金匮要略论注二十四卷**
(汉)张机撰(清)徐彬注　清光绪五年(1879)扫叶山房刻本　‖　省图

3702　**张仲景批注伤寒百证歌五卷**
(汉)张机撰(宋)许叔微述　清光绪十六年(1890)藏修书屋刻本　‖　中医大

3703　**张仲景伤寒论方六卷首一卷**
(汉)张机撰　许宗正合解　清宣统三年(1911)刻本　‖　川大

3704　**张仲景伤寒论贯珠集八卷**
(清)尤怡注(清)朱陶性校　清苏州绿荫堂刻本　‖　中医大

3705　**张仲景伤寒论贯珠集八卷**
(清)尤怡注(清)朱陶性校　清刻本　‖　川大

3706　**张仲景伤寒论合注十六卷**
(清)吴隐亭编次　民国十三年(1924)上海千顷堂书局石印本　‖　川大　川师大

3707　**张仲景伤寒论遥问十三卷原方遥问一卷平脉法一卷续论遥问三卷续方遥问一卷**
(明)徐行著　清抄本　‖　省图

3708　**张仲景伤寒论原文点精二卷**
(清)孟承意著　清同治十三年(1874)覃怀董春刻本　‖　川大

3709　**张仲景伤寒论原文浅注六卷**
(清)陈念祖集注(清)陈蔚校(清)陈元犀校　清嘉庆刻本　‖　三台

3710　**张仲景伤寒论原文浅注六卷**
(清)陈念祖集注(清)陈蔚校(清)陈元犀校　清光绪十五年(1889)刻本　‖　川大

3711　**张仲景伤寒论原文浅注六卷**
(清)陈念祖集注(清)陈蔚校(清)陈元犀校　清光绪二十四年(1898)多文会刻本　‖　成都　江油　温江区(不全)　郫都区　崇州

3712　**张仲景伤寒论原文浅注六卷**
(清)陈念祖集注(清)陈蔚校(清)陈元犀校　清刻本　‖　省图　江油　郫都区　安州区(绵阳市)　川大

3713　**张仲景伤寒论原文浅注六卷**
(清)陈念祖集注(清)陈蔚校(清)陈元犀校　民国上海锦章图书局石印本　‖　泸州　江油　新都区　崇州　安州区(绵阳市)　川博

3714　**张仲景伤寒杂病论表识新编注释九卷首一卷**
(清)田启荣著　王隆诗评　胡济安等校　民国刻本　‖　省图

3715　**张仲景注解伤寒百证歌五卷**
(宋)许叔微述　清刻本　‖　成都

3716　**张仲景注解伤寒百证歌五卷附经络歌决一卷伤寒六经定法一卷伤寒问答一卷**
(宋)许叔微著(清)汪昂注辑　民国美利利公司铅印本　‖　省图

3717　**张仲景注解伤寒百证歌五卷附伤寒六经定法一卷**
(宋)许叔微著 & 伤寒六经定法一卷(清)舒诏驰著　民国江左书林石印本　‖　省图

3718　**长恩书室丛书十九种**
(清)庄肇麟辑　清咸丰四年(1854)新昌庄氏刻本　‖　西华师大(不全)

3719　**长江图说十二卷首一卷**
(清)马征麟撰　清同治十年(1871)湖北崇文书局刻本　‖　西华师大

3720　**长沙方歌括六卷**
(清)陈念祖撰　(清)陈蔚注　(清)陈元犀参订　(清)陈心典校　(清)陈心兰校　清光绪十五年(1889)刻本　‖　川大

3721　**长沙方歌括六卷**
(清)陈念祖撰　(清)陈蔚注　(清)陈元犀参订　(清)陈心典校　(清)陈心兰校　清光绪二十四年(1898)多文会刻本　‖　省图　成都　温江区　郫都区　川大　中医大

3722　**长沙方歌括六卷**
(清)陈念祖撰　(清)陈蔚注　(清)陈元犀参订　(清)陈心典校　(清)陈心兰校　清光绪三十一年(1905)新化三昧书局刻本　‖　省图

3723 **长沙方歌括六卷**
(清)陈念祖撰 (清)陈蔚注 (清)陈元犀参订 (清)陈心典校 (清)陈心兰校 清光绪三十三年(1907)巴蜀善成堂刻本 ‖ 中医大

3724 **长沙方歌括六卷**
(清)陈念祖撰 (清)陈蔚注 (清)陈元犀参订 (清)陈心典校 (清)陈心兰校 清光绪三十四年(1908)上海章福记石印本 ‖ 中医大

3725 **长沙方歌括六卷**
(清)陈念祖撰 (清)陈蔚注 (清)陈元犀参订 (清)陈心典校 (清)陈心兰校 民国上海锦章书局石印本 ‖ 川博

3726 **长沙方歌括六卷伤寒真方歌括六卷急救经验良方一卷**
(清)陈念祖撰 (清)陈蔚注 (清)陈元犀参订 (清)陈心典校 (清)陈心兰校 清光绪十八年(1892)上海图书集成印书局石印本 ‖ 泸州 中医大

3727 **长沙药解四卷**
(清)黄元御撰 清咸丰十年(1861)刻本 ‖ 成都(不全)

3728 **长沙药解四卷**
(清)黄元御撰 清燮酥精舍刻本 ‖ 泸州

3729 **长沙药解四卷**
(清)黄元御撰 清刻本 ‖ 泸州(不全) 崇州 中医大

3730 **长沙药解四卷**
(清)黄元御撰 民国石印本 ‖ 泸州

3731 **长物志十二卷**
(明)文震亨编 民国四年(1915)过学扶轮社重刻本 ‖ 西华师大

3732 **赵李合璧八卷**
(清)赵廷儒(清)李环山撰 清光绪三十四年(1908)新都张兴龙刻本 ‖ 川大

3733 **赵元吉医学指南一卷**
(清)赵元吉著(清)弓锡九录 清抄本 ‖ 省图

3734 **赵注孙子五卷**
(明)赵本学注(日本)洼田清音订刻 日本文久三年(1863)刻本 ‖ 省图

3735 **赵注孙子五卷**
(明)赵本学注(日本)洼田清音订刻 民国九年(1920)益新书局石印本 ‖ 省图 绵竹

3736 **照像法原一卷**
(英国)傅兰雅撰 清光绪石印本 ‖ 西华师大

3737 **照像器图说二卷**
(英国)傅兰雅译辑 清光绪石印本 ‖ 西华师大

3738 **折肱漫录七卷**
(明)黄承昊撰 清末刻本 ‖ 川大

3739　浙西水利备考不分卷
(清)王凤生撰　清道光四年(1824)江声帆影阁刻本　‖　西华师大

3740　针灸便览一卷
(清)王锡鑫集订　清刻本　‖　成都

3741　针灸大成十二卷
(明)杨继洲纂(清)章廷珪重修　民国十四年(1925)上海天宝书局石印本　‖　泸州

3742　针灸大成十二卷
(明)杨继洲纂(清)章廷珪重修　民国上海铸记书局石印本　‖　成都

3743　针灸大成十二卷
(明)杨继洲纂(清)章廷珪重修　民国上海锦章图书馆石印本　‖　安州区(绵阳市)

3744　针灸大成十卷
(明)杨继洲纂(清)章廷珪重修　清道光二十九年(1849)刻本　‖　省图　川大

3745　针灸大成十卷
(明)杨继洲纂(清)章廷珪重修　清刻本　‖　郫都区　崇州(不全)　川大

3746　针灸大成十卷
(明)杨继洲纂(清)章廷珪重修　民国元年(1912)善成堂刻本　‖　省图　成都　泸州

3747　针灸歌括汇编一卷附刊误表一卷
承澹盦撰　民国铅印本　‖　省图

3748　针灸集成四卷
(清)廖润鸿辑　民国十九年(1930)北京天华馆铅印本　‖　省图

3749　针灸甲乙经十二卷
(晋)皇甫谧撰　清光绪十一年(1885)四明存存轩刻本　‖　省图　川大　中医大

3750　针灸甲乙经十二卷
(晋)皇甫谧撰　清光绪十三年(1887)行素草堂刻本　‖　西华师大

3751　针灸讲义一卷
□□撰　1950年代抄本　‖　省图

3752　针灸灵法二卷
程兴阳注　民国民生印刷社石印本　‖　成都

3753　针灸全图一卷
□□撰　抄本　‖　新都

3754　针灸薪传集不分卷
夏少泉等辑　民国二十六年(1937)铅印本　‖　成都

3755　针灸学讲义七卷
承盦澹编　民国铅印本　‖　省图

3756　针灸学讲义一卷
承澹盦编　民国中国针灸学研究社铅印本　‖　省图

3757　**针灸学十四卷附治病通则一卷**
□□撰　民国油印本　‖　省图

3758　**针灸要旨三卷**
(明)高武选述(日本)冈本为竹重订　日本宝历三年(1753)大阪弘昭轩书林刻民国上海乐善堂重刻本　‖　川大

3759　**针灸要旨三卷**
(明)高武撰述(日本)冈本一抱子重订　民国二十一年(1932)上海中医书局影印本　‖　省图 成都

3760　**针灸易知一卷**
中华书局编辑　民国中华书局铅印本　‖　省图

3761　**针灸择日编集一卷**
(明)金循义撰(明)金义孙撰　民国石印本　‖　省图

3762　**针灸指南初集摘要三卷**
余纯编　孙勉之校　民国上海明善书局铅印本　‖　省图

3763　**针灸治法一卷**
□□撰　清胡昌瀛抄本　‖　省图

3764　**针灸治疗讲义一卷续编一卷**
承澹盦编　民国铅印本　‖　省图

3765　**针灸问答三卷**
(明)汪机编辑(明)陈桷校正　民国石印本　‖　泸州

3766　**针灸择日编集一卷**
(明)金循义撰(明)金义孙撰　清光绪十八年(1892)海宁钟氏重刻本　‖　川大

3767　**珍珠囊指掌补遗药性赋四卷附雷公炮制药性解六卷**
(元)李杲编辑(清)王子接重订　清乾隆刻本　‖　省图

3768　**珍珠囊指掌补遗药性赋四卷附雷公炮制药性解六卷**
(元)李杲编辑(清)王子接重订　清刻本　‖　中医大

3769　**珍珠囊指掌补遗药性赋四卷附雷公炮制药性解六卷**
(元)李杲编辑(清)王子接重订　民国八年(1919)上海锦章图书局石印本　‖　郫都区

3770　**珍珠囊指掌补遗药性赋四卷附雷公炮制药性解六卷**
(元)李杲编辑(清)王子接重订　民国上海广雅启新书局石印本　‖　省图

3771　**真本生生集三种**
(清)亟斋居士等撰　清光绪十五年(1889)刻本　‖　泸州

3772　**诊断学不分卷**
□□撰　民国成都维新印刷局铅印本　‖　川大

3773　**诊断学汇编**
(隋)杨上善撰注　廖平补证　民国十三年(1924)上海千顷堂书局石印本　‖　川大

3774　**诊断学讲义二编**
秦之济述　民国秦氏同学会铅印本　‖　省图

3775　**诊断学一卷**
敖文伯撰　民国十一年(1922)铅印本　‖　成都

3776　**诊家正眼二卷**
(明)李中梓注(清)尤乘增订　清刻本　‖　川大

3777　**诊绍篇补证三卷**
(隋)杨上善撰　廖平补证　民国三年(1914)成都存古书局刻本　‖　南充

3778　**诊绍篇补证三卷**
(隋)杨上善著　廖平补　民国五年(1916)成都存古书局刻本　‖　三台

3779　**诊余集一卷**
(清)余景和注　民国七年(1918)铅印本　‖　省图

3780　**诊宗三昧一卷**
(清)张登编次　清思德堂刻本　‖　泸州

3781　**诊宗三昧一卷**
(清)张登编次　民国铅印本　‖　泸州

3782　**枕藏外科诸症一卷**
□□撰　民国六年(1917)瀛洲书屋刻本　‖　省图

3783　**阵纪四卷**
(明)何良臣撰(明)徐元(清)黄维申校　清光绪十四年(1888)长沙惜阴书局刻本　‖　省图　泸州　犍为(不全)

3784　**阵纪四卷**
(明)何良臣撰(明)徐元(清)黄维申校　民国十一年(1922)上海博古斋影印守山阁丛书本　‖　西南民大

3785　**征南射法一卷**
(清)黄百家撰　清宣统二年(1910)铅印本　‖　西华师大

3786　**正天国篆一卷**
□□撰　民国刻本　‖　泸州

3787　**证治汇补八卷**
(清)李用粹著　清光绪九年(1883)刻本　‖　川大

3788　**证治汇补八卷**
(清)李用粹著　民国中原书局石印本　‖　省图

3789　**证治辑要四卷**
姚济苍辑　民国十九年(1930)北京天华馆铅印本　‖　省图

3790　**证治金针四卷**
周万钦修　稿本　‖　省图

3791　**证治心得十二卷**
(清)吴炳辑著　民国十五年(1926)惜阴书屋铅印本　‖　省图

3792　**证治要诀类方四卷**
(明)戴原礼辑　清刻本　‖　崇州

3793 **证治指南一卷**
四川国医学院编　民国铅印本　‖　成都

3794 **证治准绳四十四卷**
(明)王肯堂辑　日本宽文十三年(1673)村上平乐寺刻本　‖　南充

3795 **郑氏瘄科保赤金丹四卷**
(清)谢玉琼辑　清光绪二十六年(1900)刻本　‖　省图　中医大

3796 **郑氏瘄略一卷**
(清)郑启寿撰　清同治九年(1870)汲绠斋刻本　‖　省图　川大

3797 **郑氏遗书四卷方一卷**
(清)郑奠一著　清嘉庆十七年(1812)刻本　‖　省图

3798 **政余精义一卷**
(清)张肇修辑　民国刻本　‖　省图

3799 **知医快捷方式一卷**
(清)钱荣国编(清)钱夔校　民国十三年(1924)江阴钱氏石印本　‖　省图

3800 **植物病理学讲义不分卷**
章祖纯编　民国中华印刷局铅印本　‖　省图

3801 **植物教科书一卷**
(日本)齐田功太郎(日本)松村任三撰(清) 樊炳清译　清光绪二十七年(1901)铅印本　‖　西南民大

3802 **植物图说四卷**
(英国)傅兰雅撰　清光绪二十一年(1895)刻本　‖　川大

3803 **指明脉诀一卷**
□□撰　民国抄本　‖　省图

3804 **指明算法九九全编不分卷**
知非子撰　清光绪二十五年(1899)藜照书屋刻本　‖　新都区

3805 **指明算法九九全编不分卷**
知非子撰　清光绪三十二年(1906)铜邑宏文堂刻本　‖　成都

3806 **指明算法九九全编不分卷**
知非子撰　民国石印本　‖　成都

3807 **制屦金法二卷**
(日本)桥奇策撰(清)王季点译　清光绪二十七年(1901)上海制造局刻本　‖　川大

3808 **制火药法三卷**
(英国)利稼孙辑(英国)华得斯辑(英国)傅兰雅口译(清)丁树棠笔述　清光绪江南制造总局刻本　‖　省图　川大

3809 **制机理法八卷附图一卷**
(英国)觉显禄斯撰(英国)傅兰雅口译(清)华备钰笔述　清光绪二十五年(1899)江南制造总局刻本　‖　省图

3810 **制丝法讲义不分卷**
刘安钦编　民国德新石印本　‖　省图

3811　**制造局丛译十一种**
(清)江南制造局编　清光绪江南制造局刻本　‖　省图

3812　**制造纸法不分卷**
(英国)傅兰雅撰　清光绪石印本　‖　西华师大

3813　**治疗汇要二卷补遗一卷**
(清)过铸辑　清光绪二十二年(1896)梁溪华氏文苑阁铅印本　‖　川大

3814　**治河方略十卷首一卷**
(清)靳辅撰　清嘉庆四年(1799)刻本　‖　成都

3815　**治军药言一卷**
刘湘辑　民国二十六年(1937)川康绥靖主任公署编印铅印本　‖　成都

3816　**治痢仙方一卷**
(清)王成章著述　清咸丰六年(1856)刻本　‖　川大

3817　**治痢新论一卷**
□□撰　民国抄本　‖　成都

3818　**治温提要一卷**
(清)曹华峰著　清光绪四年(1878)刻本　‖　省图

3819　**治温提要速效合编二卷**
(清)曹华峰撰(清)臧吟蕉撰(清)刘松峰撰　清光绪十七年(1891)荣昌刻本　‖　泸州

3820　**中藏经八卷**
(汉)华佗撰(清)徐舜山重校　清光绪六年(1880)刻本　‖　泸州

3821　**中藏经八卷**
(汉)华佗撰(清)徐舜山重校　清光绪三十年(1904)江阴宝文堂刻本　‖　南充

3822　**中藏经三卷**
(汉)华佗撰(清)徐舜山重校　清抄本　‖　省图

3823　**中等算术教科书二卷**
陈榥撰　清光绪刻本　‖　省图

3824　**中风论一卷**
(清)熊笏辑(清)吴锡璜删补(清)陈念祖定　民国十一年(1922)上海文瑞楼石印本　‖　省图

3825　**中国兵器沿革**
□□撰　民国二年(1913)四川陆军军官学堂铅印本　‖　川博

3826　**中国地学会地学丛书七卷**
张相文编　民国十七年(1928)铅印本　‖　成都　川师大

3827　**中国国医学会陕西省西安市分会章程一卷**
中国国医学会陕西省西安市分会编　民国油印本　‖　省图

3828　**中国简明针灸治疗学二卷**
温主卿注　熊自明修正　陆锡光参订　民国二十四年(1935)上海中医书局石印本　‖　省图

3829　中国建筑参考图集不分卷
中国营造学社编　民国影印本　‖　省图

3830　中国建筑史三卷
乐嘉藻著　民国二十二年(1933)武林铅印本　‖　省图　川大

3831　中国矿产志略一卷铁路简明表一卷
(清)瞢室辑　清光绪铅印本　‖　省图

3832　中国历代医学史略一卷
张继勋编纂　张仲勋等参校　民国二十二年(1933)中国医药书局铅印本　‖　省图

3833　中国南部及西北各省金矿初稿
刘祖彝编　民国二十九年(1940)油印本　‖　成都

3834　中国生理学补正一卷
(清)徐尚志注　民国六年(1917)商务印书馆铅印本　‖　省图

3835　中国实用药物学二卷
赵贤齐编述　民国二十年(1931)上海文华书局影印本　‖　省图　三台

3836　中国实用药物学二卷
赵贤齐编述　民国中国医药研究会影印本　‖　省图

3837　中国外科学大纲二卷附录一卷
许半龙辑　民国十九年(1930)上海中医书局石印本　‖　川大

3838　中国外科学大纲二卷附录一卷
许半龙辑　民国二十四年(1935)上海国光印书局石印本　‖　省图

3839　中国养生说辑览不分卷
沈宗元编纂　民国十九年(1930)重庆启文印刷公司铅印本　‖　成都

3840　中国药物形态学不分卷
沈祥瑞撰　民国铅印本　‖　成都

3841　中国医学史纲要四卷
陈永梁编述　民国三十六年(1947)光华图书印务公司铅印本　‖　省图

3842　中国医学史十二卷
陈邦贤编纂　民国九年(1920)铅印本　‖　省图

3843　中国医学通论一卷
陈升之著　民国十六年(1927)成都清明石印馆石印本　‖　省图

3844　中国医学通论一卷
陈升之著　民国二十九年(1940)四川印刷局铅印本　‖　成都

3845　中国医学源流论不分卷
谢观撰　民国二十四年(1935)刻本　‖　西华师大

3846　中国医学源流论一卷
谢观著　张赞臣校录　民国二十四年(1935)澄斋医社铅印本　‖　省图　泸州　川大　中医大

3847　中国医学之精髓一卷
张鸿生撰　民国石印本　‖　省图　泸州

3848　中国针药治疗大全四卷
沈士真辑　民国二十八年(1939)保山昌明局石印本　‖　成都

3849　中国针药治疗大全四卷附编辑纲要一卷正误表一卷
沈士真编　民国二十八年(1939)保山昌明石印局石印本　‖　省图

3850　中外医书八种
(清)罗定昌等撰辑　清光绪二十五年至二十七年(1899－1901)成都正字山房刻本　‖　省图　川大　中医大

3851　中外医书十种
□□撰　清光绪三十年(1904)文汇堂刻本　‖　省图　川大

3852　中外医书四种
□□撰　清光绪二十五年(1899)合刻本　‖　省图

3853　中西病理学合参三编
吴汉仙　刘裁吾编　民国二十三年(1934)铅印本　‖　省图

3854　中西大药房活人篇一卷
□□撰　民国铅印本　‖　省图

3855　中西骨骼辩正六卷
(清)刘廷桢辑　民国抄本　‖　省图

3856　中西骨骼辩正七卷
(清)刘廷桢辑　清光绪二十九年(1903)上海美华书馆铅印本　‖　川大

3857　中西骨骼辩正图说一卷
(清)刘廷桢绘并题　清石印本　‖　省图

3858　中西骨骼图说一卷
(清)刘铭之绘　清石印本　‖　省图

3859　中西合纂妇科大全七卷
顾鸣盛编　民国十一年(1922)上海大东书局石印本　‖　省图

3860　中西合纂外科大全五卷
顾鸣盛编　民国十四年(1925)上海大东书局影印本　‖　省图

3861　中西合纂幼科大全十二卷
顾鸣盛编　民国十五年(1926)上海大东书局石印本　‖　省图　川大

3862　中西回史日历二十卷
陈垣撰　民国铅印本　‖　省图

3863　中西汇参铜人图说一卷
(清)刘钟衡注　清光绪刻本　‖　省图

3864　中西汇参铜人图说一卷
(清)刘钟衡撰　民国石印本　‖　川大

3865 **中西汇通医经精义二卷**
(清)唐宗海撰　(清)邓其章参校　清光绪三十二年(1906)善成堂刻本　‖　自贡

3866 **中西汇通医经精义二卷**
(清)唐宗海撰　(清)邓其章参校　清光绪三十二年(1906)中西书屋铅印本　‖　成都　泸州(不全)

3867 **中西汇通医经精义二卷**
(清)唐宗海撰　(清)邓其章参校　清光绪三十四年(1908)成都文伦书局铅印本　‖　犍为

3868 **中西汇通医书六种**
(清)唐宗海撰　清宣统二年(1910)成都文伦书局铅印本　‖　省图

3869 **中西汇通医书五种**
(清)唐宗海撰　清光绪三十四年(1908)上海千顷堂书局石印本　‖　省图　川大

3870 **中西六种**
□□辑　民国三年(1914)渝城瀛洲书屋刻本　‖　川大

3871 **中西麻疹摘要二卷**
谢钟灵集纂　一九五二年抄本　‖　省图

3872 **中西数学通解二十卷**
刘泽桢撰　徐子清校　马名骥校　清光绪三十三年(1907)乐山丛桂书屋刻本　‖　省图

3873 **中西算学丛书初编二十二种**
(清)求敏斋主人辑　清光绪二十二年(1896)上海鸿宝斋石印本　‖　泸州　川师大

3874 **中西算学大成一百卷**
(清)陈维祺纂　清光绪二十七年(1901)石印本　‖　省图

3875 **中西算学汇通四卷**
(清)罗士琳撰　清光绪二十二年(1896)三鱼书屋石印本　‖　省图

3876 **中西天文算学精蕴二十卷附国朝万年书两卷推测易知四卷**
(清)陈松撰　清光绪二十三年(1897)江左书林石印本　‖　省图

3877 **中西温热串解八卷附录一卷**
吴锡璜撰述　吴锡琮参订　民国十七年(1928)上海文瑞楼鸿章书局石印本　‖　省图

3878 **中西医粹四种**
(清)罗定昌撰　清光绪二十年(1894)刻本　‖　安州区(绵阳市)

3879 **中西医话十卷**
(清)毛景义编辑　民国十一年(1922)上海江东茂记书局石印本　‖　川大

3880 **中西医解二卷**
(清)唐宗海撰　清光绪二十五年(1899)成都刻本　‖　成都　泸州

3881 **中西医判二卷**
(清)唐宗海撰　民国三年(1914)上海千顷堂书局石印本　‖　省图　泸州　川大

3882 **中西医判二卷**
(清)唐宗海撰　民国五年(1916)重庆中西书局铅印本　‖　省图

3883　中西医书汇通七种
(清)唐宗海撰　民国刻本　‖　省图

3884　中西医学群书十种
(清)邃志庐陈氏辑　清光绪三十三年(1907)石印本　‖　省图

3885　中西医学群书十种
(清)邃志庐陈氏辑　民国石印本　‖　泸州(不全)

3886　中星图一卷
(清)江次兰图注　清光绪六年(1880)蜀东宋氏刻本　‖　省图

3887　中学适用算术教科书不分卷
(日本)华正董撰　(清)陈棪译撰　清光绪铅印本　‖　省图

3888　中医理法针药摘要二卷附人身经穴图四张
沈士真撰　民国三十八年(1949)大理县天顺石印局石印本　‖　省图

3889　中医实验谈八卷
蒲湘澄编　民国二十九年(1940)刻本　‖　省图

3890　中医实验谈四卷
蒲湘澄编　民国石印本　‖　省图

3891　中医实验谈四卷
蒲湘澄编　民国油印本　‖　省图

3892　中医学堂教科书一卷
何汝夔编辑　清光绪刻本　‖　省图

3893　中医学堂课艺一卷
蒲南熏　周济凡等撰　清光绪三十二年(1906)刻本　‖　省图

3894　中医药治愈脑瘤之经过一卷
余律笙　程天灵撰　民国三十六年(1947)四川省医药学术研究会铅印本　‖　省图　中医大

3895　忠武侯诸葛孔明先生兵法四卷附录二卷
(清)张树辑　清同治元年(1862)聚珍斋活字本　‖　成都

3896　种痘新书十二卷
(清)张琰编辑(清)会衡波参　清同治十年(1871)刻本　‖　省图　江油　崇州　川大

3897　种痘学讲义三卷
吴介诚编述　民国二十一年(1932)成都日新印刷工业社铅印本　‖　省图　成都　川大

3898　种福堂公选良方兼刻古吴名医精论四卷
(清)叶桂撰(清)华岫云较　清道光九年(1829)刻本　‖　成都　泸州

3899　种福堂续选临证指南四卷
(清)叶桂撰　清光绪蒲圻但氏刻本　‖　成都　川大

3900　种梨全法一卷复园推广改良苍溪种悉尼树苗说明书一卷
钱复初编　民国二十四年(1935)太镇蓉成石印本　‖　省图　川大

3901　种蔗制糖论一卷
(英国)梅威令撰　清光绪石印本　‖　西华师大

3902　仲景存真集二卷
(清)吴蓬莱编辑　清宣统三年(1911)四川合川刻本　‖　省图　川大

3903　仲景存真集二卷附劝读十则一卷
(清)吴蓬莱编辑　民国二十年(1931)上海锦章图书局石印本　‖　泸州

3904　仲景全书五种
(汉)张机等撰　清光绪二十年(1894)成都邓氏崇文斋刻本　‖　省图　成都　泸州　犍为　川大　中医大

3905　仲景全书五种
(汉)张机等撰　民国五年(1916)上海千顷堂石印本　‖　省图

3906　仲景三部诊法一卷九候诊法一卷附伤寒笺注读法一卷
廖平辑　民国五年(1916)成都存古书局刻新订六译馆丛书本　‖　省图　崇州

3907　仲景伤寒补亡论二十卷
(宋)郭雍撰　清道光元年(1821)心太平轩刻本　‖　省图

3908　仲景伤寒补亡论二十卷
(宋)郭雍撰　清宣统三年(1911)武昌医馆长沙重刻道光心太平轩本　‖　省图　川大

3909　仲景伤寒补亡论二十卷
(宋)郭雍撰　民国十四年(1925)苏州文新印刷公司铅印本　‖　成都

3910　仲景伤寒一卷
(汉)张机撰　民国抄本　‖　省图

3911　舟仙瘖述三卷
刘舟仙纂　民国铅印本　‖　省图

3912　周髀算经二卷
(汉)赵爽注(北周)甄鸾重述(唐)李淳风等注释　民国二十五年(1936)上海中华书局铅印本　‖　雅安　犍为　西南交大　川博

3913　周髀算经二卷附音义一卷
(汉)赵爽注(北周)甄鸾重述(唐)李淳风等注释　民国十八年(1929)上海商务印书馆影印本　‖　西南交大

3914　周髀算经二卷附音义一卷
(汉)赵爽注(北周)甄鸾重述(唐)李淳风等注释　民国二十五年(1936)上海涵芬楼影印本　‖　成都　自贡　崇州

3915　周髀算经二卷附音义一卷校勘记一卷
(汉)赵爽注(北周)甄鸾重述(唐)李淳风等注释　清光绪十二年(1882)吴县朱氏槐卢家塾刻本　‖　西华师大

3916　周慎斋医书五种
方伯屏辑编　民国十九年(1930)北京翰文斋影印本　‖　省图

3917　周氏医学丛书三十二种
(清)周学海编　清光绪十七年(1891)至宣统三年(1911)池阳周氏刻本　‖　中医大

3918　周氏医学丛书三十二种
(清)周学海编　清木福慧双修馆刻本　‖　省图　川大

3919　**簠簋医话一卷**
张寿颐注　民国影印本　‖　省图

3920　**珠算改迷一卷附李贞女葆清墓志铭一卷李葆清女士傅一卷**
(清)李天贞撰　民国刻本　‖　省图

3921　**诸葛丞相集四卷**
(三国蜀)诸葛亮撰(明)张溥辑　民国七年(1918)成都四川官印刷局刻本　‖　西南民大

3922　**诸葛心书集注一卷**
(三国蜀)诸葛亮撰　官道尊集注　民国十五年(1926)成都昌福公司铅印本　‖　省图　成都

3923　**诸葛忠武侯故事五卷**
(清)张澍辑　清光绪三十四年(1908)周氏刻本　‖　西南民大

3924　**诸葛忠武侯年谱六卷**
(清)张澍辑　民国十四年(1925)上海神州图书局影印本　‖　省图　绵竹

3925　**诸葛忠武侯全集二十卷**
(清)胡升猷纂　清光绪十四年(1888)歧山县署刻本　‖　西南民大

3926　**猪经大全一卷附牛经大全一卷**
□□撰　清光绪二十七年(1901)刻本　‖　省图

3927　**竹林女科证治四卷**
(清)竹林寺僧撰　清光绪十七年(1891)皖江节署刻本　‖　川大

3928　**竹林寺女科秘方一卷附钱医产秘传一卷**
(清)竹林寺僧撰　清光绪八年(1882)刻本　‖　省图

3929　**逐病论治录三卷**
何仲皋注　民国影印本　‖　省图

3930　**铸金论略六卷**
(英国)司布勒村撰(英国)傅兰雅口译(清)汪振声笔述　清光绪二十八年(1902)上海江南制造局刻本　‖　川大

3931　**铸钱工艺三卷**
(英国)傅兰雅　(清)钟天纬同译　清光绪江南制造总局刻本　‖　省图　川大

3932　**筑垒教范草案不分卷**
□□撰　清末石印本　‖　省图

3933　**专治血症经验良方论一卷**
(清)潘为缙著(清)赵光弼校　民国麟振堂影印本　‖　省图

3934　**砖瓦灰石造法一卷**
(英国)傅兰雅撰　清光绪石印本　‖　西华师大

3935　**庄氏算学八卷**
(清)庄亨阳撰　民国二十四年(1935)上海商务印书馆影印本　‖　南充　西南交大　川博

3936　**辎重兵暂行操法不分卷**
□□撰　清光绪三十三年(1907)四川官报书局刻本　‖　省图

3937 **子华子医道篇注一卷义生堂书目提要一卷**
(晋)程本著 张骥注 & 义生堂书目提要一卷 张骥著　民国二十四年(1935)成都义生堂刻本　‖　成都 川大

3938 **子药铜壳机器图说一卷**
(英国)傅兰雅撰　清光绪二十六年(1900)铅印本　‖　西华师大

3939 **子药准则一卷**
(清)丁乃文撰　清光绪十四年(1888)江南制造总局刻本　‖　省图

3940 **紫微斗数全书四卷**
(宋)陈抟撰(清)潘希尹辑　清经纶堂刻本　‖　泸州

3941 **自强军西法类编十八卷附摘要一卷**
(清)沈敦和纂辑　清光绪二十四年(1898)上海顺成书局石印本　‖　川大

3942 **自然略说四卷**
邹庆时撰　民国刻本　‖　省图

3943 **字触补六卷**
(清)桑灵直编　清光绪十七年(1891)嫏嬛书库刻本　‖　川大

3944 **字触六卷**
(清)周亮工辑　民国十九年(1930)铅印本　‖　川大

3945 **宗圣要旨七种**
(清)尤怡等著　清光绪二年(1876)刻本　‖　省图

3946 **总集聚医方一卷**
□□撰　民国抄本　‖　成都

3947 **邹征君遗书六种附刻夏氏算学四种徐氏算学三种**
(清)邹伯奇撰　清同治刻本　‖　省图

3948 **足本大字本草备要二卷**
(清)汪昂撰　民国天津直隶书局石印本　‖　中医大

3949 **卒中厥证辑要二卷**
姚济苍辑　民国十七年(1928)北京天华馆铅印本　‖　省图 成都 川师大

3950 **纂订蚕桑琐说一卷**
(清)鄢敏学撰　清光绪刻本　‖　省图

3951 **纂集一卷金镜录一卷**
(清)黄鹤龄纂辑(清)李时新校订 & 金镜录一卷　□□撰　清刻本　‖　泸州

3952 **最新妇科学全书二卷**
蔡鹏云著　民国二十二年(1933)汕头印务铸字局铅印本　‖　省图

3953 **最新伤寒论精义折中二卷**
朱莆著　民国二十三年(1934)京华书局铅印本　‖　川大

3954 **最新实验简明眼科秘诀一卷**
陆天医著　民国十一年(1922)上海广雅启新书局石印本　‖　省图

3955　最新实验养蚕法一卷
□□撰　清宣统二年(1910)刻本　‖　省图

3956　最新中医学课一卷
□□撰　抄本　‖　省图

3957　尊经本草歌括二卷
许宗正撰　民国二年(1913)刻本　‖　省图　川大

3958　尊生要旨一卷附灵枢悬解二卷
(明)蒋学成汇编(明)许乐善补订 & 灵枢悬解四卷(清)黄元御解　民国影印本　‖　省图

3959　遵生八笺十九卷总目一卷
(明)高濂编　明万历十九年(1591)高雅尚斋刻本　‖　川师大

3960　作物汛论一卷
□□撰　民国石印本　‖　省图

拼音索引

B

bā
八卦配脏腑图说一卷何仲皋撰 …… 1
八线备旨四卷八线学总习问一卷(美国)罗密士撰(美国)潘慎文选译(清)谢洪赉校录 …… 1
八线对数简表一卷(清)贾步纬校述 …… 1

bái
白芙堂算学丛书二十二种(清)丁取忠辑 …… 1
白喉忌表抉微一卷(清)耐修子撰 …… 1
白喉忌表抉微一卷(清)耐修子撰 …… 2
白喉忌表一卷附录三不可要诀一卷(清)耐修子录注 …… 2
白喉全生集一卷(清)李纪方辑 …… 2
白喉症论一卷(清)耐修子撰 …… 2
白喉治法忌表抉微一卷(清)耐修子撰 …… 2
白喉治法忌表抉微一卷附吹药方一卷(清)耐修子撰 …… 2
白喉治法要言一卷附白喉新方一卷专治痢症经验第一神效良方一卷(清)刘昌祁纂述 …… 2
白鹿备用草一卷白鹿先生述 …… 3

bǎi
百花栽培秘诀二卷(清)陈溟子原辑 …… 3
百兽图说一卷(清)韦门道氏撰 …… 3
百兽图说一卷百兽图说论一卷(清)韦门道氏撰 …… 3

bān
豳风广义三卷(清)杨屾编辑 …… 19
瘢疹菁华一卷罗绍文编订 …… 3

bàn
半半集三卷(清)上海老德记药房编 …… 2
半半山庄农言著实一卷(清)杨秀沅撰 …… 2

bāo
包氏医宗十种(清)包育华(清)包识生编 …… 2

bǎo
宝藏兴焉十二卷(英国)费而奔撰 (英国)傅兰雅口译(清)徐寿笔述 …… 3
宝山橘话一卷(清)李翰臣辑 …… 3
宝颜堂秘籍十九种(明)陈继儒辑 …… 3
保赤汇编七种(清)朱之榛辑 …… 3
保赤三书(清)庄一夔等著 …… 3
保赤新编二卷(清)任赞纂集(清)胡仕梁校正(清)伍学干校刊 …… 3
保赤要言四卷(清)王德森编辑 …… 3
保赤摘录六卷(清)崔昌龄撰(清)崔延龄等参订(清)崔国辅校阅 …… 3
保婴辑要一卷(清)朱惟元撰 …… 3
保婴要言八卷(清)王德森编 …… 3
保婴易知录二卷(清)吴溶堂撰 …… 3
保育法(不分卷)□□辑 …… 3

bào
报风要则(不分卷)上海徐家汇天文台编 …… 3
爆药记要六卷(清)舒高第口译(清)赵元益笔述 …… 3

běi
北平同和堂药目一卷□□撰 …… 3

bèi
备急方八卷(东晋)葛洪撰 …… 3
备急灸法一卷(宋)闻人耆年述 …… 3
备急灸法一卷针灸择日编集一卷(宋)张涣撰 & 针灸择日编集一卷 (明)全循义 (明)金义孙撰 …… 3
备急千金要方三十卷(唐)孙思邈撰 …… 4
备急千金要方三十卷附考异一卷(宋)林亿校正 (日本)多纪元坚等阅 …… 4
备急千金要方三十卷附影宋本千金方考异一卷(唐)孙思邈撰 (宋)林亿等校 …… 4
备要方不分卷附外科证治二卷(清)徒能言增辑 …… 4
备用药物一卷简便良方一卷□□编 …… 4

běn
本草备要八卷汤头歌诀一卷(清)汪昂撰 …… 4
本草备要八卷图一卷(清)汪昂撰 …… 4
本草备要八卷医方集解六卷(清)汪昂撰 …… 4
本草便读二卷(清)张秉成集选 …… 4
本草便读四卷(清)张秉成集选 (清)唐君培等同校 …… 4
本草崇原集说三卷本草经读附录集说一卷(清)张志聪注释 (清)高世栻纂辑 (清)仲学辂集说 …… 5
本草崇原三卷(清)张志聪注释 (清)高世栻纂集 …… 5
本草从新六卷(清)吴仪洛辑(清)周兰九等校 …… 5
本草从新十八卷(清)吴仪洛撰 …… 5
本草从新十八卷总义一卷(清)吴仪洛辑(清)周兰九等校 …… 5
本草从真二卷(清)黄宫绣撰 …… 5
本草分经不分卷(清)姚澜辑 …… 5
本草分类一卷□□撰 …… 5
本草纲目拾遗十卷(清)赵学敏辑 …… 5
本草纲目拾遗十卷(清)赵学敏辑 …… 6
本草纲目拾遗十卷正误一卷(清)赵学敏辑 …… 6
本草纲目五十二卷(明)李时珍撰 …… 6
本草纲目五十二卷附图三卷(明)李时珍撰 …… 6

— 227 —

本草纲目五十二卷附图三卷拾遗十卷本草万方针线八卷(明)李时珍撰 (清)吴毓昌校订 & 拾遗十卷正误一卷(清)赵学敏辑 & 万方针线八卷 (清)蔡烈先辑 …… 6

本草纲目五十二卷附图三卷拾遗十卷本草万方针线八卷(明)李时珍撰 (清)吴毓昌校订 & 拾遗十卷正误一卷(清)赵学敏辑 & 万方针线六卷 (清)蔡烈先辑 …… 7

本草纲目五十二卷目录一卷图一卷濒湖脉诀一卷奇经八脉考一卷(明)李时珍编辑 & 本草万方针线八卷(明)蔡烈先辑 & 本草纲目拾遗十卷 (清)赵学敏辑 …… 7

本草纲目五十二卷图三卷附脉学一卷奇经八脉考一卷(明)李时珍撰辑 …… 7

本草纲目序例二卷(明)李时珍编辑 & 拾遗十卷正误一卷 (清)赵学敏辑 …… 7

本草纲目序例二卷濒湖脉学一卷奇经八脉考一卷(明)李时珍编辑 & 本草万方针线八卷(清)蔡烈先辑 …… 7

本草纲目序例二卷附图(明)李时珍编辑(清)张绍棠校 …… 7

本草纲目摘要四卷(清)汪昂定(清)莫熺辑 …… 7

本草汇纂十卷(清)屠道和辑 …… 7

本草简明图说四卷(清)高承炳撰 …… 7

本草简明图说一卷(清)高承炳编 …… 7

本草经读一卷(清)陈念祖撰陈绍勋释 …… 7

本草经解要四卷附余一卷(清)叶桂集注 …… 7

本草经三卷(三国魏)吴普述(清)孙星衍辑(清)孙冯翼辑 …… 7

本草经疏辑要十卷(清)吴世铠纂 …… 8

本草品汇精要四十二卷续集十卷附脉诀四言举要二卷脉诀考证一卷校勘记一卷(明)刘文泰等纂修 …… 8

本草品汇精要四十二卷续集十卷附脉诀四言举要二卷校勘记一卷(明)刘文泰等纂修 …… 8

本草品汇精要续集十卷脉诀四言举要二卷(清)王道纯纂辑 (清)江兆元纂辑 & 脉诀四言举要二卷 (宋)崔嘉彦撰 (宋)王道纯注释 …… 8

本草求真九卷附图一卷(清)黄宫绣撰 (清)黄宫皲订(清)黄学昌校字 …… 8

本草求真九卷主治二卷(清)黄宫绣纂(清)黄宫皲校订(清)黄学易校字 …… 8

本草求真九卷主治二卷附图一卷(清)黄宫绣纂(清)黄宫皲校订 …… 8

本草求真九卷主治二卷脉理求真三卷(清)黄宫绣纂(清)黄宫皲等校 …… 8

本草入门二卷(清)熊溪颜编辑 …… 8

本草三家合注六卷(清)郭汝聪集注 …… 8

本草三家合注六卷附黄元御长沙药解不分卷(清)郭汝聪集注 …… 8

本草三家合注六卷附神农本草经百种录一卷(清)郭汝聪撰 & 神农本草百种录注一卷 (清)徐大椿撰 …… 8

本草三家合注三卷首一卷附神农本草经百种录一卷(清)郭汝聪撰 & 神农本草百种录注一卷 (清)徐大椿撰 …… 9

本草诗笺十卷(清)朱纶撰秦伯未校 …… 9

本草述钩元三十二卷(清)杨时泰辑 …… 9

本草述钩元三十二卷首一卷(清)杨时泰辑 …… 9

本草通玄二卷(明)李中梓撰 …… 9

本草图谱九十三卷附本草图谱索引二卷(日本)岩崎常正撰 …… 9

本草万方针线八卷(清)蔡烈先撰 …… 9

本草万方针线八卷附脉学脉诀经八脉考二卷(清)蔡烈先辑 & 脉学脉诀经八脉考二卷 (明)李时珍撰 …… 9

本草问答二卷(清)唐宗海撰 …… 9

本草问答二卷(清)唐宗海撰 …… 10

本草衍义二十卷(宋)寇宗奭编撰(清)陆心源校 …… 10

本草衍义二十卷附大观本草札记二卷(宋)寇宗奭编撰 …… 10

本草药性质味撮要一卷(□)佚名撰 抄本 …… 10

本草医方合编四种(清)汪昂编辑 …… 10

本草原始合雷公炮制十二卷(明)李中立撰 …… 10

本草原始十二卷(明)李中立撰 …… 10

本草韵言一卷陈完孟撰 …… 10

本草再新十二卷(清)叶桂撰 (清)陈念祖评 …… 10

本经逢原四卷(清)张璐纂述 (清)张登等参订 …… 10

本经疏证十二卷(清)邹澍撰 …… 11

本事方续编十卷(宋)许叔微撰 …… 11

bǐ

比例汇通四卷(清)罗士琳撰 …… 11

笔花医镜四卷(清)江涵暾著 …… 11

笔算便览五卷(清)纪大奎编 …… 11

笔算数学二卷(美国)狄考文辑 (清)邹立文述 …… 11

笔算数学全草六卷□□撰 …… 11

笔算数学详草一卷上海科学书局总发行所编译 …… 11

bì

神农最要三卷(清)陈开沚撰 …… 12

biān

编辑刺灸心法要诀八卷(清)吴谦等纂 …… 12

编辑外科心法要诀十六卷(清)吴谦等纂 …… 12

编辑运气要诀一卷(清)吴谦等纂 …… 12

编辑杂病心法要诀五卷(清)吴谦等纂 …… 12

编辑正骨心法要旨四卷(清)吴谦等纂 …… 12

编注医学入门内集二卷附一卷外集五卷首一卷(明)李梴撰 ·········· 12
编注医学入门内集七卷首一卷(明)李梴编纂 ·········· 12

biǎn
扁鹊难经二卷(元)滑寿注 ·········· 12
扁鹊神应针灸玉龙经一卷(元)王国瑞撰 ·········· 12
扁鹊心书三卷心书神方一卷(战国)扁鹊传(宋)窦材重集 ·········· 12
扁鹊心书三卷心书神方一卷(战国)扁鹊传(宋)窦材重集 ·········· 12

biàn
便验良方一卷□□撰 ·········· 12
辨脉法篇一卷平脉法篇一卷(汉)张机撰(清)周学海章句 ·········· 13
辨脉指南二卷(清)郭治注 ·········· 13
辨人体类一卷(英国)傅兰雅撰 ·········· 13
辨太阳病脉证一卷辨阳明病脉证一卷灵素微旨一卷□□撰 ·········· 13
辨证金鉴十二卷(清)陈士铎著 ·········· 13
辨证录十四卷(清)陈士铎著 ·········· 13
辨证录十四卷附洞垣全书脉诀阐微一卷(清)陈士铎著 ·········· 13
辨证奇闻十卷(清)钱松撰 ·········· 13
辨症用药一卷□□撰 ·········· 13

bīn
濒湖脉学一卷(明)李时珍撰 ·········· 13
濒湖脉学一卷奇经八脉考一卷(明)李时珍撰 ·········· 13

bīng
兵船炮法六卷(美国)金楷理口译(清)朱恩锡笔述 ·········· 14
兵船汽机六卷附一卷(英国)息尼德撰 (英国)傅兰雅口译(清)华备钰笔述 ·········· 14
兵法百言三卷(清)揭暄撰 ·········· 14
兵法七种(清)胡林翼辑 ·········· 14
兵法史略学二卷(清)陈庆年编 ·········· 14
兵法圆机三卷(清)揭暄撰 ·········· 14
兵经百篇(清)揭暄著 ·········· 14
兵镜备考十三卷兵镜或问二卷(清)邓廷罗撰 ·········· 14
兵器保存法不分卷□□撰 ·········· 14

bìng
病机沙篆二卷(明)李中梓撰 ·········· 14
病理撮要一卷(清)尹瑞模译 ·········· 14
病理学稿栽二卷姚心源撰姚文藻徐承桢编 ·········· 14
病理学一卷赖华锋编 ·········· 14
病恙儿童休乐指导八卷(美国)魏登玛莉原著傅葆琛编译苏季芸校订 ·········· 14

bo
卜法详考四卷(清)胡煦辑 ·········· 14

bó
博济方五卷(宋)王衮撰 ·········· 14
博物新编三卷(英国)合信撰 ·········· 14
博物新闻一卷(英国)艾约瑟撰 ·········· 14

bǔ
补农书二卷(明)沈□撰(清)张履祥补下卷 ·········· 15
补虚辨惑论一卷邹仲彝著 ·········· 15
补注黄帝内经素问二十四卷(唐)王冰次注 (宋)林亿 (宋)孙奇 (宋)高保衡校正 (宋)孙兆重改误 ·········· 15
补注黄帝内经素问二十四卷附遗篇一卷(唐)王冰次注 (宋)林亿校正 (宋)孙兆重改误 (清)余肇钧总校 ·········· 15
补注黄帝内经素问二十四卷遗篇一卷黄帝内经灵枢十二卷(唐)王冰次注 (宋)林亿校正 (宋)孙兆重改误 (清)余肇钧总校 ·········· 15
补注黄帝内经素问二十四卷遗篇一卷黄帝内经灵枢十二卷(唐)王冰次注 (宋)林亿校正 (宋)孙兆重改误 (清)余肇钧总校 ·········· 16
补注黄帝内经素问四卷(唐)王冰次注 (宋)林亿校正 (宋)孙兆重改误 (清)余肇钧总校 ·········· 16
补注瘟疫论四卷(明)吴有性撰 (清)洪天锡补注 ·········· 16
捕蝗要诀一卷附除蝻八要一卷(清)钱炘和撰 ·········· 16

bù
不得已二卷(清)杨光先撰 ·········· 16
不费钱的奇验方一卷孙纬才辑 ·········· 16
不居集上集三十卷首一卷下集二十卷首一卷(清)吴澄著辑秦伯未校订 ·········· 16
不谢方一卷(清)陆懋修撰 抄本 ·········· 16
不药良方二卷续集十卷(清)王玷桂编 ·········· 16
不药良方一卷(清)余廷勷辑 ·········· 16
不知医必要四卷(清)梁廉夫撰 (清)梁吉祥等校字 ·········· 16
部位经脉要略一卷□□撰 ·········· 17

C

cǎi
采芳随笔二十四卷(清)查彬辑 ·········· 17
彩图辨舌指南六卷曹炳章撰述 ·········· 17

cài
蔡子洪范皇极名数九卷首二卷(清)张兆鹿注释 ·········· 17

cán
蚕桑备要一卷(清)刘青藜补辑 ·········· 17
蚕桑萃编十五卷(清)卫杰纂 ·········· 17
蚕桑答问二卷续编一卷(清)朱祖荣编 & 续编一卷(清)蒋斧重编 ·········· 17

蚕桑辑要一卷(清)沈炳震撰 …… 17
蚕桑录要一卷谭聘侯录 …… 17
蚕桑实济六卷(清)易星撰 …… 17
蚕桑说一卷(清)杨蔚本辑 …… 17
蚕桑说一卷养蚕说一卷(清)李君凤杨蔚本撰 …… 17
蚕桑图说一卷(清)王世熙辑 …… 17
蚕桑万户自力更生计划草案一卷钱幼琢撰 …… 17
蚕桑一说晓一卷(清)刘锡纯撰 …… 17
蚕桑摘要三卷(清)赵渊撰 …… 18
蚕体病理学不分卷□□撰 …… 18
蚕务图说一卷(德国)康发达著 …… 18

cāng
仓田通法续编三卷八线类编表一卷(清)张作楠学算(清)俞俊编次 (清)江临泰补图 & 八线类编表一卷(清)张作楠辑 …… 18

cáo
曹氏伤寒发微四卷(汉)张机撰 (清)曹家达释义 (清)丁济华等校订 …… 18

cǎo
草本便方二卷(清)刘善述 …… 18
草本别名一卷□□撰 …… 18
草庐经略十二卷(明)□□撰 …… 18
草庐经略四卷(明)黄元瑞著述(清)骨仙删定(清)岳钟琪校定 …… 18
草木便方二卷(清)刘善述撰(清)刘贤村编 …… 18
草木便方一元集二卷(清)刘兴撰 …… 18
草药性二卷□□撰 …… 18

cè
测地绘图十一卷附一卷表一卷(英国)富路玛撰(英国)傅兰雅口译(清)徐寿笔述 …… 18
测海山房中西算学丛刻初编二种(清)测海山房主人辑 …… 18
测候丛谈四卷(美国)金楷理口译(清)华蘅芳笔述 …… 18
测候器说四卷(英国)傅兰雅撰 …… 18
测圜海镜通释四卷刘岳云撰 …… 18
测圜海镜通释四卷附算学丛话一卷喻利算法一卷刘岳云撰 …… 19
测绘海图全法八卷附一卷(英国)华尔敦撰(英国)傅兰雅口译(清)赵元益笔述 …… 19
测绘器图说一卷(英国)傅兰雅撰 …… 19
测量新编四种(清)吴嘉善等述 …… 19
测圆海镜细草十二卷(元)李治撰 …… 19

chá
茶谱辑解四卷(清)□□撰 …… 19
察病指南三卷(宋)施发注 …… 19

chán
单方百诊全书一卷(清)白马和尚撰 抄本 …… 41
躔离引蒙三卷(清)贾步纬算述(清)贾文浩校对 …… 27

chǎn
躔离引蒙三卷(清)贾步纬算述(清)贾文浩校对 …… 19
产宝百问万金方二卷□□撰 …… 19
产宝一卷(清)倪枝维撰 …… 19
产宝诸方一卷(宋)□□撰 …… 19
产后编二卷(清)傅山撰 …… 19
产后另编一卷(清)傅山撰 …… 19
产科心法二卷(清)汪喆纂 …… 20
产育宝庆集二卷(宋)郭稽中纂 …… 20
产育宝庆集二卷附颅囟经一卷(宋)郭稽中纂 & 颅囟经一卷(宋)□□撰(清)李调元校 …… 20
产孕集二卷(清)张曜孙撰 …… 20

cháng
长恩书室丛书十九种(清)庄肇麟辑 …… 212
长江图说十二卷首一卷(清)马征麟撰 …… 212
长沙方歌括六卷(清)陈念祖撰 (清)陈蔚注 (清)陈元犀参订 (清)陈心典校 (清)陈心兰校 …… 212
长沙方歌括六卷(清)陈念祖撰 (清)陈蔚注 (清)陈元犀参订 (清)陈心典校 (清)陈心兰校 …… 213
长沙方歌括六卷伤寒真方歌括六卷急救经验良方一卷(清)陈念祖撰 (清)陈蔚注 (清)陈元犀参订 (清)陈心典校 (清)陈心兰校 …… 213
长沙药解四卷(清)黄元御撰 …… 213

chāo
抄本药性一卷□□撰 …… 20
抄本医书□□撰 …… 20

cháo
巢氏病源补养倡导法一卷廖平辑 …… 20
巢氏诸病源候总论五十卷(隋)巢元方撰(清)胡益谦校 …… 20
潮汐论一卷(英国)傅兰雅撰 …… 20

chén
陈纪四卷(明)何良臣撰 …… 20
陈氏太极拳图说二卷首一卷附录一卷陈鑫著 …… 20
陈氏小儿痘疹方论二卷(宋)陈文中撰 …… 20
陈氏疡科膏丹诸药一卷□□撰 抄本 …… 20
陈修园公余医录六种(清)陈念祖著 …… 21
陈修园先生晚余三书(清)陈念祖著 …… 21
陈修园先生医书新增七十二种(清)陈念祖等撰 …… 21
陈修园先生医书新增七十种(清)陈念祖等撰 …… 21
陈修园先生医书新增五十二种(清)陈念祖等撰 …… 21
陈修园医书二十八种(清)陈念祖等撰 …… 21

陈修园医书全书(清)陈念祖等撰 …………………… 21
陈修园医书三十二种(清)陈念祖等撰 ……………… 21
陈修园医书三十种(清)陈念祖等撰 ………………… 21
陈修园医书十六种(清)陈念祖等撰 ………………… 21
陈修园医书十种(清)陈念祖等撰 …………………… 21
陈修园医书四十八种(清)陈念祖等撰 ……………… 21
陈修园医书四十种(清)陈念祖等撰 ………………… 21
陈修园医书五十种(清)陈念祖等撰 ………………… 21
陈子性藏书十二卷(清)陈应选撰 …………………… 21
晨操教材四编彭礼南编 ……………………………… 22

chéng

成都市国医讲习所讲义八种成都国医讲习所编 …… 22
成方便读四卷(清)张秉承辑选 ……………………… 22
成方便读一卷(清)张秉承辑选 ……………………… 22
成方切用二十六卷(清)吴仪洛编 …………………… 22
承志录附集一卷地元真诀一卷答论神丹一卷(清)陶素耜
等撰 …………………………………………………… 22
程氏眼喉秘集二卷(明)程玠撰(清)潘化成编 ……… 22
程松崖先生眼科应验良方一卷(明)程玠撰 ………… 22
程杏轩医案三集(清)程文囿撰 ……………………… 22
澄兰室古缘萃录十八卷(清)邵松年辑 ……………… 22

chì

赤水玄珠全集三十卷(明)孙一奎撰辑 ……………… 22
赤水玄珠三十卷(明)孙一奎撰辑 …………………… 22
赤水玄珠三十卷医旨绪余二卷医案五卷(明)孙一奎撰辑
………………………………………………………… 22

chóng

虫荟五卷(清)方旭撰 ………………………………… 22
虫学略论三卷(美国)华约翰稿 ……………………… 22
崇顾楼药方备要一卷冰藏居士撰 …………………… 22
重订本草纲目五十二卷(清)张士瑜等审定 ………… 22
重订广温热论二卷(清)戴天章著(清)陆懋修删定(清)何
炳元重订 ……………………………………………… 22
重订活幼新编九卷(明)聂尚恒撰(清)胡寿昌纂辑 … 23
重订七政台历万年书一卷(清)杨寅编 ……………… 23
重订伤寒集注十五卷(清)舒诏著 …………………… 23
重订沈氏女科辑要笺正二卷(清)沈又彭辑(清)徐政杰签
注张山雷笺正 ………………………………………… 23
重订外科正宗十二卷(明)陈实功纂(清)张鹫翼重订 …
………………………………………………………… 23
重订验方新编十八卷(清)鲍相璈辑 ………………… 23
重订增补陶朱公致富全书四卷(明)陈继儒辑 ……… 23
重订证治准绳全书六种(明)王肯堂辑 ……………… 23
重订中风斠诠三卷张寿颐纂辑张文彦评点 ………… 23

重广补注黄帝内经素问二十四卷(唐)王冰次注(宋)林亿
等校正(宋)孙兆重改误(清)余肇钧等校 …………… 23
重广补注黄帝内经素问二十四卷(唐)王冰次注(宋)林亿
等校正(宋)孙兆重改误(清)余肇钧等校 …………… 24
重广补注黄帝二十四卷内经素问校勘记一卷附黄帝内经
灵枢二十四卷内经灵枢校勘记一卷(唐)王冰次注(宋)林
亿等校正(宋)孙兆重改误(清)余肇钧等校 ………… 24
重广补注黄帝内经素问二十四卷遗篇一卷(唐)王冰次注
(宋)林亿等校正(宋)孙兆重改误(清)余肇钧等校 … 24
重广补注黄帝内经素问五卷(唐)王冰次注(宋)林亿等校
正(宋)孙兆重改误(清)余肇钧等校 ………………… 24
重镌本草医方合编六卷(清)汪昂撰辑 ……………… 24
重镌本草医方合编四种(清)汪昂撰辑 ……………… 24
重镌丹溪心法七种(元)朱震亨撰(明)吴中珩辑校 … 24
重镌医要三书三种(清)贻砚堂编 …………………… 24
重刊补注洗冤录集证六卷(清)王又槐增辑(清)李观澜补
辑(清)阮其新补注 …………………………………… 24
重刊补注洗冤录集证五卷(清)王又槐增辑(清)李观澜补
辑(清)阮其新补注 …………………………………… 24
重刊巢氏诸病源候总论五十卷(隋)巢元方等撰 …… 24
重刊武经七书汇解七卷首一卷末一卷(清)朱墉辑 … 24
重刊洗冤录汇纂补辑五卷(清)李观澜补辑 (清)张锡蕃
重订 …………………………………………………… 24
重刻古今历验良方十六卷(清)徒能言辑 (清)范伟亭鉴
定 ……………………………………………………… 25
重刻活幼心法大全二卷(明)聂尚恒撰(清)胡寿昌纂辑 …
………………………………………………………… 25
重刻伤寒论翼绪论合编(清)柯琴等著 ……………… 25
重刻瘟疫神效方一卷(清)张九苍增补(清)李芝岩撰 …
………………………………………………………… 25
重刻武经七书七种(清)朱墉撰 ……………………… 25
重刻咽喉脉证通论一卷□□撰 ……………………… 25
重楼玉钥二卷首一卷(清)郑梅涧著 ………………… 25
重录增补经验喉科紫珍集二卷(清)耐修子撰(清)朱翔宇
增补 …………………………………………………… 25
重录增补经验喉科紫珍集二卷附专治时疫白喉咙症论一
卷(清)黄梅溪秘藏(清)朱纯衷得授(清)朱翔宇增补附专
治时疫白喉症论一卷(清)张绍修著 ………………… 25
重校白喉忌表抉微一卷(清)耐修子撰张洁校 ……… 25
重校旧本汤头歌诀二卷(清)汪昂编辑 ……………… 25
重校圣济总录二百卷(清)汪鸣珂(清)汪鸣凤校 …… 25
重修政和经史证类备用本草三十卷(宋)唐慎微撰 … 25
重修政和经史证类备用本草三十卷(宋)唐慎微撰 … 26
重修植物名实图考三十八卷(清)吴其濬撰 ………… 26

重学二十卷(英国)艾约瑟口译(清)李善兰笔述 …… 26
重学二十卷附圆锥曲线三卷(英国)艾约瑟口译(清)李善兰笔述 …… 26
重学器图说一卷(英国)傅兰雅撰 …… 26
重学须知(英国)傅兰雅撰 …… 26
重学一卷(清)江标辑 …… 26
重增格物入门七卷(美国)丁韪良著 …… 26

chū
樗茧谱一卷(清)郑珍纂(清)莫友芝注 …… 26
畜中宝一卷□□撰 …… 26

chuǎi
揣仑续录三卷(清)张作楠撰 …… 26
揣摩有得集不分卷(清)张朝震撰 …… 26

chuān
川滇铁路测勘队测勘总报告书刘宗涛编 …… 26

chuán
传染病护病法一卷乐柯撰 …… 27
传染病全书余云岫编辑 …… 27
传氏眼科审视瑶函六卷首一卷(明)傅仁宇纂辑 …… 27
船坞论略一卷附图一卷(英国)傅兰雅辑译(清)钟天纬笔述 …… 27

chuàn
串雅内编四卷外编四卷(清)赵学敏辑纂(清)吴庚生补注 …… 27

chuāng
疮疡经验全书六卷(元)窦汉卿著 …… 27

chūn
春温简易治疗法一卷孙石如编 …… 27
春温三字诀一卷痢症三字诀一卷(清)张子培著 & 痢症三字诀一卷(清)唐宗海著(清)邓其章校参印 …… 27

chún
纯臣纂要一卷(清)赵廷儒纂 …… 27

cì
刺疗捷法一卷(清)张镜著(清)王鏊校刊 …… 27
刺疗捷法一卷(清)张镜著(清)王鏊校刊 …… 28

cí
慈恩玉历汇录五卷(清)俞大文撰 …… 27

cóng
从征图记一卷(清)唐训方撰 …… 28
丛桂草堂医草四卷(清)袁焯注 …… 28

cuī
催官篇注四卷附理气真诠一卷(宋)赖太素撰 & 理气真诠一卷□□撰 …… 28

cuì
翠微山房数学十五种(清)张作楠撰 (清)江临泰撰 …… 28

cún
存粹社医报一卷陆景景医室编辑 …… 28
存存斋医话藁(稿)二卷(清)赵彦晖撰 …… 28
存素堂校写几谱三种朱启钤编 …… 28

D

dá
达生编二卷附保产机要一卷保婴秘籍一卷(清)亟斋居士撰 & 保婴秘籍一卷□□撰 …… 28
达生编二卷附刻一卷遂生编一卷福幼编一卷(清)亟斋居士撰 & 遂生编一卷福幼编一卷(清)庄一夔著 …… 28
达生编二卷增附保产机要一卷保婴秘籍一卷(清)亟斋居士撰 & 保婴秘籍一卷□□撰 …… 28
达生编三种(清)亟斋居士撰 & 福幼编一卷(清)庄一夔著 & 新订小儿科脐风惊风合编一卷 (清)鲍相璈辑 …… 28
达生编三种附时疫白喉捷要一卷续增保婴编一卷(清)亟斋居士撰 & 福幼遂生合编二卷(清)庄一夔撰 & 附时疫白喉捷要一卷(清)张绍修撰 …… 29
达生编三种附新订小儿科脐风惊风合编一卷(清)亟斋居士撰 & 福幼编一卷(清)庄一夔著 & 新订小儿科脐风惊风合编一卷 (清)鲍相璈辑 …… 29
达生编一卷(清)亟斋居士撰 …… 29
达生编一卷附摘录安胎全书续编一卷(清)亟斋居士撰 & 附胎产经验方一卷题(口)松坞主人辑附摘录安胎全书续编一卷(清)雷伊任辑 …… 29

dà
大德重校圣济总录二百卷目录一卷(宋)赵佶敕撰 …… 29
大六壬大全十三卷(清)郭载骙编 …… 29
大六壬寻原四卷(清)张纯照辑 …… 29
大千图说(清)江希张撰 …… 29
大清宣统三年七政经纬躔度时宪书一卷(清)钦天监编 …… 29
大生集成五卷(清)王承谟撰 …… 29
大生要旨五卷(清)唐千顷撰(清)马振蕃续增 …… 29
大生要旨五卷(清)唐千顷撰(清)马振蕃续增 …… 30
大士救产真言一卷□□撰 …… 30
大唐开元占经一百二十卷(唐)释瞿昙悉达等修 …… 30
大衍索隐三卷(宋)丁易东撰 …… 30
大元帅训军士词演说一卷袁世凯撰 …… 30

dài
代数备旨十三卷(美国)狄考文选译(清)邹立文(清)生福维笔述 …… 30
代数难题解法十六卷(英国)伦德编辑(英国)傅兰雅口译(清)华蘅芳笔述 …… 30
代数术补式二十六卷首一卷(英国)华里司辑(英国)傅兰雅口译(清)华蘅芳笔述(清)解崇辉撰 …… 30

代数术二十五卷首一卷(英国)华里司辑(英国)傅兰雅口译(清)华衡芳笔述 …… 30
代数通艺录十六卷(清)方恺撰 …… 30
代数通艺录十六卷续集二卷(清)方恺撰 …… 31
代数须知一卷(英国)傅兰雅撰 …… 31
代微积拾级十八卷(美国)罗密士撰 (英国)伟烈亚力口译(清)李善兰笔述 …… 31
代形合参三卷附一卷(美国)罗密士原著(美国)潘慎文译文(清)谢洪赉笔述 …… 31

dān
丹台玉案六卷(明)孙文胤著 …… 31
丹溪附余六种(元)朱震亨撰 …… 31
丹溪先生心法五卷附脉诀指掌一卷(元)朱震亨撰 (明)吴中珩校 & 脉诀指掌一卷(元)朱震亨著(明)吴勉学校 …… 31
丹溪先生心法五卷附余二种(元)朱震亨撰 …… 31
丹溪先生心法五卷附余六种(元)朱震亨撰 …… 31
丹溪先生医学全书十三种(元)朱震亨撰(清)陈鸿业校 …… 31
丹溪心法附余二十四卷首一卷(元)朱震亨撰 (明)方广辑 …… 31
丹溪心法七种(元)朱震亨撰 (明)方广辑 …… 31
丹溪心法五卷(元)朱震亨撰 (明)吴勉学校 …… 31
丹溪朱氏脉因证治二卷(元)朱震亨撰(清)汤望久校辑 …… 31
单方百诊全书一卷(清)白马和尚撰 …… 32

dàn
淡气爆药新书九卷(英国)山福德著(清)沈陶璋笔述(清)舒高第口译 …… 32

dāng
当代全国名医验案类编初集六卷二集八卷何廉臣选辑 …… 32
当代全国名医验案类编十四卷何廉臣选辑 …… 32
当代全国名医验案类编续编二十六卷何廉臣选辑 …… 32
当归草堂医学丛书初编十种(清)丁丙辑 …… 32

dào
道藏精华录十二种守一子辑 …… 32
道藏续编第一集(清)闵一得辑 …… 32

dé
得心集医案六卷(清)谢星焕注(清)谢甘霖纂辑(清)谢甘澍纂辑 …… 32

dēng
登坛必究四十卷(明)王鸣鹤撰 …… 32
登坛快览八卷(清)祝廷彪纂辑 …… 32

dì
地理辨症补正三卷廖平撰黄镕笔述 …… 32
地理辨正疏五卷首一卷末一卷(清)张心言撰 …… 32
地理辨正五卷(清)蒋平阶补撰 …… 32
地理辨证补正三卷另三篇廖平撰黄镕笔述 …… 32
地理辨证疏五卷末一卷(清)张心言撰 …… 32
地理大成五种(清)叶泰撰 …… 33
地理啖蔗录八卷(清)袁守定撰 …… 33
地理地文地质学一卷(美国)麦空同著 …… 33
地理末学二卷首一卷(清)纪大奎撰 …… 33
地理青囊经天玉心印奥语续编批注八卷(明)刘伯温辑罗克明校 …… 33
地理拾铅峦头理气合编二卷(清)程承瀚辑 …… 33
地理水法要诀五卷(清)纪大奎撰 …… 33
地理体用合编四卷(清)林世恭撰 (清)吴颐庆参订 …… 33
地理小补续编一卷附辨正发秘初稿一卷(清)刘杰撰 …… 33
地理阴阳合纂二卷(清)邓士松纂辑 …… 33
地理元宗图说二卷(清)秦蕙田撰 …… 33
地理葬书集注不分卷(晋)郭璞撰 (元)吴澄删定(明)郑谧注释 …… 33
地理正原一卷黄鲁撰黄克纡等校 …… 33
地球新义二卷廖平撰 …… 33
地球养民论一卷(英国)傅兰雅撰 …… 33
地球韵言四卷天文歌略一卷(清)张士瀛撰(清)叶澜撰 …… 33
地势略解不分卷(美国)李安德撰 …… 33
地文学问答十一卷邵章译述 …… 33
地学初桄不分卷(英国)卜舫济撰 …… 34
地学丛书三十四种中国地学会编 …… 34
地学歌略一卷地与歌略补注一卷(清)叶澜(清)叶翰撰 …… 34
地学稽古论一卷(英国)傅兰雅撰 …… 34
地学浅释三十八卷(英国)雷侠儿撰(美国)玛高温口译(清)华蘅芳口译(清)赵宏绘图 …… 34
地学指略三卷(英国)文教治口译(清)李庆轩笔述 …… 34
地震说一卷(清)蔡仲光撰 …… 34

diān
滇南本草三卷附医门揽要二卷(明)兰茂撰 …… 34
滇南本草图谱第一集不分卷经利彬匡可任等编 …… 34

diàn
电气镀金略法一卷(英国)华特纂(英国)傅兰雅口译(清)周郇笔述 …… 34
电气镀镍一卷(英国)傅兰雅口译(清)徐华封笔述 …… 34

diàn
电学纲目一卷(英国)田大里辑(英国)傅兰雅口译(清)周郇笔述 …… 34
电学十卷首一卷(英国)瑙挨德撰(英国)傅兰雅口译(清)徐建寅笔述 …… 34
电学问答一卷(清)天津水电局译 …… 34
电学一卷(清)江标辑 …… 34

diào
调疾饮食辨五卷(清)章穆纂述(清)程步岩参订 …… 147
调剂学一卷□□撰 …… 147
调元集腋二卷(清)陈子豫撰 …… 147

diē
跌打损疡药方一卷□□撰 …… 35

dīng
丁氏医案十五卷丁泽周注丁济万编辑程门雪等参 …… 35
疔疮五经辨一卷□□撰 …… 35

dǐng
鼎锲幼幼集成六卷(清)陈复正辑 …… 35

dìng
订补明医指掌十卷附诊家枢要一卷(明)皇甫中撰注(明)王肯堂订补(明)邵从皋参校(明)邵达参补 …… 35
订正东医宝鉴二十三卷(朝鲜)许浚等撰 …… 35
订正因是子静坐法一卷续编一卷附录一卷静坐法问题选录一卷蒋维乔撰 …… 35
订正仲景全书伤寒论注十七卷内科总目一卷(清)吴谦等纂 …… 35
订正仲景全书伤寒论注十七卷首一卷(清)吴谦等纂 …… 35
订正仲景伤寒论释义六卷(清)李缵文补注 …… 35

dōng
东西洋考十二卷(明)张燮撰 …… 35
东阳医贯十四卷(清)周正彩著(清)岳迁标参(清)蒋显纶校(清)舒生卯订 …… 35
东医宝鉴二十三卷目录二卷(朝鲜)许浚等撰 …… 35
东垣十书二十二卷(金)李杲撰 …… 35
东垣十书十种附二种(金)李杲等撰 …… 35
东垣先生此事难知二卷(元)王好古著(明)吴勉学校 …… 35
东垣先生此事难知集二卷(元)王好古著(明)吴勉学校 …… 35

dǒng
董方立算学遗书五种(清)董佑诚撰 …… 35

dòng
动水学器图说一卷(英国)傅兰雅撰 …… 35
动物浅说五十课广学会编译
动植物学一卷(清)江标辑 …… 35

dòng
洞天奥旨十六卷(清)陈士铎撰 …… 36
洞天奥旨外科秘录十六卷(清)陈士铎撰 …… 37
洞填全书脉诀□阐征一卷(清)陈士铎述 …… 37
洞主仙师白喉治法忌表抉微一卷(清)耐修子著 …… 37
洞主仙师白喉治法忌表抉微一卷附白喉吹药方一卷(清)耐修子著 …… 37
洞主先师白喉治法忌表抉微一卷(清)耐修子著 …… 37
洞主先师白喉治法忌表抉微一卷附白喉吹药方一卷(清)耐修子著 …… 37

dōu
都江堰水利述要一卷四川省水利局编 …… 37

dòu
斗战经一卷(日本)□□撰 …… 37
痘诀二卷(清)许豫和撰 …… 37
痘科大全三卷(清)史锡节撰 …… 37
痘科扼要一卷(清)陈奇生撰 …… 37
痘科金镜赋集解六卷(清)俞天池撰 …… 37
痘科类编释意二卷(清)翟良辑 …… 37
痘科良方二卷□□撰 …… 38
痘麻医案二卷(清)齐秉慧撰 …… 38
痘麻临症辨论一卷(清)倪向仁编 …… 38
痘疹慈航一卷(清)刘廷柱撰 (清)道光三十年(1850)刻本 …… 38
痘疹定论二卷经验痘疹保婴编方论一卷种子仙方一卷(清)张鹏飞校辑 (清)张鹏飞刻本 …… 38
痘疹定论四卷(清)朱纯嘏撰(清)王相编纂 …… 38
痘疹汇编释意六卷(清)翟良纂辑 …… 38
痘疹会通五卷(清)曾鼎纂述(清)刘昌祁校 …… 38
痘疹全集十五卷目录一卷(清)冯兆张纂辑(清)冯千元等校 …… 38
痘疹全镜录四卷翁仲仁撰 …… 38
痘疹诠三卷(明)张介宾著(清)鲁超订 …… 38
痘疹世医心法十二卷(明)万全集(明)赵烨校 …… 38
痘疹碎金赋一卷痘疹世医心法十二卷附毓麟芝室玉髓摘要二卷(明)万全集(明)赵烨校 …… 38
痘疹图说一卷□□撰 …… 38
痘疹真传奇书二卷(明)高我冈撰(明)高尧臣纂辑 …… 38
痘疹正宗二卷(清)宋麟祥撰 …… 38
痘疹正宗二卷(清)宋麟祥撰 …… 39
痘治理辨一卷(明)汪机编辑 …… 38

dú
读过伤寒论十八卷首二卷陈伯坛著 …… 39
读脉约编不分卷□□撰 …… 39
读伤寒论抄一卷□□撰 …… 39
读史兵略四十六卷(清)胡林翼撰 …… 39

读素问抄三卷补遗一卷(元)滑寿编辑(明)汪机续注 …… 39
读孙子十三篇阵中笺释一卷朱怀冰撰 …… 39
读医药顾问记略一卷□□撰 …… 39

duì
对数表一卷(美国)赫士口译(清)朱葆琛笔述 …… 39
对数简法二卷(清)戴煦撰 …… 39
对数详解五卷(清)丁取忠撰 …… 39

dùn
遁甲演义四卷(明)程道生撰 …… 39

E

è
恶核良方释疑一卷(清)劳守慎纂 …… 39

ér
儿科萃精八卷陈守真撰 …… 39
儿科辑要四卷姚济苍集 …… 40
儿科学讲义一卷妇科学一卷谢铨镕编 & 妇科学一卷乔君实编 …… 40
儿科易知一卷中华书局编辑 …… 40

èr
二分晰义二卷(清)陈良佐撰 …… 40
二如亭群芳谱二十九卷首一卷(明)王象晋纂辑(明)陈继儒等校(明)王与胤等诠次 …… 40
二十史朔闰表一卷陈垣撰 …… 40
廿一史战略考三十三卷(明)茅元仪辑 …… 99

F

fǎ
法律医学二十四卷首一卷(英国)该惠连 (英国)弗里爱同撰(英国)傅兰雅口译(清)徐寿笔述(清)赵元益校录 …… 40

fān
翻译弦切对数表八卷(清)贾步纬译述(清)火荣业校 …… 40

fàn
范衍十卷(明)钱一本撰 …… 40

fāng
方星岩见闻录五卷(清)方成垣撰 …… 40

fǎng
仿寓意草二卷(清)李冠仙撰 …… 40
纺织机器图说一卷(英国)傅兰雅撰 …… 40

fēi
飞行生理学一卷(清)张祖德注 …… 40
飞鸿集眼科七十二症一卷□□撰 …… 40
非欧几何学五章余介石编译 …… 40

fèi
费伯雄先生医书二种(清)费伯雄撰(清)费应兰编(清)费荣祖等校 …… 41

fēn
分经方义录二卷何仲皋著 …… 41
分经治病秘诀不分卷(清)邓荣服注辑 …… 41
分类草药性二卷□□撰 …… 41
分类草药性一卷附天宝本草一卷□□撰 …… 41
分类推拿小儿秘诀一卷□□撰 …… 41
分类王孟英医案二卷(清)王士雄撰陆士谔编校 …… 41
分类医学菁华三卷(清)周学海著 …… 41

fēng
蜂具学三卷附最新实业养蜂法一卷贺子固编著 & 最新实业养蜂法一卷 □□撰 …… 41
风角书八卷(清)张尔齐撰(清)李若琳校订 …… 41
风劳鼓病论三卷恽铁樵著章巨膺参校 …… 41
风湿症条例一卷□□著 抄本 …… 41

féng
冯氏锦囊秘录八种(清)冯兆张撰 …… 41
冯氏锦囊秘录痘疹全集二十卷(清)冯兆张纂辑 …… 41
冯氏锦囊秘录二十卷(清)冯兆张纂辑 …… 41
冯氏锦囊秘录三种(清)冯兆张纂辑 …… 41

fó
佛崖验方抄一卷(清)罗叔蠙撰 …… 41

fú
弗兰克养蜂论不分卷(美国)弗兰克著万克明译 …… 42
涪州实业中学堂新改良养蚕白话一卷刘开宗撰祝仲峙审定 …… 42
福幼编一卷遂生编一卷(清)庄一夔撰 …… 42
福幼编一卷遂生编一卷广生编一卷(清)庄一夔著 & 广生编一卷张武铨辑 …… 42

fǔ
鲜溪医案选摘要四卷(清)陆咏婴辑 陆晋笙鉴定 …… 41
鲜溪医论选中编六卷陆平一选 陆咏媞等参校 …… 42
抚郡农产考略二卷(清)何刚德撰 …… 42

fù
付口驳义不分卷附内经附比较合表不分卷廖平辑述 & 内经附比较合表不分卷廖宗泽编辑 …… 42
妇科精蕴图说五卷(美国)妥玛氏撰(清)孔庆高笔译(美国)嘉约翰校正 …… 42
妇科精蕴五卷(美国)妥玛氏撰(清)孔庆高笔译 …… 42
妇科秘方一卷(清)竹林寺僧撰 抄本 …… 42
妇科秘方一卷附胎产护生篇一卷(清)竹林寺僧撰 & 胎产护生篇一卷(清)李长科辑(清)陆钖禧参(清)杨启凤定 …… 42
妇科五十二章附图一卷(美国)汤麦斯撰(清)舒高第译(清)郑昌棪译 …… 42

妇科学讲义一卷乔君实撰 …… 42
妇科易知一卷中华书局编辑 …… 42
妇科玉尺六卷(清)沈金鳌撰 …… 42
妇科诸论二卷□□撰 抄本 …… 42
妇女保险书四卷况庚星撰刘元勋参校 …… 42
妇女杂症一卷□□撰 …… 42
妇人集一卷(明)陈维崧撰 …… 43
妇人九症一卷□□撰 …… 43
妇人良方二十四卷(宋)陈自明撰(明)薛己注 …… 43
妇人良方六卷(宋)陈自明编(明)薛己注 …… 43
妇婴三书(清)沈金鳌(清)强健纂注 …… 43
妇婴新说一卷(英国)合信氏(清)管茂材撰 …… 43
妇婴至宝六卷(清)巫斋居士原编(清)三农老人附注 …… 43
傅青主男科二卷(清)傅山著(清)金汝霖校 …… 43
傅青主男科二卷(清)傅山著(清)席树馨校梓(清)席之瑛兑字 …… 43
傅青主男科二卷女科二卷产后编二卷(清)傅山著(清)金汝霖校 …… 43
傅青主男科二卷女科二卷产后编二卷(清)傅山著(清)金汝霖校 …… 44
傅青主男女科二种(清)傅山著(清)金汝霖校 …… 44
傅青主男女科二种附一种(清)傅山著(清)黄廷烈校勘 …… 44
傅青主女科二卷(清)傅山撰 …… 44
傅青主女科二卷产后编二卷(清)傅山撰 …… 44
傅青主女科二卷附产后编二卷(清)傅山撰 …… 44
傅青主全集二种(清)傅山著(清)金汝霖校 …… 44
傅氏眼科审视瑶函六卷首一卷(明)傅仁宇纂辑 …… 44
傅氏眼科审视瑶函六卷首一卷医案一卷(明)傅仁宇纂辑(清)林长生校补(清)傅维藩编集 …… 45
傅征君女科二卷附傅征君产后编二卷(清)傅山撰 …… 45

G

gǎi
改良绘图外科正宗十二卷(明)陈实功撰(清)徐大椿评 …… 45
改良外科图说四卷(清)高梅溪辑 …… 45

gān
干象新书二卷(宋)秦孝先书 …… 61

gǎn
感应一草亭眼科全集四卷(清)文永周编 …… 45
感症宝筏四卷(清)吴贞撰(清)邵仙根评何炳元重订邵光华等录 …… 45
感症宝筏四卷附药方一卷(清)吴贞撰(清)邵仙根评何炳元重订邵光华等录 …… 45

gāo
高等植物学不分卷□□撰 …… 45
高厚蒙求八卷(清)徐朝俊纂(清)徐绂校 …… 45
高厚蒙求五卷(清)徐朝俊纂(清)徐绂校 …… 45
高士宗先生手授医学真传二卷(清)高世栻著(清)王嘉嗣等述 …… 45
膏丹丸散纂辑一卷邓树年汇选邓大章校字 …… 45
糕饼谱一卷□□撰 …… 45

gé
革象新书五卷(元)赵友钦撰 …… 45
格林炮操法一卷(美国)傅兰克令著(英国)傅兰雅口译 …… 45
格氏小儿耳鼻咽喉病学一卷(英国)格思烈撰谭世鑫译 …… 46
格物测算八卷(美国)丁题良撰 …… 46
格物杂说四卷(英国)傅兰雅撰 …… 46
格致读本二卷(英国)穆尔显撰南洋公学译书院译 …… 46
格致古微五卷表一卷(清)王仁俊撰 …… 46
格致汇编不分卷(英国)傅兰雅辑 …… 46
格致汇编医录一卷(清)潘学祖辑 …… 46
格致镜原一百卷(清)陈元龙撰 …… 46
格致理三家论一卷(英国)傅兰雅辑(英国)慕维廉稿 …… 46
格致略论十二卷(英国)傅兰雅辑 …… 46
格致启蒙四卷(英国)罗斯古纂(美国)林乐知(清)郑昌棪同译 …… 46
格致小引一卷(英国)赫施赉著(英国)罗亨利译 …… 46
格致新法一卷续一卷(英国)慕维廉撰 …… 46
格致余论一卷(元)朱震亨撰(明)吴中珩校 …… 46
葛仙翁肘后备急方八卷(晋)葛洪撰 …… 47
葛仙翁肘后备急方八卷附刊误表一卷(晋)葛洪撰 …… 47

gōng
工程机器器具图说一卷(英国)傅兰雅撰 …… 47
工程制造学一卷(清)江标辑 …… 47
工程致富论略十三卷首一卷附图一卷(英国)玛体生著(英国)傅兰雅 (清)钟天纬同译 …… 47
工程做法七十四卷工部简明做法一卷(清)允礼等纂 …… 47
工业与国政相关论二卷(英国)司旦离遮风司撰(美国)卫理译(清)王汝骐译 …… 47
工艺知新一卷(英国)傅兰雅编 …… 47
弓箭浅说一卷□□撰 …… 47
公余医录抄六卷(清)陈念祖原本(清)刘绍熙摘录 …… 47
攻守炮法一卷(美国)金楷理口译(清)李凤苞笔述 …… 47
攻守炮法一卷克房伯腰箍炮说一卷克房伯炮架说一卷克房伯船炮操法一卷克房伯螺绳炮架说一卷(美国)金楷理口译(清)李凤苞笔述 …… 47

gōu

勾股六术图解三卷弧角拾遗一卷(清)项名达撰 …… 47
勾股六术一卷(清)项名达集(清)杨瑜良算补 …… 47
勾股演代二卷(清)江衡撰 …… 47

gū

辜大安身验良方一卷附录一卷(清)辜大安撰 …… 48

gǔ

古本难经阐注二卷(清)丁锦集注 …… 48
古筹算考释六卷劳乃宣撰 …… 48
古方选注四卷(清)王子接注(清)叶桂校 …… 48
古今名医方论四卷(清)罗美辑(清)柯琴参阅 …… 48
古今名医万方类编三十二卷(清)曹绳彦辑闵其昌校对 …… 48
古今夏时表一卷叶德辉撰 …… 48
古今医案十卷(清)俞震纂辑(清)李龄寿重校辑 …… 48
古今医鉴十六卷(明)龚信撰(明)龚廷贤续编 …… 48
古今医诗五十三卷(清)张望纂辑 …… 48
古今医史七卷续增二卷附录王宏翰案一卷(清)王宏翰辑(清)钱顾琛参订 …… 48
古今注三卷(晋)崔豹撰 …… 48
古经天象考十二卷附图说一卷(清)雷学淇撰 …… 48
古历经征一卷刘师培撰 …… 49
古梅梁氏痧科全书一卷(清)梁希曾著 …… 49
古吴童氏重校医宗必读十卷(明)李中梓著 …… 49

gù

故宫博物院报告故宫博物院编 …… 49
顾氏医镜六种(清)顾靖远撰 …… 49
顾氏医苑二十种顾培笙编 …… 49

guān

观聚方要补十卷(日本)丹波元简辑 …… 49
观我生室汇稿(清)罗士琳撰 …… 49

guǎn

管窥辑要八十卷(清)黄鼎纂定 …… 49

guàn

灌记初稿四卷(清)彭洵撰 …… 49

guāng

光烈医方指南十卷吴光烈纂 …… 49
光学二卷附视学诸器图说一卷(英国)田大里辑(美国)金楷理口译(清)赵元益笔述(清)沙英绘图 …… 49
光学一卷(清)江标辑 …… 49

guǎng

广蚕桑说一卷(清)沈练撰 …… 49
广嗣五种备要(清)王实颖辑 …… 49
广瘟疫论四卷附广瘟疫论方一卷(清)戴天章著 …… 49
广注素问灵枢类纂三卷(清)汪昂辑注江忍庵增注 …… 49
广注素问灵枢类纂三卷(清)汪昂辑注 江忍庵增注 …… 50

guǐ

鬼谷算命术一卷□□撰 …… 50
鬼儆术三卷陆晋笙编 …… 50

guì

桂考一卷(清)张光裕撰 …… 50
桂林医鉴九卷(清)王桂林补注 …… 50

guó

国民历一卷国立中央研究院天文研究所编 …… 50
国学理科界不分卷(清)金嗣芬著 …… 50
国药论证四卷王剑宾撰 …… 50
国药商抄一卷陈鼎之廖涤新编辑 …… 50
国医传染病一卷茹十眉编邝素玲录 …… 50
国医创伤精要一卷熊宝珊编 …… 50
国医防疫概要一卷赖华锋纂述 …… 50
国医公报中央国医馆编审委员会编辑 …… 50
国医讲义六种秦之济述 …… 50
国医伤科方式一卷傅仲仙撰 …… 50
国医生理新论六卷朱国均撰 …… 50
国医小丛书三十二种国医书局编 …… 51
国医诊断学二卷首一卷胡善卢编 …… 51

guǒ

果树园艺学不分卷□□撰 …… 51
裹扎新法一卷(美国)嘉约翰口译(清)林湘东笔述 …… 51

H

hái

孩童卫生编一卷(英国)傅兰雅译 …… 51

hǎi

海藏老人阴证略例一卷(元)王好古撰 …… 51
海错百一录五卷(清)郭柏苍辑 …… 51
海岛算经一卷(晋)刘徽撰(唐)李淳风注 …… 51
海军调度要言三卷(英国)崆核撰(清)舒高第译(清)郑昌棪译 …… 51
海上仙方一卷无名氏撰 …… 51
海塘辑要十一卷附释一卷(英国)韦更斯撰(英国)傅兰雅口译(清)赵元益笔述 & 海塘辑要附释一卷(英国)马立德著 …… 51
海医道掌一卷方骏撰 …… 51
海战指要一卷(英国)傅兰雅撰 …… 51

hán

寒疫合编歌括四卷(清)王光甸编辑 …… 51

hàn

汉滹亭考蒙文通撰 …… 51
汉镜斋堪舆小识二卷附录一卷先严先慈像赞家传墓志行状及生平事迹录一卷查国珍撰 …… 51

汉书地理志水道图说七卷附考证德清胡氏禹贡图一卷(清)陈澧撰 ……… 51
汉太初历考一卷心巢文录二卷(清)成蓉镜撰 ……… 52
汉太初以前朔闰表一卷(清)张其翱撰 ……… 52
汉译诊病奇侅二卷附五云子腹诊法一卷(日本)丹波元坚类次(日本)松井操汉译 ……… 52
汉志水道疏证四卷(清)洪颐煊撰 ……… 52
撼龙经传订本注一卷廖平撰黄镕笔述 ……… 52
撼龙经批注校补不分卷(唐)杨益撰(清)高其倬批点 ……… 52
撼龙十卷(唐)杨益撰(清)高其倬批点 ……… 52

háng
行船免撞章程一卷附一卷(英国)傅兰雅译(清)钟天纬译 ……… 52
行海要术四卷(美国)金楷理口译(清)李凤苞笔述 ……… 52
行列式详论一卷段子燮撰 ……… 52
行水金鉴一百七十五卷首一卷(清)傅泽洪辑纂 ……… 52
行素轩算稿五种(清)华蘅芳撰 ……… 52
行素轩算学五种(清)华蘅芳撰 ……… 52
航海简法四卷(英国)那丽撰(美国)金楷理口译(清)王德均笔述 ……… 52
航海通书不分卷(清)贾步纬等算校 ……… 53
航海章程一卷附初议纪录一卷(美国)弗兰克林撰(清)凤仪口译(清)徐家宝笔述 ……… 53

háo
豪慈小儿科问答一卷(美国)豪慈撰 ……… 53

hé
合订本草备要八卷医方集解六卷(清)汪昂撰 ……… 53
合镌士材三书三种附一种(明)李中梓撰 (清)尤乘辑 ……… 53
合镌增补士材三书三种(明)李中梓撰 (清)尤乘辑 ……… 53
合数述二卷(清)林绍清撰 ……… 53
何博士备论二卷附李忠定共辅政本末一卷(宋)何去非撰 & 李忠定共辅政本末一卷(宋)李纲撰 ……… 53
河防一览十四卷(明)潘季驯著(明)王元命等校订(明)陈昌言编次 ……… 53
河工器具图说四卷(清)麟庆撰 ……… 53
河洛理数七卷(宋)陈抟著(宋)邵雍述(清)史应选订 ……… 53
鹖冠子三卷(宋)陆佃解 ……… 53

hēi
黑龙江垦殖说略一卷吴仲卿纂辑 ……… 53

héng
衡阳药签一卷□□撰 ……… 53

hóng
红炉点雪四卷(明)龚居中辑 ……… 53
洪江育婴小识四卷(清)潘清修 (清)王汪文修(清)欧阳钟校勘(清)梁秀湖校 ……… 53
洪氏集验方五卷(宋)洪遵撰 ……… 54

hóu
喉科秘钥二卷附录一卷(清)郑西原辑(清)许佐廷增订 ……… 54
喉科秘旨二卷(清)吴张氏原本 ……… 54
喉科杓指四卷(清)包永泰著(清)包福成校 ……… 54
喉科易知一卷中华书局编辑 ……… 54
喉科指掌论略治法一卷□□撰 ……… 54
喉症汇参五卷(明)张介宾等撰 ……… 54
喉症考辨一卷附白喉证验一卷(清)罗绍芳纂 & 白喉证验一卷(清)雷子木述 ……… 54
喉症秘集二卷痧症全书一卷(清)郑麈辑(清)许佐廷增订 & 痧症全书一卷(清)林森传授(清)王凯编辑 ……… 54
喉症全科紫珍集二卷(清)燕山窦氏原本(清)朱翔宇辑 ……… 54
喉症全科紫珍集二卷附保婴篇一卷(清)燕山窦氏原本(清)朱翔宇辑 ……… 54

hū
呼吸器病一卷余岩述 ……… 54

hú
弧三角举隅一卷(清)江临泰著 ……… 54
弧三角平视法一卷(清)陈沣撰 ……… 54
弧三角拾遗一卷用表推日食三差一卷朔食九服里差三卷造各表简法一卷附咽喉脉证通论一卷(清)徐有壬学 & 咽喉脉证通论一卷佚名撰 ……… 55
胡庆余堂丸散膏丹全集不分卷(清)胡光墉编 ……… 55
湖北武学二十二种(清)湖北武备学堂编 ……… 55
湖南省农业改进所溆浦推广实验区工作报告不分卷湖南省农业改进所溆浦推广实验区编 ……… 55

hǔ
虎钤经二十卷(宋)许洞撰 ……… 55

hù
互相问答八卷(英国)傅兰雅撰 ……… 55
护士应用饮食学一卷江清编译 ……… 55

huā
花卉栽培一览表不分卷□□撰 ……… 55
花柳易知二卷李公彦撰 ……… 55

huá
华氏医学心传五卷华秉麈著 ……… 55
华氏中藏经三卷(汉)华佗撰(清)孙星衍校 ……… 55
华佗神医秘传二十二卷(汉)华佗撰(唐)孙思邈集 ……… 55

huà

化学材料中西名目表一卷(清)江南制造总局撰 …… 55
化学初阶四卷(美国)嘉约翰口译(清)何了然笔述 …… 55
化学分原八卷(英国)蒲陆山撰(英国)傅兰雅口译(清)徐建寅笔述(清)曹钟秀画图 …… 55
化学工艺初集二集四卷三集二卷(英国)能智撰(英国)傅兰雅译(清)汪振声译
化学鉴原补编六卷附一卷(英国)傅兰雅口译(清)徐寿笔述 …… 56
化学鉴原六卷续编二十四卷(英国)韦而司撰(英国)傅兰雅口译(清)徐寿笔述 & 续编二十四卷 (英国)蒲陆山撰(英国)傅兰雅口译(清)徐寿笔述 …… 56
化学考质八卷附表一卷(德国)富里西尼乌司撰(英国)傅兰雅口译(清)徐寿笔述 …… 56
化学器图说六卷(英国)傅兰雅撰 …… 56
化学求数十五卷附表一卷(德国)富里西尼乌司撰(英国)傅兰雅口译(清)徐寿笔述 …… 56
化学实验新本草一卷(清)丁福保编 …… 56
化学一卷(清)江标辑 …… 56
化学源流论四卷(英国)方尼司辑(清)王汝骍译 …… 56

huái

怀胎歌一卷□□撰 …… 56
淮南天文训补注二卷(清)钱唐撰 …… 56
淮南万毕术二卷(汉)刘安纂 …… 56
淮阳水利图说一卷(清)冯道立撰 …… 56

huán

圜容校义一卷附晓庵新法六卷(意大利)利玛窦授 & 晓庵新法六卷 (清)王锡阐撰 …… 56
圜天图说三卷(清)李明彻撰(清)阮元鉴定 …… 56
圜天图说续编二卷(清)李明彻撰(清)阮元鉴定 …… 56
圜锥曲线说三卷(英国)艾约瑟口译(清)李善兰笔述 …… 56
寰宇述要二卷(清)马德新撰 …… 57

huáng

皇朝京师中线地球全图说一卷(清)张秉枢述 …… 57
皇帝甲乙经十二卷(晋)黄甫谧辑 …… 57
皇汉医学丛书陈存仁编校 …… 57
皇极经世观物外篇衍义九卷(宋)张行成撰 …… 57
皇极经世书九卷(宋)邵雍撰 …… 57
皇极经世四编(宋)邵雍撰 …… 57
皇极经世索隐一卷(宋)张行成撰 …… 57
黄帝八十一难经疏证二卷(日本)丹波元胤学 …… 57
黄帝八十一难经正本一卷(战国)秦越人章句张骥校补 …… 57
黄帝内经灵枢集注十二卷(清)张志聪集注(清)赵尔功参(清)闵振儒参(清)朱翰校正 …… 57
黄帝内经灵枢十二卷(唐)王冰次注(宋)林亿校正(宋)孙奇校正(宋)高保衡校正(宋)孙兆重改误 …… 57
黄帝内经灵枢十二卷补注二十四卷(唐)王冰次注(宋)林亿校正(宋)孙奇校正(宋)高保衡校正(宋)孙兆重改误 …… 57
黄帝内经灵枢十二卷附灵枢隋杨氏太素注本目录一卷黄帝内经太素篇目一卷(唐)王冰次注(宋)林亿校正(宋)孙奇校正(宋)高保衡校正(宋)孙兆重改误 …… 58
黄帝内经灵枢素问十卷(清)张志聪集注 …… 58
黄帝内经灵枢注证发微九卷(明)马莳注 …… 58
黄帝内经素问二十四卷(明)吴崐注 …… 58
黄帝内经素问二十四卷(明)张志聪集注 (清)朱长春参订 …… 58
黄帝内经素问二十四卷(唐)王冰注(宋)林亿等校正 …… 58
黄帝内经素问二十四卷灵枢经十二卷(清)张志聪集注 …… 58
黄帝内经素问集注九卷灵枢经集注九卷(清)张志聪集注 …… 58
黄帝内经素问九卷(清)高世栻批注 …… 58
黄帝内经素问九卷(清)张志聪集注(清)莫承艺参订(清)朱景韩校正 …… 58
黄帝内经素问九卷灵枢经九卷(清)张志聪集注 …… 58
黄帝内经素问九卷灵枢经十卷(清)张志聪集注 …… 58
黄帝内经素问灵枢合纂二十卷(清)张志聪集注(清)莫承艺参订(清)朱景韩校正 …… 58
黄帝内经素问灵枢合纂二十卷(明)马莳(清)张志聪注 …… 58
黄帝内经素问详注直讲全集二十四卷(唐)王冰撰(清)高士亿注 …… 58
黄帝内经素问校义一卷(清)胡澍撰 …… 59
黄帝内经素问遗篇一卷(宋)刘温舒原本 …… 59
黄帝内经素问注证发微九卷补遗一卷(明)马莳注 …… 59
黄帝内经素问注证发微九卷灵枢注证发微九卷(明)马莳注 …… 59
黄帝内经太素三十卷(隋)杨上善注 …… 59
黄帝内经太素三十卷(隋)杨上善辑注萧延平校正 …… 59
黄帝内经太素三十卷黄帝内经明堂一卷附录一卷(隋)杨上善注 & 附录一卷(清)黄以周撰 …… 59
黄帝内经太素诊皮篇补证一卷附古经诊皮名词一卷释尺一卷仲景诊皮法一卷杨氏太素论诊皮法一卷(隋)杨上善撰注廖平等辑并补证 …… 59
黄帝素问灵枢经十二卷(唐)王冰次注(宋)林亿校正(宋)孙奇校正(宋)高保衡校正(宋)孙兆重改误 …… 59

黄帝素问灵枢经十二卷补注释文黄帝内经素问十二卷遗篇一卷(唐)王冰次注(宋)林亿校正(宋)孙奇校正(宋)高保衡校正(宋)孙兆重改误 …… 59
黄帝太素人迎脉口诊补证二卷廖平撰 …… 59
黄帝逸典十三卷□□撰 …… 59
黄河论一卷(英国)玛礼孙稿 …… 59
黄石公三略二卷六韬一卷唐太宗李卫公问对二卷□□撰 …… 60
黄石公素书解一卷程昌祺著述 …… 60
黄石公素书一卷(汉)黄石公撰(汉)魏鲁注 …… 60
黄石公素书一卷(汉)黄石公撰(汉)魏鲁注 抄本 …… 60
黄石公素书一卷附天隐子一卷玄真子外篇一卷无能子三卷齐五子一卷(汉)黄石公撰 & 天隐子一卷(唐)司马承祯撰 & 玄真子外篇一卷(唐)张志和撰 & 无能子三卷(唐)无能子撰 & 齐丘子一卷(五代)谭峭撰 …… 60
黄石公素书一卷附留侯世家一卷(汉)黄石公撰(汉)魏鲁注 …… 60
黄氏医书八种(清)黄元御撰 (清)徐树铭校 …… 60
黄廉访精选经验方一卷目录一卷(清)黄毓恩辑 …… 59

huí
回春集金匮浅注十卷(汉)张仲景原文(清)陈念祖注 …… 60
回春集四圣悬枢五卷(清)黄元御注 …… 60
回澜纪要二卷安澜纪要二卷(清)徐端撰 …… 60
回澜社医书四种汪绍达辑 …… 61
回生集二卷(清)陈杰撰 …… 61
洄溪医案一卷(清)徐大椿撰 (清)王士雄编 …… 61

huì
汇集金鉴四卷(清)释本圆辑 …… 61
汇集奇方一卷□□撰 …… 61
汇编奇效良方一卷杨鹏先辑 …… 61
汇集金鉴二卷(清)释本圆辑 …… 61
绘地法原不分卷附表一卷图一卷(美国)金楷理口译(清)王德均笔述 …… 61
绘地法原一卷(美国)金楷理口译(清)王德均笔述 …… 61
绘图痧惊合璧四卷(清)陈汝鉎撰 …… 61
绘图食物本草一卷(清)朱斗南编 …… 61
绘图外科正宗十二卷(明)陈实功撰(清)徐大椿评 …… 61
绘图卫生至宝一卷□□撰 …… 61
绘图针灸易学三卷(清)李守先注(清)王庭煊等参 …… 61

hùn
浑盖通宪图说二卷首一卷(明)李之藻撰 …… 62

huó
活法机要一卷(明)吴中珩校 …… 62
活人精言三种(明)戈维城著(清)席树馨校梓(清)席之瑛兑字 …… 62
活人书二十卷(明)徐镕校正 …… 62
活人心法四卷(清)王文选编辑 …… 62
活幼心法八卷末一卷(明)聂尚恒撰 …… 62
活幼心法大全八卷末一卷(明)聂尚恒撰 …… 62
活幼心法二卷(明)聂尚恒撰 …… 62
活幼珠玑二卷续编一卷(清)许佐廷编辑(清)程学说等校 …… 62

huǒ
火车铁路论一卷(英国)傅兰雅撰 …… 62
火龙经三卷(三国蜀)诸葛亮撰(明)刘基(明)焦玉校 …… 62

huò
霍乱病治疗验方一卷刘秉衡拟 …… 62
霍乱论二卷(清)王士雄述 …… 62
霍乱论二卷(清)王士雄述 …… 63
霍乱燃犀说二卷末一卷(清)许起述(清)许玉瀛等校 …… 63
霍乱新论一卷(清)姚训恭撰 …… 63
霍乱症防治法一卷□□撰 …… 63

J

jī
几何举隅六卷补译几何原本一卷(英国)托咸都辑(清)郑毓英译述(清)汤金铸校绘 …… 90
几何举隅三卷(英国)托咸都辑(清)郑毓英译述(清)汤金铸校绘 …… 90
几何原本六卷首六卷(希腊)欧几里得撰(意大利)利玛窦口译(明)徐光启笔录 …… 90
几何原本十五卷(意大利)利玛窦口译(明)徐光启笔受 …… 90
几何原本十五卷(意大利)利玛窦口译(明)徐光启笔受 …… 91
几希录良方合璧一卷(清)张惟善辑 …… 91
机工教范二卷(清)王汝骐译述(清)曹永清绘图 …… 63
机器择要图说一卷(英国)傅兰雅撰 …… 63
肌肉学一卷王德煦授 …… 63
稽瑞一卷(唐)刘赓辑 …… 63
畿辅水利四卷附录一卷(清)潘锡恩辑 …… 63
畿辅水利义一卷附国史本传一卷(清)林则徐撰 …… 63
缉古算经一卷(唐)王孝通撰并注(清)张敦仁细草 …… 63

jí
吉利全书一卷□□撰 …… 63
急救方一卷(明)胡桌宪撰 …… 63
急救各方一卷(清)吴香湖校 …… 63
急救广生集十卷(清)程鹏程编 …… 63

急救简便应验良方不分卷□□撰 …………………… 64
急救简便应验良方一卷□□辑 …………………… 64
急救经验良方一卷(清)陈念祖评 ………………… 64
急救痧奇方附经验百病内外一卷□□撰 ………… 64
急救痧症全集三卷(清)费山寿辑纂 ……………… 64
急救鼠疫传染良方一卷(清)吴宣崇撰 …………… 64
急救仙方六卷(清)鲍泰圻重校 …………………… 64
急救异痧奇方一卷附经验百病内外一卷(清)陈念祖原评
 ……………………………………………………… 64
急救异痧奇方一卷(清)陈念祖评 ………………… 64
急救易知一卷□□撰 ……………………………… 64
急救应验良方一卷(清)徐干敬选(清)费山寿纂辑 … 64
急慢惊风一卷秦勋撰 ……………………………… 64
急治汇编三卷(清)张龢莱纂录 …………………… 64
急治良方一卷(清)罗思举撰 ……………………… 64
集成粹编兰台轨范八卷(清)徐大椿著 …………… 65
集选奇效简便良方四卷(清)丁尧臣辑 …………… 65
集验背疽方一卷(宋)李迅撰 ……………………… 65
集验简易良方四卷(清)怀庭德丰辑(清)莫树蕃校订 ……
 ……………………………………………………… 65
集验良方拔萃二卷(清)恬素辑 …………………… 65
集注伤寒论十卷(汉)张机撰 ……………………… 65
集注太玄经十卷(宋)司马光撰 …………………… 65

jǐ
己任编四种(清)杨乘六辑评 ……………………… 65

jì
纪慎斋易学求雨图说一卷附录虫胀脚气两症经验良方一
卷(清)劳守慎纂辑 ………………………………… 65
纪效新书十八卷首一卷(明)戚继光撰 …………… 65
纪元以来朔闰考六卷罗振玉校录 ………………… 65
济生拔萃十九卷(元)杜思敬撰 …………………… 66
济世达生撮要八种(清)李泽身撰 ………………… 66
济世良方六卷首一卷(清)周其芬原辑(清)莹轩氏增辑 …
 ……………………………………………………… 66
济世良方六卷首一卷补遗四卷(清)周其芬原辑(清)莹轩
氏增辑 ……………………………………………… 66
济世山房痧症医案全集一卷吴荣漳著陶轩汇辑并图注 …
 ……………………………………………………… 66
济世养生集一卷(清)毛世洪辑(清)汪瑜增订 …… 66
济世养生经验良方八卷费梧篡订费燮元等校 …… 66
济阳纲目一百零八卷(明)武之望编辑(清)张楠注 … 66
济阴纲目十四卷(明)武之望辑注(清)汪淇笺释 … 66
济阴纲目十四卷附保生碎事一卷(明)武之望辑注(清)汪
淇笺释 & 附保生碎事一卷(清)汪淇论定 ………… 66
济阴纲目十四卷附保生碎事济阴慈幼外编一卷(明)武之
望辑注(清)汪淇笺释 & 附保生碎事一卷(清)汪淇论定
 ……………………………………………………… 66
济阴纲目十四卷附保生碎事一卷(明)武之望辑注(清)汪
淇笺释 & 附保生碎事一卷(清)汪淇论定 ………… 66
济阴纲目十四卷附保生琐事一卷(明)武之望辑注(清)汪
淇笺释 & 附保生碎事一卷(清)汪淇论定 ………… 66
济众录三卷(清)劳守慎辑 ………………………… 66
寄生虫病学不分卷孙重仪撰 ……………………… 66

jiā
加非考一卷(清)陈寿彭译辑 ……………………… 66
加批圈点内经知要二卷(明)李中梓原辑(清)陈莲舫批 …
 ……………………………………………………… 67
加批圈点外台秘要方四十卷(唐)王焘撰 ………… 67
加批详评景岳全书六十四卷(明)张介宾著(清)叶桂评江
家桢订 ……………………………………………… 67
加批校正金匮心典三卷(清)陈莲舫批江忍庵校正 … 67
加评温病条辨六卷首一卷(清)吴瑭著陆士谔加评 … 67
家藏心典十六卷(清)陈念祖撰 …………………… 67
家畜病理学不分卷□□撰 ………………………… 67
家畜产科学不分卷陆军兽医学校编 ……………… 67
家畜传染病学一卷罗清生编撰 …………………… 67
家畜内科学不分卷陆军兽医学校编 ……………… 67
家畜内科学讲义一卷附病马看护一卷□□撰 …… 67
家畜内科诊断学不分卷陆军兽医学校编 ………… 67
家畜内科诊断学不分卷崔步瀛编 ………………… 67
家畜外科各论学一卷□□撰 ……………………… 67
家畜卫生不分卷焦龙华著 ………………………… 67
家畜卫生学不分卷陆军兽医学校编 ……………… 67
家传医学入门二卷(清)江秉干编辑 ……………… 67
嘉量算经三卷(明)朱载堉著 ……………………… 68

jiān
兼济堂纂刻梅勿庵先生历算全书二十九种(清)梅文鼎撰
 ……………………………………………………… 68

jiǎn
简明病理学不分卷陆军兽医学校编 ……………… 68
简明家畜内科学一卷陆军兽医学校编 …………… 68
简明家畜内科诊断学不分卷□□撰 ……………… 68
简明家畜药物学不分卷□□撰 …………………… 68
简明外科总论讲义不分卷陆军兽医学校编 ……… 68
简明中西汇参医学图说二卷(清)王中忠编辑 …… 68
简要经药一卷□□撰 ……………………………… 68
简易庵算稿四卷(清)刘彝程撰(清)龚杰绘图 …… 68
简易格致课本不分卷杜亚泉编纂 ………………… 68
简易医诀四卷(清)周云章著 ……………………… 68

jiàn
剑法真传二卷(清)宋赓平撰吴剑华吴剑泉重编 …… 68
健康秘诀一卷卢世英著 …… 68

jiāng
江苏海塘新志八卷首一卷(清)李庆云总纂(清)蒋师辙编辑 …… 68
江苏水利图说不分卷(清)李庆云撰 …… 68

jiǎng
讲求矿物一卷(英国)傅兰雅撰 …… 68
讲求种植一卷(英国)玛高温撰 …… 68

jiàng
绛雪园古方选注不分卷(清)王子接注(清)叶桂校 …… 69
绛雪园古方选注三卷(清)王子接注(清)叶桂校 …… 69

jiāo
焦氏易诂十一卷补遗一卷尚秉和撰 …… 69
焦氏易林校略十六卷(清)翟云升撰 …… 69

jiǎo
脚气治法总要二卷(宋)董汲著 …… 69

jiào
教种山蚕谱不分卷(清)杜国棠辑 …… 69
教种山蚕谱一卷樗茧谱一卷(清)汪国璋撰(清)郑珍纂(清)莫友芝注 …… 69

jiē
痎疟论疏一卷(明)卢之颐撰 …… 69

jié
捷法算盘一卷□□撰 …… 69
捷要算法不分卷□□撰 …… 69
捷要杂略脉诀一卷附邓氏杂略汤头歌括一卷□□撰 …… 69

jiě
解毒编不分卷(清)汪汲辑 …… 69
解剖学七卷□□撰 …… 69
解析几何不分卷□□撰 …… 69

jiè
戒烟简章说明书一卷四川自立戒烟总社撰 …… 69

jīn
今水经一卷(清)黄宗羲撰 …… 69
金镜录不分卷□□撰 …… 69
金镜录伤寒门一卷(元)敖氏撰(清)太医院校正 …… 70
金匮读本二卷(汉)张机著 …… 70
金匮方歌括六卷(清)陈念祖著(清)陈蔚订(清)陈元犀韵注(清)陈心典等校字 …… 70
金匮方解六卷张静涛编述张泽沛参校 …… 70
金匮论方合解七卷(清)许宗正撰 …… 70
金匮启钥五种(清)黄朝坊辑 …… 70
金匮伤寒补遗合编二卷碎玉补拾一卷(汉)张仲景著&碎玉补拾一卷(汉)华佗著 …… 70
金匮悬解二十二卷(清)黄元御著(清)徐树铭校刊 …… 70
金匮学一卷□□撰 …… 70
金匮要略二卷(汉)张机撰 (晋)王叔和集 …… 70
金匮要略方论本义二十二卷(汉)张机原本 (清)何炫评定(清)冀栋评定(清)魏荔彤释义 …… 71
金匮要略方论今释八卷陆渊雷撰述沈本琰参校 …… 71
金匮要略方论三卷(汉)张机撰 (晋)王叔和集 …… 71
金匮要略集注折衷九卷(汉)张仲景原文胡毓秀补注 …… 71
金匮要略讲义九卷(汉)张机原文陈绍勋讲述周德馨笔录 …… 71
金匮要略浅注补正九卷(汉)张机原文 (清)陈念祖浅注(清)唐宗海补正 …… 71
金匮要略浅注方论合编十卷(清)陈念祖著(清)严岳莲辑(清)严式海校补 …… 71
金匮要略浅注十卷(汉)张机撰(清)陈念祖集注 …… 71
金匮要略浅注十卷(汉)张机撰(清)陈念祖集注 …… 72
金匮要略三卷(汉)张仲景著(晋)王叔和撰次(宋)林亿校正(明)赵开美校刊 …… 72
金匮要略三卷(汉)张仲景著(晋)王叔和撰次(宋)林亿校正(明)赵开美校刊 抄本 …… 72
金匮要略心典三卷(汉)张机著(清)尤怡集注 …… 72
金匮翼八卷(清)尤怡集(清)徐锦炳读 …… 72
金匮玉函经二注二十二卷(明)赵以德衍义(清)周扬俊补注(清)李清俊重刊(清)叶万青校 …… 72
金匮玉函经二注二十二卷附十药神书一卷(明)赵以德衍义(清)周扬俊补注(清)李清俊重刊(清)叶万青校 …… 73
金匮玉函要略方论三卷(汉)张仲景撰(晋)王叔和集(宋)林亿诠次 …… 73
金类器皿机器图说一卷(英国)傅兰雅撰 …… 73
金石表一卷(美国)玛高温译 …… 73
金石草圃识三卷(明)李时珍撰 …… 73
金石识别十二卷(美国)代那撰(美国)玛高温口译(清)华蘅芳笔述 …… 73
金汤借箸十二筹十二卷(清)李盘等撰 …… 73
金文历朔疏证八卷吴其昌撰 …… 73

jìn
近代中西公历对照表一卷□□撰 抄本 …… 73
近世动物学不分卷□□撰 …… 73
近世化学教科书二卷(日本)大幸勇吉撰(清)樊炳清译 …… 73
近世内科国药处方集一卷叶橘泉撰 …… 73
近世长寿法一卷(日本)田中佑吉著丁福保译 …… 73

jīng

经方实验录第一集三卷曹颖甫撰姜佐景编 ········· 73
经络歌诀一卷医方汤头歌括一卷保产机要一卷保生碎事一卷(清)汪昂编辑 ········· 73
经络图说一卷(清)姚澜撰 ········· 73
经络要穴歌诀百症赋笺注合编承澹盦编撰 ········· 74
经脉分图四卷(清)吴之英撰 ········· 74
经脉图考四卷(清)陈惠畴注 ········· 74
经史证类大观本草三十一卷(宋)唐慎微撰 ········· 74
经书算学天文考二卷(清)陈懋龄学 ········· 74
经天星座歌不分卷附图表暨中西星名合谱黄维翰撰 ········· 74
经效产宝三卷续编一卷(唐)昝殷撰集 ········· 74
经星汇考一卷上元甲子恒星表一卷(清)贾步纬撰 ········· 74
经穴考正一卷何仲皋撰何龙举编 ········· 74
经穴学讲义三卷承澹盦编 ········· 74
经穴学三卷□□撰 ········· 74
经穴纂要五卷(日本)小坂营升元佑纂辑(日本)大桥德泉等校 ········· 74
经验百方一卷良方续录一卷(清)汪世隽辑 ········· 74
经验便捷奇方二卷李云庵辑 ········· 74
经验方抄四卷(清)陆言辑 ········· 74
经验灸法独本一卷□□撰 ········· 75
经验良方大全十卷首一卷(清)黄统撰(清)王孟英续编 ········· 75
经验良方二卷(清)次留编辑 ········· 75
经验良方二卷(清)周桂山编(清)梁思淇续编 ········· 75
经验良方一卷(清)□□辑 ········· 75
经验选秘六卷(清)胡增彬辑订 ········· 75
荆楚修疏指要二卷首一卷(清)胡祖翮著 ········· 75
惊风辨证必读书二卷(清)刘德馨辑 ········· 75
惊风痘疹秘本一卷□□撰 ········· 75
精法摘要录一卷静庵氏著 ········· 75
精神病广义二卷周利川著 ········· 75
精校加批增图医学入门八卷(明)李梴著 ········· 75
精校竹林女科五卷(清)叶其蓁撰 ········· 75
精选外症经验良方一卷□□撰 ········· 75
精选长历全本□□撰 ········· 75

jǐng

井矿工程三卷(英国)白尔捺辑(英国)傅兰雅口译(清)赵元益笔述 ········· 75
景德镇陶录十卷(清)蓝浦原著(清)郑廷桂补辑 ········· 75
景祐干象新书(宋)杨惟德撰 ········· 76
景岳全书德集新方八阵(明)张介宾撰 ········· 76
景岳全书二十四集十六种(明)张介宾撰 ········· 76
景岳全书发挥四卷(清)叶桂著 ········· 76
景岳全书发挥四卷首一卷(清)叶桂著 ········· 76
景岳全书六十四卷(明)张介宾撰 ········· 76
景岳新方砭四卷(清)陈念祖撰(清)陈元豹等校字 ········· 76
景岳新方砭四卷(清)陈念祖撰(清)陈元豹等校字 ········· 77
景岳新方歌一卷(清)高秉钧(清)姚志仁等纂 ········· 77
景岳新方诗括注解四卷(清)林霪纂(清)陈念祖纂(清)郑杰订刊 ········· 77

jìng

静水学器图说一卷(英国)傅兰雅辑 ········· 77
镜镜诒痴五卷(清)郑复光撰诒(清)杨尚文绘图(清)张穆编 ········· 77

jiǔ

九峰采兰记一卷郏庆时撰 ········· 77
九数存古九卷(清)顾观光撰 ········· 77
九数通考十一卷首一卷末一卷(清)屈曾发辑 ········· 77
九数外录一卷附顾尚之别传一卷(清)顾观光别传(清)张文虎撰 ········· 77
九思堂重订证治准绳六种(明)王肯堂辑 ········· 77
九章算术九卷附音义一卷(三国魏)刘徽注(唐)李淳风等注释 & 九章算术音义一卷(宋)李籍撰 ········· 77
九章算术十卷(三国魏)刘徽注 (唐)李淳风等注释 ········· 77
九章算术细草图说九卷附海岛算经细草图说一卷(三国魏)刘徽注(唐)李淳风注释 & 附海岛算经细草图说一卷(清)李潢撰 ········· 77
九章算术细草图说九卷海岛算经细草图说一卷(三国魏)刘徽注(唐)李淳风注释 & 附海岛算经细草图说一卷(清)李潢撰 ········· 77
灸法摘要一卷□□撰 ········· 78
灸法纂要一卷悔迟居士撰 ········· 78

jiù

救火器图说一卷(英国)傅兰雅撰 ········· 78
救急便验良方二卷□□撰 ········· 78
救急金丹二卷□□撰 ········· 78
救急奇方一卷□□撰 ········· 78
救急奇方一卷飞鸿集眼科七十二症一卷(清)徐文弼编 ········· 78
救急选方二卷(日本)栎窓多纪撰 ········· 78
救命神奇药方续命集不分卷寄居京都隐名士人辑 ········· 78
救偏琐言五卷附琐言备用良方一卷(清)费启泰撰(清)费度等订 ········· 78
救人良方一卷(清)秀耀春撰 ········· 78

jū

居宅卫生论二卷(英国)傅兰雅撰 ········· 78

jú
局方发挥一卷(元)朱震亨撰(明)吴中珩校 …………… 78
菊说不分卷许衍灼编 …………………………………… 78
菊逸山房地理一卷附菊逸山房法备收一卷(唐)杨益著 &
菊逸山房法备收一卷(清)寇宗辑 …………………… 78

jǔ
矩斋筹算丛刊(清)劳乃宣撰并辑 …………………… 78

jué
决疑数学十卷首一卷(英国)傅兰雅译(清)华蘅芳述 …… 79

jūn
军礼司马法考征二卷(清)黄以周撰 ………………… 79
军人圭臬二卷周诗辑 …………………………………… 79

K

kǎ
卡罗两氏外科学五卷□□辑 …………………………… 79

kāi
开地道轰药法三卷(英国)傅兰雅口译(清)汪振声笔述
……………………………………………………………… 79
开方表说一卷(清)贾步纬算述 ……………………… 79
开方古义二卷(清)华蘅芳撰 ………………………… 79
开矿器法图说十卷附图二卷(美国)俺特累撰(英国)傅兰雅(清)王树善口译
开煤要法十二卷(英国)士密德辑(英国)傅兰雅口译(清)王德均笔述(清)朱彝绘图 ………………… 79

kàn
看护伦理学一卷梅教士撰王开基译 ………………… 79
看护婴孩法一卷乐柯撰 ………………………………… 79
看护者用饮食学一卷上海广学书局译 ……………… 79

kǎo
考工创物小记四卷(清)程瑶田撰 …………………… 79
考工记考辨八卷(清)王宗涑撰 ……………………… 79
考工记图二卷(清)戴震撰 …………………………… 79
考工记要十七卷附图一卷(英国)玛体生撰 (英国)傅兰雅 (清)钟天纬同译(清)汪振声校订 ……… 79
考化白金一卷(清)傅云龙述 ………………………… 79
考空气炮一卷(清)傅云龙述 ………………………… 79
考试司机七卷(英国)拖尔那撰(英国)傅兰雅口译(清)徐华封笔述 ………………………………………… 80

kē
科学演义二卷胡寄尘撰 ………………………………… 80

kè
克虏伯炮表八卷(德国)军政局撰(美国)金楷理口译(清)李凤苞笔述 ……………………………………… 80
克虏伯炮弹造法二卷饼药造法二卷(德国)军政局撰 (美国)金楷理口译(清)李凤苞笔述邱瑞麟校 …… 80
克虏伯炮法四卷(德国)军政局撰(美国)金楷理口译(清)李凤苞笔述 ……………………………………… 80
克虏伯炮说操法四卷炮药弹造法二卷炮表一卷炮弹附图一卷附饼药造法一卷(德国)军政局撰 (美国)金楷理口译(清)李凤苞笔述邱瑞麟校 ……………… 80
克虏伯炮准心法一卷(德国)军政局撰(美国)金楷理口译(清)李凤苞笔述 ………………………………… 80
克虏伯电光瞄准器具图说一卷□□撰 ……………… 80
克虏伯新式陆路炮图说不分卷附图表(德国)瑞乃尔口译 ……………………………………………………… 80

kōng
空际格致二卷地震解一卷(意大利)高一志撰(明)韩云订 & 地震解一卷(意大利)龙华民述 ……………… 80

kòu
叩囊韵语一卷(清)徐伯宏撰 ………………………… 80

kuàng
矿物学一卷(清)江标辑 ……………………………… 80
矿学考质十卷(美国)奥斯彭纂(清)沈陶璋笔述(清)舒高第口译 ……………………………………………… 80

L

lán
兰台轨范八卷(清)徐大椿撰 (清)徐燨校 ………… 80

làn
烂喉丹痧辑要一卷(清)金德鉴撰 …………………… 80

lǎo
老农笔记一卷辜尚纶编撰 ……………………………… 80

léi
雷公炮炙论三卷附义生堂书目提要一卷(南朝宋)雷敩撰张骥辑 ………………………………………………… 81
雷公药性赋四卷(金)李杲编辑(清)王子接重订 …… 81
雷氏医书三种(清)雷丰等撰 ………………………… 81

lèi
类编朱氏集医方十五卷(宋)朱佐集 ………………… 81
类方准绳八卷(明)王肯堂辑 ………………………… 81
类经附翼四卷(明)张介宾类注 ……………………… 81
类经三十二卷附类经图翼十一卷类经附翼四卷(明)张介宾类注 ………………………………………………… 81
类经图翼十一卷目录一卷附翼四卷(明)张介宾类注 ……………………………………………………………… 81
类经纂要三卷附追忆旧录四川治验医案一卷(清)虞庠辑 (清)王廷俊增注 & 追忆旧录四川治验医案一卷(清)王廷俊撰 ………………………………………… 81
类证普济本事方十卷(宋)许叔微撰 (清)叶桂释义 ……………………………………………………………… 81

类证治裁八卷附一卷(清)林佩琴著(清)林芝本校 …… 81
类证治裁八卷首一卷附舌色辨一卷(清)林佩琴著(清)林芝本校 …………………………………………………… 81

lěng
冷庐医话五卷(清)陆以湉注 …………………………… 81
冷庐医话五卷(清)陆以湉注　抄本 …………………… 82

lí
厘正按摩要术四卷鹙婴提要说一卷痧喉正义一卷(清)张振鋆纂辑(清)张质校刊(清)韩广宏校刊 ………………… 82

lǐ
李明仲营造法式三十六卷(宋)李诚编 ………………… 82
李盘金汤十二筹十二卷(明)李盤撰 …………………… 82
李氏算学遗书十一种(清)李锐撰 ……………………… 82
李翁医记二卷(清)焦循撰 ……………………………… 82
理解力学教科书三卷补遗一卷罗葆寅编辑 …………… 82
理瀹骈文一卷(清)吴师机撰 …………………………… 82
理瀹外治方要一卷附应验方一卷(清)吴尚先著 ……… 82
理虚元鉴二卷(明)汪绮石撰 …………………………… 82
理虚元鉴二卷(明)汪绮石著(清)柯怀祖订 …………… 82
理瀹外治方要一卷附应验诸方一卷(清)吴尚先撰 …… 82

lì
历代兵略不分卷(清)邓毓林撰 ………………………… 83
历代名将战略概要十六卷杨宝善编 …………………… 83
历代名将战略概要下集十六卷杨宝善编 ……………… 83
历代医家传略一卷熊志韬辑　稿本 …………………… 83
历代长术辑要十卷(清)汪曰桢撰 ……………………… 83
历代长术辑要十卷首一卷附古今推步诸术考二卷(清)汪曰桢撰 ……………………………………………… 83
历理通书七卷(清)熊山鹰编 …………………………… 83
历象考成后编十卷(清)顾琮等撰 ……………………… 83
历象考成上编十六卷(清)顾琮等撰 …………………… 83
立方奇法一卷求一捷术一卷(清)龚杰撰 ……………… 83
立天元术源流考一卷陈观浮撰 ………………………… 83
利溥集四种(清)王鸿骥编辑 …………………………… 83
疬科全书一卷(清)梁希曾著九一老人校正 …………… 83
痢疾论四卷(清)孔毓礼辑(清)杨大任参阅 …………… 83
痢疾论四卷附小儿急惊风证论白喉症论一卷(清)孔毓礼著 ………………………………………………………… 83
痢证定论大全四卷(清)孔毓礼著(清)明仲杰评 ……… 83
痢证定论大全四卷(清)孔毓礼著(清)明仲杰评 ……… 84
痢证定论大全四卷附失血症一卷(清)孔毓礼著(清)明仲杰评 ………………………………………………………… 84
痢证汇参十卷(清)吴道源纂辑(清)王式金评定(清)刘文思参订(清)王天瑞校(清)龚锡勇校 …………………… 84
痢症大全四卷(清)孔毓礼著 …………………………… 84

痢症汇参十卷(清)吴道源纂辑(清)王式金评定(清)刘文思参订(清)王天瑞校(清)龚锡勇校 …………………… 84
痢症探源一卷(清)刘莹辑著 …………………………… 84
痢症探源一卷附喉风症一卷痧症一卷疯犬方一卷(清)刘莹辑著 ………………………………………………… 84

liàn
练兵实纪九卷(明)戚继光撰(清)庆蕉园等鉴定 ……… 84
练兵实纪九卷杂集六卷(明)戚继光撰(清)钱熙祚校 … 84
练兵实纪九卷杂集六卷(明)戚继光撰(清)庆蕉园等鉴定 ……………………………………………………… 84
炼钢说一卷(英国)傅兰雅撰 …………………………… 85
炼钢要言一卷附录试验各法一卷附图一卷(清)徐家宝译 ………………………………………………………… 85
炼金新语一卷(英国)奥斯吞撰(清)舒高第(清)郑昌棪译 ………………………………………………………… 85
炼石编三卷(英国)亨利黎特撰(清)舒高第译(清)郑昌棪译 ………………………………………………………… 85
炼铁论一卷(英国)傅兰雅撰 …………………………… 85

liáng
良方合璧二卷附录一卷(清)谢元庆编集(清)王庆霄校纂 ………………………………………………………… 85
良方汇选二卷(日本)丹波元简编 ……………………… 85
良方集要一卷(清)周鹤羣纂辑(清)周位西等增辑 …… 85
良方集腋二卷(清)谢元庆编(清)王庆霄参校 ………… 85
良方续录一卷(清)俞大文辑 …………………………… 85

liǎng
两汉朔闰表二卷(清)张其翻学 ………………………… 85
两湖书院测绘学课程(清)两湖书院编 ………………… 85
两湖书院课程二卷附一卷附表一卷(清)两湖书院编 … 85
两堂医述一卷□□撰 …………………………………… 85

liàng
量法须知一卷(英国)傅兰雅撰 ………………………… 85
量光力器图说一卷(英国)傅兰雅撰 …………………… 85
量药涨力罗德满器具说略一卷□□撰 ………………… 85
量药涨力微尺说略一卷□□撰 ………………………… 86

liáo
疗服石医方一卷罗振玉辑 ……………………………… 86
聊复集五卷(清)汪必昌辑纂 …………………………… 86

liè
烈光治验医案一卷范烈光注 …………………………… 86

lín
林产制造学不分卷北京农业大学编 …………………… 86
林价学不分卷杜芭九编 ………………………………… 86

林新斋秘传脉诀一卷□□撰 …… 86
林政学讲义不分卷□□编 …… 86
临阵管见九卷（德国）斯拉弗司撰（美国）金楷理口译（清）赵元益笔述 …… 86
临阵伤科捷要四卷附图一卷（英国）帕脱编（清）舒高第译（清）郑昌棪译 …… 86
临证医案笔记六卷（清）吴麓撰 …… 86
临证指南不分卷丁福保注 …… 86
临证指南医案八卷（清）叶桂注（清）徐大椿评（清）华岫云等校 …… 86
临证指南医案十二卷（清）叶桂撰（清）李大瞻等校 …… 86
临证指南医案十卷（清）叶桂注（清）徐大椿评（清）华岫云等校 …… 86
临证指南医案十卷（清）叶桂注（清）徐大椿评（清）华岫云等校 …… 87
临证指南医案十卷附种福堂公选良方四卷（清）叶桂注（清）徐大椿评（清）华岫云等校 …… 87
临证指南医案十卷种福堂公选良方四卷（清）叶桂注（清）徐大椿评（清）华岫云等校 …… 87

líng

灵秘丹方全书一卷（明）钟惺辑 …… 87
灵枢经合纂十卷（唐）王冰注（明）吴勉学校（清）张隐庵注（清）马元台注 …… 87
灵枢经九卷（唐）王冰注（明）吴勉学校（清）张志聪集注（清）张文启等参订（清）张兆璜校正 …… 87
灵枢经十二卷（唐）王冰注（明）吴勉学校张元济等辑 …… 87
灵枢经十卷（唐）王冰注（明）吴勉学校（清）张志聪集注（清）张文启参订（清）张兆璜校正 …… 87
灵枢识六卷（日本）丹波元简注 抄本 …… 87
灵枢悬解九卷（清）黄元御解 …… 87
灵素集注节要十二卷（清）陈念祖集注（清）陈元犀参订（清）陈心典等校字 …… 87
灵素提要浅注十二卷（清）陈念祖集注（清）陈元犀参订（清）陈心典等校字 …… 88
灵素微旨不分卷□□撰 …… 88
羚羊角辨一卷张锡纯撰 …… 88

liú

刘河间伤寒六书（金）刘完素辑（明）吴勉学校 …… 88
刘河间伤寒六书附伤寒三书（金）刘完素辑（明）吴勉学校 …… 88
刘河间伤寒三书（金）刘完素辑（明）吴勉学校 …… 88
刘河间医学六书附二种（金）刘完素辑（明）吴勉学校 …… 88

liǔ

柳选四家医案四种（清）柳宝诒选评 …… 88

liù

六合枪一卷金一明撰 …… 88
六经定法一卷（清）舒诏撰 …… 88
六经定法一卷女科要诀一卷（清）舒诏撰 …… 88
六经释义八卷首一卷（汉）张机原文（清）吴继恒释义 …… 89
六科证治准绳六种（明）王肯堂辑 …… 89
六韬六卷（周）吕望撰 …… 89
六韬六卷附吴子二卷司马法三卷（周）吕望撰＆吴子二卷（战国）吴起撰＆司马法三卷（周）司马穰苴撰 …… 89
六韬逸文一卷附三略一卷（清）孙同元辑＆三略一卷□□撰 …… 89
六韬直解三卷（明）刘寅撰 …… 89
六体斋医书十种（清）程永培辑 …… 89
六译馆丛书廖平撰辑 …… 89
六淫要略不分卷高玉如撰 …… 89

lú

颅囟经二卷□□撰 …… 89
颅囟经二卷出行宝镜一卷□□撰（清）李调元校 …… 89

lù

陆兵枪学一卷（清）傅范初述 …… 90
陆操新义四卷附录一卷（德国）康贝撰（清）李丹崖译 …… 90
陆军兽医良友不分卷陆军兽医学校编 …… 90
陆氏论医集四卷陆渊雷撰沈本琰编纂 …… 90
陆氏三世医验五卷（明）陆岳注（明）陆桂辑（明）陆士龙辑（清）卢明铨发明 …… 90

lǚ

侣山堂类辨二卷（清）张志聪撰 …… 90
旅舍备要方一卷（宋）董汲撰 …… 90
旅舍备要方一卷伤寒微旨论二卷（宋）董汲撰＆伤寒微旨论二卷（宋）韩祗和撰 …… 90

lún

轮船布阵十二卷首一卷轮船布阵图一卷（英国）裴路原书（英国）傅兰雅口译（清）徐建寅笔述 …… 90

lùn

论电二卷（英国）欧礼斐撰 …… 90
论火药机器一卷（英国）傅兰雅撰 …… 90
论机器造冰法一卷（美国）卜舫济撰（英国）傅兰雅辑 …… 90
论脉一卷（清）舒高第译 …… 90
论生气化学器与质一卷（英国）傅兰雅撰 …… 90

luó

罗氏会约医镜九种（清）罗国纲辑（清）罗国俊 （清）罗国

兴(清)罗国英校定(清)罗定鸿(清)罗定泰编次 …… 90

luǒ

瘰疬良方一卷□□撰 ……………………… 90

M

má

麻科合璧一卷(清)杨开泰汇编 …………… 91
麻科活人全书四卷(清)谢玉琼纂辑 ……… 91
麻科活人全书四卷附录一篇产宝一卷(清)谢玉琼撰 …… 91
麻疹阐注四卷张廉述 …………………… 91
麻科合璧一卷(清)杨开泰汇辑(清)谢元瀛校订 … 91
癞瘄必读二卷(清)郑启寿撰 ……………… 91
癞疹证治要略一卷(清)郑志昀撰(清)黄秩柄校 … 91

má

麻痘蠡言一卷陈伯坛撰 …………………… 91
麻痘新编二卷附疳疾虚热面部总歌一卷(清)俞世球编 … 91
麻疯再造神方一卷李季青撰 ……………… 91
麻疹病学一卷郭若定编订 ………………… 91
痳症总论一卷□□撰 ……………………… 91

mǎ

马学教科书不分卷四川陆军军官速成学堂编 … 92

mài

脉表诊病论二卷(英国)傅兰雅撰 ………… 92
脉法条辨一卷(清)刘以仁辑(清)陈光熙增注并校定 …… 92
脉法易知不分卷□□撰 …………………… 92
脉简补义二卷(清)周学海撰 ……………… 92
脉经考证一卷廖平著 ……………………… 92
脉经论证一卷□□撰 ……………………… 92
脉经十卷(晋)王叔和撰(宋)林亿等类次 …… 92
脉经真本十卷首一卷(晋)王叔和撰(宋)林亿类次 …… 92
脉诀规正二卷(清)沈镜删注 ……………… 92
脉诀刊误集解二卷附录一卷(元)戴起宗撰(元)朱升节抄(明)汪机补订 & 附录一卷(明)汪机辑 … 92
脉诀考证一卷濒湖脉学一卷奇经八脉考一卷(明)李时珍撰 …………………………… 93
脉诀启悟注释一卷(清)徐大椿撰 ………… 93
脉诀一卷局方发挥一卷(宋)崔嘉彦撰 & 局方发挥一卷(元)朱震亨撰 …………………… 93
脉理存真三卷(元)滑寿注(清)余显廷校订 … 93
脉理纲要一卷冯尚忠注 …………………… 93
脉理金针一卷□□撰 ……………………… 93
脉理求真三卷(清)黄宫绣撰 ……………… 93
脉说二卷(清)叶霖注 ……………………… 93

脉学发微四卷恽铁樵著徐衡之参校章巨膺参校 …… 93
脉学辑要三卷(日本)丹波元简注廖平评 …… 93
脉学脉诀奇经八脉考三卷(明)李时珍注(清)张士瑜等校 …………………………… 93
脉学秘传一卷何汝夔注何龙举编 ………… 93
脉学奇经八脉考二卷(明)李时珍撰辑 …… 94
脉学启蒙一卷许宗正注 …………………… 94
脉学全书二卷(清)李崇素注 ……………… 94
脉学四卷恽树钰注 ………………………… 94
脉学正义六卷张寿颐稿 …………………… 94
脉药联珠古方考一卷(清)龙柏撰 ………… 94
脉要图注四卷(清)贺升平撰 ……………… 94
脉义简摩八卷(清)周学海撰辑 …………… 94
脉因证治四卷(元)朱震亨著 ……………… 94
脉诊便读一卷(清)张秉成撰 ……………… 94

màn

漫游杂记二卷(日本)永富凤介注(日本)松士藏道远校(日本)藤元千隆昌订 …………… 94

méi

梅氏丛书辑要二十三种附录两种(清)梅文鼎撰(清)梅毂成等校辑 ……………………… 94
梅氏丛书辑要二十五种(清)梅文鼎撰(清)梅毂成等校辑 …………………………… 94
梅氏验方新编七卷(清)梅启照原编 ……… 94
霉疮秘录不分卷(明)陈司成著 …………… 94
霉疮总说二卷附增订花柳指迷一卷(明)陈司成撰 & 增订花柳指迷一卷(美国)嘉约翰辑译林应祥笔述尹端模参订 …………………… 95

měi

美国提炼煤油法一卷附图□□编著 ……… 95
美国铁路汇考十三卷(美国)柯理辑(英国)傅兰雅口译(清)潘松笔述 ……………………… 95

mèng

孟河丁氏医案八卷附喉痧症治概要一卷丁泽周注丁万编辑 …………………………… 95
梦溪笔谈二十六卷补笔谈二卷续笔谈一卷附梦溪笔谈补校一卷(宋)沈括撰 & 附梦溪笔谈补校一卷林思进撰 …… 95

mì

秘本丹方大全不分卷广文书局编辑 ……… 95
秘本丹方大全不分卷上海世界书局编辑所编辑 …… 95
秘本疡科选粹八卷(明)陈文治辑(清)徐大椿批点 …… 95
秘传喉风神效精义一卷□□撰 …………… 95
秘传花镜六卷(清)陈溟子辑 ……………… 95
秘传眼科龙木总论八卷(明)葆光道人撰 …… 95
秘传眼科龙木总论十卷(明)葆光道人撰 …… 95

— 247 —

秘传眼科纂要二卷(清)黄严纂 …………… 95
秘方汇集一卷□□撰 …………………… 95

mián
棉土之化学分析法一卷叶元鼎著 ……… 95
棉业书报目录一卷章之汶编辑 …………… 95
棉业图说一卷(清)农工商部辑 …………… 96
棉油厂说一卷(英国)傅兰雅撰 …………… 96

mín
民医学堂医药杂抄一卷□□撰　抄本 …… 96
岷江源委三卷(汉)桑钦撰　(北魏)郦道元注 … 96

mǐn
闽产录异六卷(清)郭柏苍辑 ……………… 96
闽蜀医学三字经合编两种(清)陈念祖(清)胥敦义著(清)孙桐生检阅(清)龚世楷评订 …… 96

míng
名菜嘉花论二卷(英国)傅兰雅撰 ………… 96
名医方论四卷(清)罗美辑(清)柯琴参阅(清)钱荣光校正 …………………………… 96
名医方论四卷附补遗一卷(清)罗美评定(清)柯琴参阅 … 96
名医类案十二卷(明)江瓘集(清)鲍廷博等校 … 96
名医类案十二卷(明)江瓘集(清)余集等重校 … 96
名医类案十二卷附录一卷(明)江瓘集(明)江应宿增补(清)余集等重校 ……………… 96
名医类案十二卷续名医类案三十六卷(明)江瓘集& 续名医类案三十六卷(清)魏之琇编集 …… 96

mìng
命学须知二卷(清)胡柏龄录 ……………… 96
命学指南二卷周松筠辑校 ………………… 96

mù
目论一卷□□撰 …………………………… 97
牧马学讲义不分卷陆军兽医学校编 ……… 97

N

nán
男科二卷(清)傅山撰 ……………………… 97
男女性原论一卷(英国)德森氏撰罗光道译述 … 97
南雅堂医案八卷(清)陈念祖撰 …………… 97
南雅堂医书全集二十一种(清)陈念祖撰 …… 97
南雅堂医书全集七十二种(清)陈念祖撰 …… 97
南雅堂医书三十二种(清)陈念祖撰 ………… 97
南雅堂医书外集十种(清)陈念祖撰 ………… 97
南阳活人书二十卷(宋)朱肱撰　(明)徐镕校正 … 97

nàn
难经丛考一卷张骥辑 ……………………… 97
难经集注五卷(明)王九思撰 ……………… 97
难经经释补证二卷总论一卷(战国)秦越人注(清)徐大椿释廖平补证 ………………… 97
难经经释二卷(战国)秦越人注(清)徐大椿释 … 97
难经经释二卷(战国)秦越人注(清)徐大椿释 … 98
难经悬解二卷(清)黄元御解 ……………… 98
难经学一卷邹慎撰 ………………………… 98

nèi
内经撮要三卷陈绍勋注释 ………………… 98
内经方集释二卷附义生堂书目提要一卷张骥辑 … 98
内经类要二卷□□撰 ……………………… 98
内经脉学部位考一卷经说二卷经验方一卷(清)姜国伊撰 …………………………… 98
内经平脉考一卷廖平撰 …………………… 98
内经评文素问二十四卷遗篇一卷内经评文灵枢十二卷(清)周学海评注 ……………… 98
内经释要一卷(清)江之兰注 ……………… 98
内经药诠十卷附义生堂书目提要一卷张骥辑 … 98
内经知要二卷(明)李中梓原辑(清)薛雪校 … 98
内经知要二卷(明)李中梓辑(清)薛雪校正(清)陈莲舫加批江忍庵校订 ……………… 98
内经知要讲义三卷钱荣光注 ……………… 99
内经知要讲义四卷(明)李中梓辑(清)薛雪校正 … 99
内科理法二十三卷(英国)虎伯撰(清)舒高第笔译(清)赵元益笔述 …………………… 99
内科理法前编六卷后编十卷附一卷(英国)虎伯撰(清)舒高第笔译(清)赵元益笔述 …… 99
内科新说二卷(英国)合信氏(清)管茂材撰 … 99
内科学讲义二卷秦伯未著 ………………… 99
内科易知一卷中华书局编辑 ……………… 99
内外伤辨三卷(元)李果撰(明)吴勉学校 …… 99
内外神方不分卷□□撰 …………………… 99
内症通用方一卷(清)陆汝衍集编 ………… 99
内症通用方一卷外症通用方一卷(清)陆汝衍集编 … 99

niú
牛痘新法全书一卷(清)邱熺辑 …………… 99
牛痘新书辑要一卷(清)邱熺原本(清)陈福畴续补(清)陈思堂校订 ……………………… 99
牛痘新书济世一卷(清)邱熺原本(清)王惇甫增补 … 99
牛痘新书一卷(清)武荣纶编(清)董玉山编 … 99
牛经大全二卷(明)喻仁　(明)喻杰撰 ……… 99
牛经切要不分卷□□撰 …………………… 99
牛相全图不分卷佚名撰 …………………… 100

nóng
农丹一卷(清)张标撰 ……………………… 100
农候杂占四卷(清)梁章钜撰 ……………… 100

农话不分卷(清)陈启谦述 …………………… 100
农器汇说一卷(英国)傅兰雅撰 ……………… 100
农桑辑要七卷(元)司农司撰 ………………… 100
农桑辑要七卷附蚕事要略一卷(元)司农司撰&蚕事要略一卷(清)张行孚缀 …………………… 100
农桑衣食撮要二卷(元)鲁明善撰 (清)钱熙祚辑 … 100
农桑衣食撮要二卷附旅舍备用方一卷伤寒微旨论二卷(元)鲁明善撰(清)庄肇麟校&旅舍备用方一卷(宋)董汲撰(清)庄肇麟校&伤寒微旨论二卷(宋)韩祗和撰(清)庄肇麟校 …………………………… 100
农事略论一卷(英国)傅兰雅撰 ……………… 100
农事略论一卷蚕务图说一卷纺织机器图说一卷梁启超辑 …………………………………………… 100
农事调查报告及农场计划汇刊不分卷华阳县立职业学校编 ……………………………………… 100
农书二十二卷(元)王祯撰 …………………… 100
农书三卷附蚕书一卷于潜令楼公进耕织二图诗一卷附录一卷(宋)陈旉撰&蚕书一卷(宋)秦观撰&于潜令楼公进耕织二图诗一卷附录一卷(宋)楼璹撰 …… 100
农书三卷附多言三卷常识一卷(宋)陈旉撰(清)李调元校订&刍言三卷(宋)崔敦礼撰(清)李调元校订&常谈一卷(宋)吴箕撰 (清)李调元校订 ………… 101
农务化学简法三卷(美国)固来纳撰(英国)傅兰雅口译(清)王树善笔述 ………………………… 101
农务全书上编十六卷(美国)施妥缕撰(清)舒高第口译(清)赵诒琛笔述 ……………………… 101
农务土质论三卷(美国)格令希兰撰(美国)卫理口译(清)范熙庸笔述 ……………………… 101
农务土质论三卷附农务土质图说一卷(美国)格令希兰撰(美国)卫理口译(清)范熙庸笔述 …… 101
农学不分卷□□撰 …………………………… 101
农学论一卷(清)张寿洺撰 …………………… 101
农学新法一卷附开广学会书目一卷(德国)贝德礼撰(英国)李提摩太译(清)铸铁生述 ………… 101
农学一卷(清)江标辑 ………………………… 101
农学纂要四卷(清)陈恢吾撰 ………………… 101
农业畜牧讲义养牛学不分卷四川高等农业学校编 … 101
农业全书三卷(美国)施妥缕撰(清)赵元益译述 … 101
农业全书三十二卷(美国)施妥缕撰 (清)赵元益译述 …………………………………………… 101
农用器具学一卷(日本)西村荣十郎撰 ……… 101
农政全书六十卷(明)徐光启纂修 …………… 101
农政全书五十六卷(明)徐光启纂修 ………… 101

nòng
弄丸心法八卷(清)杨凤庭著 ………………… 101

nǚ
女科百问二卷(宋)齐仲甫撰 ………………… 102
女科二卷(清)傅青主撰 ……………………… 102
女科二卷产后编二卷(清)傅青主撰 ………… 102
女科歌诀六卷附经验方一卷(清)邵步青撰 (清)邵炳扬述(清)邵景康等校 ………………………… 102
女科辑要八卷附单养贤胎产全书一卷(清)周纪常纂辑 … …………………………………………… 102
女科辑要二卷(清)沈尧封辑(清)徐政杰补注 …… 102
女科经纶八卷(清)萧埙撰(清)萧铉等校(清)金大起等参订 ………………………………… 102
女科经纶八卷(清)萧埙撰(清)萧铉等校(清)金大起等参订 ………………………………… 102
女科秘诀大全五卷(清)陈莲舫编订 ………… 102
女科秘旨八卷(清)释轮应纂(清)吴煜校订 …… 102
女科仙方四卷(清)傅山撰 …………………… 102
女科仙方四卷附产科心法三卷(清)傅山撰&产科心法三卷(清)汪喆撰 ………………………… 102
女科要略四卷(清)潘霨辑 …………………… 102
女科要旨四卷(清)陈念祖撰 (清)陈元蔚参订 (清)陈元犀韵注 (清)陈心典校 (清)陈心兰校 …… 103

nüè
疟疾探源论一卷敎士梁著 …………………… 102
疟疾学不分卷梁乃津著 ……………………… 102
疟痢成法一卷(清)王裕庆著 ………………… 102

P

pāo
抛物线炮弹远近图说一卷(清)梅启照撰 …………… 104

pào
炮乘新法四卷英国制造官局撰(清)舒高第口译(清)郑昌棪笔述 ………………………………… 104
炮法昂度子落高低远近画谱一卷(清)丁乃文撰 …… 104

pèi
佩文斋广群芳谱一百卷(清)汪灏等编 ……… 104
佩文斋书画谱一百卷(清)孙岳颁纂辑 ……… 104

pī
批注伤寒论十卷(汉)张机述(晋)王熙撰次(金)成无己批注 …………………………………… 104
批注伤寒论十卷论图一卷伤寒明理论四卷(汉)张机述(晋)王熙撰次(金)成无己批注 ………… 104
批注伤寒论十卷药方目录一卷图一卷(汉)张机述(晋)王熙撰次(金)成无己批注 ………… 104

pí
皮肤新编一卷(美国)嘉约翰口译(清)林湘东笔述 … 104

皮肤证治一卷(美国)聂会东译(清)尚宝臣笔述 (清)济南施医院校订 …… 104
脾胃论三卷(金)李杲著 …… 104

piāo
漂染棉布论一卷(英国)傅兰雅撰 …… 104

pín
平法寓言十卷(清)与樵山客撰(清)张笛樵郭月槎等校 …… 104
平面几何学二卷(日本)□□撰 …… 105
平三角举要五卷(清)梅文鼎著 …… 105
平冤录一卷(元)赵逸斋著 抄本 …… 105
平治会萃三卷(元)朱震亨撰 …… 105

píng
评琴书屋叶案括要八卷(清)叶桂原本(清)潘名熊纂 …… 105
评选环溪草堂医案一卷(清)王泰林注(清)柳宝诒选评 …… 105
评选继志堂医案二卷(清)曹存心注(清)柳宝诒评选 …… 105
评选静香楼医案二卷(清)尤怡注(清)柳宝诒评选 抄本 …… 105
评注七子兵略七卷陈玖学撰 …… 105
洴澼百金方十四卷(清)袁宫桂编 …… 105

pǔ
普济应验良方八卷补遗一卷续录二卷(清)德轩氏辑 …… 105
普济应验良方八卷末一卷(清)德轩氏辑 …… 105
普济应验良方十一卷(清)德轩氏辑 …… 105
普救回生草不分卷(清)悯人居士纂辑 …… 105
普救应验良方一卷□□撰 …… 106
普通动物学不分卷(日本)五岛清太郎著(清)樊炳清译 …… 106
普通生物学不分卷陈桢撰 …… 106
普通天文学不分卷李珩撰 …… 106

Q

qī
七先生医效方一卷陈亘辑 …… 106
七政经纬二卷张肇修编 …… 106
七政历理不分卷□□撰 抄本 …… 106
七政台历全书一卷(清)杨天爵考订 …… 106
七政推步七卷(明)贝琳撰 …… 106
七政星历全书一卷□□撰 …… 106

qí
齐民四术农三卷礼三卷刑二卷兵四卷(清)包世臣著 …… 106
齐民要术七卷(北魏)贾思勰撰 …… 106
齐民要术十卷(北魏)贾思勰撰 …… 106
齐民要术十卷(北魏)贾思勰撰 …… 107
齐氏家传医秘二卷(清)齐秉慧撰 …… 107
齐氏医案崇正辨讹六卷(清)齐秉慧撰(清)齐高校录(清)齐瑞参订(清)杨宗煦等校阅 …… 107
齐氏医案六卷(清)齐秉慧纂(清)齐高校录(清)齐瑞参订(清)杨宗煦等校阅 …… 107
齐氏医书四种(清)齐秉慧纂(清)齐高校录(清)齐瑞参订(清)杨宗煦等校阅 …… 107
奇方切要一卷(清)钱德济纂 …… 107
奇方纂要一卷(清)王锡鑫编辑 …… 107
奇效海上良方秘本四卷(唐)孙思邈撰 …… 107

qǐ
起死回生秘诀一卷(清)梅光鼎撰 …… 107
稽瑞一卷(唐)刘赓辑 …… 63

qì
气象学一卷□□编 …… 107
气学器说一卷(英国)傅兰雅撰 …… 107
汽电车铁路论一卷(英国)傅兰雅撰 …… 107
汽机必以十三卷(英国)蒲而捺撰 (英国)傅兰雅口译(清)徐建寅笔述 …… 107
汽机发轫九卷附表一卷(英国)美以纳(英国)白劳那合撰(英国)伟烈口译(清)徐寿笔述 …… 108
汽机锅炉图说一卷(英国)傅兰雅撰 …… 108
汽机命名说一卷(清)徐寿撰 …… 108
汽学一卷(清)江标辑 …… 108
器象显真四卷(英国)白力盖辑(英国)傅兰雅口译(清)徐建寅删述 …… 108

qiān
千金宝要六卷(唐)孙思邈撰(宋)郭思节辑(清)孙星衍辑 …… 108
千金方衍仪三十卷(清)张璐撰 …… 108
千金妇人方注一卷(唐)孙思邈著张骥集 …… 108
千金要方三十卷目录一卷(清)张璐衍义(清)席世臣校 …… 108
千金翼方三十卷(唐)孙思邈撰 …… 108
千金翼方三十卷目录一卷(唐)孙思邈撰 …… 108

qián
乾象新书二卷(宋)秦孝先书 …… 45
前敌须知四卷(英国)克利赖著(清)舒高第等译 …… 108

钱氏儿科案疏二卷(宋)钱乙撰(宋)阎孝忠编次 …… 108
钱氏小儿药证直诀三卷(宋)钱乙撰(宋)阎孝忠编次 …………………………………………………… 108
钱氏小儿药证直诀三卷附方一卷董氏小儿斑疹备急方论一卷(宋)钱乙撰 (宋)阎孝忠集 & 附方一卷(宋)阎孝忠撰 & 董氏小儿斑疹备急方论一卷(宋)董汲之撰 …… 109
潜斋医书五种(清)王士雄撰 …… 109
潜斋医学丛书八种(清)王士雄撰 …… 109

qiāng
枪拳棍集一卷(清)张敬纲辑 …… 109

qiáng
强自力斋集十种(清)冯澄撰 …… 109

qiè
切总伤寒不分卷(清)廖云溪撰 …… 109

qīn
钦定七政四余万年书一卷□□撰 …… 109
钦定授时通考七十八卷(清)鄂尔泰等撰 …… 109
钦定协纪辨方书三十六卷(清)允禄等纂 …… 109
钦定仪象考成三十卷首二卷(清)允禄等纂 …… 109
钦定諏吉便览不分卷(清)俞荣宽编 …… 109

qín
秦氏痘疹图说三卷余德埙增订 …… 109
禽鸟简要编一卷(英国)傅兰雅撰 …… 110
禽星易见一卷(明)池本理撰 …… 110

qīng
青囊秘录四卷(汉)华佗著(唐)孙思邈述 …… 110
青囊真秘六卷目录一卷(汉)华佗撰 …… 110

qiū
邱氏医书邱崇著 …… 110

qū
区田编一卷(清)帅念祖撰 抄本 …… 110
区田图说一卷(清)凌霄撰 …… 110
曲线新说一卷堆积术辨一卷(清)蒋维钟撰 …… 110

qǔ
取滤火油法一卷(美国)日得乌特撰(英国)秀耀春(美国)卫理译(清)汪振声述 …… 110

quán
全生指迷方四卷(宋)王贶撰 …… 110
全体阐微三卷(美国)柯为良译 …… 110
全体通考十八卷首一卷(英)德贞撰 …… 110
全体新论四卷(英国)合信氏著(清)陈修堂同撰 …… 110
全体新论四卷(英国)合信氏(清)陈修堂撰 …… 110
全体须知不分卷(英国)傅兰雅撰 …… 110
全体学一卷(清)江标辑 …… 110
拳经四卷李肃之校 …… 110

quàn
劝桑说一卷陈开沚撰 …… 110

qún
群方便览二卷(清)郭懋筠辑 …… 111
群方便览续编不分卷(清)郭懋筠编(清)维新主人续编 …… 111
群方便览续编二卷(清)郭懋筠编 …… 111
群芳花镜全书六卷(清)陈溟子辑 …… 111
群经见智录三卷附古医经论一卷恽树珏注 …… 111

R

rén
人寸诊补证二卷(隋)杨上善注廖平补证 …… 111
人镜经附录二卷(明)钱雷撰 抄本 …… 111
人镜经附录二卷钟奇氏附录人镜经一卷(明)钱雷撰 …………………………………………………… 111
人镜经三种(明)钱雷注 …… 111
仁寿镜四卷(清)孟葑辑 …… 111

rì
日星测时新表一卷(清)余煌撰(清)张作楠撰 …… 111

róng
容圆七术三卷曲面容方一卷(清)黄宗宪撰 …… 111

rú
儒门事亲十五卷(金)张从正著 …… 111
儒门医学三卷(英国)海得兰撰(英国)傅兰雅口译(清)赵元益笔述 …… 111
蠕范八卷(清)李元撰 …… 111

rù
入水衣论一卷(英国)傅兰雅撰 …… 112

S

sài
赛金丹二编(清)徐半峰等撰 …… 112

sān
三朝名医方论三种(宋)骆龙吉等撰 …… 112
三家医案合刻三种(清)吴金寿纂 …… 112
三家医案合刻三种附二种(清)吴金寿纂 …… 112
三角和较术一卷(清)项名达撰 …… 112
三角数理十二卷(英国)海麻士辑(英国)傅兰雅口译(清)华蘅芳笔述 …… 112
三角数理十卷(英国)海麻士辑(英国)傅兰雅口译(清)华蘅芳笔述 …… 112
三角须知一卷(英国)傅兰雅撰 …… 112
三科备要三卷(清)庄在田撰 …… 112
三刻太医院补注妇人良方大全二十四卷(宋)陈自明撰(明)薛己注 …… 112

三略兵法解证三卷附黄石公素书一卷史记留侯世家一卷(周)吕望撰(汉)黄石公传授(清)杜蘅学 …………… 112
三命通会十二卷(明)万民英著 …………… 112
三农纪二十四卷(清)张宗法撰 …………… 112
三农纪二十四卷(清)张宗法撰 …………… 113
三农纪十卷(清)张宗法撰 …………… 113
三书宝鉴三种(明)戚继光编 …………… 113
三统术详说四卷(清)陈沣撰 …………… 113
三统术衍三卷钤一卷(清)钱大昕撰 …………… 113
三因极一病源论粹十八卷(宋)陈言编吴锡璜评注吴锡琮校 …………… 113
三因极一病证方论十八卷(宋)陈言编(清)蔡载鼎读 …………… 113
三元甲子万年书一卷上海文瑞楼编 …………… 113
三元甲子新万年历附百二十年国历全书□□撰 …………… 113
三元甲子新万年历三卷钟之模辑 …………… 113
三证指南方论一卷(清)倪涵初原本 …………… 113
三指禅脉理精蕴三卷(清)周学霆撰 …………… 113
三指禅三卷(清)周学霆撰 …………… 113
三指禅三卷(清)周学霆撰 …………… 114
三字经合编六种(清)陈念祖撰(清)张汝珍著张骥等校 …………… 113

sǎo
扫叶山房重校医宗必读十卷(明)李中梓著 …………… 114

sēn
森林保护学不分卷□□撰 …………… 114
森林动物学讲义不分卷余必达编 …………… 114

shā
痧合编十五卷(清)刘奎撰 …………… 114
痧喉阐义一卷(清)程镜宇撰 …………… 114
痧喉正义一卷(清)张振鋆辑 …………… 114
痧喉正义一卷附录一卷(清)张振鋆辑 …………… 114
痧麻明辨一卷(清)华埛编辑 …………… 114
痧疫论三卷(清)胡杰辑著 …………… 114
痧胀然犀照一卷(清)沈金鳌撰 …………… 114
痧胀玉衡书三卷末一卷(清)郭志邃著 …………… 114
痧证指微一卷(清)释普净撰 …………… 114
痧症备要二卷(清)郭德勋撰(清)郭鐄纂 …………… 114
痧症度针二卷(清)胡凤昌辑 …………… 114
痧症汇要四卷痧症指微一卷(清)孙玘编辑(清)何其伟校阅(清)奚佳栋述(清)邱天序辑 …………… 115
痧症汇要四卷(清)孙玘编(清)何其伟校阅 …………… 115
痧症全书三卷(清)林森传授(清)王凯编辑(清)胡杰校订 …………… 115
痧症全书一卷(清)林森撰 …………… 115

shān
山蚕讲义不分卷余铣编辑 …………… 115
山蚕图说一卷(清)夏与赓编 …………… 115
山蚕图说一卷附白话告示一卷(清)夏与赓辑 …………… 115
山东运河备览十二卷(清)陆耀纂 …………… 115
山羊全书不分卷□□撰 …………… 115
删补名医方论八卷(清)吴谦纂 …………… 115
删补清太医院治瘟速效瘟疫辨论一卷(清)周禹锡删补 …………… 115
删定伤寒论一卷(日本)南涯吉益删定(清)丁福宝编 …………… 115
删注脉诀规正二卷(清)沈镜删注(清)徐良臣参补 …… 116

shāng
伤寒百问四卷(宋)钱闻礼注(清)雷顺春校 …………… 116
伤寒辨证痘疹合编十卷末一卷(清)陈尧道辑 …………… 116
伤寒辨证集解八卷附经方歌括二卷本经便读四卷脉法歌全卷一卷(清)黄钰辑 …………… 116
伤寒辨证录十四卷(清)陈士铎述 …………… 116
伤寒辨证十卷目录一卷(清)陈尧道撰(清)劳凤翔订 …………… 116
伤寒辨证四卷(清)陈尧道撰(清)劳凤翔订 …………… 116
伤寒辨证四卷(清)陈尧道辑(清)陈念祖订 …………… 116
伤寒辨注一卷金匮辨注一卷(清)陈金声注 …………… 116
伤寒辨证痘科辨证九卷(清)陈尧道编(清)陈念祖评 …………… 116
伤寒辨证四卷(清)陈尧道撰 (清)陈念祖订 …………… 116
伤寒表里见症治例活法一卷□□撰 …………… 116
伤寒补天石二卷续二卷(明)戈维城著(清)席树馨校梓(清)席之瑛兑字 …………… 116
伤寒撮要四卷(清)王梦祖辑并注(清)王鼎校(清)王绂校 …………… 117
伤寒大白四卷总论一卷(清)秦之桢撰 …………… 117
伤寒大成五种(清)张璐等撰 …………… 117
伤寒第一书四卷附余二卷(清)车宗辂述(清)胡宪丰述 …………… 117
伤寒方歌一卷(清)甘席隆著 (清)王德宣校 …………… 117
伤寒方解六卷张静涛纂述张泽沛参校 …………… 117
伤寒方经解不分卷(清)姜国伊注 …………… 117
伤寒附翼二卷(清)柯琴编(清)马中骅校 …………… 117
伤寒古本考不分卷(日本)内藤希振撰廖平补评 …………… 117
伤寒古方通六卷条目一卷(清)王子接注 …………… 117
伤寒贯珠集八卷(清)尤怡注(清)朱陶性校 …………… 117
伤寒广要十二卷(日本)丹波元坚撰 …………… 117
伤寒广要十二卷(日本)丹波元坚撰 …………… 118
伤寒恒论十卷(清)郑寿全注 …………… 118
伤寒汲古三卷周利川纂录 …………… 118

伤寒集注六卷(清)张志聪注释(清)高世栻纂集 …… 118
伤寒兼证析义一卷(清)张倬著(清)王鼎较(清)苏继瞻较
　…… 118
伤寒讲义一卷附桂枝汤讲义一卷廖平撰 …… 118
伤寒经方阐奥三卷何仲皋撰 …… 118
伤寒九十论一卷(宋)许叔微述张骥评校 …… 118
伤寒九十论一卷附校讹一卷续校一卷(宋)许叔微述(清)胡廷校讹&续校一卷　(清)董金鉴辑 …… 118
伤寒括要二卷(明)李中梓著(明)张安苞校 …… 118
伤寒来苏集三种(清)柯琴编(清)马中骅校 …… 118
伤寒来苏集三种(清)柯琴编(清)马中骅校 …… 119
伤寒来苏全集(清)柯琴编(清)马中骅校 …… 119
伤寒类证活人书二十卷(宋)朱肱撰 …… 119
伤寒类证三卷(汉)张机撰(明)赵开美校 …… 119
伤寒六书四卷(明)陶华述 …… 119
伤寒论广训八卷巫烨著蒲寓昙等校 …… 119
伤寒论汇注精华九卷首一卷(清)汪莲石编 …… 119
伤寒论霍乱训解二卷附章太炎霍乱论评注一卷刘复著刘文扬参 …… 119
伤寒论集注六卷(清)张志聪注释(清)高世栻纂集 …… 119
伤寒论集注六卷(清)张志聪注释(清)陈莲舫加批(清)高世栻纂集 …… 119
伤寒论集注十卷外篇四卷(汉)张机撰(清)徐赤集注(清)吴士镇增订 …… 119
伤寒论集注折衷七卷首一卷(汉)张仲景原文胡毓秀补注
　…… 119
伤寒论辑义六卷恽树珏著 …… 119
伤寒论辑义七卷(日本)丹波元简著 …… 119
伤寒论讲义六卷附伤寒六经定法一卷(汉)张机撰陈绍勋讲述&伤寒六经定法一卷陈绍勋释 …… 119
伤寒论今释八卷陆渊雷撰 …… 119
伤寒论类方十二卷(清)徐大椿(清)徐燨校 …… 120
伤寒论类方一卷(清)徐大椿编释　(清)徐燨校 …… 120
伤寒论类方一卷(清)徐大椿编辑 …… 120
伤寒论类方一卷附六经脉证一卷(清)徐大椿编辑 …… 120
伤寒论六卷(清)张志聪注释(清)高世栻纂集 …… 120
伤寒论六卷(清)张志聪注释(清)高世栻纂集 …… 120
伤寒论六卷伤寒论本义一卷(清)张志聪注释(清)高世栻纂集 …… 120
伤寒论脉证式八卷附义生堂书目提要一卷(日本)川越正淑著张骥校补&义生堂书目提要一卷张骥著 …… 120
伤寒论七卷(汉)张机著(晋)王叔和撰(金)成无己注 …… 120
伤寒论浅注补正七卷首一卷(汉)张机原文　(清)陈念祖注(清)唐宗海补正 …… 120

伤寒论浅注补正七卷首一卷(汉)张机原文(清)陈念祖浅注(清)唐宗海补正 …… 120
伤寒论浅注补正七卷首一卷附识一道附录六首(汉)张机原文(清)陈念祖浅注(清)唐宗海补正 …… 120
伤寒论浅注方论合编六卷(清)陈念祖著(清)严岳莲辑严式诲校补 …… 120
伤寒论浅注六卷(汉)张机原文(清)陈念祖浅注(清)唐宗海补正 …… 120
伤寒论三卷(清)张志聪注释(清)朱景韩等参订 …… 121
伤寒论三注十八卷(清)周扬俊等注 …… 121
伤寒论三注十六卷(清)周扬俊等注 …… 121
伤寒论三注十七卷医方歌一卷(清)周扬俊等注 …… 121
伤寒论十卷(汉)张机述(晋)王叔和撰次 …… 121
伤寒论十卷(汉)张机述(晋)王叔和撰(宋)林亿校正
　…… 121
伤寒论十卷(汉)张机述(晋)王熙撰(宋)林亿校正(明)赵开美校刻(清)沈琳校 …… 121
伤寒论识六卷(日本)浅田栗园著 …… 121
伤寒论述义五卷(日本)丹波元坚著 …… 121
伤寒论条辨八卷或问一卷本草抄一卷痉书一卷痉书或问一卷(明)方有执著(清)陈友恭校 …… 121
伤寒论通论一卷丁福保编辑 …… 121
伤寒论新元编四卷首一卷(汉)张机撰王正枢编次 …… 121
伤寒论研究四卷恽树珏撰何公度等参校 …… 122
伤寒论翼二卷(清)柯琴(清)马中骅校 …… 122
伤寒论原文浅注六卷(清)陈念祖集注(清)陈蔚参校(清)陈元犀参校 …… 122
伤寒论直解六卷(清)张锡驹批注 …… 122
伤寒论注六卷(清)王丙著(清)陆懋修校 …… 122
伤寒论注三种(汉)张机述(晋)王叔和撰(金)成无己注解
　…… 122
伤寒论注四卷(汉)张机原文(清)柯琴编注(清)马中骅校订 …… 122
伤寒论注四卷伤寒附翼二卷伤寒论翼二卷(汉)张机原文(清)柯琴编(清)马中骅校订 …… 122
伤寒漫谈一卷程天灵著 …… 122
伤寒明理论三卷(金)成无己撰(明)吴勉学阅(明)徐镕校
　…… 122
伤寒平议不分卷廖平撰 …… 122
伤寒钤法一卷原机启微二卷附录一卷(汉)张机著(明)吴中珩校&原机启微二卷附录一卷(元)倪维德著(明)薛己校 …… 122
伤寒全生集四卷(清)陶节庵著 …… 123
伤寒三字经一卷刘悬勋撰 …… 123
伤寒舌鉴一卷(清)张登汇纂 …… 123

伤寒审症表一卷(清)包诚纂辑 …………… 123
伤寒说意不分卷(清)黄元御著 …………… 123
伤寒说意十卷首一卷(清)黄元御撰 (清)徐树铭校……
………………………………………………… 123
伤寒微旨论二卷(宋)韩祗和撰 (清)钱熙祚辑 … 123
伤寒瘟疫条辨六卷(清)杨璿撰(清)杨鼎编次(清)郭善邻参校 ……………………………………… 123
伤寒绪论二卷(清)张璐撰 ………………… 123
伤寒悬解歌诀十一卷(清)钟文焕述(清)徐廷卫校刊 …… 123
伤寒悬解十四卷附说意十卷(清)黄元御著 … 123
伤寒悬解十四卷首一卷(清)黄元御撰 (清)徐树铭校……
………………………………………………… 124
伤寒悬解十四卷首一卷末一卷(清)黄元御撰 (清)徐树铭校 ……………………………………… 124
伤寒寻源三卷(清)吕震名著 ……………… 124
伤寒医诀串解六卷(清)陈念祖撰(清)林寿萱校订 … 124
伤寒医诀串解六卷(清)陈念祖撰(清)林寿萱校订 … 124
伤寒原旨八卷(汉)张仲景原文何仲皋批注 … 124
伤寒约编六卷(清)徐大椿著 ……………… 124
伤寒杂病论古本三卷首一卷(汉)张仲景著廖平撰辑……
………………………………………………… 124
伤寒杂病论集一卷(清)顾观光撰 …………… 124
伤寒杂病论集注十六卷首二卷(清)黄维翰撰 … 124
伤寒杂病论十六卷(汉)张机述刘瑞瀛校雠 … 124
伤寒杂病论义疏十六卷刘世祯述义刘瑞瀛疏释方锡藩敬录 ……………………………………… 124
伤寒杂病指南二卷叶隐衡编纂 ……………… 124
伤寒缵论二卷(清)张璐铨次(清)张倬等订(清)李瑾校正
………………………………………………… 125
伤寒针方浅解不分卷李澹盦编撰 …………… 125
伤寒真方歌括六卷(清)陈念祖撰 (清)林寿萱校 … 125
伤寒真方歌括六卷十药神书批注一卷(清)陈念祖撰(清)林寿萱校 ……………………………… 125
伤寒证方一卷(□)□□撰 ………………… 125
伤寒证治准绳八卷(明)王肯堂辑(清)程永培校 … 125
伤寒指掌四卷(清)吴贞原本 (清)陆懋修重订 … 125
伤寒总病论六卷(宋)庞安时撰 …………… 125
伤寒总病论六卷附重雕宋刻伤寒总病论札记一卷(宋)庞安时撰&重雕宋刻伤寒总病论札记一卷(清)黄丕烈撰 ……………………………………… 125
伤寒总论一卷廖平补证 ……………………… 125
伤寒卒病论读一卷(汉)张仲景著(清)沈尧封抄读 … 125
伤寒缵论二卷(清)张璐纂述 ……………… 125
伤科补要六卷(清)钱秀昌编 ……………… 125

伤科中西独步一卷罗裕生述 ………………… 125
伤医大全四十卷(清)顾世澄纂(清)钱之枏等校 … 125

shàng
上虞算学堂课艺二卷(清)支雯甫选定(清)戚孔怀 (清)刘承祖(清)王璐同校 …………… 125
尚论篇四卷首一卷后篇四卷(清)喻昌撰 …… 126
尚论张仲景伤寒论重编二卷首一卷后四卷(清)喻昌撰 …
………………………………………………… 126

shào
邵氏医书三种(清)邵登瀛撰 ……………… 126

shé
舌鉴辨正二卷(清)梁玉瑜传(清)陶保廉录 … 126
舌苔统志一卷傅松元著傅烈丕承校 ………… 126
舌苔统志一卷附振兴国医药刍议附析疑十五则傅松元注&振兴国医药刍议附析疑十五则傅制然撰 …… 126
舌诊学二卷缪宏仁编注 ……………………… 126

shēn
□身宝一卷为辨太阳病脉证篇一卷(□)□□撰 …… 1
身验良方一卷(清)辜大安撰 ……………… 126

shén
神农本草备要医方合编六卷(清)汪昂鉴定 … 126
神农本草经百种录一卷(清)徐大椿撰 (清)徐爔校 …
………………………………………………… 126
神农本草经读歌注一卷□□撰 ……………… 126
神农本草经读四卷(清)陈念祖著(清)陈元豹校(清)陈元犀校 ……………………………………… 126
神农本草经读四卷(清)陈念祖撰(清)陈元豹校(清)陈元犀校 ……………………………………… 127
神农本草经经释一卷(清)姜国伊撰 ……… 127
神农本草经三卷(魏)吴普等述 …………… 127
神农本草三卷附本说一卷(清)王闿运辑 … 127
神农本草三卷附本说一卷逸文一卷刘复民辑 … 127
神农本经经释三卷(清)姜国伊撰 ………… 127
神农本经一卷(清)姜国伊辑述 …………… 127
神农书一卷(三国魏)吴普等述 …………… 127
神授急救异痧奇方一卷(清)何其伟编 …… 127
神授医理一卷□□撰 ……………………… 127
神相证验百条二卷刘学诚辑 ……………… 127
神效良方一卷□□撰 ……………………… 127

shěn
沈氏麻科一卷(清)赵开泰辑 ……………… 128
沈氏女科辑要笺正二卷勘误补正记一卷(清)沈尧封原本张寿颐笺正 ……………………………… 128
沈氏尊生书五种(清)沈金鳌辑 …………… 128
审视瑶函六卷(明)傅仁宇纂(明)林长生校补(明)傅维藩

编集 ……… 128
审视瑶函六卷附审视瑶函医案一卷(明)傅仁宇纂辑(清)张文凯参阅(清)林长生校补(清)傅维藩编集(清)张秀订正(清)周靖公校梓 ……… 128
审音精说一卷(英国)傅兰雅撰 ……… 128
颐龄堂药目一卷(□)□□撰 ……… 128

shèn
慎疾刍言一卷(清)徐大椿撰 ……… 128
慎疾刍言一卷世补斋不谢方一卷(清)徐大椿撰 & 世补斋不谢方一卷(清)陆懋修撰 ……… 128
慎疾雏言一卷神农本草经百种录一卷(清)徐大椿撰 ……… 128
慎柔五书五卷(明)胡慎柔撰(明)石震订正(清)顾元交编次(清)程永培校 ……… 128
慎斋遗书十卷(明)周之干撰 ……… 128

shēng
生理卫生学一卷(日本)大幸勇吉撰(清)樊炳清译 … 128
生理卫生学一卷(日本)世户测讲义 ……… 128
生理卫生学一卷(日本)世户测讲义 ……… 129
生理新语四卷恽铁樵撰徐衡之参校章巨膺参校 ……… 129
生理学讲义一卷病理学讲义一卷病理学六经补义一卷沈反白编 ……… 129
生民常识一卷补遗一卷尹昌衡著 ……… 129
生生宝箓三卷附生生外录一卷(清)袁于江纂 & 生生外录二卷(清)胡瀛国撰 ……… 129
生生子医案五卷(明)孙一奎辑 ……… 129
生物学二十八章(英国)坎拿达著白明道编辑 ……… 129
生育良方一卷倪伯惠撰 ……… 129
生殖泌尿器病及花柳病简编一卷(美国)戴世璜撰余冠瀛述 ……… 129
声学八卷(英国)田大里撰(英国)傅兰雅口译(清)徐建寅笔述 ……… 129
声学一卷(清)江标辑 ……… 129

shěng
省身指掌九卷(美国)博恒理撰 ……… 129

shèng
圣余医案诠解六卷(清)刘桐文撰李俊释 ……… 129
圣余医案诠解四卷(清)刘桐文撰 李俊诠解张国铨参订夏忠道参订 ……… 129

shī
失血澄治一卷(清)杨凤庭撰 ……… 129
失血大法一卷(清)杨凤庭撰(清)刘棋文参订 ……… 129
失血新方二卷(清)杨凤阁撰 ……… 130
湿温病古今医案平议一卷张寿颐纂集 ……… 130

shí
十三科古方选注三卷(清)王子接注(清)叶桂校 ……… 130
十药神书批注全卷一卷(清)陈念祖注 ……… 130
十药神书一卷(元)葛可久编(清)潘霨重校增注 ……… 130
十药神书一卷附霍乱吐泻方论一卷(元)葛可久编 & 霍乱吐泻方论一卷□□撰 ……… 130
十药神书注解全卷(元)葛可久编(清)陈念祖注 ……… 130
石函嘉秘妇科良方一卷附妇科证方括歌一卷鹤洲野人编辑 & 妇科证方括歌一卷长春堂编辑 ……… 130
石渠阁精订摄生秘剖四卷(明)洪基参订 ……… 130
石山医案三卷(明)陈桷校勘 ……… 130
石室秘录六卷(清)陈士铎撰 ……… 130
石顽老人诊宗三昧一卷(清)张璐撰(清)张登编 ……… 130
石雅三卷章鸿钊撰 ……… 130
时病歌括二卷(清)陈念祖撰(清)陈元豹校字(清)陈元犀校字文魁堂校正 ……… 130
时病歌括一卷分病列队一卷□□撰 ……… 130
时病论八卷(清)雷丰著(清)刘宾臣鉴定 ……… 131
时病学讲义一卷(清)雷丰撰王杏楼辑 ……… 131
时方歌括二卷(清)陈念祖撰 (清)陈元豹校 (清)陈元犀校 ……… 131
时方歌括二卷景岳新方砭四卷(清)陈念祖撰 (清)陈元豹校 (清)陈元犀校 ……… 131
时方妙用四卷(清)陈念祖撰 (清)陈元豹校 (清)陈元犀校 ……… 131
时疫解惑论二卷刘复撰 ……… 131
时用草药仙方一卷□□撰 ……… 131
实验秘本中西良方大全不分卷缪乃澄编 抄本 ……… 131
实用灌溉工程设计学十四卷W.G.Bligh撰(清)雷斌译冯雄译述 ……… 131
实用细菌学检验法不分卷陈少伯编撰 ……… 131
实用制革法不分卷(清)张正成译 ……… 131
食物本草会纂十二卷(清)沈李龙纂 ……… 131
食物本草一卷(清)费伯雄鉴定 ……… 132
食物本性效方抄一卷□□撰 ……… 132

shǐ
史记天官书补目一卷(清)孙星衍撰 ……… 132
史载之方二卷(宋)史堪撰 ……… 132

shì
世补斋医书后集九种(清)陆懋修撰 ……… 132
世补斋医书六种(清)陆懋修撰 ……… 132
世补斋医书文集十六卷(清)陆懋修著(清)沈彦模参校(清)方连轸参校(清)濮贤慈参校(清)陆润庠参校 … 132
市政工程学不分卷成都民立大学编 ……… 132
释谷四卷(清)刘宝楠撰 ……… 132

释论二卷释椭一卷(清)焦循学 …………… 132
释名病释一卷余岩撰 …………………… 132
释天一卷重订谈天正义一卷三代纪年考一卷(清)吕调阳述 …………………………………………………… 132
释星图考一卷圜海图考四卷(清)李锡书撰 …… 132

shòu
寿柝卢经脉分图四卷(清)吴之英辑 ………… 132
寿身小补八卷(清)黄兑楣辑 ………………… 132
寿世保元十卷(清)龚廷贤编 ………………… 133
寿世汇编十一卷(清)祝宝森辑 ……………… 133
寿世青编二卷(清)尤乘纂 …………………… 133
寿世医鉴三卷(清)王文选辑 ………………… 133
兽经一卷虎苑二卷(明)黄省曾撰(明)王穉登撰 … 133
兽医大意不分卷刘心舜选述 ………………… 133
兽医科简明药物学不分卷□□撰 …………… 133
兽医内外科讲义一卷□□撰 ………………… 133
兽医学不分卷□□撰 ………………………… 133
兽医学讲义外科各论篇不分卷陆军兽医学校编 … 133
兽医学教科书二编□□撰 …………………… 133
兽医易知不分卷中华书局编 ………………… 133
兽有百种论一卷(英国)傅兰雅撰 …………… 133

shū
书器须知一卷(英国)傅兰雅撰 ……………… 133
叔和脉经真本十卷(晋)王叔和撰(清)张柏校正(清)朱锡穀重刊(清)陈一津参订 ………… 133
叔和脉经真本十卷首一卷(晋)王叔和撰(清)张柏校正(清)朱锡穀重刊(清)陈一津参订 …… 133
淑老轩经验方不分卷(清)黄毓恩辑 ………… 133
蔬菜园艺学四卷四川省立农学院编 ………… 133

shǔ
蜀水考四卷(清)陈登龙撰 …………………… 134
蜀水考四卷附补注分疏(清)陈登龙撰 (清)朱锡穀补注(清)陈一津分疏 …………………… 134
蜀西都江堰工志一卷吴鸿仁撰 ……………… 134
蜀尧研究中医自抄本一卷蜀尧抄 …………… 134
蜀中医纂五卷附习医规格(清)陈清滔辑 …… 134
鼠疫约编一卷(清)吴宣崇撰(清)罗汝兰增辑 … 134

shù
述卜筮星相学八卷袁树珊纂述 ……………… 134
述古斋幼科新书张振鋆辑 …………………… 134
述岳新书一卷(清)赵延儒传(清)黄金式受传 … 134
树菊丛录五种□□撰 ………………………… 134
腧穴折衷二卷(日本)安京元越撰 …………… 134
数度衍二十三卷首一卷(清)方中通撰 ……… 134
数诀三卷(宋)祝泌撰 ………………………… 134

数书九章十八卷(宋)秦九韶撰 ……………… 134
数书九章札记四卷(清)宋景昌撰 …………… 134
数学丛书十四卷(日本)林鹤一撰 …………… 134
数学教科书二卷(清)叶橑宣编 ……………… 135
数学精详十一卷附首一卷末一卷(清)屈曾发辑 … 135
数学精详十一卷首一卷末一卷(清)屈曾发辑 … 135
数学理九卷附一卷(英国)棣么甘撰(英国)傅兰雅口译(清)赵元益笔述 …………………… 135
数学启蒙四卷(英国)伟烈亚力撰 …………… 135
数学三千题三卷附解式一卷(日本)尾关正求撰 … 135
数学史讲义不分卷汪奠基撰 ………………… 135

shuǐ
水道提纲二十八卷(清)齐召南编 …………… 135
水雷秘要五卷(英国)史理孟纂(清)舒高第口译(清)郑昌棪笔述 …………………………… 135
水陆战议一卷(英国)傅兰雅撰 ……………… 135
水师保身法一卷(法国)勒罗阿撰(英国)伯克雷译(清)赵元益(清)程瀷重译 ………………… 135
水师操练十八卷附一卷英国战船部原书(英国)傅兰雅口译(清)徐建寅笔述 ………………… 135

shùn
顺直河道改善建议案一卷熊希龄撰 ………… 135

shuō
说疫全书三种(清)刘奎等著 ………………… 135

sī
司马法古注三卷附司马法音义一卷曹元忠注朱汝杰校曹元森校 ……………………………… 135
司马法三卷(战国)司马穰苴著 ……………… 135

sì
四川蚕桑公社第一期蚕业白话一卷四川蚕桑公社初编 ………………………………………… 135
四川公报附载麻疹阐注六卷张廉述 ………… 136
四川后方国防基本建设大纲不分卷刘湘撰 … 136
四川省国医学院讲义十五种四川国医学院编 … 136
四川省农业改进所棉业改良场三十五年度工作计划一卷四川省农业改进所编 ……………… 136
四川省武备学堂战法学教程七卷□□撰 …… 136
四川省医学总会痘科讲习所讲义一卷何龙举编辑 … 136
四川实业司通省蚕病预防规条不分卷四川省实业司编 ………………………………………… 136
四川通省蒙养师范学堂代数课程二卷冯书学纂 … 136
四川盐法志四十卷首一卷(清)丁宝桢等修 … 136
四川药材概论不分卷谭炳杰编著 稿本 …… 136
四家医案(清)柳宝诒选 ……………………… 136
四酒拳一卷王晋明编辑 ……………………… 136

四科简效方四卷(清)王士雄选 …… 136
四民月令一卷(汉)崔寔撰唐鸿学校辑 …… 136
四明它山水利备览二卷附校勘记一卷(宋)魏岘撰(清)徐时栋撰 …… 136
四圣心源十卷(清)黄元御著 …… 136
四圣悬枢五卷(清)黄元御著 …… 136
四时病机十四卷(清)邵登瀛辑 (清)邵炳扬杏泉述(清)邵景康等校 …… 136
四益馆医书二十一种廖平编 …… 137
四元玉鉴三卷四元玉鉴细草三卷四元释例一卷(元)朱世杰编述(清)罗世琳补草(清)易之瀚释例 …… 137
四元玉鉴三卷四元玉鉴细草三卷四元细草假令之图一卷(元)朱世杰编述(清)罗世琳补草(清)易之瀚释例 …… 137
四元玉鉴细草三卷附四元释例一卷(清)罗世琳撰 & 四元释例一卷(清)易之瀚撰 …… 137
四元玉鉴细草三卷四象细草假令之图一卷附补增一卷四元释例一卷(元)朱世杰编述(清)罗世琳补草(清)易之瀚释例 …… 137
四原原理不分卷(清)顾澄译 …… 137
俟医浅说一卷 GeprgeH. Hope 撰石美玉译 …… 137

sōng
松峰说疫七卷(清)刘奎著辑(清)刘秉锦述校 …… 137
松心堂医案经验抄一卷(清)缪遵义注 抄本 …… 137
嵩厓尊生书十五卷(清)景日昣撰 …… 137

sòng
宋徽宗圣济经十卷(宋)宋徽宗撰(宋)吴禔注 …… 137
宋徽宗圣济经十卷(宋)宋徽宗撰(宋)吴禔注 …… 138
宋辽金元四史朔闰考二卷(清)钱大昕纂 …… 138
宋平江城坊考五卷首一卷附录一卷补遗一卷王謇撰 …… 138

sū
苏沈良方八卷(宋)苏轼(宋)沈括撰 …… 138
苏沈良方八卷拾遗一卷校勘记一卷(宋)苏轼(宋)沈括撰 …… 138
苏沈内翰良方十卷(宋)苏轼(宋)沈括撰 …… 138
苏氏孙子批注一卷(春秋)孙武撰苏阴森批注 …… 138

sù
素灵合纂三卷(清)迎认庵辑 …… 138
素灵类纂约注三卷(清)汪昂纂辑 …… 138
素灵微蕴四卷(清)黄元御撰 …… 138
素书一卷附心书一卷孙子一卷(汉)黄石公撰(宋)张商英注 & 心书一卷题(三国蜀)诸葛亮撰 & 孙子一卷(春秋)孙武撰 …… 138
素书注一卷(汉)黄石公撰 …… 138
素问灵枢类纂约注三卷(清)汪昂纂辑 …… 138
素问灵枢类纂约注三卷(清)汪昂纂辑 …… 139
素问灵台秘典论篇新解一卷灵素五解篇一卷廖平撰 …… 139
素问六气玄珠密语十卷(唐)王冰述 …… 139
素问释义十卷(清)张琦撰 …… 139
素问痿论释难一卷(清)刘复注 …… 139
素问悬解十三卷(清)黄元御解 …… 139
素问学一卷金匮贻学 …… 139
鍊钢要言一卷附录试验各法一卷(清)徐家宝译述 …… 139

suàn
算草丛存八卷(清)华蘅芳撰 …… 139
算迪八卷(清)何梦瑶撰 …… 139
算法须知二卷(清)华衡芳辑(清)徐树勋校刊 …… 139
算法须知六种(英国)傅兰雅辑(清)华蘅芳辑 …… 139
算经十书十一种(清)孔继涵辑 …… 139
算经十书十种(清)孔继涵辑 …… 139
算经十书十种附七种(清)孔继函辑 …… 139
算器图说一卷(英国)傅兰雅辑 …… 139
算式集要四卷(英国)哈司韦辑(英国)傅兰雅口译(清)江衡笔述(清)朱彝绘图 …… 140
算式解法十四卷(美国)好敦司(美国)开奈利同著撰(英国)傅兰雅口译(清)华蘅芳笔述 …… 140
算学揭要一卷亚泉学馆编辑 …… 140
算学精华七种(清)黄炳垕等撰 …… 140
算学难题问答一卷(英国)傅兰雅撰 …… 140
算学奇论一卷(英国)傅兰雅撰 …… 140
算学奇题图解一卷(英国)巴心田稿 …… 140
算学启蒙述义三卷(元)朱世杰编撰(清)王鉴述义 …… 140
算学入门三卷(清)周广询辑录 …… 140
算雅一卷(清)李固松著 …… 140
算牖四卷(清)许桂林学 …… 140

suí
隋息居重订霍乱论四卷(清)王士雄纂 …… 140
随山宇方抄一卷(清)汪曰桢撰 …… 140
随息居饮食谱七卷(清)王士雄撰 …… 140
随息居饮食谱一卷(清)王士雄纂 …… 141
随息居重订霍乱论四卷(清)王士雄纂 …… 141
随园食单不分卷(清)袁枚撰 …… 141

suì
遂生编一卷福幼编一卷(清)庄一夔撰(清)恒敏订 & 福幼编一卷(清)庄一夔撰 …… 141
遂生编一卷福幼编一卷广生编一卷(清)庄一夔撰 & 福幼编一卷(清)庄一夔撰 & 广生编一卷(清)包诚撰 …… 141

sūn
孙氏医学丛书六种孙鼎宜撰 …… 141

— 257 —

孙真人备急千金要方九十六卷目录二卷序一卷(唐)孙思邈撰(清)张璐衍义 …… 141
孙真人备急千金要方三十卷(唐)孙思邈撰(清)张璐衍义 …… 141
孙真人海上方一卷(唐)孙思邈撰(清)张璐衍义 …… 141
孙真人千金方衍义三十卷(唐)孙思邈撰(清)张璐衍义(清)席世臣校 …… 141
孙子考十卷杨言昌主编 …… 141
孙子三卷吴子二卷司马法一卷□□撰 …… 141
孙子十家注十三卷附遗说一卷孙子叙录一卷(宋)吉天保辑(清)孙星衍等校 & 遗说一卷(南宋)郑友贤撰 & 孙子叙录一卷(清)毕以珣撰 …… 141
孙子十家注十三卷附遗说一卷孙子叙录一卷(宋)吉天保辑(清)孙星衍校(清)吴人骥校 & 遗说一卷(南宋)郑友贤撰 & 孙子叙录一卷(清)毕以珣撰 …… 142
孙子十三卷(春秋)孙武著 …… 142
孙子十三卷(春秋)孙武撰苏阴森批注 …… 142
孙子算经三卷(唐)李淳风等注释 …… 142
孙子算经三卷附海岛算经一卷(唐)李淳风注释 & 海岛算经一卷(晋)刘徽注(唐)李淳风注释 …… 142
孙子选注一卷(春秋)孙武撰夏寿田选注 …… 142
孙子选注一卷(春秋)孙武撰夏寿田选注 …… 143

T

tāi
胎产集要二卷(清)黄惕斋辑 …… 143
胎产集要三卷(清)黄惕斋辑 …… 143
胎产辑萃四卷(清)汪嘉谟纂辑 …… 143
胎产秘书三卷首一卷(清)陈笏庵撰 …… 143
胎产心法六卷(清)阎纯玺撰 …… 143
胎产心法三卷(清)阎纯玺撰 …… 143
胎产心法三卷(清)阎纯玺撰 抄本 …… 143
胎生学要领一卷黄岛晴编撰黄芥舟校阅 …… 144

tài
太仓傅氏医学三书(清)傅松元撰 …… 144
太素脉诀三卷(明)张太素撰 …… 144
太素张神仙脉诀立微纲领诀宗统三卷(明)张太素述(明)龚廷贤撰 …… 144
太玄集注四卷(汉)扬雄撰(宋)司马光集注 …… 144
太医院增补青囊药性赋直解一卷附医方快捷方式一卷(明)罗必炜参订 & 医方快捷方式一卷(明)罗必炜校正 …… 144
太医院增补青囊药性赋直解一卷附医方快捷方式一卷药性歌括一卷四言举要一卷(明)罗必炜参订 & 医方快捷方式一卷(明)罗必炜校正 & 药性歌括一卷(明)龚廷贤撰 & 四言举要一卷(宋)崔嘉彦著(明)李言闻删补 …… 144
太乙金镜式经十卷(唐)王希明撰 …… 144
太乙神照神经三卷(清)刘学成辑 …… 144
太乙神针方一卷(清)范毓䕫传(清)冯卓怀订正 …… 144
太乙神针一卷(清)范毓䕫传(清)周雍和编 …… 144
太原傅科二卷(清)傅山撰 …… 144
泰西船政论一卷(英国)傅兰雅撰 …… 144

tán
谈天十八卷首一卷表一卷(英国)候失勒原本(英国)伟烈亚力口译(清)李善兰删述(清)徐建寅续述 …… 144
谈天十八卷首一卷表一卷(英国)候失勒原本(英国)伟烈亚力口译(清)李善兰删述(清)徐建寅续述 …… 145

tàn
探矿取金六卷续编一卷附编一卷(英国)密拉撰(清)舒高第译(清)汪振声述 …… 145

tāng
汤头歌诀本草备要合刊(清)汪昂著 …… 145
汤头歌诀一卷经络歌诀一卷(清)汪昂撰 …… 145
汤液本草三卷(元)王好古类集(明)吴中珩校正 …… 145
汤液经八卷(商)伊尹撰(汉)张机论(清)杨师尹考次 …… 145

táng
唐本千金方第一序例注八卷序目一卷跋尾一卷(唐)孙思邈撰张骥集注 …… 145
唐本伤寒一卷医心方一卷□□撰 …… 145
唐开元占经一百二十卷(唐)瞿昙悉达撰 …… 145
唐王焘先生外台秘要方四十卷(唐)王焘撰(清)程衍道订 …… 145

táo
陶节庵伤寒全生集四卷(清)叶天士评 …… 145

téng
藤氏医谈二卷(日本)近藤明隆昌撰 …… 145

tí
蹄铁学不分卷陆军兽医学校编 …… 145

tǐ
体操图式一卷(清)王光折撰 …… 145
体学撮要一卷乐柯撰 …… 145

tiān
天宝本草二卷(清)龚锡麟编 …… 146
天宝草本一卷(清)龚锡麟编 …… 146
天变地异一卷(日本)小幡笃次郎著 …… 146
天工开物三卷(明)宋应星撰 …… 146
天官五星四卷(清)廖瀛海辑 …… 146
天花精言六卷(清)袁句著 …… 146
天文步天歌一卷(唐)王希明撰 …… 146
天文初阶一卷(美)赫士口译(清)刘荣贵笔述 …… 146
天文歌略一卷(清)叶澜撰 …… 146

天文歌略一卷地学歌略一卷叶澜撰叶翰撰 …………… 146
天文揭要二卷(美国)赫士口译(清)周文源笔述 …… 146
天文精义五卷(元)岳熙载撰 …………………………… 146
天文略解二卷(美国)李安德著 (美国)刘海澜订 … 146
天文书四卷(明)海达儿等译 …………………………… 146
天文算学纂要二十卷首一卷(清)陈松撰 ……………… 146
天文算学纂要二十卷首一卷 国朝万年书两卷推测易知四卷(清)陈松撰 …………………………………… 146
天文图考四卷吴之英撰 ………………………………… 146
天文图说四卷(英)柯雅各撰(美国)摩嘉立(美国)薛承恩同译 ………………………………………………… 147
天文问答四卷(清)畲宾王撰 …………………………… 147
天文问答四卷(清)王亨统撰 …………………………… 147
天文须知不分卷(英国)傅兰雅辑 ……………………… 147
天文仪器志略一卷常福元撰 …………………………… 147
天象不分卷□□撰 抄本 ……………………………… 147
天元草五卷(清)王树枏撰 ……………………………… 147
天元一释二卷(清)焦循学 ……………………………… 147
天元一术图说一卷(清)叶棠撰 ………………………… 147

tián
田亩比类乘除捷法二卷(宋)杨辉集 …………………… 147

tiáo
调疾饮食辨五卷(清)章穆纂述(清)程步岩参订 …… 147
调剂学一卷□□撰 ……………………………………… 147
调元集腋二卷(清)陈子豫撰 …………………………… 147

tiě
铁板神数不分卷(宋)陈抟撰 …………………………… 147
铁甲丛谈五卷附图一卷(英国)黎特著(清)舒高第译(清)郑昌棪译 ………………………………………… 147
铁路工程一卷(英国)傅兰雅撰 ………………………… 147
铁路纪要三卷(美国)柯理集(清)潘松译 …………… 147
铁樵杂著四卷恽铁樵著 ………………………………… 147

tōng
通物电光四卷附图一卷(美国)莫耳登撰(英国)傅兰雅口译王季烈笔述 …………………………………… 148

tóng
同文算指前编二卷通编八卷(意大利)利玛窦授(明)李之藻演 …………………………………………………… 148
桐君阁丸药提要一卷□□撰 …………………………… 148
铜人灸法二卷(清)释本圆撰(清)萧福庵续编 ……… 148
铜人腧穴针灸图经三卷附穴腧都数一卷(宋)王惟一撰 … 148
铜人堂针灸一卷(清)释本圆撰 ………………………… 148
铜人图考正穴法一卷□□撰 …………………………… 148
铜人针灸经七卷附校勘记一卷□□撰 & 附校勘记一卷(清)冯一梅撰 …………………………………………… 148

tòu
透廉细草一卷附续古摘奇算法一卷丁巨算法一卷□□撰 & 续古摘奇算法一卷(宋)杨辉撰 & 丁巨算法一卷(元)丁巨撰 …………………………………………………… 148

tú
图形枕藏外科一卷(清)李云骐注 ……………………… 148
图注八十一难经辨真四卷(战国)秦越人述(明)张世贤注 ……………………………………………………… 148
图注八十一难经四卷(战国)秦越人述(明)张世贤注 … 148
图注八十一难经四卷附校正频湖脉学一卷奇经八脉考一卷(战国)秦越人述(明)张世贤注 & 校正频湖脉学一卷奇经八脉考一卷(明)李时珍撰 ……………………… 149
图注八十一难经四卷校定图注脉诀四卷附二种(战国)秦越人述(明)张世贤注 …………………………… 149
图注八十一难经辨真四卷附图注脉诀辨真四卷(战国)秦越人述(明)张世贤注 & 图注脉诀辨真四卷 (晋)王叔和原著 (明)李时珍撰注 ………………………… 149

tuī
推爱堂痘疹集验□□卷附痘疹补方一卷(清)傅霖补辑 … 149
推背图说一卷附刘伯温烧饼歌一卷□□编 …………… 149
推测地球一卷(英国)傅兰雅撰 ………………………… 149
推拿广意三卷(清)熊应雄纂辑(清)陈世凯重订 …… 149
推拿易知一卷中华书局编 ……………………………… 149
推求师意二卷(明)汪机编辑(明)陈桷校刊 ………… 149

tuì
退思庐女科证治约旨四卷严鸿志辑严智鹤校字 ……… 149
退思庐医书四种严鸿志纂辑 …………………………… 149

W

wài
外科大成四卷(清)祁坤辑(清)祁嘉锡等正字 ……… 149
外科发挥八卷(明)薛己注 (明)吴玄有校干凤岐重校 … 149
外科歌诀一卷□□撰 …………………………………… 149
外科护病一卷丁美蓉编译 ……………………………… 150
外科辑要四卷首一卷(清)邵澍辑 ……………………… 150
外科金方一卷□□撰 …………………………………… 150
外科精要三卷(宋)陈自明编 (明)薛己注 …………… 150
外科理例七卷(明)汪机辑(明)陈桷校正 …………… 150
外科切要一卷□□撰 …………………………………… 150
外科神方不分卷□□撰 ………………………………… 150
外科枢要四卷(明)薛己撰(明)吴玄有校 …………… 150

外科图说四卷(清)高文晋辑 …… 150
外科心法七卷(明)薛己撰(明)吴玄有校 …… 150
外科心法要诀十六卷目录一卷(清)吴谦纂 …… 150
外科易知一卷(清)汪祝尧撰 …… 150
外科杂方一卷□□撰 …… 150
外科真方传一卷邵朝著 …… 150
外科真诠二卷(清)邹岳撰(清)沈振瑞校 …… 150
外科正宗十二卷(明)陈实功撰(清)徐大椿评(清)许楣订(清)蒋光焴校 …… 150
外科正宗十二卷(明)陈实功撰(清)徐大椿评(清)许楣订(清)蒋光焴校 …… 151
外科正宗十二卷附录一卷(明)陈实功撰(清)徐大椿评(清)许楣订(清)蒋光焴校 …… 151
外科证治全生集四卷附福幼篇一卷(清)王维德撰(清)潘蔚较＆福幼篇一卷(清)庄一夔著 …… 151
外科证治全生一卷伤寒舍鉴一卷秘本眼科快捷方式一卷(清)王维德撰＆伤寒舍鉴一卷(清)张登撰＆秘本眼科快捷方式一卷(清)□□撰 …… 151
外科证治全书五卷附刻疡医雅言丹药集方一卷全生集医案一卷(清)许克昌辑(清)毕法辑 …… 151
外科证治全书五卷附全生集医案一卷疡医雅言丹药集方一卷(清)许克昌(清)毕法辑 …… 151
外科证治全书五卷末一卷(清)许克昌辑(清)毕法辑 …… 151
外科症治全生集四卷(清)王维德纂辑(清)潘霨重校 …… 151
外科症治全生集四卷附新增马氏试验秘方一卷(清)王维德纂 …… 151
外科症治全生前集三卷后集三卷(清)王维德纂辑(清)王其龙参订 …… 151
外台秘要四十卷目录一卷(唐)王焘撰(明)陆锡明校阅 …… 151
外台秘要方四十卷(唐)王焘撰(宋)林亿等上进许佩校(清)程衍道订梓 …… 151
外症通用方一卷□□撰 …… 151

wàn
万病回春八卷(明)龚廷贤撰 …… 152
万方类编三十二卷(清)曹绳彦集(清)闵其昌校 …… 152
万方针线八卷(清)蔡烈先辑(清)范锡尧等校 …… 152
万国药方八卷(美国)洪士提译 …… 152
万年书十二卷□□撰 …… 152
万氏家传痘疹心法二十三卷(明)万全撰 …… 152
万氏家传片玉痘疹十三卷(明)万全撰 …… 152
万氏家传片玉心书五卷万氏家传片玉痘疹十三卷(明)万全撰 …… 152

万氏家传伤寒摘锦二卷(明)万全撰 …… 152
万氏家传幼科发挥二卷(明)万全撰 …… 152
万氏家传育婴秘诀四卷(明)万全撰 …… 152
万氏女科三卷(明)万全撰 …… 152
万药归宗一卷□□撰 …… 152
万应奇效秘方一千五百种一卷(清)叶桂撰李古直编订 …… 152

wāng
汪氏医方集解录要二卷(清)汪昂撰 …… 153
汪氏医书七种(明)汪机等撰 …… 153
汪氏医学丛书八种(明)汪机等撰 …… 153

wáng
王翰林集注黄帝八十一难经五卷(战国)秦越人撰(宋)王惟一音释(明)王九思集注 …… 153
王洪绪先生外科证治全生一卷(清)王维德撰 …… 153
王氏脉经十卷(晋)王叔和撰 …… 153
王氏医案二卷(清)王士雄撰(清)周镳辑 …… 153
王氏医案二卷续编八卷(清)王士雄撰(清)周镳张鸿辑 …… 153
王氏医案二卷续编八卷(清)王士雄撰(清)周镳辑 …… 153
王氏医案四卷(清)王泰林撰 …… 153
王氏医案续编八卷(清)王士雄撰 (清)周镳张鸿辑 …… 153
王氏医案译注十卷附录一卷(清)王士雄撰石念祖译注谢观校订 …… 153
王氏医案译注十卷附录一卷(清)王士雄撰石念祖译注谢观校订 …… 154
王氏医存十七卷(清)王燕昌述 …… 154
王氏医存十七卷新选验方一卷(清)王燕昌述 …… 154
王叔和脉经十卷(晋)王叔和撰 …… 154
王叔和图注难经脉诀二种(晋)王叔和撰 …… 154
王旭高医书六种(清)王泰林编辑 …… 154
王宇泰先生订补古今医鉴十六卷(明)龚信纂辑(明)龚廷贤续编(明)王肯堂订补 …… 154

wēi
微积溯源八卷(英国)华里司辑(英国)傅兰雅口译(清)华蘅芳笔述 …… 154
微生物理论一卷(英国)傅兰雅撰 …… 154

wěi
韡园医学六种(清)潘霨辑 …… 154

wèi
卫公兵法辑本三卷(唐)李靖撰 …… 154
卫济余编十八卷(清)王缵堂编 ……
卫生宝鉴二十四卷补遗一卷(元)罗天益撰(清)李锡龄辑 …… 154

卫生鸿宝六卷(清)祝补斋编辑 …… 154
卫生鸿宝六卷(清)祝补斋编辑 …… 155
卫生集三卷(清)梧栖老人辑 …… 155
卫生家宝产科备要八卷(宋)朱端章撰 …… 155
卫生十二法一卷□□撰 …… 155
卫生学问答九卷丁福保纂 …… 155
卫生要术一卷(清)潘蔚编 …… 155
卫生要旨一卷(美国)嘉约翰口译(清)海琴氏校正 … 155
卫生要旨一卷钟秀芝编译 …… 155
尉缭子直解五卷(明)刘寅撰 …… 155
魏武帝注孙子三卷(三国魏)曹操注(清)左枢笺 …… 155
魏武帝注孙子三卷吴子二卷司马法三卷尸子二卷燕丹子三卷牟子一卷(三国魏)曹操注(清)孙星衍校 …… 155

wēn

温病百言一卷(清)刘宗第编述 …… 155
温病挈要一卷(清)江秉千撰 …… 155
温病明理五卷恽树珏著徐衡之等参校 …… 155
温病浅说一卷(清)温存厚著(清)温仁寿等校字 …… 155
温病浅说一卷小儿急惊风治验一卷(清)温存厚著(清)温仁寿等校字 …… 155
温病三字诀一卷(清)张子培草创廖吉人校 …… 155
温病提要续刻一卷(清)曹文远撰 …… 156
温病提要一卷(清)曹华峰撰 …… 156
温病条辨六卷(清)吴塘著(清)汪瑟安参订(清)征以园参订(清)朱武曹点评 …… 156
温病条辨六卷(清)吴塘著(清)汪瑟安参订(清)征以园参订(清)朱武曹点评 …… 157
温病问题之解决一卷附霍乱证与痧证鉴别及治疗法一卷冉剑虹撰 …… 157
温病学三卷何伯埙述 …… 157
温病学一卷陆景廷撰 …… 157
温病学一卷诊断学一卷陆景廷编 …… 157
温病要旨一卷何仲皋著 …… 157
温病证治歌括二卷(明)张介宾撰 …… 157
温热便读二卷附麻疹概论一卷小儿平脉之我见一卷邹仲彝编 …… 157
温热经纬歌括五卷(清)杨涫编 …… 157
温热经纬五卷(清)王士雄纂(清)杨照藜汪日桢等评 …… 157
温热经纬五卷(清)王士雄纂(清)杨照藜汪日桢等评 …… 158
温热经纬五卷(清)王士雄纂(清)杨照藜评(清)汪日桢评(清)沈宗淦参订 …… 158
温热暑疫全书四卷(清)周扬俊辑(清)薛雪校(清)吴蒙校 …… 158

温热赘言一卷(清)寄瓢子述 …… 158
温氏医案一卷(清)温存厚撰温仁椿等校字 …… 158
温氏医案一卷小儿急惊风治验一卷(清)温存厚撰温仁椿等校字 …… 158
温氏医书三种(清)温存厚撰 …… 158
温疫明辨四卷温疫明辨方一卷(清)戴天章撰 …… 158
温疹述要一卷袁励桢编 …… 158
温症挈要一卷江秉干辑 …… 158
瘟病条辨六卷首一卷(清)吴塘著 …… 158
瘟病条辨医方撮要二卷遂生编一卷福幼编一卷(清)杨璇撰(清)黄德濂纂 & 遂生编一卷福幼编一卷(清)庄一夔著 …… 158
瘟病要诀一卷□□撰 …… 158
瘟痧证治要略七卷曹炳章编撰 …… 158
瘟疫汇编十卷(明)吴有性著(清)戴天章增广(清)刘奎订正 …… 158
瘟疫论补注二卷(明)吴有性著(清)戴天章增广(清)刘奎订正 …… 158
瘟疫论二卷(明)吴有性撰 …… 159
瘟疫论二卷附刘宏璧先生集补方一卷(明)吴有性撰(明)许永康校 …… 159
瘟疫论二卷附刘宏璧先生集补方一卷朱煜治案一卷(明)吴有性撰(明)许永康校 …… 159
瘟疫论类编五卷(明)吴有性著(清)刘奎订正(清)刘秉锦编(清)刘嗣宗参订 …… 159
瘟疫明辨四卷方一卷(清)戴天章撰(清)郑奠一编 … 159
瘟疫枢要三种(清)胡精一撰 …… 159
瘟疫摘要一卷□□撰 …… 159

wèn

问心堂温病条辨六卷首一卷(清)吴瑭著(清)汪瑟庵等参订(清)朱武曹点评 …… 159
问斋医案五卷(清)蒋宝素注 …… 159

wěng

翁仲仁先生痘科金镜赋六卷(清)俞茂鲲集解(清)于人龙参评 …… 159
翁仲仁先生原本幼科七种大全(明)翁仲仁原本 …… 159

wú

无机化学教科书三卷(英国)琼司原著徐兆熊译述 …… 159
无线电报一卷补编一卷(英国)克尔撰(美国)卫理口译(清)范熙庸笔述 …… 160
无冤录二卷(元)王与撰 抄本 …… 160
芜园种植学五种一卷潘与三撰 …… 160
吴鞠通医案二卷(清)吴瑭撰高德僧重录 …… 160
吴门治验录四卷(清)顾金寿注(清)徐玉书等校 …… 160
吴兴蚕书二卷(清)高铨辑 …… 160

吴医汇讲十一卷(清)唐大烈纂辑(清)沈文燮校订 … 160
吴中水利书一卷(宋)单锷撰 … 160
吴子二卷(战国)吴起撰高时显辑校 … 160

wǔ

五曹算经五卷孙子算经三卷(唐)李淳风等注释 … 160
五分钟呼吸体操一卷附图一卷邹伯犀译 … 160
五经算术二卷(北周)甄鸾撰(唐)李淳风等注释 … 160
五禽图工图说一卷□□撰 … 160
五禽图呼吸运动法一卷王礼庭述孙培之校勘李泽民笔记喻支仙摩图 … 160
五纬捷算四卷(清)黄丙垕撰述(清)胡士培校梓 … 160
五星集腋五卷(清)廖瀛海著 … 160
五言杂字庄家一卷佚名撰 … 161
五症明辨一卷□□撰 抄本 … 161
武备说一卷(德国)瑞乃尔撰 … 161
武备新书十种(清)廖寿丰辑 … 161
武备制胜编十三卷□□撰 … 161
武昌医馆丛书八种(清)柯逢时辑 … 161
武经备旨汇解说约大全一卷□□撰 … 1616
武经七书七种(宋)□□辑 … 161
武经总要前集二十卷后集二十卷(宋)曾公亮等撰 … 161
武陵山人遗书十种(清)顾观光撰 … 161

wù

勿庵历算书目一卷(清)梅文鼎撰(清)梅毂成校 … 161
勿庵学医杂抄一卷熊志韬辑 … 161
戊笈谈兵十卷首一卷(清)汪绂撰 … 161
务民义斋算学九种(清)徐有壬撰(清)徐震翰编辑 … 161
物理学上编四卷中编四卷下编四卷(日本)饭盛挺造编纂(日本)丹波敬三 (日本)柴田承桂校补(日本)藤田丰八译(清)王季烈重编 … 161
物诠八卷附一卷(清)汪绂撰 … 161
物体遇热改易记四卷(英国)瓦特斯辑(英国)傅兰雅口译(清)徐寿笔述(清)赵元益校录 … 161

X

xī

西灯略说一卷(英国)傅兰雅撰 … 162
西法发蓝一卷(英国)傅兰雅撰 … 162
西方子明堂灸经八卷附校勘记一卷(清)冯一梅撰 … 162
西国天学源流考一卷(清)王韬撰 … 162
西国造桥略论一卷(英国)傅兰雅撰 … 162
西国造糖法一卷(英国)傅兰雅撰 … 162
西画初学六卷(英国)傅兰雅撰 … 162
西康宁属北部之地质与矿产不分卷刘之祥编 … 162
西炮丛说一卷(英国)傅兰雅撰 … 162
西山杨凤庭先生汇选古验一卷(清)杨凤庭注 … 162
西山杨老先生汇辑失血大法一卷(清)杨凤庭撰 … 162
西学大成五十六种(清)王西清(清)卢梯青辑 … 162
西学辑存六种(清)王韬辑 … 162
西学考略二卷(美国)丁韪良撰(清)贵荣(清)时雨化译 … 162
西学启蒙十六种(英国)赫德辑(英国)艾约瑟译 … 162
西学自强丛书七十五种(清)张之洞辑 … 162
西洋种痘秘诀一卷(清)邱熺撰 … 162
西药大成补编十卷首一卷(英国)哈来撰(英国)傅兰雅口译(清)赵元益笔述 … 162
西药大成十卷(英国)来拉(英国)海得兰撰(英国)傅兰雅口译(清)赵元益笔述 … 163
西药大成药品中西名目表一卷附人名地名两表(英国)来拉撰(清)江南制造总局编译课编译 … 163
西药略释四卷(清)孔继良译撰(美国)嘉约翰校正 … 163
西医大成十卷首一卷(英国)来拉 (英国)海得兰撰(英国)傅兰雅译(清)赵元益笔述 … 163
西医略论三卷(英国)合信撰(清)管茂材译 … 163
西医内科全书六卷(清)孔庆高笔译(美国)嘉约翰校正 … 163
西医热症总论一卷(清)孔庆高笔译(美国)嘉约翰校正 … 163
西医五种(英国)合信撰(清)管茂材撰(清)陈修堂撰 … 163
西医眼科撮要一卷(清)博济医局编 … 163
西艺通考十七种(清)袁宗濂(清)晏志清编辑 … 163
西域水道记五卷汉书西域传补注二卷新疆赋一卷(清)徐松撰 … 163
洗冤录详义四卷首一卷附洗冤录撮遗二卷(清)许梿编校 & 洗冤录撮遗二卷(清)葛元煦辑 … 163
洗冤录撮遗二卷补一卷(清)葛元煦撰 & 补一卷 (清)张开运撰(清)王秉恩校定 … 163

xì

细菌学初编一卷□□撰 … 163

xiá

峡江救生船志二卷图考一卷行船必要一卷(清)贺缙绅著 … 164

xià

夏侯阳算经三卷(北魏)夏侯阳撰 … 164
夏秋蚕人工孵化法一卷人工孵化论一卷四川省立农学院编 … 164
夏小正一卷王闿运注 … 164
夏紫笙算书五种(清)夏鸾翔撰(清)徐树勋校刊 … 164

xiān
仙拈集四卷(清)李文炳撰(清)李怀祖等校字 …… 164
仙传白喉忌表治法吹药合刊二种□□辑 …… 164
先醒斋医学广笔记四卷(明)缪希雍著(明)丁元荐辑(明)李枝季参订曹炳章其他 …… 164

xián
弦雪居重订遵生八笺十九卷目录一卷(明)钟惺校阅 …… 164

xiǎn
显微镜说一卷(英国)傅兰雅撰 …… 164

xiāng
乡守辑要合抄十卷(清)许乃钊编 …… 164
相地探金石法四卷(英国)喝尔勃特喀格司撰 …… 164
相地指迷十卷(明)蒋大鸿撰(清)凌堃辑 …… 164
相法挈要五卷(清)刘学诚撰 …… 164
相法证验百条一卷(清)刘学诚辑著　刻本 …… 164
相理衡真十卷首一卷(清)陈钊著 …… 164
相马学讲义不分卷吴家鹏编 …… 164
湘军营制二种□□撰 …… 164

xiáng
详解九章算法一卷纂类一卷札记一卷(宋)杨辉撰 … 165
详校医宗必读十卷(明)李中梓著 …… 165
详要胎产问答一卷附管氏儿女至宝一卷(清)巫斋居士原编三农老人附注 & 管氏儿女至宝一卷(清)管斯骏编辑 …… 165

xiàng
象林二卷(明)陈芷谟撰 …… 165
象数一原七卷(清)项名达著 …… 165
橡蚕新编一卷柳蚕新编一卷布种洋芋方法一卷(清)许鹏翱编 …… 165

xiǎo
小儿保险书五卷况庚星撰 …… 165
小儿耳鼻咽喉病学三章(英国)格思烈原著谭世鑫编译 …… 165
小儿科一卷□□撰 …… 165
小儿推拿附方不分卷□□辑 …… 165
小儿推拿广意三卷(清)熊应雄辑(清)陈世凯重订 … 165
小儿推拿图说不分卷□□撰　抄本 …… 165
小儿卫生总微论方二十卷附校记一卷□□撰 …… 165
小儿养育法四章(日本)渡边光次撰(清)周家树笔译 …… 165
小儿药证直诀三卷附阎氏小儿方论一卷氏斑疹方论一卷(宋)钱乙撰(宋)阎孝忠编次 & 阎氏小儿方论一卷　(宋)阎孝忠撰 & 董氏斑疹方论一卷　(宋)董汲撰 …… 165
小蓬莱山馆方抄二卷(清)竹林寺僧撰 …… 166
小外科不分卷张绍麟抄 …… 166

xiào
校补天元选择辨正八卷末一卷(清)谢乡瓥辑王元极校补杨天佑绘图 …… 166
校定图注脉诀四卷(晋)王叔和撰(明)张世贤注 …… 166
校刊目经大成三卷首一卷(清)黄庭镜撰 …… 166
校刻伤寒图歌活人指掌五卷(元)吴恕著 …… 166
校正本草纲目五十二卷(明)李时珍撰(清)吴毓昌校订 …… 166
校正濒湖脉学一卷奇经八脉考一卷(明)李时珍撰 … 166
校正傅青主男女科二卷附妇科杂症一卷(清)傅山著 & 妇科杂症一卷　(清)文晟辑 …… 166
校正国药古方汇编四卷施家栋等编辑 …… 166
校正李仕材先生三书四种(明)李中梓著　(清)尤乘生补 …… 166
校正伤寒论十卷(晋)王叔和撰(日本)浅野徹元校 … 166
校正时病论八卷(清)雷丰著 …… 166
校正世补斋医书正集续集(清)陆懋修著 …… 166
校正图注八十一难经四卷(战国)秦越人述(明)张世贤注 …… 166
校正医林状元寿世保元十卷(明)龚廷贤编(清)周亮登校 …… 166
校正增广验方新编十八卷首一卷(清)鲍相璈辑 …… 167
校正增广验方新编十六卷首一卷痧症全书三卷首一卷(清)鲍相璈辑 …… 167

xiě
写本外科奇方一卷□□撰 …… 167
写本药方一卷□□撰 …… 167

xiè
谢谷堂算学三种(清)谢家禾撰 …… 167

xīn
心身强健之秘诀一卷(日本)藤田灵斋撰徐云译 …… 167
心眼指要四卷附元空秘旨一卷(清)章仲山集 …… 167
新编保生录要一卷静安山人纂辑 …… 167
新编集成马医方一卷牛医方一卷(朝鲜)赵浚撰 …… 167
新编金匮要略方论三卷(汉)张机述(晋)王熙集(宋)林亿等诠次 …… 167
新编救急奇方二卷(清)徐文弼辑 …… 167
新编历府通书克择大全二卷□□撰 …… 167
新编吏治悬镜之救急奇方一卷(清)徐文弼辑 …… 167
新编女科指掌五卷(清)叶其蓁撰辑 …… 167
新编评注通玄先生张果星宗大全十卷(清)陆位辑校 …… 167
新编算学启蒙三卷识误一卷(元)朱世杰编撰 …… 167
新编算学启蒙三卷识误一卷(元)朱世杰编撰 …… 168

新编张仲景批注伤寒发微论二卷伤寒百诀歌五卷（宋）许叔微述 …… 168
新测恒星图表一卷中星图表一卷（清）张作楠衍表（清）江临泰绘图 …… 168
新出普通体操图说三卷作新社译 …… 168
新订崇正辟谬通书十四卷（清）李奉来辑 …… 168
新订第四版卫生学问答八卷丁福保纂 …… 168
新订王氏罗经透解四卷（清）王道亨辑录 …… 168
新法步兵操法一卷□□撰 …… 168
新方八略一卷（明）张介宾撰 …… 168
新辑汤头歌诀不分卷张仁敏辑 …… 168
新辑纂像素亨疗马集六卷元亨疗牛集二卷附驼经一卷（明）喻本元（明）喻本亨撰 …… 168
新建陆军兵书录存八卷袁世凯撰 …… 168
新镌本草医方合编四种（明）汪昂辑 …… 168
新镌工师雕斫正式鲁班木经匠家镜三卷（明）午荣编（明）章严辑（明）周言校 …… 168
新镌历法便览象吉备要通书大全二十九卷（清）魏鉴汇述 …… 168
新镌玉函全奇五气朝元斗首合节象吉备要通书二十九卷（明）刘伯温重述（清）魏鉴重选 …… 168
新刊补注铜人腧穴针灸图经五卷（宋）王惟一编修 …… 168
新刊良朋汇集十卷（清）孙伟辑（清）吴化善梓订 …… 169
新刊外科正宗四卷（明）陈实功纂（明）王象晋订 …… 169
新刊王氏脉经十卷（晋）王叔和撰（宋）林亿等类次 …… 169
新刊医林状元寿世保元十卷（明）龚廷贤编 …… 169
新刊增补万病回春原本八卷（明）龚廷贤编 …… 169
新刊增补万病回春原本八卷（明）龚廷贤编（清）周亮登校 …… 169
新刊增集纪验田家五行三卷（明）娄元礼撰 …… 169
新刊纂像素亨疗马集六卷图像水黄牛经合并大全二卷驼经一卷（明）喻本元（明）喻本亨撰 …… 169
新刻合并十八飞星策天紫微斗数全集六卷（明）徐良弼校正（明）唐谦绣梓 …… 169
新刻惊风辟谬全集一卷（清）陈复正辑 …… 169
新刻秘授外科百效全书六卷（明）龚居中编 …… 169
新刻伤寒活人指掌补注辨疑三卷（明）童养学纂辑（清）周亮节校阅 …… 169
新刻陶节庵家藏秘授伤寒六书六卷（明）陶华撰（明）吴勉学校 …… 169
新刻小儿推拿方脉活婴秘旨全书三卷（清）龚云林撰（清）姚国祯补辑（清）胡连壁校 …… 169
新刻校正大字李东垣先生珍珠囊二卷（金）李东垣撰 …… 170
新刻针医参补马经大全二卷（日本）马师问编辑 …… 170

新内经一卷承澹盦编注 …… 170
新锲云林神彀四卷（明）龚廷贤撰（明）龚懋升校（明）吴济民校 …… 170
新锲希夷陈先生紫微斗数全书四卷（宋）陈抟著（明）潘希尹补辑 …… 170
新伤寒证治庸言四卷罗文杰著 …… 170
新生理一卷恽铁樵著 …… 170
新世纪国历万年书一卷东方国历研究社编 …… 170
新手工科教材及教授法不分卷赵治昌编 …… 170
新万国药方（日本）息田重仪撰丁福保译 …… 170
新修本草二十卷（唐）苏敬等编 …… 170
新增疔疮要诀一卷（清）应其南撰（清）应遵诲辑 …… 170
新增绘图指明算法全编一卷□□撰 …… 170
新增伤寒集注十五卷（清）舒诏著 …… 170
新制灵台仪象志十四卷（比利时）南怀仁撰 …… 170
新注医学辑著解说十八卷曹蒒南著 …… 171
新纂儿科诊断学八卷何廉臣撰 …… 171
新纂简捷易明算法四卷附一卷（清）沈士桂纂辑 …… 171

xīng

星经二卷（汉）甘公（汉）石申撰 …… 171
星座指南一卷（美国）克里门斯（美国）格莱撰 …… 171

xíng

行船免撞章程一卷附一卷（英国）傅兰雅译（清）钟天纬译 …… 52
行军测绘十卷首一卷（英国）连提撰（英国）傅兰雅口译（清）赵元益笔述 …… 52
行军铁路工程二卷（英国）武备工程学堂编（英国）傅兰雅译汪振声译 …… 52
行军指南一卷□□撰 …… 52
形学备旨十卷（美国）狄考文选译（清）邹立文笔述（清）刘永锡参阅 …… 171
形学十卷首一卷圆锥曲线三卷（美国）鲁米斯撰订（美国）狄考文选译 …… 171
形学习题解证八卷（清）徐树勋选辑 …… 171
形意拳谱五纲七言论一卷靳云亭撰 …… 171

xiù

袖珍奇方三卷（清）谢鹤洲辑 …… 171

xū

须曼精庐算学二十四卷（清）杨兆鋆撰 …… 171

xú

徐灵胎十二种全集（清）徐大椿著 …… 171
徐灵胎先生医学全书十六种（清）徐大椿著 …… 171
徐灵胎医书八种（清）徐大椿著（清）徐燨校 …… 171
徐灵胎医书三十二种（清）徐大椿著 …… 171

徐批临证指南医案十卷附种福堂续选临证指南医案四卷(清)叶桂注(清)李大瞻等校 & 种福堂续选临江指南医案四卷(清)叶桂论(清)田岫云较 …………… 172
徐氏医书八种(清)徐大椿撰 …………………… 172
徐氏医书六种(清)徐大椿撰 …………………… 172

xù
畜产学不分卷北平大学农学院编 ……………… 26
畜中宝一卷□□撰 ………………………………… 26
续古摘奇算法一卷附丁巨算法一卷(宋)杨辉撰 & 丁巨算法一卷(元)丁巨撰 …………………… 172
续名医类案三十六卷(清)魏之琇编集(清)王士雄校(清)杨照藜校 ……………………………… 172
续嗣珍宝一卷白云居士辑 ……………………… 172
续医方辨难大成四卷□□撰 …………………… 172
续医说十卷(明)俞弁著 ………………………… 172
续增洗冤录辨正三卷(清)瞿中溶撰 …………… 172
续纂江苏水利全案图说不分卷(清)李庆云辑 …… 172
溆浦县农业概况不分卷附湖南省农业改进所溆浦工作站报告不分卷□□撰 …………………… 172

xuān
轩辕碑记秘藏医书祝由十三科二卷□□撰 …… 172
轩辕碑记医学祝由十三科二卷□□撰 ………… 172
轩辕碑记医学祝由十三科二卷□□撰　清蜀刻本 … 173

xuē
薛案辨疏二卷(明)薛己撰徐莲塘录存 ………… 173
薛立斋医案全集二十四种(明)薛己等撰　(明)吴管辑 …………………………………………… 173
薛生白医案一卷(清)薛雪撰陆士谔编辑 ……… 173
薛氏医案二十四种(明)薛己等撰(明)吴管辑(明)朱廷枢校 ……………………………………… 173
薛院判医案全集二十四种(明)薛己等撰(明)吴管辑(明)朱廷枢校 …………………………… 173

xué
学圃杂疏一卷附花历一卷瓶花谱一卷药圃同春一卷瓶史二卷(明)王世懋撰 & 花历一卷(明)程羽文撰 & 瓶花谱一卷(明)袁宏道撰 & 瓶史月表一卷(明)屠本畯撰 & 药圃同春一卷(明)夏旦撰 & 瓶史二卷(明)袁宏道撰 …… 173
学强恕斋笔算十卷(清)梅启照辑(清)梅文堉绘图校字 …………………………………………… 173
学算笔谈十二卷(清)华蘅芳撰 ………………… 173
学医笔记一卷课余杂著二卷(清)万钟(清)万钧著 … 173
学医快捷方式十四种上海文明书局编辑 ……… 173

xuè
血证论八卷(清)唐宗海撰　(清)邓其章参校 …… 174
血症疗养法一卷吴超明著 ……………………… 174

Y

yà
亚拙医鉴一卷(清)王锡鑫撰 …………………… 174

yān
咽喉脉证通论一卷(清)许楂校订 ……………… 174
咽喉秘集二卷(清)吴张氏原本 ………………… 174

yán
延年益寿论一卷(英国)傅兰雅辑 ……………… 174
延寿药言四卷附录一卷延寿堂主人辑 ………… 174
研经言四卷(清)莫枚士撰 ……………………… 174
颜料篇三卷(日本)江守襄吉郎编订(日本)藤田丰八译 … 174

yǎn
衍元笔算今式二卷(清)汪香祖撰 ……………… 174
眼科百问二卷(清)王子固编辑 ………………… 174
眼科大全六卷(明)傅仁宇辑 …………………… 174
眼科大全六卷(明)傅仁宇辑 …………………… 175
眼科及杂病药方一卷□□撰 …………………… 175
眼科捷要一卷张育三编 ………………………… 175
眼科锦囊四卷(日本)本庄俊笃撰 ……………… 175
眼科精华录二卷首一卷康维恂编 ……………… 175
眼科快捷方式一卷伤寒舌鉴一卷达生编一卷(清)□□撰 & 伤寒舌鉴一卷(清)张登汇纂 & 达生编一卷(清)巫斋居士撰 ………………………… 175
眼科良方一卷(清)叶桂著(清)陈世溶选辑 …… 175
眼科良方一卷(清)叶桂撰 ……………………… 175
眼科秘诀四卷(唐)孙思邈著(清)王万化传(清)马化龙受 ………………………………………… 175
眼科秘旨二卷□□撰 …………………………… 175
眼科内症二卷(清)高玉如辑 …………………… 175
眼科奇书一卷孙本端编 ………………………… 175
眼科切要一卷(清)王锡鑫选辑 ………………… 175
眼科仙方一卷刘镕经辑 ………………………… 175
眼科宜书一卷廖政参订 ………………………… 175
眼科易知一卷中华书局编 ……………………… 175
眼科症治一卷(美国)嘏会东译(清)尚宝臣笔述 … 176

yàn
晏子春秋一卷(清)郝懿行撰 …………………… 177
验方秘本一卷□□撰 …………………………… 176
验方新编八卷首一卷附喉症秘集二卷痧症全书三卷(清)鲍相璈等辑 …………………………… 176
验方新编十八卷(清)鲍相璈编辑(清)鲍相璧校 … 176
验方新编十八卷(清)鲍相璈编辑(清)张绍堂增辑 … 176
验方新编十八卷选录验方新编勘误表一卷(清)鲍相璈辑(清)张绍棠增辑 …………………… 176

验方新编十六卷(清)鲍相璈编辑(清)鲍相璧校 …… 176
验方新编十六卷(清)鲍相璈辑(清)张绍棠增辑 …… 176
验方新编十六卷目录一卷(清)鲍相璈编辑(清)鲍相璧校 …………………………………………… 176
验方新编十六卷目录一卷末一卷(清)鲍相璈编辑(清)鲍相璧校 …………………………………………… 176
验方新编十六卷首一卷附痧症全书一卷验方续编一卷(清)鲍相璈编辑(清)张绍棠增辑 …… 176
验方杂录不分卷□□撰 …… 176
验方增辑二卷(清)黄铃增辑 …… 176
验方纂要一卷附秘传汤火神妙方一卷(清)彭文友撰 …… 177

yáng

扬州水道记四卷(清)刘文淇撰 …… 177
扬子江流域现势论不分卷(日本)林繁著 …… 177
阳明按索五卷(元)陈复心编 …… 177
杨氏太素三部诊法补证一卷(隋)杨上善撰廖平补证 …………………………………………… 177
杨氏太素三部诊法补证一卷杨注太素九候篇诊法补证一卷(隋)杨上善注廖平补证 …… 177
杨氏太素诊络篇补证三卷附诊络篇病表名词一卷(隋)杨上善撰注廖平补证 …… 177
杨氏提纲四卷杨旭东辑(□)黄成章校订 抄本 …… 177
杨西山失血大法一卷(清)杨凤庭撰(清)刘棋文参订 …………………………………………… 177
疡痕备考二卷□□撰 …… 177
疡科临证心得集三卷附疡科心得集方汇三卷家用膏丹丸散方一卷(清)高秉钧纂辑(清)吴辰灿参订 …… 177
疡科临证心得集三卷景岳新方歌括一卷(清)高秉钧纂辑&景岳新方歌括一卷(清)高秉钧(清)吴辰灿等纂 …… 177
疡科心得集(清)高秉钧纂辑 …… 177
疡科选粹八卷(明)陈文治辑 …… 177
疡医大全四十卷(清)顾世澄纂(清)钱之栢等校 …… 177
疡医准绳六卷(明)王肯堂辑 …… 178
疡科心得集四卷附家用膏丹丸散方一卷景岳新方歌括一卷(清)高秉钧纂辑 …… 196
疡医大全四十卷(清)顾世澄纂(清)钱之栢等校 …… 177
洋防辑要二十四卷(清)严如熤辑 …… 178
洋防说略二卷(清)徐椎荪著 …… 178
洋枪浅言一卷(清)颜邦固撰 …… 178

yǎng

养病庸言一卷(清)沈嘉澍撰 …… 178
养蚕法教科书不分卷陈佶撰 …… 178
养蜂讲义不分卷策力蜂业研究社编 …… 178
养蜂之法一卷(英国)傅兰雅撰 …… 178
养鸽新法一卷□□撰 …… 178
养生保命录一卷史立庭撰 …… 178
养豚学讲义不分卷□□撰 …… 178

yáo

尧典月令中星异同说一卷陈观浔撰 …… 178

yào

药盦医案全集八卷恽树珏注 …… 178
药品化义十三卷首一卷末一卷(清)贾所学辑注李延昰补订 …… 178
药品总目一卷本草万方针线八卷(清)蔡烈先辑 …… 178
药物学不分卷(法国)安和授吴均衡译 …… 178
药物学讲义二编秦伯未撰辛瑞锋等参订 …… 178
药物学一卷吴光烈撰 …… 178
药物学一卷顾燮卿编辑 …… 179
药性概要一卷李太占撰 …… 179
药性简要三百首一卷(清)廖云溪撰 …… 179
药性通考八卷(清)刘汉基编 (清)黄以约参订(清)陈自新校 …… 179
药性新参一卷熊勿盦辑 …… 179
药性易知一卷中华书局编 …… 179
药要便蒙二卷(清)徐成基编辑 …… 179
药症忌宜一卷(清)陈澂编辑 …… 179
药治通义辑要二卷(日本)丹波元坚撰 …… 179

yě

野菜博录三卷(明)鲍山撰 …… 179

yè

叶案疏证二卷(清)叶桂撰(清)李启贤编 …… 179
叶氏女科证治四卷(清)叶桂撰 …… 179
叶氏医案存真三卷附马氏医案并附祁氏王氏一卷(清)叶桂撰叶万青编&马氏医案并附祁氏王氏一卷(清)马傲撰 …… 179
叶氏医衡二卷(清)叶桂撰 …… 179
叶天士秘方一卷(清)叶桂撰陆士谔编辑 …… 179
叶天士秘方一卷(清)叶桂撰 陆士谔编辑 …… 180
叶天士女科医案一卷(清)叶桂撰陆士谔编辑 …… 180
叶天士女科证治秘方四卷(清)竹林寺僧撰 …… 180
叶天士幼科医案一卷(清)叶桂撰陆士谔编辑 …… 180
叶种德堂丹丸全录一卷(清)叶种德堂编 …… 180

yī

一草亭全书四种(清)文永周编 …… 180
一壶天三卷(清)邓荣服著(清)杨体仁纂辑 …… 180
一名雷火针一卷□□撰 …… 180
伊尹汤液经六卷末一卷附录一卷(商)伊尹撰 (汉)张机论杨师尹考次 …… 180
医案初集一卷(清)程文囿注(清)程文晼等校 …… 180

医案初集一卷□□撰 …… 180
医案五卷(明)孙一奎辑 …… 180
医碥七卷(清)何梦瑶辑 …… 180
医醇賸义四卷(清)费伯雄撰(清)费应兰编(清)费荣祖等校 …… 180
医醇賸义四卷(清)费伯雄撰(清)费应兰编(清)费荣祖等校 …… 181
医醇賸义四卷医方论四卷(清)费伯雄撰(清)费应兰编(清)费荣祖等校 …… 181
医法圆通四卷(清)郑寿全编辑 …… 181
医法征验录二卷(清)李文庭注 …… 181
医方备录一卷□□撰 …… 181
医方辨难大成三集二百六卷首一卷□□撰 …… 181
医方抄本□□撰 …… 181
医方丛话八卷(清)徐士銮辑 …… 181
医方汇编四卷首一卷(英国)梅滕更口译(清)刘廷桢笔述 …… 181
医方集解本草备要合编三种(清)汪昂撰 …… 181
医方集解二十一卷附一卷(清)汪昂撰 …… 181
医方集解三卷(清)汪昂撰 …… 181
医方简易二卷(清)虞仲伦述周启明订 …… 182
医方捷径指南二卷药性赋二卷(明)王宗显辑(明)钱允治校 …… 182
医方捷径指南全书二卷(明)王宗显辑(明)钱允治校 …… 182
医方捷径指南全书四卷(明)王宗显辑(明)钱允治校 …… 182
医方论三卷(清)柯琴撰 …… 182
医方论四卷(清)费伯雄撰(清)费应兰编(清)费荣祖等校 …… 182
医方脉诀一卷□□著 …… 182
医方汤头歌诀一卷保产机要一卷保生碎事一卷(清)汪昂辑 & 保产机要一卷保生碎事一卷(清)汪洪撰 …… 182
医方易简新编六卷(清)龚自璋汇辑 …… 182
医方择要二卷(清)汪廷楷辑(清)李棣衔辑(清)周棣辑 …… 182
医方择要续集二卷补遗一卷(清)文祥撰 …… 182
医疯经验奇方三卷(清)陈起荣撰 …… 183
医纲提要八卷(清)李宗源纂集论注 …… 183
医古文选评一卷张骥辑 …… 183
医官玄稿三卷(日本)望月三英撰 …… 183
医贯砭二卷(清)徐大椿著(清)徐熺校 …… 183
医贯辑要十二卷首一卷(清)秦大任编辑 …… 183
医贯六卷(明)赵献可著(明)吕医山人评 …… 183
医会纪要六卷胡秋帆著 …… 183

医籍考八十卷(日本)丹波元胤撰 …… 183
医寄伏阴论二卷(清)田宗汉著 …… 183
医寄痰饮治效方三卷(清)田宗汉撰 …… 183
医家四要四卷(清)江诚(清)雷大震等纂 …… 183
医经理解九卷(清)程知述 …… 183
医经溯洄集一卷(元)王履注(明)吴勉学校 …… 183
医经原旨六卷(清)薛雪集注 …… 183
医经原旨六卷(清)薛雪集注 …… 184
医经原旨十四卷(清)薛雪集注 …… 184
医垒元戎一卷海藏癍论萃英一卷(元)王好古著(清)吴中珩校 & 海藏癍论萃英一卷(元)王好古著(明)吴勉学校 …… 184
医理大概约说一卷(清)刘沅撰(清)刘枙文辑 …… 184
医理大概约说一卷附录一卷(清)刘沅撰(清)刘枙文辑 …… 184
医理发明八卷(清)黄元吉辑 …… 184
医理汇精二卷(清)李培郁编辑 …… 184
医理精髓三卷(唐)孙思邈撰 …… 184
医理略述二卷(清)尹端模笔译 …… 184
医理元枢七种附一种(清)朱音恬编辑 …… 184
医理元枢药性全集一卷□□撰 …… 184
医理真传四卷(清)郑寿全著(清)汪天经校正 …… 184
医理真传四卷(清)郑寿全著(清)汪天经等校正 …… 185
医量一卷医案一卷陈无咎撰 …… 185
医林改错二卷(清)王清任撰(清)贾廷玉校 …… 185
医林汇粹二卷王德庆撰 …… 185
医林人物剪影一卷文琢之主编 …… 185
医林尚友录一卷章巨膺编 …… 185
医林枕秘保赤存真十卷(清)余含棻辑 …… 185
医林指月十二种(清)王琦辑 …… 185
医林纂要探源十卷附录一卷(清)汪绂辑(清)徐鉴校(清)吴大彬等校 …… 185
医录便览六卷首一卷(清)刘福庆撰(清)王蘷勋编次 …… 185
医门棒喝二种(清)章楠编注 …… 185
医门补要三卷采集先哲察生死秘法一卷(清)赵濂撰辑(清)马培之鉴 …… 186
医门法律六卷尚论篇四卷首一卷(清)喻昌撰(清)陈守诚重梓 …… 186
医门一字一卷(清)魏长春著 抄本 …… 186
医门总诀二卷(清)唐永杰撰 …… 186
医人要法一卷□□撰 …… 186
医师秘籍二卷(清)李言恭传 …… 186
医事蒙求一卷张寿颐撰 …… 186
医事启源一卷(日本)今村亮撰 …… 186

医书汇参辑成二十四卷(清)蔡宗玉纂辑(清)蔡绚校刊(清)蔡绶校刊 …………………………………………………… 186
医书捷抄七卷(清)王鸿骥编辑(清)马世儒参校 …… 186
医书摘要本草类编五卷王昌基编集 ………………… 186
医述八种医案二种(清)程文囿著 …………………… 186
医说十卷续医说十卷(宋)张杲著&续医说十卷(明)俞弁著 …………………………………………………… 186
医文字学一卷李天根辑 ……………………………… 187
医无闾子医贯六卷(明)赵献可撰(明)薛三才订正(明)李梃详阅 ………………………………………………… 187
医效秘传三卷(清)叶桂撰 (清)吴金寿校 ……… 187
医楔二卷张雨三初稿 ………………………………… 187
医心方三十卷(日本)丹波康赖撰 …………………… 187
医心方三十卷附札记(日本)丹波康赖撰 抄本 …… 187
医学白话四卷(清)洪桂曼编 ………………………… 187
医学辨正四卷(清)张学醇撰(清)张克元校订 …… 187
医学崇正七卷首一卷许宗正撰 ……………………… 187
医学崇正三卷(清)罗绥堂撰 ………………………… 187
医学初规十卷汪道荣撰 ……………………………… 187
医学初阶四种(清)严岳莲辑 ………………………… 187
医学从众录八卷(清)陈念祖撰(清)陈元犀参订(清)陈心典(清)陈心兰校字 ………………………………… 187
医学从众录八卷(清)陈念祖撰(清)陈元犀参订(清)陈心典(清)陈心兰校字 ………………………………… 188
医学丛书二十八种□□辑 …………………………… 188
医学读书记三卷续记一卷附静香楼医案一卷(清)尤怡撰(清)程梅龄等校订 ……………………………… 188
医学纲目四十卷(明)楼英撰 ………………………… 188
医学贯通五卷杨浵编撰杨国俊等校 ………………… 188
医学集成四卷(清)刘仕廉纂辑(清)李培郁校正(清)刘仕鹏等校 ……………………………………………… 188
医学辑要一卷(清)吴焊编 …………………………… 188
医学辑著解说十八卷曹荫南撰 ……………………… 188
医学见能四卷(清)唐宗海著秦伯未批校 …………… 188
医学讲义二十一种恽树珏撰 ………………………… 189
医学捷要四卷(清)尹乐渠辑 ………………………… 189
医学金针八卷(清)陈念祖原本(清)潘霨增辑 …… 189
医学金箴脉要全旨一卷朱丰坤编辑 ………………… 189
医学津梁六卷(明)王肯堂撰(清)安昌源删补 …… 189
医学精要八卷(清)黄岩撰 …………………………… 189
医学考辨十二卷(清)罗绍芳纂辑(清)罗文溥编次 … 189
医学六种(清)姜国伊撰 ……………………………… 189
医学门径语一卷继编一卷陈邦贤万钟撰 …………… 189
医学南针二卷陆士谔编 ……………………………… 189
医学南针十卷续集六卷陆士谔编 …………………… 189
医学南针续集六编陆士谔撰 ………………………… 189
医学篇八卷(清)曾懿撰 ……………………………… 189
医学启蒙汇编六卷(清)瞿良纂(清)瞿文楠参补(清)李聚和参补 ………………………………………………… 190
医学切要七种(清)王锡鑫编辑 ……………………… 190
医学切要全集六种(清)王锡鑫编辑 ………………… 190
医学切要一卷(清)王锡鑫选辑 ……………………… 190
医学切要一卷附医学一统一卷(清)王锡鑫选辑 …… 190
医学全书九卷(清)刘常彦纂 ………………………… 190
医学入门二卷周本一辑 ……………………………… 190
医学入门六卷(清)李梃编注 ………………………… 190
医学入门内集二卷附一卷外集五卷首一卷(清)李梃编注 …………………………………………………… 190
医学三字经二卷(清)陈念祖(清)陈元犀等校 …… 190
医学三字经二卷附五种(清)陈念祖撰(清)陈元犀等校 …………………………………………………… 190
医学三字经六卷(清)陈念祖撰(清)陈元犀等校 … 190
医学三字经四卷(清)陈念祖撰(清)陈元犀等校 … 190
医学三字经四卷(清)陈念祖撰(清)陈元犀等校 … 191
医学十书十种附二种(清)陈璞编 …………………… 191
医学实在易八卷(清)陈念祖撰(清)陈元犀参订(清)陈心典(清)陈心兰校字 ………………………………… 191
医学实在易八卷(清)陈念祖撰(清)陈元犀参订(清)陈心典(清)陈心兰校字 ………………………………… 192
医学实在易诗续不分卷仲屏口诵 …………………… 192
医学史不分卷李子俊辑 ……………………………… 192
医学史纲要一卷徐庶遥增编 ………………………… 192
医学史三卷孙永祚编 ………………………………… 192
医学探源六卷陈鼎三辑著 …………………………… 192
医学问难一卷范烈光编 ……………………………… 192
医学五则五种(清)廖云溪辑 ………………………… 192
医学五种(清)张子培(清)唐宗海等著 …………… 192
医学心悟六卷(清)程国彭撰 ………………………… 192
医学心悟五卷附华佗外科十法一卷(清)程国彭撰 … 192
医学一见能一卷(清)唐宗海著 ……………………… 193
医学一卷(清)江标辑 ………………………………… 193
医学易读三种(清)王锡鑫著 ………………………… 193
医学引端二卷王永鉴著 ……………………………… 193
医学引深录二卷何仲皋撰 …………………………… 193
医学源流论二卷(清)徐大椿撰 ……………………… 193
医学摘粹六种(清)庆恕辑 …………………………… 193
医学真传二卷附陈氏医案一卷(清)高世栻著(清)王嘉嗣述(清)曹增美述&陈氏医案一卷(清)陈念祖著 … 193
医学真传一卷(清)高世栻著(清)王嘉嗣曹增美等述 …………………………………………………… 193

医学真宗五卷(清)李奎元著(清)李善成参订 ……… 193
医学正传八卷(明)虞抟编集 ……… 193
医学正旨三卷蒲悉生著 ……… 193
医学指归二卷首一卷(清)赵术堂辑 ……… 193
医学指南四卷(清)刘仕廉辑 ……… 193
医学衷中参西录第七期四卷张锡纯注张荫潮汇订张铭盛等参订李宝稣等参校 ……… 193
医学衷中参西录医方歌括三卷李启元编 ……… 193
医学总论一卷附录一卷(清)陆汝衍著 & 附录一卷 (清)钱保塘辑 ……… 193
医验录初集二卷(清)吴楚注 ……… 193
医验录初集二卷二集三卷首一卷(清)吴楚注 ……… 194
医药家柾六卷(清)王铨著 ……… 194
医原三卷附医学举要六卷(清)石寿棠撰 ……… 194
医约四卷附死候概要一卷(清)程芝田著龚香圃补略 & 死候概要一卷龚香圃述 ……… 194
医旨绪余二卷(明)孙一奎著辑 ……… 194
医中百悞歌诀一卷(清)陈鹤君著 ……… 194
医宗宝镜五卷(清)邓复旦撰 ……… 194
医宗备要三卷(清)曾鼎撰 ……… 194
医宗必读十卷(明)李中梓撰 ……… 194
医宗金鉴六十卷(清)钱斗保等撰 ……… 194
医宗金鉴七十四卷(清)吴谦等纂 ……… 194
医宗金鉴三种(清)吴谦纂 ……… 194
医宗金鉴十五种(清)吴谦(清)刘裕铎总修 ……… 194
医宗金鉴外科十六卷(清)吴谦等纂 ……… 194
医宗金鉴外科十六卷(清)吴谦等纂 ……… 195
医宗说约六卷(清)蒋士吉纂述 ……… 195

yí
颐身集(元)邱处机等注 ……… 195

yǐ
乙巳占十卷(唐)李淳风撰 ……… 195

yì
艺学采新一卷(美国)卜舫济撰(英国)傅兰雅辑 ……… 195
艺学统纂八十八卷(清)马建忠辑 ……… 195
艺林伐山十二卷(明)杨慎撰(清)李调元校定 ……… 195
异授眼科一卷□□撰 (清)江灏勤 (清)杨士楷校 …… 195
易筋经二卷(西竺)释达摩撰(唐)释般剌密帝译 ……… 195
易筋经二卷(西竺)释达摩撰(唐)释般剌密帝译傅金钰校正 抄本 ……… 195
易筋经二卷洗髓经一卷(西竺)释达摩撰(唐)释般剌密帝译 ……… 195
易筋经义一卷附录一卷□□撰 抄本 ……… 195
易通变四十卷(宋)张行成撰 ……… 195

疫喉浅论二卷(清)夏春农撰 ……… 195
疫喉浅论二卷补遗一卷附新补会厌论一卷(清)夏云著… 196
疫喉证治一卷黄勖夷辑 ……… 196
疫痉家庭自疗集二卷严云著徐亦仁等校 ……… 196
疫疹二症合编三种(明)吴有性撰(清)刘奎订正 ……… 196
疫证集说四卷补遗一卷余德埙编 ……… 196
益古演段三卷(元)李冶撰 (清)黄宗宪校 ……… 196
意大利蚕书一卷附图一卷(意大利)丹吐鲁撰(英国)傅兰雅口译(清)汪振声笔述(清)赵元益校录 ……… 196
翼梅八卷(清)江永著 ……… 196

yīn
阴证略例不分卷附医经正本书一卷(元)王好古撰 & 医经正本书一卷(宋)程迥撰 ……… 196
殷历谱十四卷董作宾撰 ……… 196

yín
银海精微二卷(唐)孙思邈辑(清)周亮节校正(清)龚云林编定 ……… 196
银海精微二卷(唐)孙思邈辑(清)周亮节校正(清)龚云林编定陈滋评 ……… 196
银海精微四卷(唐)孙思邈辑(清)周亮节校正(清)龚云林编定 ……… 196
银海精微四卷(唐)孙思邈辑(清)周亮节校正(清)龚云林编定 ……… 197
银海指南四卷(清)顾锡撰(清)戈芬(清)张畹(清)顾庆(清)顾师渔校(清)汪翰校阅 ……… 197

yǐn
引痘方书一卷(清)邱熺辑 ……… 197
引痘略一卷(清)邱熺辑 ……… 197
引痘略一卷附十药神书批注一卷喉痧症的一卷医家心法一卷易氏医案一卷(清)邱熺撰 & 十药神书批注一卷(元)葛可久编(清)陈念祖注(清)林寿萱韵 & 喉痧正的一卷(清)曹心怡撰 & 医家心法一卷(清)高鼓峰著(清)胡珏评 & 易氏医案一卷(明)易大艮录 ……… 197
饮膳正要三卷(元)忽思慧撰 ……… 197
饮食卫生学一卷(日本)山田幸太郎原译(清)罗振常重译 ……… 197
饮馔服食谱一卷□□辑 ……… 197

yìn
印写新法一卷(英国)傅兰雅辑 ……… 197

yīng
英国定准军药书四卷附编二卷附表一卷(清)舒高第译(清)汪振声述 ……… 197
英国铸钱说一卷(英国)傅兰雅撰 ……… 197
婴孩护病学一卷 DR. E. ROWLEY 撰 ……… 197

婴童百问十卷(明)鲁伯嗣撰(明)熊宗立校(明)王肯堂订 …… 197

yíng
营城揭要二卷(英国)储意比撰(英国)傅兰雅口译(清)徐寿笔述 …… 197
营工要览四卷(英国)武备工程课则(英国)傅兰雅 (清)汪振声同译 …… 197
营垒图说一卷(比利时)伯里牙芒著(美国)金楷理口译 …… 197
营卫运行补证一卷(隋)杨上善撰廖平补正 …… 197
营造法式三十四卷(宋)李诫撰 …… 198

yǐng
颖川心法汇编一卷(清)陈炳泰著 …… 198
影戏灯说一卷(英国)傅兰雅撰 …… 198
影印古本医学丛书第七集上海中医书局编 …… 198
影印古本医学丛书十种钱季寅辑 …… 198
影印古本医学丛书五种钱季寅辑 …… 198

yìng
应验简便良方二卷(清)孙克任编 …… 198
应验奇方二卷□□撰 …… 198
应验药方一卷□□撰 …… 198

yǒng
永年历不分卷刘扬艇撰 …… 198
甬上水利志六卷(清)周道遵考述 …… 198

yòng
用之有益医方五卷□□撰 …… 198

yóu
尤氏喉科一卷附方一卷种痘心法一卷种痘指掌一卷(清)尤乘撰 & 种痘心法一卷种痘指掌一卷 (清)朱奕梁撰 …… 198

yòu
幼科法戒录一卷刘恕撰 …… 198
幼科切要一卷(清)王锡鑫编辑 …… 198
幼科铁镜二卷(清)夏鼎撰(清)夏锋等参 …… 198
幼科铁镜六卷(清)夏鼎撰(清)夏锋等参 …… 199
幼科推拿法二卷(清)张韶九辑 …… 199
幼科医学指南四卷(清)周震撰(清)吴恒等校 …… 199
幼科准绳九卷(明)王肯堂辑 …… 199
幼童卫生编一卷(英国)傅兰雅译 …… 199
幼幼合编二卷(清)石壁辑 …… 199
幼幼集成六卷(清)陈复正辑(清)刘一勤校(清)周宗颐参籽莨居士评点 …… 199

yú
余注伤寒论翼四卷(清)柯琴著能静居士评阅 …… 199
鱼雷图说九卷首一卷(清)黎晋贤绘纂 …… 199
俞天池先生痧痘集解六卷(清)俞茂鲲集解 …… 199
渔业历史一卷沈同芳撰 …… 199
喻氏医书三种(清)喻昌撰 …… 200
喻氏医书三种(清)喻昌撰 …… 201
舆地测绘学一卷(清)丁震撰 …… 200

yù
玉函经三卷(唐)杜光庭撰(宋)崔嘉彦注(清)程林校 …… 200
玉机微义五十卷(明)徐用诚撰(明)刘纯续增 …… 200
玉楸药解八卷(清)黄元御撰 (清)徐树铭校 …… 200
聿修堂医学丛书十三种(日本)丹波元简等撰 (清)杨守敬辑 …… 200
聿修堂医学丛书十三种(日本)丹波元简等撰 (清)杨守敬辑 …… 200
郁谢麻科合璧一卷(清)杨开泰汇辑(清)谢元瀛校订 …… 200
育蚕新法答问一卷张景旭辑 …… 200
育麟全书十二章惟一子撰 …… 200
御风要术三卷(英国)白尔特撰(美国)金楷理口译(清)华蘅芳笔述 …… 201
御医曹沧洲医案秘本二卷曹沧洲撰屠锡淇汇编奕缵黄选录 …… 201
御制耕织图一卷(清)焦秉贞绘 (清)圣祖玄烨题诗 …… 201
御制历象考成二十六卷(清)允禄等编纂 …… 201
御制历象考成后编十卷(清)允禄等编纂 …… 201
御制历象考成上编十六卷下编十卷表十六卷(清)允禄等编纂 …… 201
御制数理精蕴表八卷(清)圣祖玄烨撰 …… 201
御制数理精蕴几何原本十二卷(清)圣祖玄烨撰 …… 201
御制数理精蕴五十三卷(清)圣祖玄烨撰 …… 201
御制数理精蕴五十三卷(清)圣祖玄烨撰 …… 202
御纂三十六舌金镜录一卷(清)太医院校正 …… 202
御纂医宗金鉴六十卷附首一卷编辑外科心法要诀十六卷首一卷御纂医宗金鉴续编十四卷首一卷(清)吴谦等撰 …… 202
御纂医宗金鉴六十卷首一卷附编辑外科心法要诀十六卷首一卷御纂医宗金鉴续编十四卷首一卷(清)吴谦等撰 …… 202
御纂医宗金鉴十五种(清)吴谦等纂 …… 202
御纂医宗金鉴外科心法要诀十六卷(清)吴谦等撰 …… 202
寓意草一卷(清)喻昌撰 …… 202
寓意草一卷(清)喻昌撰 …… 203
毓麟芝室玉髓摘要二卷(明)彭端吾编 …… 203
鬻婴提要说一卷(清)张振鋆辑 …… 203

鬻婴提要说一卷附音释一卷(清)张振鋆辑 …………… 203
鬻子一卷附计倪子一卷子华子二卷(周)鬻熊撰 & 计倪子一卷(春秋)计然著 & 子华子二卷(战国)程本著 …… 203

yuán
元代合参不分卷(清)胡预 (清)沈光烈撰(清)徐锡麟编 …………………………………………… 203
元亨疗马集四卷(明)喻仁 (明)喻杰撰 ………… 203
元亨疗牛集二卷(明)喻仁 (明)喻杰撰 ………… 203
元俞宗本种树书一卷(元)俞宗本撰 …………… 203
园容较义一卷附测量法义一卷测量异同一卷勾股义一卷(意大利)利玛窦授(明)李之藻演 & 测量法义一卷(意大利)利玛窦品译(明)徐光启笔受 & 测量异同一卷(明)徐光启撰 & 勾股义一卷(明)徐光启撰 ……………… 203
园艺学不分卷□□撰 …………………………… 203
原本直指算法统宗十二卷(明)程大位编 ……… 203
圆机堂纂集痘科良方四卷(清)谢曦编辑(清)王云锦校订(清)王怀庆校字 …………………………… 203
圆锥曲线一卷(美国)求德生选译 (清)刘维师笔述(清)张宝善校阅 …………………………………… 204

yuǎn
远镜图说一卷(英国)傅兰雅撰 ………………… 204
远西奇器图说录最三卷新制诸器图说一卷(德国)邓玉函口授(明)王征译绘 ……………………………… 204

yuè
月令粹编二十四卷图说一卷首一卷(清)秦嘉谟撰 … 204

yún
云间李士材脉诀一卷(明)李士材注(清)谢鹤洲编辑 …………………………………………………… 204
云林神彀四卷(明)龚廷贤编著 ………………… 204

yùn
运规约指三卷(英国)白起德辑(英国)傅兰雅口译(清)徐建寅笔述 …………………………………… 204
运气辨一卷(清)陆儋辰注 ……………………… 204
恽铁樵演讲录一卷恽铁樵著章巨膺编校 ……… 204

Z

zá
杂病论章节一卷(汉)张仲景原文包识生分例包天白参校 …………………………………………………… 204
杂病心法要诀一卷□□撰 ……………………… 204
杂证谟二十八卷目录一卷(明)张介宾著(清)朱见一订 … …………………………………………………… 204
杂症大小合参二十卷首二卷目录一卷(清)冯兆张纂辑(清)罗如桂等校 ………………………………… 204

zài
再重订伤寒集注十五卷(清)舒诏撰 …………… 204

在珽述略一卷(英国)傅兰雅撰 ………………… 204

zàng
脏腑图说症治合璧医案类录一卷(清)罗定昌撰(清)王钊参订 …………………………………………… 204
脏腑图说症治要言全璧三卷(清)罗定昌撰(清)王钊参订 …………………………………………… 204
脏腑图说症治要言全璧三卷(清)罗定昌述 & 春温三字诀一卷(清)张子培注 & 痫症三字诀一卷(清)唐宗海注 … …………………………………………………… 205
脏腑图说症治要言全璧三卷(清)罗定昌撰(清)王钊参订 …………………………………………… 205
脏腑证治图说人镜经八卷附录二卷(明)张俊英纂述(清)张吾瑾重辑 ………………………………… 205
臟府经络穴道图一卷□□撰 …………………… 205

zǎo
澡泉余录一卷(日本)浅田宗伯注 ……………… 205

zào
造玻璃法一卷(英国)傅兰雅撰 ………………… 205
造瓷机器择要一卷(英国)傅兰雅撰 …………… 205
造林学不分卷□□撰 …………………………… 205
造洋漆法一卷附续编一卷(日本)田原良纯撰王振声参校 …………………………………………………… 205
造针制钮法一卷(英国)傅兰雅撰 ……………… 205

zé
则古昔斋算学十三种(清)李善兰撰 …………… 205

zēng
曾胡治兵语录不分卷蔡锷编 …………………… 19
增补本草备要八卷(清)汪昂撰 ………………… 205
增补本草图说二卷(清)汪昂撰(清)李保常重辑 … 205
增补本草医方合编五种(清)汪昂撰辑 ………… 206
增补陈修园医书七十种(清)陈念祖撰 ………… 206
增补大生要旨五卷(清)唐千顷纂(清)马振蕃续增 … 206
增补大生要旨五卷经验各种秘方辑要一卷(清)唐千顷纂(清)马振蕃续增 ………………………………… 206
增补绘图针灸大成十二卷(明)杨继洲纂(清)章廷珪重修 …………………………………………………… 206
增补雷公炮制药性解六卷附四百味药性歌括一卷(明)李中梓撰 …………………………………………… 206
增补脉诀不分卷(清)廖云溪撰 ………………… 206
增补秘传痘疹玉髓金镜录真本四卷(明)翁仲仁撰 … 206
增补秘传痘疹玉髓金镜录真本四卷首一卷(明)翁仲仁撰 …………………………………………………… 206
增补三指禅二卷(清)周学霆著(清)周光宝等录 … 206
增补士材三书四种(明)尤生洲辑 ……………… 206

271

增补万病回春原本八卷(明)龚廷贤编(明)周亮登校 …… 206
　增补瘟疫论二卷(明)吴又可著 …… 207
　增补新本草一卷陈逊斋撰 …… 207
　增补医方捷径二卷(清)王宗显辑 …… 207
　增补医方一盘珠全集十卷首一卷(清)洪金鼎纂(清)洪濂洛参订 …… 207
　增补医林状元寿世保元十卷(明)龚廷贤撰(清)周亮登校 …… 207
　增补重编叶天士医案四卷(清)叶桂注陆士谔编辑 …… 207
　增补遵生八笺二十卷(明)高濂编 …… 207
　增订本草备要八卷(清)汪昂撰(清)汪桓等参订(清)汪端等校 …… 207
　增订本草备要四卷医方集解六卷(清)汪昂撰(清)汪桓参订(清)汪端等校 …… 207
　增订本草附方二卷□□撰 …… 207
　增订格物入门七卷(美国)丁韪良著 …… 208
　增订经验良方十四卷(清)沈肇元重订 …… 208
　增订时疫五方一卷萧鸿卿撰 …… 208
　增订士材三书三种附一种(明)李中梓撰(清)尤乘辑 …… 208
　增订童氏本草备要八卷(清)汪昂辑(清)李保常增辑 …… 208
　增订童氏本草备要八卷图说一卷(清)汪昂辑(清)李保常增辑 …… 208
　增订医医病书二卷(清)吴瑭注　(清)黄寿衮鉴定曹炳章注 …… 208
　增订医宗金鉴目录一卷首一卷(清)吴谦等撰 …… 208
　增订治疗汇要三卷(清)过铸著(清)宁本瑜等校 …… 208
　增广保婴要旨一卷(清)敏兰居士辑(清)拜松居士增订 …… 208
　增广本草纲目五十二卷(明)李时珍编辑(清)张绍棠重校 …… 208
　增广本草纲目五十二卷濒湖脉学一卷奇经八脉考一卷脉诀考证一卷图三卷(明)李时珍撰 …… 208
　增广达生要旨五卷(清)唐千顷纂(清)叶灏增订 …… 208
　增广灵验验方新编十六卷首一卷续集五卷(清)鲍相璈辑 & 续集五卷　(清)张绍堂增辑 …… 208
　增广太平惠民和剂局方十卷附增广和剂局方用药总论三卷(清)张海鹏校 …… 208
　增广太平惠民和剂局方十卷用药总论三卷(宋)陈师文等编 …… 209
　增广新术二卷(清)罗士琳撰 …… 209
　增广验方新编十六卷(清)鲍相璈编辑(清)张绍堂增辑 …… 209

增广验方新编十六卷首一卷痧症全书三卷首一卷(清)鲍相璈编辑(清)张绍堂增辑 & 痧症全书　(清)林森撰 …… 209
　增广玉匣记通书六卷末一卷□□撰 …… 209
　增辑曾胡治兵语录不分卷蔡锷辑 …… 209
　增辑陈修园医书七十种(清)陈念祖等撰 …… 209
　增辑伤寒类方四卷(清)潘霨辑 …… 209
　增批温热经纬四卷(清)王士雄纂(清)叶霖增批 …… 209
　增评童氏医方集解二十三卷(清)汪昂撰辑(清)费伯雄评 …… 209
　增评医方集解二十三卷(清)汪昂撰辑(清)费伯雄评 …… 209
　增评医方集解二十三卷目录一卷(清)汪昂撰辑(清)费伯雄评 …… 209
　增删算法统宗十一卷首一卷重刊梅文穆公增删算法统宗校算记一卷(明)程大位编集(清)梅谷成增删 …… 209
　增注古方新解八卷(清)徐大椿撰陆士谔编订 …… 209
　增注古方新解八卷(清)徐大椿撰陆士谔编订 …… 210
　增注类证活人书二十二卷(宋)朱肱著(明)吴勉学校 …… 210
　增注条注伤寒心法八卷陈绍勋韵注 …… 210
　增注萧山竹林寺妇科一卷(清)竹林寺僧著史济纲增注 …… 210
　增注医宗己任编八卷(清)杨乘六辑 …… 210

zhāi
　摘星楼治痘全书十八卷(明)朱一麟撰(清)朱法订补 …… 210

zhàn
　占风铎不分卷□□撰　抄本 …… 210
　战法学二卷(日本)石井忠利撰(清)王治木订 …… 210

zhāng
　张九苍增补李芝岩先生瘟疫三方一卷(清)李芝岩撰(清)张九苍增补 …… 210
　张丘建算经三卷(北魏)张丘建撰(北周)甄鸾注(唐)李淳风等注释 …… 210
　张氏藏府药式补正三卷(金)张元素撰(清)赵双湖注张寿颐补正 …… 210
　张氏景岳全书六十四卷(明)张介宾撰(清)鲁超订 …… 210
　张氏类经三十二卷图翼十一卷附翼四卷(明)张介宾撰 …… 210
　张氏医案二十卷(清)张乃修注(清)吴文涵编辑(清)邵清儒附注 …… 210
　张氏医案一卷附经验药方一卷张国华注张体沅等校 …… 210
　张氏医书七种(清)张璐等撰 …… 211
　张氏医通六种(清)张璐等撰 …… 211

张氏医通七种(清)张璐等撰 (日本)前田安宅订正 …… 211
张氏医通七种(清)张璐等撰 …… 211
张氏医通十六卷(清)张璐纂述 …… 211
张仲景金匮要略二十四卷(清)沈明宗编注 …… 211
张仲景金匮要略论方七卷首一卷(汉)张机撰许宗正合解 …… 211
张仲景金匮要略论注二十四卷(汉)张机撰(清)徐彬注 … 211
张仲景批注伤寒百证歌五卷(汉)张机撰(宋)许叔微述 … 211
张仲景伤寒论方六卷首一卷(汉)张机撰许宗正合解 …… 211
张仲景伤寒论贯珠集八卷(清)尤怡注(清)朱陶性校 …… 211
张仲景伤寒论合注十六卷(清)吴隐亭编次 211
张仲景伤寒论遥问十三卷原方遥问一卷平脉法一卷续论遥问三卷续方遥问一卷(明)徐行著 …… 212
张仲景伤寒论原文点精二卷(清)孟承意著 212
张仲景伤寒论原文浅注六卷(清)陈念祖集注(清)陈蔚(清)陈元犀校 …… 212
张仲景伤寒杂病论表识新编注释九卷首一卷(清)田启荣著王隆诗评胡济安等校 …… 212
张仲景注解伤寒百证歌五卷(宋)许叔微述 …… 212
张仲景注解伤寒百证歌五卷附经络歌决一卷伤寒六经定法一卷伤寒问答一卷(宋)许叔微著(清)汪昂注辑 … 212
张仲景注解伤寒百证歌五卷附伤寒六经定法一卷(宋)许叔微著 & 伤寒六经定法一卷(清)舒诏驰著 …… 212

zhàng

长物志十二卷(明)文震亨编 …… 213

zhào

赵李合璧八卷(清)赵廷儒(清)李环山撰 …… 213
赵元吉医学指南一卷(清)赵元吉著(清)弓锡九录 … 213
赵注孙子五卷(明)赵本学注(日本)洼田清音订刻 …… 213
照像法原一卷(英国)傅兰雅撰 …… 213
照像器图说二卷(英国)傅兰雅译辑 …… 213

zhé

折肱漫录七卷(明)黄承昊撰 …… 213

zhè

浙西水利备考不分卷(清)王凤生撰 …… 214

zhēn

针灸便览一卷(清)王锡鑫集订 …… 214
针灸大成十二卷(明)杨继洲纂(清)章廷珪重修 …… 214
针灸大成十卷(明)杨继洲纂(清)章廷珪重修 …… 214
针灸歌括汇编一卷附刊误表一卷承澹盦撰 …… 214

针灸集成四卷(清)廖润鸿辑 …… 214
针灸甲乙经十二卷(晋)皇甫谧撰 214
针灸讲义一卷□□撰 1950年代抄本 214
针灸灵法二卷程兴阳注 …… 214
针灸全图一卷□□撰 抄本 214
针灸薪传集不分卷夏少泉等辑 …… 214
针灸学讲义七卷承盦澹编 …… 214
针灸学讲义一卷承澹盦编 …… 214
针灸学十四卷附治病通则一卷□□撰 …… 215
针灸要旨三卷(明)高武选述(日本)冈本为竹重订 … 215
针灸要旨三卷(明)高武撰述(日本)冈本一抱子重订 …… 215
针灸易知一卷中华书局编辑 …… 215
针灸择日编集一卷(明)金循义撰(明)金义孙撰 … 215
针灸指南初集摘要三卷余纯编孙勉之校 …… 215
针灸治法一卷□□撰 …… 215
针灸治疗讲义一卷续编一卷承澹盦编 …… 215
针灸问答三卷(明)汪机编辑(明)陈桷校正 …… 215
针灸择日编集一卷(明)金循义撰(明)金义孙撰 … 215
珍珠囊指掌补遗药性赋四卷附雷公炮制药性解六卷(元)李杲编辑(清)王子接重订 …… 215
真本生生集三种(清)巫斋居士等撰 …… 215

zhěn

诊断学不分卷□□撰 …… 215
诊断学汇编(隋)杨上善注廖平补证 …… 215
诊断学讲义二编秦之济述 …… 215
诊断学一卷敦文伯撰 …… 216
诊家正眼二卷(明)李中梓注(清)尤乘增订 …… 216
诊绍篇补证三卷(隋)杨上善撰廖平补证 …… 216
诊余集一卷(清)余景和注 …… 216
诊宗三昧一卷(清)张登编次 …… 216
枕藏外科诸症一卷□□撰 …… 216

zhèn

阵纪四卷(明)何良臣撰(明)徐元(清)黄维申校 …… 216

zhēng

征南射法一卷(清)黄百家撰 …… 216

zhèng

正天国策一卷□□撰 …… 216
证治汇补八卷(清)李用粹著 …… 216
证治辑要四卷姚济苍辑 …… 216
证治金针四卷周万钦修 稿本 …… 216
证治心得十二卷(清)吴炳辑著 …… 216
证治要诀类方四卷(明)戴原礼辑 …… 216
证治指南 卷四川国医学院编 …… 217
证治准绳四十四卷(明)王肯堂辑 …… 217

郑氏痘科保赤金丹四卷(清)谢玉琼辑 …………… 217
郑氏痘略一卷(清)郑启寿撰 ……………………… 217
郑氏遗书四卷方一卷(清)郑奠一著 ……………… 217
政余精义一卷(清)张肇修辑 ……………………… 217

zhī

知医快捷方式一卷(清)钱荣国编(清)钱夔校 …… 217

zhí

植物病理学讲义不分卷章祖纯编 ………………… 217
植物教科书一卷(日本)齐田功太郎(日本)松村任三撰(清)樊炳清译 …………………………… 217
植物图说四卷(英国)傅兰雅撰 …………………… 217

zhǐ

指明脉诀一卷□□撰 ……………………………… 217
指明算法九九全编不分卷知非子撰 ……………… 217

zhì

制靡金法二卷(日本)桥奇策撰(清)王季点译 …… 217
制火药法三卷(英国)利稼孙辑(英国)华得斯辑(英国)傅兰雅口译(清)丁树棠笔述 …………… 217
制机理法八卷附图一卷(英国)觉显禄斯撰(英国)傅兰雅口译(清)华备钰笔述 ………………… 217
制丝法讲义不分卷刘安钦编 ……………………… 217
制造局丛译十一种(清)江南制造局编 …………… 218
制造纸法不分卷(英国)傅兰雅撰 ………………… 218
治疗汇要二卷补遗一卷(清)过铸辑 ……………… 218
治河方略十卷首一卷(清)靳辅撰 ………………… 218
治军药言一卷刘湘辑 ……………………………… 218
治痢仙方一卷(清)王成章著述 …………………… 218
治痢新论一卷□□撰 ……………………………… 218
治温提要一卷(清)曹华峰著 ……………………… 218
治瘟提要速效合编二卷(清)曹华锋撰(清)臧吟蕉撰(清)刘松峰撰 …………………………… 218

zhōng

中藏经八卷(汉)华佗撰(清)徐舜山重校 ………… 218
中藏经三卷(汉)华佗撰(清)徐舜山重校 ………… 218
中等算术教科书二卷陈榥撰 ……………………… 218
中国兵器沿革□□撰 ……………………………… 218
中国地学会地学丛书七卷张相文编 ……………… 218
中国国医学会陕西省西安市分会章程一卷中国国医学会陕西省西安市分会编 …………………… 218
中国简明针灸治疗学二卷温主卿注熊自明修正陆锡光参订 …………………………………… 218
中国建筑参考图集不分卷中国营造学社编 ……… 219
中国建筑史三卷乐嘉藻著 ………………………… 219
中国矿产志略一卷铁路简明表一卷(清)瞽室辑 … 219
中国历代医学史略一卷张继勋编纂张仲勋等参校 … 219
中国南部及西北各省金矿初稿刘祖彝编 ………… 219
中国生理学补正一卷(清)徐尚志注 ……………… 219
中国实用药物学二卷赵贤齐编述 ………………… 219
中国外科学大纲二卷附录一卷许半龙辑 ………… 219
中国养生说辑览不分卷沈宗元编纂 ……………… 219
中国药物形态学不分卷沈祥瑞撰 ………………… 219
中国医学史纲要四卷陈永梁编述 ………………… 219
中国医学史十二卷陈邦贤编纂 …………………… 219
中国医学通论一卷陈升之著 ……………………… 219
中国医学源流论不分卷谢观撰 …………………… 219
中国医学源流论一卷谢观著张赞臣校录 ………… 219
中国医学之精髓一卷张鸿生撰 …………………… 220
中国针药治疗大全四卷沈士真辑 ………………… 220
中国针药治疗大全四卷附编辑纲要一卷正误表一卷沈士真编 ………………………………… 220
中外医书八种(清)罗定昌等撰辑 ………………… 220
中外医书十种□□撰 ……………………………… 220
中外医书四种□□撰 ……………………………… 220
中西病理学合参三编吴汉仙刘裁吾编 …………… 220
中西大药房活人篇一卷□□撰 …………………… 220
中西骨骼辨正六卷(清)刘廷桢辑 ………………… 220
中西骨骼辨正七卷(清)刘廷桢辑 ………………… 220
中西骨骼辨正图说一卷(清)刘廷桢绘并题 ……… 220
中西骨骼图说一卷(清)刘铭之绘 ………………… 220
中西合纂妇科大全七卷顾鸣盛编 ………………… 220
中西合纂外科大全五卷顾鸣盛编 ………………… 220
中西合纂幼科大全十二卷顾鸣盛编 ……………… 220
中西回史日历二十卷陈垣撰 ……………………… 220
中西汇参铜人图说一卷(清)刘钟衡撰 …………… 220
中西汇通医经精义二卷(清)唐宗海撰 (清)邓其章参校 ………………………………………… 221
中西汇通医书六种(清)唐宗海撰 ………………… 221
中西汇通医书五种(清)唐宗海撰 ………………… 221
中西六种□□辑 …………………………………… 221
中西麻疹摘要二卷谢钟灵集纂 一九五二年抄本 … 221
中西数学通解二十卷刘泽桢撰徐子清校马名骏校 … 221
中西算学丛书初编二十二种(清)求敏斋主人辑 … 221
中西算学大成一百卷(清)陈维祺纂 ……………… 221
中西算学汇通四卷(清)罗士琳撰 ………………… 221
中西天文算学精蕴二十卷附国朝万年书两卷推测易知四卷(清)陈松撰 ……………………… 221

中西温热串解八卷附录一卷吴锡璜撰述吴锡琮参订 …… 221
中西医粹四种(清)罗定昌撰 …… 221
中西医话十卷(清)毛景义编辑 …… 221
中西医解二卷(清)唐宗海撰 …… 221
中西医判二卷(清)唐宗海撰 …… 221
中西医书汇通七种(清)唐宗海撰 …… 222
中西医学群书十种(清)邋志庐陈氏辑 …… 222
中星图一卷(清)江次兰图注 …… 222
中学适用算术教科书不分卷(日本)华正董撰 (清)陈榥译撰 …… 222
中医理法针药摘要二卷附人身经穴图四张沈士真撰…… …… 222
中医实验谈八卷蒲湘澄编 …… 222
中医实验谈四卷蒲湘澄编 …… 222
中医学堂教科书一卷何汝夔编辑 …… 222
中医学堂课艺一卷蒲南熏周济凡等撰 …… 222
中医药治愈脑瘤之经过一卷余律笙程天灵撰 …… 222
忠武侯诸葛孔明先生兵法四卷附录二卷(清)张树辑…… …… 222

zhǒng
种痘新书十二卷(清)张琰编辑(清)会衡波参 …… 222
种痘学讲义三卷吴介诚编述 …… 222
种福堂公选良方兼刻古吴名医精论四卷(清)叶桂撰(清)华岫云较 …… 222
种福堂续选临证指南四卷(清)叶桂撰 …… 222
种梨全法一卷复园推广改良苍溪种悉尼树苗说明书一卷钱复初编 …… 222
种蔗制糖论一卷(英国)梅威令撰 …… 223

zhòng
中风论一卷(清)熊笏辑(清)吴锡璜删补(清)陈念祖定 … …… 218
仲景存真集二卷(清)吴蓬莱编辑 …… 223
仲景存真集二卷附劝读十则一卷(清)吴蓬莱编辑 … 223
仲景全书五种(汉)张机等撰 …… 223
仲景三部诊法一卷九侯诊法一卷附伤寒笺注读法一卷廖平辑 …… 223
仲景伤寒补亡论二十卷(宋)郭雍撰 …… 223
仲景伤寒一卷(汉)张机撰 …… 223

zhōu
舟仙瘖述三卷刘舟仙纂 …… 223
周髀算经二卷(汉)赵爽注(北周)甄鸾重述(唐)李淳风等注释 …… 223
周髀算经二卷附音义一卷(汉)赵爽注(北周)甄鸾重述(唐)李淳风等注释 …… 223
周髀算经二卷附音义一卷校勘记一卷(汉)赵爽注(北周)甄鸾重述(唐)李淳风等注释 …… 223
周慎斋医书五种方伯屏辑编 …… 223
周氏医学丛书三十二种(清)周学海编 …… 223

zhòu
籀簃医话一卷张寿颐注 …… 224

zhū
珠算改迷一卷附李贞女葆清墓志铭一卷李葆清女士傅一卷(清)李天贞撰 …… 224
诸葛丞相集四卷(三国蜀)诸葛亮撰(明)张溥辑 …… 224
诸葛心书集注一卷(三国蜀)诸葛亮撰官道尊集注 … 224
诸葛忠武侯故事五卷(清)张澍辑 …… 224
诸葛忠武侯年谱六卷(清)张澍辑 …… 224
诸葛忠武侯全集二十卷(清)胡升犹纂 …… 224
猪经大全一卷附牛经大全一卷□□撰 …… 224

zhú
竹林女科证治四卷(清)竹林寺僧撰 …… 224
竹林寺女科秘方一卷附钱医产秘传一卷(清)竹林寺僧撰 …… 224
逐病论治录三卷何仲皋注 …… 224

zhù
铸金论略六卷(英国)司布勒村撰(英国)傅兰雅口译(清)汪振声笔述 …… 224
铸钱工艺三卷(英国)傅兰雅 (清)钟天纬同译 …… 224
筑垒教范草案不分卷□□撰 …… 224

zhuān
专治血症经验良方论一卷(清)潘为缙著(清)赵光弼校 … …… 224
砖瓦灰石造法一卷(英国)傅兰雅撰 …… 224

zhuāng
庄氏算学八卷(清)庄亨阳撰 …… 224

zī
辎重兵暂行操法不分卷□□撰 …… 224

zǐ
子华子医道篇注一卷义生堂书目提要一卷(晋)程本著张骥注 & 义生堂书目提要一卷张骥著 …… 225
子药铜壳机器图说一卷(英国)傅兰雅撰 …… 225
子药准则一卷(清)丁乃文撰 …… 225
紫微斗数全书四卷(宋)陈抟撰(清)潘希尹辑 …… 225

zì
自强军西法类编十八卷附摘要一卷(清)沈敦和纂辑…… …… 225
自然略说四卷郚庆时撰 …… 225
字触补六卷(清)桑灵直编 …… 225
字触六卷(清)周亮工辑 …… 225

zōng

宗圣要旨七种(清)尤怡等著 ……… 225

zǒng

总集聚医方一卷□□撰 ……… 225

zōu

邹征君遗书六种附刻夏氏算学四种徐氏算学三种(清)邹伯奇撰 ……… 225

zú

足本大字本草备要二卷(清)汪昂撰 ……… 225
卒中厥证辑要二卷姚济苍辑 ……… 225

zuǎn

纂订蚕桑琐说一卷(清)鄢敏学撰 ……… 225
纂集一卷金镜录一卷(清)黄鹤龄纂辑(清)李时新校订 & 金镜录一卷 □□撰 ……… 225

zuì

最新妇科学全书二卷蔡鹏云著 ……… 225
最新伤寒论精义折中二卷朱弟著 ……… 225
最新实验简明眼科秘诀一卷陆天医著 ……… 225
最新实验养蚕法一卷□□撰 ……… 226
最新中医学课一卷□□撰 抄本 ……… 226

zūn

尊经本草歌括二卷许宗正撰 ……… 226
尊生要旨一卷附灵枢悬解二卷(明)蒋学成汇编(明)许乐善补订 & 灵枢悬解四卷(清)黄元御解 ……… 226
遵生八笺十九卷总目一卷(明)高濂编 ……… 226

zuò

作物汛论一卷□□撰 ……… 226

笔画索引

(一 画)

一名雷火针一卷□□撰 …… 180
一草亭全书四种(清)文永周编 …… 180
一壶天三卷(清)邓荣服著(清)杨体仁纂辑 …… 180
乙巳占十卷(唐)李淳风撰 …… 195

(二 画)

二十史朔闰表一卷陈垣撰 …… 40
二分晰义二卷(清)陈良佐撰 …… 40
二如亭群芳谱二十九卷首一卷(明)王象晋纂辑(明)陈继儒等校(明)王与胤等诠次 …… 40
十三科古方选注三卷(清)王子接注(清)叶桂校 …… 130
十药神书批注全卷一卷(清)陈念祖注 …… 130
十药神书一卷(元)葛可久编(清)潘霨重校增注 …… 130
十药神书一卷附霍乱吐泻方论一卷(元)葛可久编 & 霍乱吐泻方论一卷 □□撰 …… 130
十药神书注解全卷(元)葛可久编(清)陈念祖注 …… 130
丁氏医案十五卷 丁泽周注 丁济万编辑 程门雪等参 …… 35
七先生医效方一卷陈亘辑 …… 106
七政经纬二卷张肇修编 …… 106
七政历理不分卷□□撰 …… 106
七政台历全书一卷(清)杨天爵考订 …… 106
七政推步七卷(明)贝琳撰 …… 106
七政星历全书一卷□□撰 …… 106
卜法详考四卷(清)胡煦辑 …… 14
八卦配脏腑图说一卷何仲皋撰 …… 1
八线备旨四卷八线学总习问一卷(美国)罗密士撰(美国)潘慎文选译(清)谢洪赉校录 …… 1
八线备旨四卷附总习问一卷(美国)罗密士撰(美国)潘慎文选译(清)谢洪赉校录 …… 1
八线对数简表一卷(清)贾步纬述 …… 1
人寸诊补证二卷(隋)杨上善注 廖平补证 …… 111
人镜经附录二卷(明)钱雷撰 …… 111
人镜经附录二卷钟奇氏附录人镜经一卷(明)钱雷撰 …… 111
人镜经三种(明)钱雷注 …… 111
入水衣论一卷(英国)傅兰雅撰 …… 111
九思堂重订证治准绳六种(明)王肯堂辑 …… 77
九峰采兰记一卷郁庆时撰 …… 77
九章算术九卷附音义一卷(三国魏)刘徽注(唐)李淳风等注释 & 九章算术音义一卷(宋)李籍撰 …… 77

九章算术十卷(三国魏)刘徽注 (唐)李淳风等注释 …… 77
九章算术细草图说九卷附海岛算经细草图说一卷(三国魏)刘徽注(唐)李淳风注释 & 附海岛算经细草图说一卷(清)李潢撰 …… 77
九章算术细草图说九卷海岛算经细草图说一卷(三国魏)刘徽注(唐)李淳风注释 & 附海岛算经细草图说一卷(清)李潢撰 …… 77
九数存古九卷(清)顾观光撰 …… 77
九数通考十一卷首一卷末一卷(清)屈曾发辑 …… 77
九数外录一卷附顾尚之别传一卷(清)顾观光别传(清)张文虎撰 …… 77
儿科萃精八卷陈守真撰 …… 39
儿科辑要四卷姚济苍集 …… 39
儿科学讲义一卷妇科学一卷 谢铨镕编 & 妇科学一卷 乔君实编 …… 40
儿科易知一卷中华书局编辑 …… 40
几何举隅六卷补译几何原本一卷(英国)托咸都辑(清)郑毓英译述(清)汤金铸校绘 …… 65
几何举隅三卷(英国)托咸都辑(清)郑毓英译述(清)汤金铸校绘 …… 65
几何原本六卷首六卷(希腊)欧几里得撰(意大利)利玛窦口译(明)徐光启笔录 …… 65
几何原本十五卷(意大利)利玛窦口译(明)徐光启笔受 …… 65
几希录良方合璧一卷(清)张惟善辑 …… 65

(三 画)

三元甲子万年书一卷上海文瑞楼编 …… 113
三元甲子新万年历附百二十年国历全书□□撰 …… 113
三元甲子新万年历三卷钟之模辑 …… 113
三书宝鉴三种(明)戚继光编 …… 113
三因极一病证方论十八卷(宋)陈言编(清)蔡载鼎读 …… 113
三因极一病源论粹十八卷(宋)陈言编 吴锡璜评注 吴锡琮校 …… 113
三字经合编六种(清)陈念祖撰(清)张汝珍著 张骥等校 …… 114
三农纪二十四卷(清)张宗法撰 …… 112
三农纪十卷(清)张宗法撰 …… 113
三角和较术一卷(清)项名达撰 …… 112

三角数理十二卷(英国)海麻士辑(英国)傅兰雅口译(清)华蘅芳笔述 …… 112
三角数理十卷(英国)海麻士辑(英国)傅兰雅口译(清)华蘅芳笔述 …… 112
三角须知一卷(英国)傅兰雅撰 …… 112
三证指南方论一卷(清)倪涵初原本 …… 113
三命通会十二卷(明)万民英著 …… 112
三刻太医院补注妇人良方大全二十四卷(宋)陈自明撰(明)薛己注 …… 112
三指禅脉理精蕴三卷(清)周学霆撰 …… 113
三指禅三卷(清)周学霆撰 …… 113
三科备要三卷(清)庄在田撰 …… 112
三统术详说四卷(清)陈澧撰 …… 113
三统术衍三卷钤一卷(清)钱大昕撰 …… 113
三家医案合刻三种(清)吴金寿纂 …… 112
三家医案合刻三种附二种(清)吴金寿纂 …… 112
三略兵法解证三卷附黄石公素书一卷史记留侯世家一卷(周)吕望撰(汉)黄石公传授(清)杜蘅学 …… 112
三朝名医方论三种(宋)骆龙吉等撰 …… 112
工艺知新一卷(英国)傅兰雅编 …… 47
工业与国政相关论二卷(英国)司旦离迹风司撰(美国)卫理译(清)王汝骍译 …… 47
工程机器器具图说一卷(英国)傅兰雅撰 …… 47
工程制造学一卷(清)江标辑 …… 47
工程致富论略十三卷首一卷附图一卷(英国)玛体生著(英国)傅兰雅 (清)钟天纬同译 …… 47
工程做法七十四卷工部简明做法一卷(清)允礼等纂 …… 47
大士救产真言一卷□□撰 …… 30
大千图说(清)江希张撰 …… 29
大元帅训军士词演说一卷袁世凯撰 …… 30
大六壬寻原四卷(清)张纯照辑 …… 29
大生集成五卷(清)王承谟撰 …… 29
大生要旨五卷(清)唐千顷撰(清)马振蓍续增 …… 29
大衍索隐三卷(宋)丁易东撰 …… 30
大唐开元占经一百二十卷(唐)释瞿昙悉达等修 …… 30
大清宣统三年七政经纬躔度时宪书一卷(清)钦天监编 …… 29
大德重校圣济总录二百卷目录一卷(宋)赵佶敕撰 …… 29
万氏家传痘疹心法二十三卷(明)万全撰 …… 152
万氏家传片玉痘疹十三卷(明)万全撰 …… 152
万氏家传片玉心书五卷万氏家传片玉痘疹十三卷(明)万全撰 …… 152
万氏家传伤寒摘锦二卷(明)万全撰 …… 152
万氏家传幼科发挥二卷(明)万全撰 …… 152
万氏家传育婴秘诀四卷(明)万全撰 …… 152
万氏女科三卷(明)万全撰 …… 152

万方类编三十二卷(清)曹绳彦集(清)闵其昌校 …… 152
万方针线八卷(清)蔡烈先辑(清)范锡尧等校 …… 152
万年书十二卷□□撰 …… 152
万应奇效秘方一千五百种一卷(清)叶桂撰 李古直编订 …… 152
万国药方八卷(美国)洪士提译 …… 152
万药归宗一卷□□撰 …… 152
万病回春八卷(明)龚廷贤撰 …… 151
上虞算学堂课艺二卷(清)支雯甫选定(清)戚孔怀 (清)刘承祖(清)王璐同校 …… 125
小儿保险书五卷况庚星撰 …… 165
小儿耳鼻咽喉病学三章(英国)格思烈原著 谭世鑫编译 …… 165
小儿科一卷□□撰 …… 165
小儿推拿附方不分卷□□辑 …… 165
小儿推拿广意三卷(清)熊应雄辑(清)陈世凯重订 …… 165
小儿推拿图说不分卷□□ 撰 …… 165
小儿卫生总微论方二十卷附校记一卷□□ 撰 …… 165
小儿养育法四章(日本)渡边光次撰(清)周家树笔译 …… 165
小儿药证直诀三卷附阎氏小儿方论一卷氏斑疹方论一卷(宋)钱乙撰(宋)阎孝忠编次 & 阎氏小儿方论一卷 (宋)阎孝忠撰 & 董氏斑疹方论一卷 (宋)董汲撰 …… 165
小外科不分卷张绍麟抄 …… 166
小蓬莱山馆方抄二卷(清)竹林寺僧撰 …… 165
山东运河备览十二卷(清)陆耀纂 …… 115
山羊全书不分卷□□撰 …… 115
山蚕讲义不分卷余铣编辑 …… 115
山蚕图说一卷(清)夏与赓编 …… 115
山蚕图说一卷附白话告示一卷(清)夏与赓辑 …… 115
千金宝要六卷(唐)孙思邈撰(宋)郭思节辑(清)孙星衍辑 …… 108
千金方衍仪三十卷(清)张璐撰 …… 108
千金妇人方注一卷(唐)孙思邈著 张骥集 …… 108
千金要方三十卷目录一卷(清)张璐衍义(清)席世臣校 …… 108
千金翼方三十卷(唐)孙思邈撰 …… 108
千金翼方三十卷目录一卷(唐)孙思邈撰 …… 108
川滇铁路测勘队测勘总报告书刘宗涛编 …… 26
广注素问灵枢类纂三卷(清)汪昂辑注 江忍庵增注 …… 49
广蚕桑说一卷(清)沈练撰 …… 49
广嗣五种备要(清)王实颖辑 …… 49
广瘟疫论四卷附广瘟疫论方一卷(清)戴天章著 …… 49
已任编四种(清)杨乘六辑评 …… 65
弓箭浅说一卷□□ 撰 …… 47
卫公兵法辑本三卷(唐)李靖撰 …… 154

卫生宝鉴二十四卷补遗一卷(元)罗天益撰(清)李锡龄辑 …… 154
卫生鸿宝六卷(清)祝补斋编辑 …… 154
卫生集三卷(清)梧栖老人辑 …… 155
卫生家宝产科备要八卷(宋)朱端章撰 …… 155
卫生十二法一卷□□撰 …… 155
卫生学问答九卷丁福保纂 …… 155
卫生要术一卷(清)潘蔚编 …… 155
卫生要旨一卷(美国)嘉约翰口译(清)海琴氏校正 …… 155
子华子医道篇注一卷义生堂书目提要一卷(晋)程本著 张骥注 & 义生堂书目提要一卷 张骥著 …… 224
子药铜壳机器图说一卷(英国)傅兰雅撰 …… 225
子药准则一卷(清)丁乃文撰 …… 225
女科百问二卷(宋)齐仲甫撰 …… 102
女科二卷(清)傅青主撰 …… 102
女科二卷产后编二卷(清)傅青主撰 …… 102
女科歌诀六卷附经验方一卷(清)邵步青撰 (清)邵炳扬述 (清)邵景康等校 …… 102
女科辑要八卷附单养贤胎产全书一卷(清)周纪常纂辑 …… 102
女科辑要二卷(清)沈尧封辑(清)徐政杰补注 …… 102
女科秘诀大全五卷(清)陈莲舫编订 …… 102
女科秘旨八卷(清)释轮应纂(清)吴煜校订 …… 102
女科仙方四卷(清)傅山撰 …… 102
女科仙方四卷附产科心法三卷(清)傅山撰 & 产科心法三卷(清)汪喆撰 …… 102
女科要略四卷(清)潘蔚辑 …… 102
女科要旨四卷(清)陈念祖撰 (清)陈元蔚参订 (清)陈元犀韵注 (清)陈心典校 (清)陈心兰校 …… 102
飞行生理学一卷(清)张祖德注 …… 40
飞鸿集眼科七十二症一卷□□撰 …… 40
马学教科书不分卷四川陆军军官速成学堂编 …… 91
乡守辑要合抄十卷(清)许乃钊编 …… 164

(四画)

王氏脉经十卷(晋)王叔和撰 …… 153
王氏医案四卷(清)王泰林撰 …… 153
王氏医案译注十卷附录一卷(清)王士雄撰 石念祖译注 谢观校订 …… 153
王氏医存十七卷(清)王燕昌述 …… 154
王氏医存十七卷新选验方一卷(清)王燕昌述 …… 154
王旭高医书六种(清)王泰林编辑 …… 154
王宇泰先生订补古今医鉴十六卷(明)龚信纂辑(明)龚廷贤续编(明)王肯堂订补 …… 154
王叔和脉经十卷(晋)王叔和撰 …… 154
王叔和图注难经脉诀二种(晋)王叔和撰 …… 154
王洪绪先生外科证治全生一卷(清)王维德撰 …… 153
王翰林集注黄帝八十一难经五卷(战国)秦越人撰(宋)王惟一音释(明)王九思集注 …… 153
井矿工程三卷(英国)白尔捺辑(英国)傅兰雅口译(清)赵元益笔述 …… 75
开方表说一卷(清)贾步纬算述 …… 79
开方古义二卷(清)华蘅芳撰 …… 79
开地道轰药法三卷(英国)傅兰雅口译(清)汪振声笔述 …… 79
开矿器法图说十卷附图二卷(美国)俺特累撰(英国)傅兰雅(清)王树善口译 …… 79
开煤要法十二卷(英国)士密德辑(英国)傅兰雅口译(清)王德均笔述(清)朱彝绘图 …… 79
天工开物三卷(明)宋应星撰 …… 146
天元草五卷(清)王树桐撰 …… 147
天元一释二卷(清)焦循学 …… 147
天元一术图说一卷(清)叶棠撰 …… 147
天文步天歌一卷(唐)王希明撰 …… 146
天文初阶一卷(美)赫士口译(清)刘荣贵笔述 …… 146
天文歌略一卷(清)叶澜撰 …… 146
天文歌略一卷地学歌略一卷叶澜撰 叶翰撰 …… 146
天文揭要二卷(美国)赫士口译(清)周文源笔述 …… 146
天文精义五卷(元)岳熙载撰 …… 146
天文略解二卷(美国)李安德著 (美国)刘海澜订 …… 146
天文书四卷(明)海达儿等译 …… 146
天文算学纂要二十卷首一卷(清)陈松撰 …… 146
天文图考四卷吴之英撰 …… 146
天文图说四卷(英国)柯雅各撰(美国)摩嘉立(美国)薛承恩同译 …… 146
天文问答四卷(清)王亨统撰 …… 147
天文须知不分卷(英国)傅兰雅辑 …… 147
天文仪器志略一卷常福元撰 …… 147
天花精言六卷(清)袁旬著 …… 146
天变地异一卷(日本)小幡笃次郎著 …… 146
天宝本草二卷(清)龚锡麟编 …… 145
天宝草本一卷(清)龚锡麟编 …… 146
天官五星四卷(清)廖瀛海辑 …… 146
天象不分卷□□撰 …… 147
元代合参不分卷(清)胡预 (清)沈光烈撰(清)徐锡麟编 …… 203
元亨疗马集四卷(明)喻仁 (明)喻杰撰 …… 203
元亨疗牛集二卷(明)喻仁 (明)喻杰撰 …… 203
元俞宗本种树书一卷(元)俞宗本撰 …… 203
无机化学教科书三卷(英国)琼司原著 徐兆熊译述 …… 159
无线电报一卷补编一卷(英国)克尔撰(美国)卫理口译(清)范熙庸笔述 …… 159
无冤录二卷(元)王与撰 …… 160

— 279 —

云间李士材脉诀一卷(明)李士材注(清)谢鹤洲编辑 …… 204	历代名将战略概要十六卷杨宝善编 …… 83

云间李士材脉诀一卷(明)李士材注(清)谢鹤洲编辑 …… 204
云林神彀四卷(明)龚廷贤编著 …… 204
专治血症经验良方论一卷(清)潘为缙著(清)赵光弼校 …… 224
廿一史战略考三十三卷(明)茅元仪辑 …… 99
艺林伐山十二卷(明)杨慎撰(清)李调元校定 …… 195
艺学采新一卷(美国)卜舫济撰(英国)傅兰雅辑 …… 195
艺学统纂八十八卷(清)马建忠辑 …… 195
五分钟呼吸体操一卷附图一卷邹伯鲽译 …… 160
五言杂字庄家一卷佚名撰 …… 160
五纬捷算四卷(清)黄丙壑撰述(清)胡士培校梓 …… 160
五经算术二卷(北周)甄鸾撰(唐)李淳风等注释 …… 160
五星集腋五卷(清)廖瀛海著 …… 160
五症明辨一卷□□撰 …… 161
五曹算经五卷孙子算经三卷(唐)李淳风等注释 …… 160
五禽图工图说一卷□□撰 …… 160
五禽图呼吸运动法一卷王礼庭述 孙培之校勘 李泽民笔记 喻支仙摩图 …… 160
不知医必要四卷(清)梁廉夫撰 (清)梁吉祥等校字 …… 16
不居集上集三十卷首一卷下集二十卷首一卷(清)吴澄著辑 秦伯未校订 …… 16
不药良方二卷续集十卷(清)王玷桂编 …… 16
不药良方一卷(清)余廷勋辑 …… 16
不费钱的奇验方一卷孙纬才辑 …… 16
不得已二卷(清)杨光先撰 …… 16
不谢方一卷(清)陆懋修撰 …… 16
太乙金镜式经十卷(唐)王希明撰 …… 144
太乙神照神经三卷(清)刘学成辑 …… 144
太乙神针方一卷(清)范毓䨥传(清)冯卓怀订正 …… 144
太乙神针一卷(清)范毓䨥传(清)周雍和编 …… 144
太仓傅氏医学三书(清)傅松元撰 …… 144
太玄集注四卷(汉)扬雄撰(宋)司马光集注 …… 144
太医院增补青囊药性赋直解一卷附医方快捷方式一卷(明)罗必炜参订 & 医方快捷方式一卷(明)罗必炜校正 …… 144
太医院增补青囊药性赋直解一卷附医方快捷方式一卷药性歌括一卷四言举要一卷(明)罗必炜参订 & 医方快捷方式一卷(明)罗必炜校正 & 药性歌括一卷(明)龚廷贤撰 & 四言举要一卷(宋)崔嘉彦著(明)李言闻删补 …… 144
太素张神仙脉诀立微纲领诀宗统三卷(明)张太素述(明)龚廷贤撰 …… 144
太素脉诀三卷(明)张太素撰 …… 144
太原傅科二卷(清)傅山撰 …… 144
区田编一卷(清)帅念祖撰 …… 110
区田图说一卷(清)凌霄撰 …… 110
历代兵略不分卷(清)邓毓林撰 …… 82

历代名将战略概要十六卷杨宝善编 …… 83
历代名将战略概要下集十六卷杨宝善编 …… 83
历代医家传略一卷熊志韬辑 …… 83
历代长术辑要十卷(清)汪日桢撰 …… 83
历代长术辑要十卷首一卷附古今推步诸术考二卷(清)汪日桢撰 …… 83
历理通书七卷(清)熊山鹰编 …… 83
历象考成后编十卷(清)顾琮等撰 …… 83
历象考成上编十六卷(清)顾琮等撰 …… 83
尤氏喉科一卷附方一卷种痘心法一卷种痘指掌一卷(清)尤乘撰 & 种痘心法一卷种痘指掌一卷 (清)朱奕梁撰 …… 198
比例汇通四卷(清)罗士琳撰 …… 11
互相问答八卷(英国)傅兰雅撰 …… 55
切总伤寒不分卷(清)廖云溪撰 …… 109
日星测时新表一卷(清)余煌撰(清)张作楠撰 …… 111
中风论一卷(清)熊笏辑(清)吴锡璜删补(清)陈念祖定 …… 218
中外医书八种(清)罗定昌等撰辑 …… 220
中外医书十种□□撰 …… 220
中外医书四种□□撰 …… 220
中西病理学合参三编吴汉仙 刘裁吾编 …… 220
中西大药房活人篇一卷□□撰 …… 220
中西骨骼图说一卷(清)刘铭之绘 …… 220
中西骨骼辩正七卷(清)刘廷桢辑 …… 220
中西骨骼辩正六卷(清)刘廷桢辑 …… 220
中西骨骼辩正图说一卷(清)刘廷桢绘并题 …… 220
中西合纂妇科大全七卷顾鸣盛编 …… 220
中西合纂外科大全五卷顾鸣盛编 …… 220
中西合纂幼科大全十二卷顾鸣盛编 …… 220
中西回史日历二十卷陈垣撰 …… 220
中西汇参铜人图说一卷(清)刘钟衡注 …… 220
中西汇通医经精义二卷(清)唐宗海撰 (清)邓其章参校 …… 220
中西汇通医书六种(清)唐宗海撰 …… 221
中西汇通医书五种(清)唐宗海撰 …… 221
中西六种□□辑 …… 221
中西麻疹摘要二卷谢钟灵集纂 …… 221
中西数学通解二十卷刘泽桢撰 徐子清校 马名骏校 …… 221
中西算学丛书初编二十二种(清)求敏斋主人辑 …… 221
中西算学大成一百卷(清)陈维祺纂 …… 221
中西算学汇通四卷(清)罗士琳撰 …… 221
中西天文算学精蕴二十卷附国朝万年书两卷推测易知四卷(清)陈松撰 …… 221
中西温热串解八卷附录一卷 吴锡璜撰述 吴锡琮参订 …… 221

中西医粹四种(清)罗定昌撰 …… 221
中西医话十卷(清)毛景义编辑 …… 221
中西医判二卷(清)唐宗海撰 …… 221
中西医解二卷(清)唐宗海撰 …… 221
中西医书汇通七种(清)唐宗海撰 …… 221
中西医学群书十种(清)遼志庐陈氏辑 …… 222
中医理法针药摘要二卷附人身经穴图四张沈士真撰 …… 222
中医实验谈八卷蒲湘澄编 …… 222
中医实验谈四卷蒲湘澄编 …… 222
中医学堂教科书一卷何汝夔编辑 …… 222
中医学堂课艺一卷蒲南熏 周济凡等撰 …… 222
中医药治愈脑瘤之经过一卷余律笙 程天灵撰 …… 222
中国兵器沿革□□撰 …… 218
中国地学会地学丛书七卷张相文编 …… 218
中国国医学会陕西省西安市分会章程一卷中国国医学会陕西省西安市分会编 …… 218
中国简明针灸治疗学二卷温主卿注 熊自明修正 陆锡光参订 …… 218
中国建筑参考图集不分卷中国营造学社编 …… 218
中国建筑史三卷乐嘉藻著 …… 219
中国矿产志略一卷铁路简明表一卷(清)普室辑 …… 219
中国历代医学史略一卷张继勋编纂 张仲勋等参校 …… 219
中国南部及西北各省金矿初稿刘祖彝编 …… 219
中国生理学补正一卷(清)徐尚志注 …… 219
中国实用药物学二卷赵贤齐编述 …… 219
中国外科学大纲二卷附录一卷许半龙辑 …… 219
中国养生说辑览不分卷沈宗元编纂 …… 219
中国药物形态学不分卷 沈祥瑞撰 …… 219
中国医学史纲要四卷陈永梁编述 …… 219
中国医学史十二卷陈邦贤编纂 …… 219
中国医学通论一卷陈升之著 …… 219
中国医学源流论不分卷谢观撰 …… 219
中国医学源流论一卷谢观著 张赞臣校录 …… 219
中国医学之精髓一卷张鸿生撰 …… 219
中国针药治疗大全四卷沈士真辑 …… 220
中国针药治疗大全四卷附编辑纲要一卷正误表一卷沈士真编 …… 220
中学适用算术教科书不分卷(日本)华正董撰 (清)陈榥译撰 …… 222
中星图一卷(清)江次兰图注 …… 222
中等算术教科书二卷陈榥撰 …… 218
中藏经八卷(汉)华佗撰(清)徐舜山重校 …… 218
中藏经三卷(汉)华佗撰(清)徐舜山重校 …… 218
内外伤辨三卷(元)李杲撰(明)吴勉学校 …… 99
内外神方不分卷□□撰 …… 99

内经撮要三卷陈绍勋注释 …… 98
内经方集释二卷附义生堂书目提要一卷张骥辑 …… 98
内经类要二卷□□撰 …… 98
内经脉学部位考一卷经说二卷经验方一卷(清)姜国伊撰 …… 98
内经平脉考一卷廖平撰 …… 98
内经评文素问二十四卷遗篇一卷内经评文灵枢十二卷(清)周学海评注 …… 98
内经释要一卷(清)江之兰注 …… 98
内经药论十卷附义生堂书目提要一卷张骥辑 …… 98
内经知要二卷(明)李中梓原辑(清)薛雪校 …… 98
内经知要讲义三卷钱荣光注 …… 98
内经知要讲义四卷(明)李中梓辑(清)薛雪校正 …… 99
内科理法二十三卷(英国)虎伯撰(清)舒高第笔译(清)赵元益笔述 …… 99
内科理法前编六卷后编十卷附一卷(英国)虎伯撰(清)舒高第笔译(清)赵元益笔述 …… 99
内科新说二卷(英国)合信氏(清)管茂材撰 …… 99
内科学讲义二卷秦伯未著 …… 99
内科易知一卷中华书局编辑 …… 99
内症通用方一卷(清)陆汝衔集编 …… 99
内症通用方一卷外症通用方一卷(清)陆汝衔集编 …… 99
水师保身法一卷(法国)勒罗阿撰(英国)伯克雷译(清)赵元益(清)程蠡重译 …… 135
水师操练十八卷附一卷英国战船部原书(英国)傅兰雅口译(清)徐建寅笔述 …… 135
水陆战议一卷(英国)傅兰雅撰 …… 135
水道提纲二十八卷(清)齐召南编 …… 135
水雷秘要五卷(英国)史理孟纂(清)舒高第口译(清)郑昌棪笔述 …… 135
牛经大全二卷(明)喻仁 (明)喻杰撰 …… 99
牛经切要不分卷□□撰 …… 99
牛相全图不分卷佚名撰 …… 99
牛痘新法全书一卷(清)邱熺辑 …… 99
牛痘新书辑要一卷(清)邱熺原本(清)陈福畴续补(清)陈思堂校订 …… 99
牛痘新书济世一卷(清)邱熺原本(清)王悼甫增补 …… 99
牛痘新书一卷(清)武荣纶编(清)董玉山编 …… 99
气学器说一卷(英国)傅兰雅撰 …… 107
气象学一卷□□编 …… 107
长江图说十二卷首一卷(清)马征麟撰 …… 212
长沙方歌括六卷(清)陈念祖撰 (清)陈蔚注 (清)陈元犀参订 (清)陈心典校 (清)陈心兰校 …… 212
长沙方歌括六卷伤寒真方歌括六卷急救经验良方一卷(清)陈念祖撰 (清)陈蔚注 (清)陈元犀参订 (清)陈心典校 (清)陈心兰校 …… 213

| 长沙药解四卷(清)黄元御撰 ………… 213
| 长物志十二卷(明)文震亨编 ………… 213
| 长恩书室丛书十九种(清)庄肇麟辑 ………… 212
| 仁寿镜四卷(清)孟莛辑 ………… 111
| 化学材料中西名目表一卷(清)江南制造总局撰 ……… 55
| 化学初阶四卷(美国)嘉约翰口译(清)何了然笔述 …… 55
| 化学分原八卷(英国)蒲陆山撰(英国)傅兰雅口译(清)徐建寅笔述(清)曹钟秀画图 ………… 55
| 化学工艺初集二集四卷三集二卷(英国)能智撰(英国)傅兰雅译(清)汪振声译 ………… 55
| 化学鉴原补编六卷附一卷(英国)傅兰雅口译(清)徐寿笔述 ………… 56
| 化学鉴原六卷续编二十四卷(英国)韦而司撰(英国)傅兰雅口译(清)徐寿笔述 & 续编二十四卷 (英国)蒲陆山撰(英国)傅兰雅口译(清)徐寿笔述 ………… 56
| 化学考质八卷附表一卷(德国)富里西尼乌司撰(英国)傅兰雅口译(清)徐寿笔述 ………… 56
| 化学器图说六卷(英国)傅兰雅撰 ………… 56
| 化学求数十五卷附表一卷(德国)富里西尼乌司撰(英国)傅兰雅口译(清)徐寿笔述 ………… 56
| 化学实验新本草一卷(清)丁福保编 ………… 56
| 化学一卷(清)江标辑 ………… 56
| 化学源流论四卷(英国)方尼司辑(清)王汝骃译 ………… 56
| 从征图记一卷(清)唐训方撰 ………… 28
| 今水经一卷(清)黄宗羲撰 ………… 69
| 分经方义录二卷何仲皋著 ………… 41
| 分经治病秘诀不分卷(清)邓荣服注辑 ………… 41
| 分类草药性二卷□□撰 ………… 41
| 分类草药性一卷附天宝本草一卷□□撰 ………… 41
| 分类推拿小儿秘诀一卷□□撰 ………… 41
| 分类王孟英医案二卷(清)王士雄撰 陆士谔编校 ……… 41
| 分类医学菁华三卷(清)周学海著 ………… 41
| 公余医录抄六卷(清)陈念祖原本(清)刘绍熙摘录 …… 47
| 仓田通法续编三卷八线类编表一卷(清)张作楠学算 (清)俞俊编次 (清)江临泰补图 & 八线类编表一卷(清)张作楠辑 ………… 18
| 月令粹编二十四卷图说一卷首一卷(清)秦嘉谟撰 …… 204
| 勿庵历算书目一卷(清)梅文鼎撰(清)梅瑴成校 …… 161
| 勿庵学医杂抄一卷熊志韬辑 ………… 161
| 风劳鼓病论三卷恽铁樵著 章巨膺参校 ………… 41
| 风角书八卷(清)张尔齐撰(清)李若琳校订 ………… 41
| 风湿症条例一卷□□著 ………… 41
| 丹台玉案六卷(明)孙文胤著 ………… 31
| 丹溪附余六种(元)朱震亨撰 ………… 31

丹溪先生心法五卷附脉诀指掌一卷(元)朱震亨撰 (明)吴中珩校 & 脉诀指掌一卷(元)朱震亨著(明)吴勉学校 ………… 31
丹溪先生心法五卷附余二种(元)朱震亨撰 ………… 31
丹溪先生心法五卷附余六种(元)朱震亨撰 ………… 31
丹溪先生医学全书十三种(元)朱震亨撰(清)陈鸿业校 ………… 31
丹溪心法附余二十四卷首一卷(元)朱震亨撰 (明)方广辑 ………… 31
丹溪心法七种(元)朱震亨撰 (明)方广辑 ………… 31
丹溪心法五卷(元)朱震亨撰 (明)吴勉学校 ………… 31
丹溪朱氏脉因证治二卷(元)朱震亨撰(清)汤望久校辑 ………… 31
勾股六术图解三卷弧角拾遗一卷(清)项名达撰 …… 47
勾股六术一卷(清)项名达集(清)杨瑜良算补 …… 47
勾股演代二卷(清)江衡撰 ………… 47
六合枪一卷金一明撰 ………… 88
六体斋医书十种(清)程永培辑 ………… 89
六译馆丛书廖平撰辑 ………… 89
六经定法一卷(清)舒诏撰 ………… 88
六经定法一卷女科要诀一卷(清)舒诏撰 ………… 88
六经释义八卷首一卷(汉)张机原文(清)吴继恒释义 … 88
六科证治准绳六种(明)王肯堂辑 ………… 89
六淫要略不分卷高玉如撰 ………… 89
六韬六卷(周)吕望撰 ………… 89
六韬六卷附吴子二卷司马法三卷(周)吕望撰 & 吴子二卷(战国)吴起撰 & 司马法三卷(周)司马穰苴撰 …… 89
六韬逸文一卷附三略一卷(清)孙同元辑 & 三略一卷 □□ 撰 ………… 89
六韬直解三卷(明)刘寅撰 ………… 89
方星岩见闻录五卷(清)方成垣撰 ………… 40
火车铁路论一卷(英国)傅兰雅撰 ………… 62
火龙经三卷(三国蜀)诸葛亮撰(明)刘基(明)焦玉校 …… 62
斗战经一卷(日本)□□撰 ………… 37
订正东医宝鉴二十三卷(朝鲜)许浚等撰 ………… 35
订正因是子静坐法一卷续编一卷附录一卷静坐法问题选录一卷蒋维乔撰 ………… 35
订正仲景全书伤寒论注十七卷内科总目一卷(清)吴谦等纂 ………… 35
订正仲景全书伤寒论注十七卷首一卷(清)吴谦等纂 … 35
订正仲景伤寒论释义六卷(清)李缵文补注 ………… 35
订补明医指掌十卷附诊家枢要一卷(明)皇甫中撰注(明)王肯堂订补(明)邵从皋参校(明)邵达参补 … 35
心身强健之秘诀一卷(日本)藤田灵斋撰 徐云译 …… 167
心眼指要四卷附元空秘旨一卷(清)章仲山集 ……… 167

引痘方书一卷(清)邱熺辑 …… 197
引痘略一卷(清)邱熺辑 …… 197
引痘略一卷附十药神书批注一卷喉痧正的一卷医家心法一卷易氏医案一卷(清)邱熺撰 & 十药神书批注一卷(元)葛可久编(清)陈念祖注(清)林寿萱韵 & 喉痧正的一卷(清)曹心怡撰 & 医家心法一卷(清)高鼓峰著(清)胡珏评 & 易氏医案一卷(明)易大艮录 …… 197
劝桑说一卷陈开沚撰 …… 110
书器须知一卷(英国)傅兰雅撰 …… 133
眸园医学六种(清)潘霨辑 …… 154

(五 画)

玉机微义五十卷(明)徐用诚撰(明)刘纯续增 …… 200
玉函经三卷(唐)杜光庭撰(宋)崔嘉彦注(清)程林校 …… 200
玉楸药解八卷(清)黄元御撰 (清)徐树铭校 …… 200
正天国策一卷□□撰 …… 216
世补斋医书后集九种(清)陆懋修撰 …… 132
世补斋医书六种(清)陆懋修撰 …… 132
世补斋医书文集十六卷(清)陆懋修著(清)沈彦模参校(清)方连轸参校(清)濮贤惠参校(清)陆润庠参校 …… 132
古历经征一卷刘师培撰 …… 48
古今名医方论四卷(清)罗美辑(清)柯琴参阅 …… 48
古今名医万方类编三十二卷(清)曹绳彦辑 闵其昌校对 …… 48
古今夏时表一卷叶德辉撰 …… 48
古今医案十卷(清)俞震纂辑(清)李龄寿重校辑 …… 48
古今医鉴十六卷(明)龚信撰(明)龚廷贤续编 …… 48
古今医诗五十三卷(清)张望纂辑 …… 48
古今医史七卷续增二卷附录王宏翰案一卷(清)王宏翰辑(清)钱顾琛参订 …… 48
古今注三卷(晋)崔豹撰 …… 48
古方选注四卷(清)王子接注(清)叶桂校 …… 48
古本难经阐注二卷(清)丁锦集注 …… 48
古吴童氏重校医宗必读十卷(明)李中梓著 …… 49
古经天象考十二卷附图说一卷(清)雷学淇撰 …… 48
古梅梁氏疡科全书一卷(清)梁希曾著 …… 49
古筹算考释六卷劳乃宣撰 …… 48
本事方续编十卷(宋)许叔微撰 …… 11
本经逢原四卷(清)张璐纂述 (清)张登等参订 …… 10
本经疏证十二卷(清)邹澍撰 …… 11
本草备要八卷汤头歌诀一卷(清)汪昂撰 …… 4
本草备要八卷图一卷(清)汪昂撰 …… 4
本草备要八卷医方集解六卷(清)汪昂撰 …… 4
本草便读二卷(清)张秉成集选 …… 4
本草便读四卷(清)张秉成集选 (清)唐君培等同校 …… 4
本草崇原集说三卷本草经读附录集说一卷(清)张志聪注释 (清)高世栻纂辑 (清)仲学辂集说 …… 4

本草崇原三卷(清)张志聪注释 (清)高世栻纂集 …… 5
本草从新六卷(清)吴仪洛辑(清)周兰九等校 …… 5
本草从新十八卷(清)吴仪洛辑 …… 5
本草从新十八卷总义一卷(清)吴仪洛辑(清)周兰九等校 …… 5
本草从真二卷(清)黄宫绣撰 …… 5
本草分经不分卷(清)姚澜辑 …… 5
本草分类一卷□□撰 …… 5
本草纲目拾遗十卷(清)赵学敏辑 …… 5
本草纲目拾遗十卷正误一卷(清)赵学敏辑 …… 6
本草纲目五十二卷(明)李时珍撰 …… 6
本草纲目五十二卷附图三卷(明)李时珍撰 …… 6
本草纲目五十二卷附图三卷拾遗十卷本草万方针线八卷(明)李时珍撰 (清)吴毓昌校订 & 拾遗十卷正误一卷 (清)赵学敏辑 & 万方针线八卷 (清)蔡烈先辑 …… 6
本草纲目五十二卷目录一卷图一卷濒湖脉诀一卷奇经八脉考一卷(明)李时珍编辑 & 本草万方针线八卷(明)蔡烈先辑 & 本草纲目拾遗十卷 (清)赵学敏辑 …… 7
本草纲目五十二卷图三卷附脉学一卷奇经八脉考一卷(明)李时珍撰辑 …… 7
本草纲目序例二卷(明)李时珍编辑 & 拾遗十卷正误一卷(清)赵学敏辑 …… 7
本草纲目序例二卷濒湖脉学一卷奇经八脉考一卷(明)李时珍编辑 & 本草万方针线八卷(明)蔡烈先辑 …… 7
本草纲目序例二卷附图(明)李时珍编辑(清)张绍棠校 …… 7
本草纲目摘要四卷(清)汪昂定(清)莫熺辑 …… 7
本草汇纂十卷(清)屠道和辑 …… 7
本草简明图说四卷(清)高承炳撰 …… 7
本草简明图说一卷(清)高承炳编 …… 7
本草经读一卷(清)陈念祖撰 陈绍勋释 …… 7
本草经解要四卷附余一卷(清)叶桂集注 …… 7
本草经三卷(三国魏)吴普述(清)孙星衍辑(清)孙冯翼辑 …… 7
本草经疏辑要十卷(清)吴世铠纂 …… 7
本草品汇精要四十二卷续集十卷附脉诀四言举要二卷脉诀考证一卷校勘记一卷(明)刘文泰等纂修 …… 8
本草品汇精要四十二卷续集十卷附脉诀四言举要二卷校勘记一卷(明)刘文泰等纂修 …… 8
本草品汇精要续集十卷脉诀四言举要二卷(清)王道纯纂辑(清)江兆元纂辑 & 脉诀四言举要二卷 (宋)崔嘉彦撰(宋)王道纯注释 …… 8
本草求真九卷附图一卷(清)黄宫绣撰 (清)黄宫鏊订(清)黄学昌校字 …… 8
本草求真九卷主治二卷(清)黄宫绣纂(清)黄宫鏊校订(清)黄学易校字 …… 8

— 283 —

书名	页码
本草求真九卷主治二卷附图一卷(清)黄宫绣纂(清)黄宫黻校订	8
本草求真九卷主治二卷脉理求真三卷(清)黄宫绣纂(清)黄宫黻等校	8
本草入门二卷(清)熊溪颜编辑	8
本草三家合注六卷(清)郭汝聪集注	8
本草三家合注六卷附黄元御长沙药解不分卷(清)郭汝聪集注	8
本草三家合注六卷附神农本草经百种录一卷(清)郭汝聪撰 & 神农本草百种录注一卷 (清)徐大椿撰	8
本草三家合注三卷首一卷附神农本草经百种录一卷(清)郭汝聪撰 & 神农本草百种录注一卷 (清)徐大椿撰	8
本草诗笺十卷(清)朱钤著 秦伯未校	9
本草述钩元三十二卷(清)杨时泰辑	9
本草述钩元三十二卷首一卷(清)杨时泰辑	9
本草通玄二卷(明)李中梓撰	9
本草图谱九十三卷附本草图谱索引二卷(日本)岩崎常正撰	9
本草万方针线八卷(清)蔡烈先辑	9
本草万方针线八卷附脉学脉诀经八脉考二卷(清)蔡烈先辑 & 脉学脉诀经八脉考二卷 (明)李时珍撰	9
本草问答二卷(清)唐宗海撰	9
本草衍义二十卷(宋)寇宗奭编撰(清)陆心源校	10
本草衍义二十卷附大观本草札记二卷(宋)寇宗奭编撰	10
本草药性质味撮要一卷(□)佚名撰	10
本草医方合编四种(清)汪昂编辑	10
本草原始合雷公炮制十二卷(明)李中立撰	10
本草原始十二卷(明)李中立撰	10
本草韵言一卷陈完孟撰	10
本草再新十二卷(清)叶桂撰 (清)陈念祖评	10
石山医案三卷(明)陈桷校勘	130
石函嘉秘妇科良方一卷附妇科证方括歌一卷 鹤洲野人编辑 & 妇科证方括歌一卷 长春堂编辑	130
石室秘录六卷(清)陈士铎撰	130
石顽老人诊宗三昧一卷(清)张璐撰(清)张登编	130
石渠阁精订摄生秘剖四卷(明)洪基参订	130
石雅三卷章鸿钊撰	130
戊笈谈兵十卷首一卷(清)汪绂撰	161
平三角举要五卷(清)梅文鼎著	105
平法寓言十卷(清)与樵山客撰(清)张笛樵 郭月槎等校	104
平治荟萃三卷(元)朱震亨撰	105
平面几何学二卷(日本)□□撰	104
平冤录一卷(元)赵逸斋著	105
东西洋考十二卷(明)张燮撰	35
东阳医贯十四卷(清)周正彩著(清)岳迁标参(清)蒋显纶校(清)舒生卯订	35
东医宝鉴二十三卷目录二卷(朝鲜)许浚等撰	36
东垣十书二十二卷(金)李杲撰	36
东垣十书十种附二种(金)李杲等著 (明)王肯堂订正	36
东垣先生此事难知二卷(元)王好古著(明)吴勉学校	36
东垣先生此事难知集二卷(元)王好古著(明)吴勉学校	36
卡罗两氏外科学五卷□□辑	79
北平同和堂药目一卷□□撰	3
占风铎不分卷□□撰	210
目论一卷□□撰	96
叶天士秘方一卷(清)叶桂撰 陆士谔编辑	179
叶天士女科医案一卷(清)叶桂撰 陆士谔编辑	180
叶天士女科证治秘方四卷(清)竹林寺僧撰	180
叶天士幼科医案一卷(清)叶桂撰 陆士谔编辑	180
叶氏女科症治四卷(清)叶桂撰	179
叶氏医案存真三卷附马氏医案并附祁氏王氏一卷(清)叶桂撰 叶万青编 & 马氏医案并附祁氏王氏一卷(清)马俶撰	179
叶氏医衡二卷(清)叶桂撰	179
叶种德堂丹丸全录一卷(清)叶种德堂编	180
叶案疏症二卷(清)叶桂撰(清)李启贤编	179
电气镀金略法一卷(英国)华特纂(英国)傅兰雅口译(清)周郇笔述	34
电气镀镍一卷(英国)傅兰雅口译(清)徐华封笔述	34
电学纲目一卷(英国)田大里辑(英国)傅兰雅口译(清)周郇笔述	34
电学十卷首一卷(英国)瑙挨德撰(英国)傅兰雅口译(清)徐建寅笔述	34
电学问答一卷(清)天津水电局译	34
电学一卷(清)江标辑	34
田亩比类乘除捷法二卷(宋)杨辉集	147
史记天官书补目一卷(清)孙星衍撰	132
史载之方二卷(宋)史堪撰	132
叩囊韵语一卷(清)徐伯宏撰	80
四川蚕桑公社第一期蚕业白话一卷四川蚕桑公社初编	135
四川公报附载麻疹阐注六卷张廉述	135
四川后方国防基本建设大纲不分卷刘湘撰	136
四川省国医学院讲义十五种四川国医学院编	136
四川省农业改进所棉业改良场三十五年度工作计划一卷四川省农业改进所编	136
四川省武备学堂战法学教程七卷□□撰	136
四川省医学总会痘科讲习所讲义一卷何龙举编辑	136

四川实业司通省蚕病预防规条不分卷四川省实业司编 …… 136
四川通省蒙养师范学堂代数课程二卷冯书学纂 …… 136
四川盐法志四十卷首一卷(清)丁宝桢等纂修 …… 136
四川药材概论不分卷谭炳杰编著 …… 136
四元玉鉴三卷四元玉鉴细草三卷四元释例一卷(元)朱世杰编述(清)罗世琳补草(清)易之瀚释例 …… 137
四元玉鉴三卷四元玉鉴细草三卷四元细草假令之图一卷(元)朱世杰编述(清)罗世琳补草(清)易之瀚释例 …… 137
四元玉鉴细草三卷附四元释例一卷(清)罗世琳撰 & 四元释例一卷(清)易之瀚撰 …… 137
四元玉鉴细草三卷四象细草假令之图一卷附补增一卷四元释例一卷(元)朱世杰编述(清)罗世琳补草(清)易之瀚释例 …… 137
四民月令一卷(汉)崔寔撰 唐鸿学校辑 …… 136
四圣心源十卷(清)黄元御著 …… 136
四圣悬枢五卷(清)黄元御著 …… 136
四时病机十四卷(清)邵登瀛辑 (清)邵炳扬杏泉述(清)邵景康等校 …… 136
四明它山水利备览二卷附校勘记一卷(宋)魏岘撰(清)徐时栋撰 …… 136
四科简效方四卷(清)王士雄选 …… 136
四原原理不分卷(清)顾澄译 …… 137
四益馆医书二十一种廖平编 …… 136
四酒拳一卷王晋明编辑 …… 136
四家医案(清)柳宝诒选 …… 136
生生宝箓三卷附生生外录一卷(清)袁于江纂 & 生生外录二卷 (清)胡瀛国撰 …… 129
生生子医案五卷(明)孙一奎辑 …… 129
生民常识一卷补遗一卷尹昌衡著 …… 129
生物学二十八章(英国)坎拿达著 白明道编辑 …… 129
生育良方一卷倪伯惠撰 …… 129
生理卫生学一卷(日本)大幸勇吉撰(清)樊炳清译 …… 128
生理新语四卷恽铁樵撰 徐衡之参校 章巨膺参校 …… 129
生理学讲义一卷病理学讲义一卷病理学六经补义一卷沈反白编 …… 129
生殖泌尿器病及花柳病简编一卷(美国)戴世璜撰 余冠瀛述 …… 129
失血澄治一卷(清)杨凤庭撰 …… 129
失血大法一卷(清)杨凤庭撰(清)刘棋文参订 …… 129
失血新方二卷(清)杨凤阁撰 …… 129
付口驳义不分卷附内经附比较合表不分卷廖平辑述 & 内经附比较合表不分卷 廖宗泽编辑 …… 42
代形合参三卷附一卷(美国)罗密士原著(美国)潘慎文译文(清)谢洪赉笔述 …… 31
代微积拾级十八卷(美国)罗密士撰 (英国)伟烈亚力口译(清)李善兰笔述 …… 31

代数备旨十三卷(美国)狄考文选译(清)邹立文(清)生福维笔述 …… 30
代数难题解法十六卷(英国)伦德编辑(英国)傅兰雅口译(清)华蘅芳笔述 …… 30
代数术补式二十六卷首一卷(英国)华里司辑(英国)傅兰雅口译(清)华衡芳笔述(清)解崇辉撰 …… 30
代数术二十五卷首一卷(英国)华里司辑(英国)傅兰雅口译(清)华衡芳笔述 …… 30
代数通艺录十六卷(清)方恺撰 …… 30
代数通艺录十六卷续集二卷(清)方恺撰 …… 30
代数须知一卷(英国)傅兰雅撰 …… 31
仙传白喉忌表治法吹药合刊二种□□辑 …… 164
仙拈集四卷(清)李文炳撰(清)李怀祖等校字 …… 164
白芙堂算学丛书二十二种(清)丁取忠辑 …… 1
白芙堂算学丛书二十三种(清)丁取忠辑 …… 1
白鹿备用草一卷白鹿先生述 …… 2
白喉忌表抉微一卷(清)耐修子撰 …… 1
白喉忌表一卷附录三不可要诀一卷(清)耐修子录注 …… 1
白喉全生集一卷(清)李纪方辑 …… 2
白喉症论一卷(清)耐修子撰 …… 2
白喉治法忌表抉微一卷(清)耐修子撰 …… 2
白喉治法忌表抉微一卷附吹药方一卷(清)耐修子撰 …… 2
白喉治法要言一卷附白喉新方一卷专治痧症经验第一神效良方一卷(清)刘昌祁纂述 …… 2
丛桂草堂医草四卷(清)袁焯注 …… 28
用之有益医方五卷□□撰 …… 198
印写新法一卷(英国)傅兰雅辑 …… 197
外台秘要四十卷目录一卷(唐)王焘撰(明)陆锡明校阅 …… 151
外台秘要方四十卷(唐)王焘撰(宋)林亿等上进 许俱校(清)程衍道订梓 …… 151
外科大成四卷(清)祁坤辑著(清)祁嘉锡等正字 …… 149
外科发挥八卷(明)薛己注 (明)吴玄有校 千凤岐重校 …… 149
外科歌诀一卷□□撰 …… 149
外科护病一卷丁美蓉编译 …… 149
外科辑要四卷首一卷(清)邵澍辑 …… 150
外科金方一卷□□撰 …… 150
外科精要三卷(宋)陈自明编 (明)薛己注 …… 150
外科理例七卷(明)汪机辑(明)陈桷校正 …… 150
外科切要一卷□□撰 …… 150
外科神方不分卷□□撰 …… 150
外科枢要四卷(明)薛己撰(明)吴玄有校 …… 150
外科图说四卷(清)高文晋辑 …… 150
外科心法七卷(明)薛己撰(明)吴玄有校 …… 150
外科心法要诀八卷目录一卷(清)吴谦纂 …… 150
外科易知一卷(清)汪祝尧撰 …… 150

条目	页码
外科杂方一卷□□撰	150
外科真方传一卷邵朝著	150
外科真诠二卷(清)邹岳撰(清)沈振瑞校	150
外科正宗十二卷(明)陈实功撰(清)徐大椿评(清)许楣订(清)蒋光焴校	150
外科正宗十二卷附录一卷(明)陈实功撰(清)徐大椿评(清)许楣订(清)蒋光焴校	151
外科证治全生集四卷附福幼篇一卷(清)王维德撰(清)潘蔚较 & 福幼篇一卷(清)庄一夔著	151
外科证治全生一卷伤寒舍鉴一卷秘本眼科快捷方式一卷(清)王维德撰 & 伤寒舍鉴一卷(清)张登撰 & 秘本眼科快捷方式一卷(清)□□撰	151
外科证治全书五卷附全生集医案一卷疡医雅言丹药集方一卷(清)许克昌辑(清)毕法辑	151
外科证治全书五卷附刻疡医雅言丹药集方一卷全生集医案一卷(清)许克昌辑(清)毕法辑	151
外科证治全书五卷末一卷(清)许克昌辑(清)毕法辑	151
外科症治全生集四卷(清)王维德纂辑(清)潘霨重校	151
外科症治全生集四卷附新增马氏试验秘方一卷(清)王维德纂	151
外科症治全生前集三卷后集三卷(清)王维德纂辑(清)王其龙参订	151
外症通用方一卷□□撰	151
务民义斋算学九种(清)徐有壬撰(清)徐震翰编辑	161
包氏医宗十种(清)包育华(清)包识生编	2
市政工程学不分卷成都民立大学编	132
立天元术源流考一卷陈观泙撰	83
立方奇法一卷求一捷术一卷(清)龚杰撰	83
冯氏锦囊秘录八种(清)冯兆张撰	41
冯氏锦囊秘录痘疹全集二十卷(清)冯兆张纂辑	41
冯氏锦囊秘录二十卷(清)冯兆张纂辑	41
冯氏锦囊秘录三种(清)冯兆张纂辑	41
兰台轨范八卷(清)徐大椿 (清)徐燨校	80
半半集三卷(清)上海老德记药房编	2
半半山庄农言著实一卷(清)杨秀沅撰	2
汇集金鉴四卷(清)释本圆辑	61
汇集金鉴二卷(清)释本圆辑	61
汇集奇方一卷□□撰	61
汇编奇效良方一卷杨鹏先辑	61
汉太初历考一卷心集文录二卷(清)成蓉镜撰	51
汉太初以前朔闰表一卷(清)张其翀撰	52
汉书地理志水道图说七卷附考证德清胡氏禹贡图一卷(清)陈澧撰	51
汉志水道疏证四卷(清)洪颐煊撰	52
汉译诊病奇侅二卷附五云子腹诊法一卷(日本)丹波元坚类次(日本)松井操汉译	52
汉潺亭考蒙文通撰	51
汉镜斋堪舆小识二卷附录一卷先严先慈像赞家传墓志行状及生平事迹录一卷查国珍撰	51
写本外科奇方一卷□□撰	167
写本药方一卷□□撰	167
永年历不分卷刘扬艇撰	198
司马法古注三卷附司马法音义一卷曹元忠注 朱汝杰校 曹元森校	135
司马法三卷(战国)司马穰苴著	135
民医学堂医药杂抄一卷□□撰	96
弗兰克养蜂论不分卷(美国)弗兰克著 万克明译	42
加批圈点内经知要二卷(明)李中梓原辑(清)陈莲舫批	66
加批圈点外台秘要方四十卷(唐)王焘撰	67
加批详评景岳全书六十四卷(明)张介宾著(清)叶桂评 江家桢订	67
加批校正金匮心典三卷(清)陈莲舫批 江忍庵校正	67
加评温病条辨六卷首一卷(清)吴瑭著 陆士谔加评	67
加非考一卷(清)陈寿彭译辑	66
皮肤新编一卷(美国)嘉约翰口译(清)林湘东笔述	104
皮肤证治一卷(美国)聂会东译(清)尚宝臣笔述 (清)济南施医院校订	104
圣余医案诠解六卷(清)刘 文撰 李俊释	129
圣余医案诠解四卷(清)刘 文撰	129
对数表一卷(美国)赫士口译(清)朱葆琛笔述	39
对数简法二卷(清)戴煦撰	39
对数详解五卷(清)丁取忠撰	39
幼幼合编二卷(清)石壁辑	199
幼幼集成六卷(清)陈复正辑(清)刘一勤校(清)周宗颐参 莳芟居士评点	199
幼科法戒录一卷刘恕撰	198
幼科切要一卷(清)王锡鑫编辑	198
幼科铁镜二卷(清)夏鼎撰(清)夏锋等参	198
幼科铁镜六卷(清)夏鼎撰(清)夏锋等参	198
幼科推拿法二卷(清)张韶九辑	199
幼科医学指南四卷(清)周震撰(清)吴恒等校	199
幼科准绳九卷(明)王肯堂辑	199
幼童卫生编一卷(英国)傅兰雅译	199

(六画)

条目	页码
动水学器图说一卷(英国)傅兰雅撰	36
动物浅说五十课 广学会编译	36
动植物学一卷(清)江标辑	36
吉利全书一卷□□撰	63

考工创物小记四卷(清)程瑶田撰 …… 79
考工记考辨八卷(清)王宗涑撰 …… 79
考工记图二卷(清)戴震撰 …… 79
考工记要十七卷附图一卷(英国)玛体生撰 (英国)傅兰雅(清)钟天纬同译(清)汪振声校订 …… 79
考化白金一卷(清)傅云龙述 …… 79
考空气炮一卷(清)傅云龙述 …… 79
考试司机七卷(英国)拖尔那撰(英国)傅兰雅口译(清)徐华封笔述 …… 79
老农笔记一卷辜尚纶编撰 …… 80
扫叶山房重校医宗必读十卷(明)李中梓著 …… 114
地文学问答十一卷邵章译述 …… 33
地势略解不分卷(美国)李安德撰 …… 33
地学初桄不分卷(英国)卜舫济撰 …… 33
地学丛书三十四种中国地学会编 …… 34
地学歌略一卷地与歌略补注一卷(清)叶澜(清)叶翰撰 …… 34
地学稽古论一卷(英国)傅兰雅撰 …… 34
地学浅释三十八卷(英国)雷侠儿撰(美国)玛高温口译(清)华蘅芳口译(清)赵宏绘图 …… 34
地学指略三卷(英国)文教治口译(清)李庆轩笔述 …… 34
地球新义二卷廖平撰 …… 33
地球养民论一卷(英国)傅兰雅撰 …… 33
地球韵言四卷天文歌略一卷(清)张士瀛撰(清)叶澜撰 …… 33
地理辨正补正三卷廖平撰 黄镕笔述 …… 32
地理辨正疏五卷首一卷末一卷(清)张心言撰 …… 32
地理辨正五卷(清)蒋平阶补撰 …… 32
地理辨证补正三卷另三篇廖平撰 黄镕笔述 …… 32
地理辨证疏五卷末一卷(清)张心言撰 …… 32
地理大成五种(清)叶泰撰 …… 32
地理唉蔗录八卷(清)袁守定撰 …… 33
地理地文地质学一卷(美国)麦空同著 …… 33
地理末学二卷首一卷(清)纪大奎撰 …… 33
地理青囊经天玉心印奥语续编批注八卷(明)刘伯温辑 罗克明校 …… 33
地理拾铅峦头理气合编二卷(清)程承瀚辑 …… 33
地理水法要诀五卷(清)纪大奎撰 …… 33
地理体用合编四卷(清)林世恭撰 (清)吴颐庆参订 …… 33
地理小补续编一卷附辨正发秘初稿一卷(清)刘杰撰 …… 33
地理阴阳合纂二卷(清)邓士松纂辑 …… 33
地理元宗图说二卷(清)秦蕙田撰 …… 33
地理葬书集注不分卷(晋)郭璞撰 (元)吴澄删定(明)郑谧注释 …… 33
地理正原一卷黄鲁撰 黄克纾等校 …… 33
地震说一卷(清)蔡仲光撰 …… 34
扬子江流域现势论不分卷(日本)林繁著 …… 177
扬州水道记四卷(清)刘文淇撰 …… 177

亚拙医鉴一卷(清)王锡鑫撰 …… 174
机工教范二卷(清)王汝骐译述(清)曹永清绘图 …… 63
机器择要图说一卷(英国)傅兰雅撰 …… 63
再重订伤寒集注十五卷(清)舒诏撰 …… 204
西山杨凤庭先生汇选古验一卷(清)杨凤庭注 …… 162
西山杨老先生汇辑失血大法一卷(清)杨凤庭撰 …… 162
西艺通考十七种(清)袁润濂(清)晏志清编辑 …… 163
西方子明堂灸经八卷附校勘记一卷(清)冯一梅撰 …… 162
西灯略说一卷(英国)傅兰雅撰 …… 161
西医大成十卷首一卷(英国)来拉 (英国)海得兰撰(英国)傅兰雅译(清)赵元益笔述 …… 163
西医略论三卷(英国)合信撰(清)管茂材译 …… 163
西医内科全书六卷(清)孔庆高笔译(美国)嘉约翰校正 …… 163
西医热症总论一卷(清)孔庆高笔译(美国)嘉约翰校正 …… 163
西医五种(英国)合信撰(清)管茂材撰(清)陈修堂撰 …… 163
西医眼科撮要一卷(清)博济医局编 …… 163
西画初学六卷(英国)傅兰雅撰 …… 162
西国天学源流考一卷(清)王韬撰 …… 162
西国造桥略论一卷(英国)傅兰雅撰 …… 162
西国造糖法一卷(英国)傅兰雅撰 …… 162
西法发蓝一卷(英国)傅兰雅撰 …… 162
西学大成五十六种(清)王西清(清)卢梯青辑 …… 162
西学辑存六种(清)王韬辑 …… 162
西学考略二卷(美国)丁韪良撰(清)贵荣(清)时雨化译 …… 162
西学启蒙十六种(英国)赫德辑(英国)艾约瑟译 …… 162
西学自强丛书七十五种(清)张之洞辑 …… 162
西药大成补编十卷首一卷(英国)哈来撰(英国)傅兰雅口译(清)赵元益笔述 …… 162
西药大成十卷(英国)来拉(英国)海得兰撰(英国)傅兰雅口译(清)赵元益笔述 …… 162
西药大成药品中西名目表一卷附人名地名两表(英国)来拉撰(清)江南制造总局编译课编译 …… 163
西药略释四卷(清)孔继良译撰(美国)嘉约翰校正 …… 163
西炮丛说一卷(英国)傅兰雅撰 …… 162
西洋种痘秘诀一卷(清)邱熺撰 …… 162
西域水道记五卷汉书西域传补注二卷新疆赋一卷(清)徐松撰 …… 163
西康宁属北部之地质与矿产不分卷刘之祥编 …… 162
在玑述略一卷(英国)傅兰雅撰 …… 204
百花栽培秘诀二卷(清)陈溟子原辑 …… 2
百兽图说论一卷(清)韦门道氏撰 …… 2
百兽图说一卷百兽图说论一卷(清)韦门道氏撰 …… 2
存存斋医话藁(稿)二卷(清)赵彦晖撰 …… 28

条目	页码
存素堂校写几谱三种朱启铃编	28
存粹社医报一卷陆景景医室编辑	28
达生编二卷附刻一卷遂生编一卷福幼编一卷(清)亟斋居士撰 & 遂生编一卷福幼编一卷(清)庄一夔著	28
达生编二卷附保产机要一卷保婴秘籍一卷(清)亟斋居士撰 & 保婴秘籍一卷□□撰	28
达生编二卷增附保产机要一卷保婴秘籍一卷(清)亟斋居士撰 & 保婴秘籍一卷□□撰	28
达生编三种 题(清)亟斋居士撰 & 福幼编一卷(清)庄一夔著 & 新订小儿科脐风惊风合编一卷(清)鲍相璈辑	28
达生编三种附时疫白喉捷要一卷续增保婴编一卷(清)亟斋居士撰 & 福幼遂生合编二卷(清)庄一夔撰 & 附时疫白喉捷要一卷(清)张绍修撰	29
达生编三种附新订小儿科脐风惊风合编一卷(清)亟斋居士撰 & 福幼编一卷(清)庄一夔著 & 新订小儿科脐风惊风合编一卷 (清)鲍相璈辑	29
达生编一卷(清)亟斋居士撰	29
达生编一卷附摘录安胎全书续编一卷(清)亟斋居士撰 & 附胎产经验方一卷 题(口)松坞主人辑 附摘录安胎全书续编一卷(清)雷伊任辑	29
成方便读四卷(清)张秉承辑选	22
成方便读一卷(清)张秉承辑选	22
成方切用二十六卷(清)吴仪洛编	22
成都市国医讲习所讲义八种成都国医讲习所编	22
尧典月令中星异同说一卷陈观浔撰	178
光学二卷附视学诸器图说一卷(英国)田大里辑(美国)金楷理口译(清)赵元益笔述(清)沙英绘图	49
光学一卷(清)江标辑	49
光烈医方指南十卷吴光烈纂	49
当归草堂医学丛书初编十种(清)丁丙辑	32
当代全国名医验案类编初集六卷二集八卷何廉臣选辑	32
当代全国名医验案类编十四卷何廉臣选辑	32
当代全国名医验案类编续二十六卷何廉臣选辑	32
虫学略论三卷(美国)华约翰稿	22
虫荟五卷(清)方旭撰	22
曲线新说一卷堤积术辨一卷(清)蒋维钟撰	110
同文算指前编二卷通编八卷(意大利)利玛窦授(明)李之藻演	148
回生集二卷(清)陈杰撰	61
回春集金匮浅注十卷(汉)张仲景原文(清)陈念祖注	60
回春集四圣悬枢五卷(清)黄元御注	60
回澜纪要二卷安澜纪要二卷(清)徐端撰	60
回澜社医书四种 汪绍达辑	60
则古昔斋算学十三种(清)李善兰撰	205
先醒斋医学广笔记四卷(明)缪希雍著(明)丁元荐辑(明)李枝季参订 曹炳章其他	164

条目	页码
舌诊学二卷缪宏仁编注	126
舌苔统志一卷傅松元著 傅烈丕承校	126
舌苔统志一卷附振兴国医药刍议附析疑十五则傅松元注 & 振兴国医药刍议附析疑十五则 傅制然撰	126
舌鉴辨正二卷(清)梁玉瑜传(清)陶保廉录	126
竹林女科证治四卷(清)竹林寺僧撰	224
竹林寺女科秘方一卷附钱医产秘传一卷(清)竹林寺僧撰	224
传氏眼科审视瑶函六卷首一卷(明)傅仁宇纂辑	27
传染病护病法一卷乐柯撰	26
传染病全书余云岫编辑	27
延年益寿论一卷(英国)傅兰雅辑	174
延寿药言四卷附录一卷延寿堂主人辑	174
仲景三部诊法一卷九候诊法一卷附伤寒笺注读法一卷廖平辑	223
仲景存真集二卷(清)吴蓬莱编辑	223
仲景存真集二卷附劝读十则一卷(清)吴蓬莱编辑	223
仲景全书五种(汉)张机等撰	223
仲景伤寒补亡论二十卷(宋)郭雍撰	223
仲景伤寒一卷(汉)张机撰	223
伤医大全四十卷(清)顾世澄纂(清)钱之栢等校	125
伤科补要六卷(清)钱秀昌编	125
伤科中西独步一卷罗裕生述	125
伤寒九十论一卷(宋)许叔微述 张骥评校	118
伤寒九十论一卷附校讹一卷续校一卷(宋)许叔微述(清)胡廷校讹 & 续校一卷 (清)董金鉴辑	118
伤寒三字经一卷刘懋勋撰	123
伤寒大白四卷总论一卷(清)秦之桢撰	117
伤寒大成五种(清)张璐等撰	117
伤寒广要十二卷(日本)丹波元坚撰	117
伤寒六书四卷(明)陶华述	119
伤寒方经解不分卷(清)姜国伊注	117
伤寒方解六卷张静涛纂述 张泽沛参校	117
伤寒方歌一卷(清)甘席隆著 (清)王德宣校	117
伤寒古方通六卷条目一卷(清)王子接注	117
伤寒古本考不分卷(日本)内藤希振撰 廖平补评	117
伤寒平议不分卷廖平撰	122
伤寒百问四卷(宋)钱闻礼注(清)雷顺春校	116
伤寒舌鉴一卷(清)张登汇纂	123
伤寒全生集四卷(清)陶节庵著	122
伤寒杂病论十六卷(汉)张机述 刘瑞瀜校雠	124
伤寒杂病论义疏十六卷刘世祯述义 刘瑞瀜疏释 方锡藩敬录	124
伤寒杂病论古本三卷首一卷(汉)张仲景著 廖平撰辑	124
伤寒杂病论集一卷(清)顾观光撰	124
伤寒杂病论集注十六卷首二卷(清)黄维翰撰	124

伤寒杂病指南二卷 叶隐衡编纂 …………… 124
伤寒汲古三卷 周利川纂录 ………………… 118
伤寒讲义一卷附桂枝汤讲义一卷 廖平撰 … 118
伤寒论十卷(汉)张机述(晋)王叔和撰(宋)林亿校正 … 121
伤寒论七卷(汉)张机著(晋)王叔和撰(金)成无己注 … 120
伤寒论三卷(清)张志聪注释(清)朱景韩等参订 … 120
伤寒论三注十七卷医方歌一卷(清)周扬俊等注 … 121
伤寒论三注十八卷(清)周扬俊等注 ………… 121
伤寒论三注十六卷(清)周扬俊等注 ………… 121
伤寒论广训八卷 巫烨著 蒲寓昌等校 ……… 119
伤寒论今释八卷 陆渊雷撰 ………………… 119
伤寒论六卷(清)张志聪注释(清)高世栻纂集 … 120
伤寒论六卷伤寒论本义一卷(清)张志聪注释(清)高世栻纂集 …………………………… 120
伤寒论汇注精华九卷首一卷(清)汪莲石编 … 119
伤寒论讲义六卷附伤寒六经定法一卷(汉)张机撰 陈绍勋讲述 & 伤寒六经定法一卷 陈绍勋释 ……………………………………… 119
伤寒论条辨八卷或问一卷本草抄一卷痉书一卷痉书或问一卷(明)方有执著(清)陈友恭校 … 121
伤寒论识六卷(日本)浅田栗园著 …………… 121
伤寒论直解六卷(清)张锡驹批注 …………… 122
伤寒论述义五卷(日本)丹波元坚著 ………… 121
伤寒论浅注六卷(汉)张机原文(清)陈念祖浅注(清)唐宗海补正 ……………………… 120
伤寒论浅注方论合编六卷(清)陈念祖著(清)严岳莲辑 严式海校补 ………………… 120
伤寒论浅注补正七卷首一卷(汉)张机原文(清)陈念祖浅注(清)唐宗海补正 ………… 120
伤寒论浅注补正七卷首一卷附识一道附录六首(汉)张机原文(清)陈念祖浅注(清)唐宗海补正 ………………………………… 120
伤寒论注三种(汉)张机述(晋)王叔和撰(金)成无己注解 …………………………… 122
伤寒论注六卷(清)王丙著(清)陆懋修校 …… 122
伤寒论注四卷(汉)张机原文(清)柯琴编注(清)马中骅校订 …………………………… 122
伤寒论注四卷伤寒论翼二卷伤寒附翼二卷(汉)张机原文(清)柯琴编(清)马中骅校订 … 122
伤寒论研究四卷 恽树珏撰 何公度等参校 … 121
伤寒论脉证式八卷附义生堂书目提要一卷(日本)川越正淑著 张骥校补 & 义生堂书目提要一卷 张骥著 … 120
伤寒论类方一卷(清)徐大椿编释 (清)徐爔校 … 120
伤寒论类方一卷附六经脉证一卷(清)徐大椿编辑 … 120
伤寒论类方十二卷(清)徐大椿撰(清)徐爔校 … 119
伤寒论原文浅注六卷(清)陈念祖集注(清)陈蔚参校(清)陈元犀参校 …………………… 122
伤寒论通论一卷 丁福保编辑 ……………… 121

伤寒论集注十卷外篇四卷(汉)张机撰(清)徐赤集注(清)吴士镇增订 ………………… 119
伤寒论集注六卷(清)张志聪注释(清)陈莲舫加批(清)高世栻纂集 ………………… 119
伤寒论集注折衷七卷首一卷(汉)张仲景原文 胡毓秀补注 ……………………………… 119
伤寒论辑义七卷(日本)丹波元简著 ………… 119
伤寒论辑义六卷 恽树珏著 ………………… 119
伤寒论新元编四卷首一卷(汉)张机撰 王正枢编次 … 121
伤寒论霍乱训解二卷附章太炎霍乱论评注一卷 刘复著 刘文扬参 …………………… 119
伤寒论翼二卷(清)柯琴编(清)马中骅校 …… 122
伤寒寻源三卷(清)吕震名著 ……………… 124
伤寒约编六卷(清)徐大椿著 ……………… 124
伤寒医诀串解六卷(清)陈念祖撰(清)林寿萱校订 … 124
伤寒来苏全集(清)柯琴编(清)马中骅校 …… 119
伤寒来苏集三种(清)柯琴编(清)马中骅校 … 118
伤寒针方浅解不分卷 李澹盦编撰 ………… 125
伤寒证方一卷(□)□□撰 ………………… 125
伤寒证治准绳八卷(明)王肯堂辑(清)程永培校 … 125
伤寒补天石二卷续二卷(明)戈维城著(清)席树馨校梓(清)席之瑛兑字 ………………… 116
伤寒附翼二卷(清)柯琴编(清)马中骅校 …… 117
伤寒表里见症治例活法一卷□□撰 ……… 116
伤寒明理论三卷(金)成无己撰(明)吴勉学阅(明)徐镕校 … 122
伤寒卒病论读一卷(汉)张仲景著(清)沈尧封抄读 … 125
伤寒审症表一卷(清)包诚纂辑 …………… 123
伤寒经方阐奥三卷 何仲皋撰 ……………… 118
伤寒贯珠集八卷(清)尤怡注(清)朱陶性校 … 117
伤寒括要二卷(明)李中梓著(明)张安苞校 … 118
伤寒指掌四卷(清)吴贞原本 (清)陆懋修重订 … 125
伤寒铃法一卷原机启微二卷附录一卷(汉)张机著(明)吴中珩校 & 原机启微二卷附录一卷(元)倪维德著(明)薛己校 … 122
伤寒类证三卷(汉)张机撰(明)赵开美校 …… 119
伤寒类证活人书二十卷(宋)朱肱撰 ………… 119
伤寒总论一卷 廖平补证 …………………… 125
伤寒总病论六卷(宋)庞安时撰 ……………… 125
伤寒总病论六卷附重雕宋刻伤寒总病论札记一卷(宋)庞安时撰 & 重雕宋刻伤寒总病论札记一卷(清)黄丕烈撰 … 125
伤寒恒论十卷(清)郑寿全注 ……………… 118
伤寒说意十卷首一卷(清)黄元御撰 (清)徐树铭校 … 123
伤寒说意不分卷(清)黄元御著 …………… 123

伤寒真方歌括六卷(清)陈念祖撰 (清)林寿萱校 …… 125
伤寒真方歌括六卷十药神书批注一卷(清)陈念祖撰 (清)林寿萱校 …… 125
伤寒原旨八卷(汉)张仲景原文 何仲皋批注 …… 124
伤寒兼证析义一卷(清)张倬著(清)王鼎较(清)苏继瞻较 …… 118
伤寒悬解十四卷附说意十卷(清)黄元御著 …… 123
伤寒悬解十四卷首一卷(清)黄元御撰 (清)徐树铭校 …… 123
伤寒悬解十四卷首一卷末一卷(清)黄元御撰 (清)徐树铭校 …… 124
伤寒悬解歌诀十一卷(清)钟文焕述(清)徐廷卫校刊 …… 123
伤寒第一书四卷附余二卷(清)车宗辂述(清)胡宪丰述 …… 117
伤寒绪论二卷(清)张璐撰 …… 123
伤寒集注六卷(清)张志聪注释(清)高世栻纂集 …… 118
伤寒微旨论二卷(宋)韩祗和撰 (清)钱熙祚辑 …… 123
伤寒瘟疫条辨六卷(清)杨璿撰(清)杨鼎编次(清)郭善邻参校 …… 123
伤寒漫谈一卷程天灵著 …… 122
伤寒撮要四卷(清)王梦祖辑并注(清)王鼎校(清)王绂校 …… 116
伤寒辨证十卷目录一卷(清)陈尧道撰(清)劳凤翔订 …… 116
伤寒辨证四卷(清)陈尧道辑(清)陈念祖订 …… 116
伤寒辨证录十四卷(清)陈士铎述 …… 116
伤寒辨证集解八卷附经方歌括二卷本经便读四卷脉法歌全卷一卷(清)黄钰辑 …… 116
伤寒辨证痘科辨证九卷(清)陈尧道编(清)陈念祖评 …… 116
伤寒辨证痘疹合编十卷末一卷(清)陈尧道辑 …… 116
伤寒辨注一卷金匮辨注一卷(清)陈金声注 …… 116
伤寒缵论二卷(清)张璐铨次(清)张倬等订(清)李瑾校正 …… 124
华氏医学心传五卷华秉廉著 …… 55
华氏中藏经三卷(汉)华佗撰(清)孙星衍校 …… 55
华佗神医秘传二十二卷(汉)华佗撰(唐)孙思邈集 …… 55
仿寓意草二卷(清)李冠仙撰 …… 40
自然略说四卷邬庆时撰 …… 225
自强军西法类编十八卷附摘要一卷(清)沈敦和纂辑 …… 225
伊尹汤液经六卷末一卷附录一卷(商)伊尹撰 (汉)张机论 杨师尹考次 …… 180
血证论八卷(清)唐宗海撰 (清)邓其章参校 …… 173
血症疗养法一卷吴超明著 …… 174

行水金鉴一百七十五卷首一卷(清)傅泽洪辑纂 …… 52
行列式详论一卷段子燮撰 …… 52
行军指南一卷□□撰 …… 52
行军测绘十卷首一卷(英国)连提撰(英国)傅兰雅口译(清)赵元益笔述 …… 52
行军铁路工程二卷(英国)武备工程学堂编(英国)傅兰雅译 汪振声译 …… 52
行素轩算学五种(清)华蘅芳撰 …… 52
行素轩算稿五种(清)华蘅芳撰 …… 52
行海要术四卷(美国)金楷理口译(清)李凤苞笔述 …… 52
行船免撞章程一卷附一卷(英国)傅兰雅译(清)钟天纬译 …… 52
舟仙瘠述三卷刘舟仙纂 …… 223
全生指迷方四卷(宋)王贶撰 …… 110
全体阐微三卷(美国)柯为良译 …… 110
全体通考十八卷首一卷(英)德贞撰 …… 110
全体新论四卷(英国)合信氏(清)陈修堂撰 …… 110
全体须知不分卷(英国)傅兰雅撰 …… 110
全体学一卷(清)江标辑 …… 110
合订本草备要八卷医方集解六卷(清)汪昂撰 …… 53
合数述二卷(清)林绍清撰 …… 53
合镌士材三书三种附一种(明)李中梓撰 (清)尤乘辑 …… 53
合镌增补士材三书三种(明)李中梓撰 (清)尤乘辑 …… 53
肌肉学一卷王德煦授 …… 63
杂证谟二十八卷目录一卷(明)张介宾著(清)朱见一订 …… 204
杂症大小合参二十卷首二卷目录一卷(清)冯兆张纂辑(清)罗如桂等校 …… 204
杂病论章节一卷(汉)张仲景原文 包识生分例 包天白参校 …… 204
杂病心法要诀一卷□□撰 …… 204
名医方论四卷(清)罗美辑(清)柯琴参阅(清)钱荣光校正 …… 96
名医方论四卷附补遗一卷(清)罗美评定(清)柯琴参阅 …… 96
名医类案十二卷(明)江瓘集(清)余集等重校 …… 96
名医类案十二卷附录一卷(明)江瓘集(明)江应宿增补(清)余集等重校 …… 96
名医类案十二卷续名医类案三十六卷(明)江瓘集 & 续名医类案三十六卷(清)魏之琇编集 …… 96
名菜嘉花论二卷(英国)傅兰雅撰 …… 96
庄氏算学八卷(清)庄亨阳撰 …… 224
刘河间伤寒六书(金)刘完素辑(明)吴勉学校 …… 88
刘河间伤寒六书附伤寒三书(金)刘完素辑(明)吴勉学校 …… 88

笔画索引

刘河间伤寒三书(金)刘完素辑(明)吴勉学校 …………88
刘河间医学六书附二种(金)刘完素辑(明)吴勉学校 …88
齐氏家传医秘二卷(清)齐秉慧撰 …………107
齐氏医案崇正辨讹六卷(清)齐秉慧撰(清)齐高校录(清)齐瑞参订(清)杨宗煦等校阅 …………107
齐氏医案六卷(清)齐秉慧纂(清)齐高校录(清)齐瑞参订(清)杨宗煦等校阅 …………107
齐氏医书四种(清)齐秉慧纂(清)齐高校录(清)齐瑞参订(清)杨宗煦等校阅 …………107
齐民四术农三卷礼三卷刑二卷兵四卷(清)包世臣著 …………106
齐民要术七卷(北魏)贾思勰撰 …………106
齐民要术十卷(北魏)贾思勰撰 …………106
产孕集二卷(清)张曜孙撰 …………20
产后编二卷(清)傅山撰 …………19
产后另编一卷(清)傅山撰 …………19
产育宝庆集二卷(宋)郭稽中纂 …………20
产育宝庆集二卷附颅囟经一卷(宋)郭稽中纂 & 颅囟经一卷(宋)□□撰(清)李调元校 …………20
产宝百问万金方二卷 □□撰 …………19
产宝一卷(清)倪枝维撰 …………19
产宝诸方一卷(宋)□□撰 …………19
产科心法二卷(清)汪喆撰 …………20
决疑数学十卷首一卷(英国)傅兰雅译(清)华蘅芳述 …78
问心堂温病条辨六卷首一卷(清)吴瑭著(清)汪瑟庵等参订(清)朱武曹点评 …………159
问斋医案五卷(清)蒋宝素注 …………159
江苏海塘新志八卷首一卷(清)李庆云总纂(清)蒋师辙编辑 …………68
江苏水利图说不分卷(清)李庆云撰 …………68
汤头歌诀本草备要合刊(清)汪昂著 …………145
汤头歌诀一卷经络歌诀一卷(清)汪昂撰 …………145
汤液本草三卷(元)王好古类集(明)吴中珩校正 …………145
汤液经八卷(商)伊尹撰(汉)张机论(清)杨师尹考次 …………145
字触补六卷(清)桑灵直编 …………225
字触六卷(清)周亮工辑 …………225
讲求矿物一卷(英国)傅兰雅撰 …………68
讲求种植一卷(英国)玛高温撰 …………68
军人圭臬二卷周诗辑 …………79
军礼司马法考征二卷(清)黄以周撰 …………79
论火药机器一卷(英国)傅兰雅撰 …………90
论电二卷(英国)欧礼斐撰 …………90
论生气化学器与质一卷(英国)傅兰雅撰 …………90
论机造造冰法一卷(美国)卜舫济(英国)傅兰雅辑 …………90
论脉一卷(清)舒高第译 …………90

农丹一卷(清)张标撰 …………100
农书二十二卷(元)王祯撰 …………100
农书三卷附蚕书一卷于潜令楼公进耕织二图诗一卷附录一卷(宋)陈旉撰 & 蚕书一卷(宋)秦观撰 & 于潜令楼公进耕织二图诗一卷附录一卷(宋)楼璹撰 …………100
农书三卷附多言三卷常识一卷(宋)陈旉撰(清)李调元校订 & 刍言三卷(宋)崔敦礼撰(清)李调元校订 & 常谈一卷(宋)吴箕撰(清)李调元校订 …………100
农业畜牧讲义养牛学不分卷四川高等农业学校编 …101
农业全书三卷(美国)施妥缕撰(清)赵元益译述 …………101
农业全书三十二卷(美国)施妥缕撰(清)赵元益译述 …………101
农用器具学一卷(日本)西村荣十郎撰 …………101
农务化学简法三卷(美国)固来纳撰(英国)傅兰雅译(清)王树善笔述 …………101
农务全书上编十六卷(美国)施妥缕撰(清)舒高第口译(清)赵诒琛笔述 …………101
农务土质论三卷(美国)格令希兰撰(美国)卫理口译(清)范熙庸笔述 …………101
农务土质论三卷附农务土质图说一卷(美国)格令希兰撰(美国)卫理口译(清)范熙庸笔述 …………101
农事略论一卷(英国)傅兰雅撰 …………100
农事略论一卷蚕务图说一卷纺织机器图说一卷梁启超辑 …………100
农事调查报告及农场计划汇刊不分卷华阳县立职业学校编 …………100
农学不分卷□□撰 …………101
农学论一卷(清)张寿浯撰 …………101
农学新法一卷附开广学会书目一卷(德国)贝德礼撰(英国)李提摩太译(清)铸铁生述 …………101
农学一卷(清)江标辑 …………101
农学纂要四卷(清)陈恢吾撰 …………101
农话不分卷(清)陈启谦述 …………101
农政全书六十卷(明)徐光启纂修 …………101
农政全书五十六卷(明)徐光启纂修 …………101
农候杂占四卷(清)梁章钜撰 …………100
农桑辑要七卷(元)司农司撰 …………100
农桑辑要七卷附蚕事要略一卷(元)司农司撰 & 蚕事要略一卷(清)张行孚缀 …………100
农桑衣食撮要二卷(元)鲁明善撰(清)钱熙祚辑 …………100
农桑衣食撮要二卷附旅舍备用方一卷伤寒微旨论二卷(元)鲁明善撰(清)庄肇麟校 & 旅舍备用方一卷(宋)董汲撰(清)庄肇麟校 & 伤寒微旨论二卷(宋)韩祗和撰(清)庄肇麟校 …………100
农器汇说一卷(英国)傅兰雅撰 …………100

291

聿修堂医学丛书十三种(日本)丹波元简等撰 (清)杨守敬辑 …… 200
异授眼科一卷□□撰 (清)江灏勤 (清)杨士楷校 …… 195
孙子考十卷杨言昌主编 …… 141
孙子三卷吴子二卷司马法一卷□□撰 …… 141
孙子十家注十三卷附遗说一卷孙子叙录一卷(宋)吉天保辑(清)孙星衍校(清)吴人骥校 & 遗说一卷(南宋)郑友贤撰 & 孙子叙录一卷(清)毕以珣撰 …… 142
孙子十三卷(春秋)孙武著 …… 142
孙子算经三卷(唐)李淳风等注释 …… 142
孙子算经三卷附海岛算经一卷(唐)李淳风注释 & 海岛算经一卷(晋)刘徽注(唐)李淳风注释 …… 142
孙子选注一卷(春秋)孙武撰 夏寿田选注 …… 142
孙氏医学丛书六种孙鼎宜撰 …… 141
孙真人备急千金要方九十六卷目录二卷序一卷(唐)孙思邈撰(清)张璐衍义 …… 141
孙真人备急千金要方三十卷(唐)孙思邈撰(清)张璐衍义 …… 141
孙真人海上方一卷(唐)孙思邈撰(清)张璐衍义 …… 141
孙真人千金方衍义三十卷(唐)孙思邈撰(清)张璐衍义(清)席世臣校 …… 141
阵纪四卷(明)何良臣撰(明)徐元(清)黄维申校 …… 216
阳明按索五卷(元)陈复心编 …… 177
阴证略例不分卷附医经正本书一卷(元)王好古撰 & 医经正本书一卷(宋)程迥撰 …… 196
妇人九症一卷□□撰 …… 43
妇人良方二十四卷(宋)陈自明编(明)薛己注 …… 43
妇人良方六卷(宋)陈自明编(明)薛己注 …… 43
妇人集一卷(明)陈维崧撰 …… 42
妇女杂症一卷□□撰 …… 42
妇女保险书四卷况庚星撰 刘元勋参校 …… 42
妇科五十二章附图一卷(美国)汤麦斯撰(清)舒高第译(清)郑昌棪译 …… 42
妇科玉尺六卷(清)沈金鳌撰 …… 42
妇科易知一卷中华书局编辑 …… 42
妇科学讲义一卷乔君实撰 …… 42
妇科秘方一卷(清)竹林寺僧撰 …… 42
妇科秘方一卷附胎产护生篇一卷(清)竹林寺僧撰 & 胎产护生篇一卷(清)李长科辑(清)陆钖禧参(清)杨启凤定 …… 42
妇科诸论二卷□□撰 …… 42
妇科精蕴图说五卷(美国)妥玛氏撰(清)孔庆高笔译(美国)嘉约翰校正 …… 42
妇科精蕴五卷(美国)妥玛氏撰(清)孔庆高笔译 …… 42
妇婴三书(清)沈金鳌(清)强健纂注 …… 43

妇婴至宝六卷(清)巫斋居士原编(清)三农老人附注(清)徐尚彗原刊(清)拜松居士增订 …… 43
妇婴新说一卷(英国)合信氏(清)管茂材撰 …… 43
观我生室汇稿(清)罗士琳撰 …… 49
观聚方要补十卷(日本)丹波元简辑 …… 49
红炉点雪四卷(明)龚居中辑 …… 53
纪元以来朔闰考六卷罗振玉校录 …… 65
纪效新书十八卷首一卷(明)戚继光撰 …… 65
纪慎斋易学求雨图说一卷附录虫胀脚气两症经验良方一卷(清)劳守慎纂辑 …… 65

（七　画）

寿世保元十卷(清)龚廷贤编 …… 132
寿世汇编十一卷(清)祝宝森辑 …… 133
寿世青编二卷(清)尤乘纂 …… 133
寿世医鉴三卷(清)王文选辑 …… 133
寿身小补八卷(清)黄克楣辑 …… 132
寿栎卢经脉分图四卷(清)吴之英辑 …… 132
弄丸心法八卷(清)杨凤庭著 …… 101
形学备旨十卷(美国)狄考文选译(清)邹立文笔述(清)刘永锡参阅 …… 171
形学十卷首一卷圆锥曲线三卷(美国)鲁米斯撰订(美国)狄考文选译 …… 171
形学习题解证八卷(清)徐树勋选辑 …… 171
形意拳谱五纲七言论一卷靳云亭撰 …… 171
戒烟简章说明书一卷四川自立戒烟总社撰 …… 69
远西奇器图说录最三卷新制诸器图说一卷(德国)邓玉函口授(明)王征译绘 …… 204
远镜图说一卷(英国)傅兰雅撰 …… 204
运气辩一卷(清)陆儋辰注 …… 204
运规约指三卷(英国)白起德辑(英国)傅兰雅口译(清)徐建寅笔述 …… 204
抚郡农产考略二卷(清)何刚德撰 …… 42
批注伤寒论十卷(汉)张机述(晋)王熙撰次(金)成无己批注 …… 104
批注伤寒论十卷论图一卷伤寒明理论四卷(汉)张机述(晋)王熙撰次(金)成无己批注 …… 104
批注伤寒论十卷药方目录一卷图一卷(汉)张机述(晋)王熙撰次(金)成无己批注 …… 104
抄本药性一卷□□撰 …… 20
抄本医书□□撰 …… 20
攻守炮法一卷(美国)金楷理口译(清)李凤苞笔述 …… 47
攻守炮法一卷克房伯腰箍炮说一卷克房伯炮架说一卷克房伯船炮操法一卷克房伯螺绳炮架说一卷(美国)金楷理口译(清)李凤苞笔述 …… 47
赤水玄珠全集三十卷(明)孙一奎撰辑 …… 22
赤水玄珠三十卷(明)孙一奎撰辑 …… 22

笔画索引

赤水玄珠三十卷医旨绪余二卷医案五卷(明)孙一奎撰辑 ……… 22
折肱漫录七卷(明)黄承昊撰 ……… 213
抛物线炮弹远近图说一卷(清)梅启照撰 ……… 103
护士应用饮食学一卷江清编译 ……… 55
声学八卷(英国)田大里撰(英国)傅兰雅口译(清)徐建寅笔述 ……… 129
声学一卷(清)江标辑 ……… 129
报风要则(不分卷)上海徐家汇天文台编 ……… 3
芜园种植学五种一卷潘与三撰 ……… 160
花卉栽培一览表不分卷□□撰 ……… 55
花柳易知二卷李公彦编 ……… 55
克虏伯表八卷(德国)军政局撰(美国)金楷理口译(清)李凤苞笔述 ……… 80
克虏伯炮弹造法二卷饼药造法二卷(德国)军政局撰 (美国)金楷理口译(清)李凤苞笔述 邱瑞麟校 ……… 80
克虏伯炮法四卷(德国)军政局撰(美国)金楷理口译(清)李凤苞笔述 ……… 80
克虏伯炮说操法四卷炮药弹造法二卷炮表一卷炮弹附图一卷附饼药造法一卷(德国)军政局撰 (美国)金楷理口译(清)李凤苞笔述 邱瑞麟校 ……… 80
克虏伯炮准心法一卷(德国)军政局撰(美国)金楷理口译(清)李凤苞笔述 ……… 80
克虏伯电光瞄准器具图说一卷□□撰 ……… 80
克虏伯新式陆路炮图说不分卷附图表(德国)瑞乃尔口译 ……… 80
苏氏孙子批注一卷(春秋)孙武撰 苏阴森批注 ……… 138
苏沈良方八卷(宋)苏轼(宋)沈括撰 ……… 138
苏沈良方八卷拾遗一卷校勘记一卷(宋)苏轼(宋)沈括撰 ……… 138
苏沈内翰良方十卷(宋)苏轼(宋)沈括撰 ……… 138
李氏算学遗书十一种(清)李锐撰 ……… 82
李明仲营造法式三十六卷(宋)李诫编 ……… 82
李翁医记二卷(清)焦循撰 ……… 82
李盘金汤十二筹十二卷(明)李盘撰 ……… 82
杨氏太素三部诊法补症一卷(隋)杨上善撰 廖平补证 ……… 177
杨氏太素三部诊法补症一卷杨注太素九候篇诊法补证一卷(隋)杨上善注 廖平补证 ……… 177
杨氏太素诊络篇补症三卷附诊络篇病表名词一卷(隋)杨上善撰注 廖平补证 ……… 177
杨氏提纲四卷杨旭东辑(□)黄成章校订 ……… 177
杨西山失血大法一卷(清)杨凤庭撰(清)刘根文参订 ……… 177
两汉朔闰表二卷(清)张其翱学 ……… 85
两堂医述一卷□□撰 ……… 85
两湖书院测绘学课程(清)两湖书院编 ……… 85
两湖书院课程二卷附一卷附表一卷(清)两湖书院编 … 85
医人要法一卷□□撰 ……… 186
医门一字一卷(清)魏长春著 ……… 186
医门补要三卷采集先哲察生死秘法一卷(清)赵濂撰辑(清)马培之鉴 ……… 185
医门法律六卷尚论篇四卷首一卷(清)喻昌撰(清)陈守诚重梓 ……… 186
医门总诀二卷(清)唐永杰撰 ……… 186
医门棒喝二种(清)章楠编注 ……… 185
医无闻子医贯六卷(明)赵献可撰(明)薛三才订正(明)李梃详阅 ……… 187
医中百误歌诀一卷(清)陈鹤君著 ……… 194
医文字学一卷李天根辑 ……… 186
医方丛话八卷(清)徐士銮辑 ……… 181
医方汇编四卷首一卷(英国)梅滕更口译(清)刘廷桢笔述 ……… 181
医方汤头歌诀一卷保产机要一卷保生碎事一卷(清)汪昂辑 & 保产机要一卷保生碎事一卷(清)汪洪撰 ……… 182
医方论三卷(清)柯琴撰 ……… 182
医方论四卷(清)费伯雄撰(清)费应兰编(清)费荣祖等校 ……… 182
医方抄本□□撰 ……… 181
医方择要二卷(清)汪廷楷辑(清)李棣衔辑(清)周棣辑 ……… 182
医方择要续集二卷补遗一卷(清)文祥撰 ……… 182
医方易简新编六卷(清)龚自璋汇辑 ……… 182
医方备录一卷□□撰 ……… 181
医方脉诀一卷□□著 ……… 182
医方捷径指南二卷药性赋二卷(明)王宗显辑(明)钱允治校 ……… 182
医方捷径指南全书二卷(明)王宗显辑(明)钱允治校 ……… 182
医方捷径指南全书四卷(明)王宗显辑(明)钱允治校 ……… 182
医方集解本草备要合编三种(清)汪昂撰 ……… 181
医方集解本草图说合刻二种(清)汪昂撰 ……… 181
医方集解二十一卷附一卷(清)汪昂撰 ……… 181
医方集解三卷(清)汪昂撰 ……… 181
医方简易二卷(清)虞仲伦述 周启明订 ……… 181
医方辨难大成三集二百六卷首一卷□□撰 ……… 181
医心方三十卷(日本)丹波康赖撰 ……… 187
医心方三十卷附札记(日本)丹波康赖撰 ……… 187
医书汇参辑成二十四卷(清)蔡宗玉纂辑(清)蔡绚校刊(清)蔡缦校刊 ……… 186
医书捷抄七卷(清)王鸿骥编辑(清)马世儒参校 ……… 186

— 293 —

书名	页码
医书摘要本草类编五卷王昌基编集	186
医古文选评一卷张骥辑	183
医师秘籍二卷(清)李言恭传	186
医会纪要六卷胡秋帆著	183
医旨绪余二卷(明)孙一奎著辑	194
医约四卷附死候概要一卷(清)程芝田著 龚香圃补略 & 死候概要一卷 龚香圃述	194
医纲提要八卷(清)李宗源纂集论注	183
医林人物剪影一卷文琢之主编	185
医林汇粹二卷王德庆撰	185
医林改错二卷(清)王清任撰(清)贾廷玉校	185
医林枕秘保赤存真十卷(清)余含棻辑	185
医林尚友录一卷章巨膺编	185
医林指月十二种(清)王琦辑	185
医林纂要探源十卷附录一卷(清)汪绂辑(清)徐鏊校(清)吴大彬等校	185
医述八种医案二种(清)程文囿著	186
医事蒙求一卷张寿颐撰	186
医事启源一卷(日本)今村亮撰	186
医法征验录二卷(清)李文庭注	181
医法圆通四卷(清)郑寿全编辑	181
医学一见能一卷(清)唐宗海著	192
医学一卷(清)江标辑	193
医学十书十种附二种(清)陈璞编	191
医学入门二卷周本一辑	190
医学入门六卷(清)李梃编注	190
医学入门内集二卷附一卷外集五卷首一卷(清)李梃编注	190
医学三字经二卷(清)陈念祖撰(清)陈元犀等校	190
医学三字经二卷附五种(清)陈念祖撰(清)陈元犀等校	190
医学三字经六卷(清)陈念祖撰(清)陈元犀等校	190
医学三字经四卷(清)陈念祖撰(清)陈元犀等校	190
医学门径语一卷继编一卷陈邦贤 万钟撰	189
医学五则五种(清)廖云溪辑	192
医学五种(清)张子培(清)唐宗海等著	192
医学切要七种(清)王锡鑫编辑	190
医学切要全集六种(清)王锡鑫编辑	190
医学切要一卷(清)王锡鑫选辑	190
医学切要一卷附医学一统一卷(清)王锡鑫选辑	190
医学见能四卷(清)唐宗海著 秦伯未批校	188
医学从众录八卷(清)陈念祖撰(清)陈元犀参订(清)陈心典(清)陈心兰校字	187
医学六种(清)姜国伊撰	189
医学心悟六卷(清)程国彭撰	192
医学心悟五卷附华佗外科十法一卷(清)程国彭撰	192
医学引端二卷王永鉴著	193
医学引深录二卷何仲皋撰	193
医学正传八卷(明)虞抟编集	193
医学正旨三卷蒲悉生著	193
医学史不分卷李子俊辑	192
医学史纲要一卷徐庶遥增编	192
医学史三卷孙永祚编	192
医学白话四卷(清)洪寿曼编	187
医学丛书二十八种□□辑	188
医学考辨十二卷(清)罗绍芳纂辑(清)罗文溥编次	189
医学全书九卷(清)刘常彦纂	190
医学问难一卷范烈光编	192
医学讲义二十一种恽树珏撰	189
医学启蒙汇编六卷(清)瞿良纂(清)瞿文楠参补(清)李聚和参补	189
医学初规十卷汪道荣撰	187
医学初阶四种(清)严岳莲辑	187
医学纲目四十卷(明)楼英撰	188
医学易读三种(清)王锡鑫著	193
医学金针八卷(清)陈念祖原本(清)潘霨增辑	189
医学金箴脉要全旨一卷朱丰坤编辑	189
医学实在易八卷(清)陈念祖撰(清)陈元犀参订(清)陈心典(清)陈心兰校字	191
医学实在易诗续不分卷仲屏口诵	192
医学贯通五卷杨清编撰 杨国俊等校	188
医学指归二卷首一卷(清)赵术堂辑	193
医学指南四卷(清)刘仕廉辑	193
医学南针二卷陆士谔编	189
医学南针十卷续集六卷陆士谔编	189
医学南针续集六编陆士谔撰	189
医学总论一卷附录一卷(清)陆汝衡著 & 附录一卷 (清)钱保塘辑	193
医学津梁六卷(明)王肯堂撰(清)安昌源删补	189
医学真传二卷附陈氏医案一卷(清)高世栻著(清)王嘉嗣述(清)曹增美述 & 陈氏医案一卷(清)陈念祖著	193
医学真传一卷(清)高世栻著(清)王嘉嗣 曹增美等述	193
医学真宗五卷(清)李奎元著(清)李善成参订	193
医学衷中参西录第七期四卷张锡纯注 张荫潮汇订 张铭盛等参订 李宝稣等参校	193
医学衷中参西录医方歌括三卷李启元编	193
医学读书记三卷续记一卷附静香楼医案一卷(清)尤怡撰(清)程梅龄等校订	188
医学捷要四卷(清)尹乐渠辑	189
医学探源六卷陈鼎三辑著	192
医学崇正七卷首一卷许宗正撰	187

笔画索引

医学崇正三卷(清)罗绂堂撰 …… 187
医学集成四卷(清)刘仕廉纂辑(清)李培郁校正(清)刘仕鹏等校 …… 188
医学辑要一卷(清)吴焯编 …… 188
医学辑著解说十八卷曹荫南撰 …… 188
医学源流论二卷(清)徐大椿撰 …… 193
医学摘粹六种(清)庆恕辑 …… 193
医学精要八卷(清)黄岩撰 …… 189
医学篇八卷(清)曾懿撰 …… 189
医学辨正四卷(清)张学醇(清)张克元校订 …… 187
医宗必读十卷(明)李中梓撰 …… 194
医宗金鉴六十卷(清)钱斗保等撰 …… 194
医宗金鉴七十四卷(清)吴谦等纂 …… 194
医宗金鉴三种(清)吴谦纂 …… 194
医宗金鉴十五种(清)吴谦(清)刘裕铎总修 …… 194
医宗金鉴外科十六卷(清)吴谦等纂 …… 194
医宗备要三卷(清)曾鼎撰 …… 194
医宗宝镜五卷(清)邓复旦撰 …… 194
医宗说约六卷(清)蒋士吉纂述 …… 195
医官玄稿三卷(日本)望月三英撰 …… 183
医录便览六卷首一卷(清)刘福庆撰(清)王蘷勋编次 …… 185
医经原旨六卷(清)薛雪集注 …… 183
医经原旨十四卷(清)薛雪集注 …… 184
医经理解九卷(清)程知述 …… 183
医经溯洄集一卷(元)王履注(明)吴勉学校 …… 183
医贯砭二卷(清)徐大椿注(清)徐燨校 …… 183
医贯六卷(明)赵献可著(明)吕医山人评 …… 183
医贯辑要十二卷首一卷(清)秦大任编辑 …… 183
医药家秘六卷(清)王铨著 …… 194
医疯经验奇方三卷(清)陈起荣撰 …… 182
医说十卷续医说十卷(宋)张杲著 & 续医说十卷(明)俞弁著 …… 186
医垒元戎一卷海藏癍论萃英一卷(元)王好古著(清)吴中珩校 & 海藏癍论萃英一卷(元)王好古著(明)吴勉学校 …… 184
医原三卷附医学举要六卷(清)石寿棠撰 …… 194
医效秘传三卷(清)叶桂撰(清)吴金寿校 …… 187
医家四要四卷(清)江诚(清)雷大震等纂 …… 183
医案五卷(明)孙一奎辑 …… 180
医案初集一卷□□撰 …… 180
医验录初集二卷(清)吴楚注 …… 193
医验录初集二卷二集三卷首一卷(清)吴楚注 …… 193
医理大概约说一卷(清)刘沅撰(清)刘枳文辑 …… 184
医理大概约说一卷附录一卷(清)刘沅撰(清)刘枳文辑 …… 184
医理元枢七种附一种(清)朱音恬编辑 …… 184
医理元枢药性全集一卷□□撰 …… 184
医理汇精二卷(清)李培郁编辑 …… 184
医理发明八卷(清)黄元吉辑 …… 184
医理真传四卷(清)郑寿全著(清)汪天经校正 …… 184
医理略述二卷(清)尹端模笔译 …… 184
医理精髓三卷(唐)孙思邈撰 …… 184
医寄伏阴论二卷(清)田宗汉著 …… 183
医寄痰饮治效方三卷(清)田宗汉撰 …… 183
医量一卷医案一卷陈无咎撰 …… 185
医楔二卷张雨三初稿 …… 187
医碥七卷(清)何梦瑶辑 …… 180
医醇賸义四卷(清)费伯雄撰(清)费应兰编(清)费荣祖等校 …… 180
医醇賸义四卷医方论四卷(清)费伯雄撰(清)费应兰编(清)费荣祖等校 …… 181
医籍考八十卷(日本)丹波元胤撰 …… 183
轩辕碑记秘藏医祝由十三科二卷□□撰 …… 172
轩辕碑记医学祝由十三科二卷□□撰 …… 172
时方歌括二卷(清)陈念祖撰(清)陈元豹校(清)陈元犀校 …… 131
时方歌括二卷景岳新方砭四卷(清)陈念祖撰(清)陈元豹校(清)陈元犀校 …… 131
时方妙用四卷(清)陈念祖撰(清)陈元豹校(清)陈元犀校 …… 131
时用草药仙方一卷□□撰 …… 131
时疫解惑论二卷刘复撰 …… 131
时疫解惑论一卷刘复撰 …… 131
时病歌括二卷(清)陈念祖撰(清)陈元豹校字(清)陈元犀校字 文魁堂校正 …… 130
时病歌括一卷分病列队一卷□□撰 …… 130
时病论八卷(清)雷丰著(清)刘宾臣鉴定 …… 130
时病学讲义一卷(清)雷丰撰 王杏楼辑 …… 131
吴门治验录四卷(清)顾金寿注(清)徐玉书等校 …… 160
吴子二卷(战国)吴起撰 高时显辑校 …… 160
吴中水利书一卷(宋)单锷撰 …… 160
吴兴蚕书二卷(清)高铨辑 …… 160
吴医汇讲十一卷(清)唐大烈纂辑(清)沈文燮校订 …… 160
吴鞠通医案二卷(清)吴瑭撰 高德僧重录 …… 160
园艺学不分卷□□撰 …… 203
园容较义一卷附测量法义一卷测量异同一卷勾股义一卷(意大利)利玛窦授(明)李之藻演 & 测量法义一卷(意大利)利玛窦品译(明)徐光启笔受 & 测量异同一卷(明)徐光启撰 & 勾股义一卷(明)徐光启撰 …… 203
足本人字本草备要二卷(清)汪昂撰 …… 225
男女性原论一卷(英国)德森氏撰 罗光道译述 …… 97

— 295 —

| 男科二卷(清)傅山撰 …… 97
| 串雅内编四卷外编四卷(清)赵学敏辑纂(清)吴庚生补注 …… 27
| 针灸大成十二卷(明)杨继洲纂(清)章廷珪重修 …… 214
| 针灸大成十卷(明)杨继洲纂(清)章廷珪重修 …… 214
| 针灸甲乙经十二卷(晋)皇甫谧撰 …… 214
| 针灸全图一卷□□撰 …… 214
| 针灸问答三卷(明)汪机编辑(明)陈桷校正 …… 215
| 针灸讲义一卷□□撰 …… 214
| 针灸灵法二卷程兴阳注 …… 214
| 针灸择日编集一卷(明)金循义撰(明)金义孙撰 …… 215
| 针灸易知一卷中华书局编辑 …… 215
| 针灸治法一卷□□撰 …… 215
| 针灸治疗讲义一卷续编一卷承澹盦编 …… 215
| 针灸学讲义七卷承澹盦编 …… 214
| 针灸学讲义一卷承澹盦编 …… 214
| 针灸学十四卷附治病通则一卷□□撰 …… 214
| 针灸指南初集摘要三卷余纯编 孙勉之校 …… 215
| 针灸要旨三卷(明)高武选述(日本)冈本为竹重订 …… 215
| 针灸便览一卷(清)王锡鑫集订 …… 214
| 针灸集成四卷(清)廖润鸿辑 …… 214
| 针灸歌括汇编一卷附刊误表一卷承澹盦撰 …… 214
| 针灸薪传集不分卷夏少泉等辑 …… 214
| 利溥集四种(清)王鸿骥编辑 …… 83
| 兵法七种(清)胡林翼辑 …… 14
| 兵法史略学二卷(清)陈庆年编 …… 14
| 兵法百言三卷(清)揭暄撰 …… 14
| 兵法圆机三卷(清)揭暄撰 …… 14
| 兵经百篇三卷(清)揭暄著 …… 14
| 兵船汽机六卷附一卷(英国)息尼德撰 (英国)傅兰雅口译(清)华备钰笔述 …… 14
| 兵船炮法六卷(美国)金楷理口译(清)朱恩锡笔述 …… 13
| 兵器保存法不分卷□□撰 …… 14
| 兵镜备考十三卷兵镜或问二卷(清)邓廷罗撰 …… 14
| 邱氏医书邱崇著 …… 110
| 体学撮要一卷乐柯撰 …… 145
| 体操图式一卷(清)王光圻撰 …… 145
| 何博士备论二卷附李忠定共辅政本末一卷(宋)何去非撰 & 李忠定共辅政本末一卷(宋)李纲撰 …… 53
| 作物汛论一卷□□撰 …… 226
| 身验良方一卷(清)辜大安撰 …… 126
| □身宝一卷为辨太阳病脉证篇一卷(□)□□撰 …… 1
| 佛崖验方抄一卷(清)罗叔黼撰 …… 41
| 近世内科国药处方集一卷叶橘泉撰 …… 73
| 近世长寿法一卷(日本)田中佑吉著 丁福保译 …… 73
| 近世化学教科书二卷(日本)大幸勇吉撰(清)樊炳清译 …… 73
| 近世动物学不分卷□□撰 …… 73
| 近代中西公历对照表一卷□□撰 …… 73
| 余注伤寒论翼四卷(清)柯琴著 能静居士评阅 …… 199
| 删补名医方论八卷(清)吴谦等纂 …… 115
| 删补清太医院治瘟速效瘟疫辨论一卷(清)周禹锡删补 …… 115
| 删注脉诀规正二卷(清)沈镜删注(清)徐良臣参补 …… 115
| 删定伤寒论一卷(日本)南涯吉益删定(清)丁福宝编 …… 115
| 灸法摘要一卷□□撰 …… 77
| 灸法纂要一卷悔迟居士撰 …… 78
| 邹征君遗书六种附刻夏氏算学四种徐氏算学三种(清)邹伯奇撰 …… 225
| 饮食卫生学一卷(日本)山田幸太郎原译(清)罗振常重译 …… 197
| 饮馔服食谱一卷□□辑 …… 197
| 饮膳正要三卷(元)忽思慧撰 …… 197
| 疗服石医方一卷罗振玉辑 …… 86
| 疗疮五经辨一卷□□撰 …… 35
| 应验简便良方二卷(清)孙克任编 …… 198
| 应验奇方二卷□□撰 …… 198
| 应验药方一卷□□撰 …… 198
| 冷庐医话五卷(清)陆以湉注 …… 81
| 汪氏医方集解录要二卷(清)汪昂撰 …… 152
| 汪氏医书七种(明)汪机等撰 …… 153
| 汪氏医学丛书八种(明)汪机等撰 …… 153
| 汽电车铁路论一卷(英国)傅兰雅撰 …… 107
| 汽机必以十三卷(英国)蒲而捺撰 (英国)傅兰雅口译(清)徐建寅笔述 …… 107
| 汽机发轫九卷附表一卷(英国)美以纳(英国)白劳那合撰(英国)伟烈口译(清)徐寿笔述 …… 107
| 汽机锅炉图说一卷(英国)傅兰雅撰 …… 108
| 汽机命名说一卷(清)徐寿撰 …… 108
| 汽学一卷(清)江标辑 …… 108
| 沈氏麻科一卷(清)赵开泰辑 …… 127
| 沈氏女科辑要笺正二卷勘误补正记一卷(清)沈尧封原本 张寿颐笺正 …… 128
| 沈氏尊生书五种(清)沈金鳌辑 …… 128
| 怀胎歌一卷□□撰 …… 56
| 宋平江城坊考五卷首一卷附录一卷补遗一卷王謇撰 …… 138
| 宋辽金元四史朔闰考二卷(清)钱大昕纂 …… 138
| 宋徽宗圣济经十卷(宋)宋徽宗撰(宋)吴禔注 …… 137

良方合璧二卷附录一卷(清)谢元庆编集(清)王庆霄校纂 ………… 85
良方汇选二卷(日本)丹波元简编 ………… 85
良方集要一卷(清)周鹤群纂辑(清)周位西等增辑 ………… 85
良方集腋二卷(清)谢元庆编(清)王庆霄参校 ………… 85
良方续录一卷(清)俞大文辑 ………… 85
证治心得十二卷(清)吴炳辑著 ………… 216
证治汇补八卷(清)李用粹著 ………… 216
证治金针四卷周万钦修 ………… 216
证治指南一卷四川国医学院编 ………… 216
证治要诀类方四卷(明)戴原礼辑 ………… 216
证治准绳四十四卷(明)王肯堂辑 ………… 217
证治辑要四卷姚济苍辑 ………… 216
评注七子兵略七卷陈玖学撰 ………… 105
评选环溪草堂医案一卷(清)王泰林注(清)柳宝诒选评 ………… 105
评选继志堂医案二卷(清)曹存心注(清)柳宝诒评选 ………… 105
评选静香楼医案二卷(清)尤怡注(清)柳宝诒评选 ………… 105
评琴书屋叶案括要八卷(清)叶桂原本(清)潘名熊纂 ………… 105
补农书二卷(明)沈□撰(清)张履祥补下卷 ………… 14
补注黄帝内经素问二十四卷(唐)王冰次注 (宋)林亿 (宋)孙奇 (宋)高保衡校正 (宋)孙兆重改误 ………… 15
补注黄帝内经素问二十四卷附遗篇一卷(唐)王冰次注 (宋)林亿校正 (宋)孙兆重改误 (清)余肇钧总校 ………… 15
补注黄帝内经素问二十四卷遗篇一卷黄帝内经灵枢十二卷(唐)王冰次注 (宋)林亿校正 (宋)孙兆重改误 (清)余肇钧总校 ………… 15
补注黄帝内经素问四卷(唐)王冰次注 (宋)林亿校正 (宋)孙兆重改误 (清)余肇钧总校 ………… 16
补注瘟疫论四卷(明)吴有性撰 (清)洪天锡补注 ………… 16
补虚辨惑论一卷邹仲彝著 ………… 15
诊余集一卷(清)余景和注 ………… 216
诊宗三昧一卷(清)张登编次 ………… 216
诊绍篇补证三卷(隋)杨上善著 廖平补 ………… 216
诊家正眼二卷(明)李中梓注(清)尤乘增订 ………… 216
诊断学一卷敖文伯撰 ………… 215
诊断学不分卷□□撰 ………… 215
诊断学汇编(隋)杨上善撰注 廖平补证 ………… 215
诊断学讲义二编秦之济述 ………… 215
灵枢识六卷(日本)丹波元简注 ………… 87
灵枢经十二卷(唐)王冰注(明)吴勉学校 张元济等辑 … 87
灵枢经七卷(唐)王冰注(明)吴勉学校(清)张志聪集注(清)张文启参订(清)张兆璜校正 ………… 87
灵枢经九卷(唐)王冰注(明)吴勉学校(清)张志聪集注(清)张文启等参订(清)张兆璜等校正 ………… 87
灵枢经合纂十卷(唐)王冰注(明)吴勉学校(清)张隐庵注(清)马元台注 ………… 87
灵枢悬解九卷(清)黄元御解 ………… 87
灵素提要浅注十二卷(清)陈念祖集注(清)陈元犀参订(清)陈心典等校字 ………… 87
灵素集注节要十二卷(清)陈念祖集注(清)陈元犀参订(清)陈心典等校字 ………… 87
灵素微旨不分卷□□撰 ………… 88
灵秘丹方全书一卷(明)钟惺辑 ………… 87
局方发挥一卷(元)朱震亨撰(明)吴中珩校 ………… 78
改良外科图说四卷(清)高梅溪辑 ………… 45
改良绘图外科正宗十二卷(明)陈实功撰(清)徐大椿评 ………… 45
张九苍增补李芝岩先生瘟疫三方一卷(清)李芝岩撰(清)张九苍增补 ………… 210
张氏医书七种(清)张璐等撰 ………… 210
张氏医案一卷附经验药方一卷张国华注 张体沅等校 ………… 210
张氏医案二十卷(清)张乃修注(清)吴文涵编辑(清)邵清儒附注 ………… 210
张氏医通十六卷(清)张璐纂述 ………… 211
张氏医通七种(清)张璐等撰 ………… 211
张氏医通六种(清)张璐等撰 ………… 211
张氏类经三十二卷图翼十一卷附翼四卷(明)张介宾撰 ………… 210
张氏景岳全书六十四卷(明)张介宾撰(清)鲁超订 ………… 210
张氏藏府药式补正三卷(金)张元素撰(清)赵双湖注 张寿颐补正 ………… 210
张丘建算经三卷(北魏)张丘建撰(北周)甄鸾注(唐)李淳风等注释 ………… 210
张仲景伤寒杂病论表识新编注释九卷首一卷(清)田启荣著 王隆诗评 胡济安等校 ………… 212
张仲景伤寒论方六卷首一卷(汉)张机撰 许宗正合解 ………… 211
张仲景伤寒论合注十六卷(清)吴隐亭编次 ………… 211
张仲景伤寒论贯珠集八卷(清)尤怡注(清)朱陶性校 ………… 211
张仲景伤寒论原文浅注六卷(清)陈念祖集注(清)陈蔚校(清)陈元犀校 ………… 212
张仲景伤寒论原文点精二卷(清)孟承意著 ………… 212
张仲景伤寒论遥问十二卷原方遥问一卷平脉法一卷续论遥问三卷续方遥问一卷(明)徐行著 ………… 211

书名	页码
张仲景批注伤寒百证歌五卷(汉)张机撰(宋)许叔微述 …… 211	
张仲景金匮要略二十四卷(清)沈明宗编注 …… 211	
张仲景金匮要略论方七卷首一卷(汉)张机撰 许宗正合解 …… 211	
张仲景金匮要略论注二十四卷(汉)张机撰(清)徐彬注 …… 211	
张仲景注解伤寒百证歌五卷(宋)许叔微述 …… 212	
张仲景注解伤寒百证歌五卷附伤寒六经定法一卷(宋)许叔微著 & 伤寒六经定法一卷(清)舒诏驰著 …… 212	
张仲景注解伤寒百证歌五卷附经络歌决一卷伤寒六经定法一卷伤寒问答一卷(宋)许叔微著(清)汪昂注辑 …… 212	
陆氏三世医验五卷(明)陆岳注(明)陆桂辑(明)陆士龙辑(清)卢明铨发明 …… 90	
陆氏论医集四卷陆渊雷撰 沈本琰编纂 …… 90	
陆军兽医良友不分卷陆军兽医学校编 …… 90	
陆兵枪学一卷(清)傅范初述 …… 89	
陆操新义四卷附录一卷(德国)康贝撰(清)李丹崖译 …… 90	
陈子性藏书十二卷(清)陈应选撰 …… 21	
陈氏小儿痘疹方论二卷(宋)陈文中撰 …… 20	
陈氏太极拳图说二卷首一卷附录一卷陈鑫著 …… 20	
陈氏疡科膏丹诸药一卷□□撰 …… 20	
陈纪四卷(明)何良臣撰 …… 20	
陈修园公余医录六种(清)陈念祖著 …… 20	
陈修园先生医书新增七十二种(清)陈念祖等撰 …… 21	
陈修园先生医书新增七十种(清)陈念祖等撰 …… 21	
陈修园先生医书新增五十二种(清)陈念祖等撰 …… 21	
陈修园先生晚余三书(清)陈念祖著 …… 21	
陈修园医书二十八种(清)陈念祖等撰 …… 21	
陈修园医书十六种(清)陈念祖等撰 …… 21	
陈修园医书十种(清)陈念祖等撰 …… 21	
陈修园医书三十二种(清)陈念祖等撰 …… 21	
陈修园医书三十种(清)陈念祖等撰 …… 21	
陈修园医书五十种(清)陈念祖等撰 …… 21	
陈修园医书四十八种(清)陈念祖等撰 …… 21	
陈修园医书四十种(清)陈念祖等撰 …… 21	
陈修园医书全书(清)陈念祖等撰 …… 21	
邵氏医书三种(清)邵登瀛撰 …… 126	
甬上水利志六卷(清)周道遵考述 …… 198	
纯臣纂要一卷(清)赵延儒纂 …… 27	
纺织机器图说一卷(英国)傅兰雅撰 …… 40	

(八 画)

书名	页码
武昌医馆丛书八种(清)柯逢时辑 …… 161	
武备制胜编十三卷□□撰 …… 161	
武备说一卷(德国)瑞乃尔撰 …… 161	
武备新书十种(清)廖寿丰辑 …… 161	
武经七书七种(宋)□□辑 …… 161	
武经备旨汇解说约大全一卷□□撰 …… 161	
武经总要前集二十卷后集二十卷(宋)曾公亮等撰 …… 161	
武陵山人遗书十种(清)顾观光撰 …… 161	
青囊秘录四卷(汉)华佗撰(唐)孙思邈述 …… 110	
青囊真秘六卷目录一卷(汉)华佗撰 …… 110	
取滤火油法一卷(美国)日得乌特撰(英国)秀耀春(美国)卫理译(清)汪振声述 …… 110	
英国定准军药书四卷附编二卷附表一卷(清)舒高第译(清)汪振声述 …… 197	
英国铸钱说一卷(英国)傅兰雅撰 …… 197	
范衍十卷(明)钱一本撰 …… 40	
林价学不分卷杜苞九编 …… 86	
林产制造学不分卷北京农业大学编 …… 86	
林政学讲义不分卷□□编 …… 86	
林新斋秘传脉诀一卷□□撰 …… 86	
松心堂医案经验抄一卷(清)缪遵义注 …… 137	
松峰说疫七卷(清)刘奎著辑(清)刘秉锦述校 …… 137	
松峰说疫四卷(清)刘奎著辑(清)刘秉锦述校 …… 137	
枪拳棍集一卷(清)张敬纲辑 …… 109	
述卜筮星相学八卷袁树珊纂述 …… 134	
述古斋幼科新书张振鋆辑 …… 134	
述岳新书一卷(清)赵延儒传(清)黄金式受传 …… 134	
枕藏外科诸症一卷□□撰 …… 216	
刺疔捷法一卷(清)张镜著(清)王鋆校刊 …… 27	
郁谢麻科合璧一卷(清)杨开泰汇辑(清)谢元瀛校订 …… 200	
郁谢麻科合璧一卷(清)杨开泰汇辑(清)谢元瀛校订 …… 200	
矿物学一卷(清)江标辑 …… 80	
矿学考质十卷(美国)奥斯彭纂(清)沈陶璋笔述(清)舒高第口译 …… 80	
奇方切要一卷(清)钱德济纂 …… 107	
奇方纂要一卷(清)王锡鑫编辑 …… 107	
奇效海上良方秘本四卷(唐)孙思邈撰 …… 107	
轮船布阵十二卷首一卷轮船布阵图一卷(英国)裴路原书(英国)傅兰雅口译(清)徐建寅笔述 …… 90	
非欧几何学五章余介石编译 …… 40	
叔和脉经真本十卷(晋)王叔和撰(清)张柏校正(清)朱锡毅重刊(清)陈一津参订 …… 133	
叔和脉经真本十卷首一卷(晋)王叔和撰(清)张柏校正(清)朱锡毅重刊(清)陈一津参订 …… 133	
虎钤经二十卷(宋)许洞撰 …… 55	

笔画索引

尚论张仲景伤寒论重编二卷首一卷后四卷(清)喻昌撰 …… 126
尚论篇四卷首一卷后篇四卷(清)喻昌撰 …… 125
果树园艺学不分卷□□撰 …… 51
国民历一卷国立"中央研究院"天文研究所编 …… 50
国医小丛书三十二种国医书局编 …… 50
国医公报"中央国医馆"编审委员会编辑 …… 50
国医生理新论六卷朱国均撰 …… 50
国医传染病一卷茹十眉撰 邝素玲录 …… 50
国医伤科方式一卷傅仲仙撰 …… 50
国医创伤精要一卷熊宝珊编 …… 50
国医讲义六种秦之济述 …… 50
国医防疫概要一卷赖华锋纂述 …… 50
国医诊断学二卷首一卷胡善卢编 …… 51
国学理科界不分卷(清)金嗣芬著 …… 50
国药诠证四卷王剑宾撰 …… 50
国药商抄一卷陈鼎之 廖涤新编 …… 50
易通变四十卷(宋)张行成撰 …… 195
易筋经二卷(西竺)释达摩撰(唐)释般剌密帝译 傅金钰校正 …… 195
易筋经二卷洗髓经一卷(西竺)释达摩撰(唐)释般剌密帝译 …… 195
易筋经义一卷附录一卷□□撰 …… 195
忠武侯诸葛孔明先生兵法四卷附录二卷(清)张树辑 …… 222
呼吸器病一卷余岩述 …… 54
罗氏会约医镜九种(清)罗国纲辑(清)罗国俊 (清)罗国兴 (清)罗国英校定(清)罗定鸿(清)罗定泰编次 …… 90
岷江源委三卷(汉)桑钦撰 (北魏)郦道元注 …… 96
图形枕藏外科一卷(清)李云骥注 …… 148
图注八十一难经四卷(战国)秦越人述(明)张世贤注 …… 148
图注八十一难经四卷附校正频湖脉学一卷奇经八脉考一卷(战国)秦越人述(明)张世贤注 & 校正频湖脉学一卷奇经八脉考一卷(明)李时珍撰 …… 148
图注八十一难经四卷校定图注脉诀四卷附二种(战国)秦越人述(明)张世贤注 …… 149
图注八十一难经辨真四卷(战国)秦越人述(明)张世贤注 …… 148
图注八十一难经辨真四卷附图注脉诀辨真四卷(战国)秦越人述(明)张世贤注 & 图注脉诀辨真四卷 (晋)王叔和原著 (明)李时珍撰注 …… 149
制火药法三卷(英国)利稼孙辑(英国)华得斯辑(英国)傅兰雅口译(清)丁树棠笔述 …… 217
制丝法讲义不分卷刘安钦编 …… 217
制机理法八卷附图一卷(英国)觉显禄斯撰(英国)傅兰雅口译(清)华备钰笔述 …… 217
制造局丛译十一种(清)江南制造局编 …… 217
制造纸法不分卷(英国)傅兰雅撰 …… 218
制罉金法二卷 (日本)桥奇策撰(清)王季点译 …… 217
知医快捷方式一卷(清)钱荣编(清)钱夔校 …… 217
牧马学讲义不分卷陆军兽医学校编 …… 97
物体遇热改易记四卷(英国)瓦特斯辑(英国)傅兰雅口译(清)徐寿笔述(清)赵元益校录 …… 161
物诠八卷附一卷(清)汪绂撰 …… 161
物理学上编四卷中编四卷下编四卷(日本)饭盛挺造编纂 (日本)丹波敬三 (日本)柴田承桂校补(日本)藤田丰八译(清)王季烈重编 …… 161
侣山堂类辨二卷(清)张志聪撰 …… 90
佩文斋广群芳谱一百卷(清)汪灏等编 …… 104
佩文斋书画谱一百卷(清)孙岳颁纂辑 …… 104
征南射法一卷(清)黄百家撰 …… 216
金文历朔疏证八卷吴其昌撰 …… 73
金石识别十二卷(美国)代那撰(美国)玛高温口译(清)华蘅芳笔述 …… 73
金石表一卷(美国)玛高温译 …… 73
金石草圃识三卷(明)李时珍撰 …… 73
金汤借箸十二筹十二卷(清)李盘等撰 …… 73
金类器皿机器图说一卷(英国)傅兰雅撰 …… 73
金匮方解六卷 张静涛编述 张泽沛参校 …… 70
金匮方歌括六卷(清)陈念祖著(清)陈蔚订(清)陈元犀韵注(清)陈心典等校字 …… 70
金匮玉函经二注二十二卷(明)赵以德衍义(清)周扬俊补注(清)李清俊重刊(清)叶万青校 …… 72
金匮玉函经二注二十二卷附十药神书一卷(明)赵以德衍义(清)周扬俊补注(清)李清俊重刊(清)叶万青校 …… 72
金匮玉函要略方论三卷(汉)张仲景撰(晋)王叔和集(宋)林亿诠次 …… 73
金匮伤寒补遗合编二卷碎玉补拾一卷(汉)张仲景著 & 碎玉补拾一卷(汉)华佗著 …… 70
金匮论方合解七卷(清)许宗正撰 …… 70
金匮启钥五种(清)黄朝坊辑 …… 70
金匮学一卷□□撰 …… 70
金匮要略二卷(汉)张机撰 (晋)王叔和集 …… 70
金匮要略三卷(汉)张仲景著(晋)王叔和撰次(宋)林亿校正(明)赵开美校刊 …… 72
金匮要略方论三卷(汉)张机撰 (晋)王叔和集 …… 71
金匮要略方论今释八卷 陆渊雷撰述 沈本璎参校 …… 71
金匮要略方论本义二十二卷(汉)张机原本 (清)何炫评定(清)冀栋评定(清)魏荔彤释义 …… 70

— 299 —

金匮要略心典三卷(汉)张机著(清)尤怡集注 …………72
金匮要略讲义九卷(汉)张机原文 陈绍勋讲述 周德馨笔录 …………71
金匮要略浅注十卷(汉)张机撰(清)陈念祖集注 ………71
金匮要略浅注方论合编十卷(清)陈念祖著(清)严岳莲辑(清)严式诲校补 …………71
金匮要略浅注补正九卷(汉)张机原文 (清)陈念祖浅注(清)唐宗海补正 …………71
金匮要略集注折衷九卷(汉)张仲景原文 胡毓秀补注 …71
金匮读本二卷(汉)张机著 …………70
金匮悬解二十二卷(清)黄元御著(清)徐树铭校刊 …………70
金匮翼八卷(清)尤怡集(清)徐锦炳读 …………72
金匮翼八卷(清)尤怡集(清)徐锦炳读 …………72
金镜录不分卷□□撰 …………69
金镜录伤寒门一卷(元)敖氏撰(清)太医院校正 …………69
命学指南二卷周松筠辑校 …………96
命学须知二卷(清)胡柏龄录 …………96
采芳随笔二十四卷(清)查彬辑 …………17
周氏医学丛书三十二种(清)周学海编 …………223
周慎斋医书五种方伯屏辑编 …………223
周髀算经二卷(汉)赵爽注(北周)甄鸾重述(唐)李淳风等注释 …………223
周髀算经二卷附音义一卷(汉)赵爽注(北周)甄鸾重述(唐)李淳风等注释 …………223
周髀算经二卷附音义一卷校勘记一卷(汉)赵爽注(北周)甄鸾重述(唐)李淳风等注释 …………223
鱼雷图说九卷首一卷(清)黎ող贤绘纂 …………199
备用药物一卷简便良方一卷□□编 …………4
备要方不分卷附外科证治二卷(清)徒能言增辑 …………4
备急千金要方三十卷(唐)孙思邈撰 …………3
备急千金要方三十卷附考异一卷(宋)林亿校正 (日本)多纪元坚等阅 …………4
备急千金要方三十卷附影宋本千金方考异一卷(唐)孙思邈撰 (宋)林亿等校 …………4
备急方八卷(东晋)葛洪撰 …………3
备急灸法一卷(宋)闻人耆年述 …………3
备急灸法一卷针灸择日编集一卷(宋)张涣撰 & 针灸择日编集一卷 (明)全循义撰 (明)金义孙撰 …………3
疟疾学不分卷 梁乃津著 …………102
疟疾探源论一卷 敖士梁著 …………101
疟痢成法一卷(清)王裕庆著 …………102
疡医大全四十卷(清)顾世澄纂(清)钱之栢等校 …………177
疡医准绳六卷(明)王肯堂辑 …………177
疡科心得集(清)高秉钧纂辑 …………177
疡科心得集四卷附家用膏丹丸散方一卷景岳新方歌括一卷(清)高秉钧纂辑 …………196

疡科临证心得集三卷附疡科心得集方汇三卷家用膏丹丸散方一卷(清)高秉钧纂辑(清)吴辰灿参订 …………177
疡科临证心得集三卷景岳新方歌括一卷(清)高秉钧纂辑 & 景岳新方歌括一卷(清)高秉钧(清)吴辰灿等纂 …………177
疡科选粹八卷(明)陈文治辑 …………177
疡痕备考二卷□□撰 …………177
卒中厥证辑要二卷姚济苍辑 …………225
育蚕新法答问一卷张景旭辑 …………200
育麟全书十二章惟一子撰 …………200
郑氏遗书四卷方一卷(清)郑奠一著 …………217
郑氏瘄科保赤金丹四卷(清)谢玉琼辑 …………217
郑氏瘄略一卷(清)郑启寿撰 …………217
单方百诊全书一卷(清)白马和尚撰 …………32
法律医学二十四卷首一卷(英国)该惠连 (英国)弗里爱同撰(英国)傅兰雅口译(清)徐寿笔述(清)赵元益校录 …40
河工器具图说四卷(清)麟庆撰 …………53
河防一览十四卷(明)潘季驯著(明)王元命等校订(明)陈昌言编次 …………53
河洛理数七卷（宋)陈抟著(宋)邵雍述(清)史应选订 …53
治军药言一卷刘湘辑 …………218
治疗汇要二卷补遗一卷(清)过铸辑 …………218
治河方略十卷首一卷(清)靳辅撰 …………218
治痢仙方一卷(清)王成章著述 …………218
治痢新论一卷□□撰 …………218
治温提要一卷(清)曹华峰著 …………218
治温提要速效合编二卷(清)曹华峰撰(清)臧吟蕉撰(清)刘松峰撰 …………218
学医快捷方式十四种 上海文明书局编辑 …………173
学医笔记一卷课余杂著二卷(清)万钟(清)万钧著 …173
学圃杂疏一卷附花历一卷瓶花谱一卷药圃同春一卷瓶史二卷(明)王世懋撰 & 花历一卷(明)程羽文撰 & 瓶花谱一卷(明)袁宏道撰 & 瓶史月表一卷(明)屠本畯撰 & 药圃同春一卷(明)夏旦撰 & 瓶史二卷(明)袁宏道撰 …………173
学强恕斋笔算十卷(清)梅启照辑(清)梅文埥绘图校字 …………173
学算笔谈十二卷(清)华蘅芳撰 …………173
宝山橘话一卷(清)李翰臣辑 …………3
宝颜堂秘籍十九种(明)陈继儒辑 …………3
宝藏兴焉十二卷(英国)费而奔撰 (英国)傅兰雅口译(清)徐寿笔述 …………2
宗圣要旨七种(清)尤怡等著 …………225
审视瑶函六卷(明)傅仁宇纂(明)林长生校补(明)傅维藩编集 …………128
审视瑶函六卷附审视瑶函医案一卷(明)傅仁宇纂辑(清)张文凯参阅(清)林长生校补(清)傅维藩编集(清)张秀订正(清)周靖公校梓 …………128

审音精说一卷(英国)傅兰雅撰 ················ 128
空际格致二卷地震解一卷(意大利)高一志撰(明)韩云订 &
地震解一卷(意大利)龙华民述 ················ 80
实用制革法不分卷(清)张正成译 ················ 131
实用细菌学检验法不分卷陈少伯编撰 ············ 131
实用灌溉工程设计学十四卷W. G. Bligh撰(清)雷斌译 冯雄
译述 ·· 131
实验秘本中西良方大全不分卷缪乃澄编 ·········· 131
详要胎产问答一卷附管氏儿女至宝一卷(清)巫斋居士原编
三农老人附注&管氏儿女至宝一卷(清)管斯骏编辑
 ·· 165
详校医宗必读十卷(明)李中梓著 ················ 165
详解九章算法一卷纂类一卷札记一卷(宋)杨辉撰 ···· 164
居宅卫生论二卷(英国)傅兰雅撰 ················ 78
弧三角平视法一卷(清)陈泮撰 ·················· 54
弧三角拾遗一卷用表推日食三差一卷朔食九服里差三卷造
各表简法一卷 ································· 54
弧三角举隅一卷(清)江临泰著 ·················· 54
弦雪居重订遵生八笺十九卷目录一卷(明)钟惺校阅 ······
 ·· 164
承志录附集一卷地元真诀一卷答论神丹一卷(清)陶素耜等
撰 ·· 22
孟河丁氏医案八卷附喉痧症治概要一卷丁泽周注 丁万编辑
 ·· 95
练兵实纪九卷(明)戚继光撰 (清)庆蕉园等鉴定 ···· 84
练兵实纪九卷杂集六卷(明)戚继光撰(清)钱熙祚校 ·· 84
细菌学初编一卷□□撰 ························ 163
经天星座歌不分卷附图表暨中西星名合谱黄维翰撰 ···· 74
经方实验录第一集三卷曹颖甫撰 姜佐景编 ········ 73
经书算学天文考二卷(清)陈懋龄学 ·············· 74
经史证类大观本草三十一卷(宋)唐慎微撰 ········ 74
经穴考正一卷何仲皋撰 何龙举编 ················ 74
经穴学讲义三卷承澹盦编 ······················ 74
经穴学三卷□□撰 ···························· 74
经穴纂要五卷(日本)小坂营升元佑纂辑(日本)大桥德泉等
校 ·· 74
经星汇考一卷上元甲子恒星表一卷(清)贾步纬撰 ···· 74
经脉分图四卷(清)吴之英撰 ···················· 74
经脉图考四卷(清)陈惠畴注 ···················· 74
经脉图考四卷(清)陈惠畴注 ···················· 74
经络图说一卷(清)姚澜撰 ······················ 73
经络要穴歌诀百症赋笺注合编承澹盦编撰 ·········· 73
经络歌诀一卷医方汤头歌括一卷保产机要一卷保生碎事一
卷(清)汪昂编辑 ······························ 73
经效产宝三卷续编一卷(唐)昝殷撰集 ············ 74

经验方抄四卷(清)陆言辑 ······················ 74
经验百方一卷良方续录一卷(清)汪世隽辑 ········ 74
经验灸法独本一卷□□撰 ······················ 74
经验良方大全十卷首一卷(清)黄统著(清)王孟英续编 ···
 ·· 75
经验良方二卷(清)次留编辑 ···················· 75
经验良方一卷(清)□□辑 ······················ 75
经验选秘六卷(清)胡增彬辑订 ·················· 75
经验便捷奇方二卷李云庵辑 ···················· 74

(九　画)

春温三字诀一卷痢症三字诀一卷(清)张子培著&痢症三
字诀一卷(清)唐宗海著(清)邓其章校参印 ······ 27
春温简易治疗法一卷孙石如编 ·················· 27
珍珠囊指掌补遗药性赋四卷附雷公炮制药性解六卷(元)李
杲编辑(清)王子接重订 ······················ 215
政余精义一卷(清)张肇修辑 ···················· 217
赵元吉医学指南一卷赵宗著(清)弓锡九录 ········ 213
赵李合璧八卷(清)赵廷儒(清)李环山撰 ·········· 213
赵注孙子五卷(明)赵本学注(日本)洼田清音订刻 ···· 213
指明脉诀一卷□□撰 ·························· 217
指明算法九九全编不分卷知非子撰 ·············· 217
荆楚修疏指要二卷首一卷(清)胡祖翿著 ·········· 75
革象新书五卷(元)赵友钦撰 ···················· 45
草木便方一元集二卷(清)刘兴撰 ················ 18
草木便方二卷(清)刘善述撰(清)刘贤村编 ········ 18
草本别名一卷□□撰 ·························· 18
草本便方二卷(清)刘善述 ······················ 18
草庐经略十二卷(明)□□撰 ···················· 18
草庐经略四卷(明)黄元瑞著述(清)骨仙删定(清)岳钟琪校
定 ·· 18
草药性二卷□□撰 ···························· 18
茶谱辑解四卷(清)□□撰 ······················ 19
故宫博物院报告故宫博物院编 ·················· 49
胡庆余堂丸散膏丹全集不分卷(清)胡光墉编 ······ 55
南阳活人书二十卷(宋)朱肱撰 (明)徐镕校正 ···· 97
南雅堂医书三十二种(清)陈念祖撰 ·············· 97
南雅堂医书外集十种(清)陈念祖撰 ·············· 97
南雅堂医书全集二十一种(清)陈念祖撰 ·········· 97
南雅堂医书全集七十二种(清)陈念祖撰 ·········· 97
南雅堂医案八卷(清)陈念祖撰 ·················· 97
药物学一卷吴光烈撰 ·························· 178
药物学不分卷(法国)安和授 吴均衡译 ············ 178
药物学讲义二编秦伯未撰 辛瑞锋等参订 ·········· 178
药治通义辑要二卷(日本)丹波元坚撰 ············ 179
药性易知一卷中华书局编 ······················ 179

301　笔画索引

药性通考八卷(清)刘汉基编 (清)黄以约参订(清)陈自新校 ……179
药性概要一卷李太占撰 ……179
药性简要三百首一卷(清)廖云溪撰 ……179
药性新参一卷熊勿盦辑 ……179
药要便蒙二卷(清)徐成基编辑 ……179
药品化义十三卷首一卷末一卷(清)贾所学辑注 李延是补订 ……178
药品总目一卷本草万方针线八卷(清)蔡烈先辑 ……178
药症忌宜一卷(清)陈澉编辑 ……179
药盦医案全集八卷恽树珏注 ……178
相马学讲义不分卷吴家鹏编 ……164
相地指迷十卷(明)蒋大鸿撰(清)凌堃辑 ……164
相地探金石法四卷(英国)喝尔勃特喀格司撰 ……164
相法证验百条一卷(清)刘学诚辑著 ……164
相法挈要五卷(清)刘学诚撰 ……164
相理衡真十卷首一卷(清)陈钊著 ……164
柳选四家医案四种(清)柳宝诒选评 ……88
树菊丛录五种□□撰 ……134
研经言四卷(清)莫枚士撰 ……174
砖瓦灰石造法一卷(英国)傅兰雅撰 ……224
厘正按摩要术四卷鬻婴提要说一卷痧喉正义一卷(清)张振鋆纂辑(清)张质校刊(清)韩广宏校刊 ……82
战法学二卷(日本)石井忠利撰(清)王治木订 ……210
临阵伤科捷要四卷附图一卷(英国)帕脱编(清)舒高第译(清)郑昌棪译 ……86
临阵管见九卷(德国)斯拉弗司撰(美国)金楷理口译(清)赵元益笔述 ……86
临证医案笔记六卷(清)吴麓撰 ……86
临证指南不分卷丁福保注 ……86
临证指南医案十二卷(清)叶桂撰(清)李大瞻等校 ……86
临证指南医案十卷(清)叶桂注(清)徐大椿评(清)华岫云等校 ……86
临证指南医案十卷附种福堂公选良方四卷(清)叶桂注(清)徐大椿评(清)华岫云等校 ……87
临证指南医案十卷种福堂公选良方(清)叶桂注(清)徐大椿评(清)华岫云等校 ……87
临证指南医案八卷(清)叶桂注(清)徐大椿评(清)华岫云等校 ……86
省身指掌九卷(美国)博恒理撰 ……129
显微镜说一卷(英国)傅兰雅撰 ……164
星经二卷(汉)甘公(汉)石申撰 ……171
星座指南一卷(美国)克里门斯 (美国)格莱撰 ……171
咽喉脉症通论一卷(清)许楂校订 ……174
咽喉秘集二卷(清)吴张氏原本 ……174

峡江救生船志二卷图考一卷行船必要一卷(清)贺缙绅著 ……163
钦定七政四余万年书一卷□□撰 ……109
钦定仪象考成三十卷首二卷(清)允禄等纂 ……109
钦定协纪辨方书三十六卷(清)允禄等纂 ……109
钦定诹吉便览不分卷(清)俞荣宽编 ……109
钦定授时通考七十八卷(清)鄂尔泰等撰 ……109
看护伦理学一卷梅教士撰 王开基译 ……79
看护者用饮食学一卷上海广学书局译 ……79
看护婴孩法一卷乐柯撰 ……79
矩斋筹算丛刊(清)劳乃宣撰并辑 ……78
种梨全法一卷复园推广改良苍溪种悉尼树苗说明书一卷钱复初编 ……222
种痘学讲义三卷吴介诚编述 ……222
种痘新书十二卷(清)张琰编辑(清)会衡波参 ……222
种福堂公选良方兼刻古吴名医精论四卷(清)叶桂撰(清)华岫云较 ……222
种福堂续选临证指南四卷(清)叶桂撰 ……222
种蔗制糖论一卷(英国)梅威令撰 ……222
科学演义二卷胡寄尘撰 ……80
重广补注黄帝二十四卷内经素问校勘记一卷附黄帝内经灵枢二十四卷内经灵枢校勘记一卷(唐)王冰次注(宋)林亿等校正(宋)孙兆重改误(清)余肇钧等校 ……24
重广补注黄帝内经素问二十四卷(唐)王冰次注(宋)林亿等校正(宋)孙兆重改误(清)余肇钧等校 ……23
重广补注黄帝内经素问二十四卷遗篇一卷(唐)王冰次注(宋)林亿等校正(宋)孙兆重改误(清)余肇钧等校 ……24
重广补注黄帝内经素问五卷(唐)王冰次注(宋)林亿等校正(宋)孙兆重改误(清)余肇钧等校 ……24
重订七政台历万年书一卷(清)杨寅编 ……23
重订广温热论二卷(清)戴天章著(清)陆懋修删定(清)何炳元重订 ……22
重订中风斠诠三卷张寿颐纂辑 张文彦评点 ……23
重订本草纲目五十二卷(清)张士瑜等审定 ……22
重订外科正宗十二卷(明)陈实功纂(清)张鹫翼重订 ……23
重订伤寒集注十五卷(清)舒诏著 ……23
重订沈氏女科辑要笺正二卷(清)沈又彭辑(清)徐政杰签注 张山雷笺正 ……23
重订证治准绳全书六种(明)王肯堂辑 ……23
重订活幼新编九卷(明)聂尚恒撰(清)胡寿昌纂辑 ……23
重订验方新编十八卷(清)鲍相璈辑 ……23
重订增补陶朱公致富全书四卷(明)陈继儒辑 ……23
重刊补注洗冤录集证六卷(清)王又槐增辑(清)李观澜补辑(清)阮其新补注 ……24
重刊补注洗冤录集证五卷(清)王又槐增辑(清)李观澜补辑(清)阮其新补注 ……24

重刊武经七书汇解七卷首一卷末一卷(清)朱墉辑 …… 24	保育法(不分卷)□□辑 …… 3
重刊洗冤录汇纂补辑五卷(清)李观澜补辑 (清)张锡蕃重订 …… 24	保婴易知录二卷(清)吴溶堂撰 …… 3
重刊巢氏诸病源候总论五十卷(隋)巢元方等撰 …… 24	保婴要言八卷(清)王德森编 …… 3
重刻古今历验良方十六卷(清)徒能言辑 (清)范伟亭鉴定 …… 24	保婴辑要一卷(清)朱惟元撰 …… 3
重刻伤寒论翼绪论合编(清)柯琴等著 …… 25	皇汉医学丛书陈存仁编校 …… 57
重刻武经七书七种(清)朱墉撰 …… 25	皇极经世书九卷(宋)邵雍撰 …… 57
重刻咽喉脉证通论一卷□□撰 …… 25	皇极经世四编(宋)邵雍撰 …… 57
重刻活幼心法大全二卷(明)聂尚恒撰(清)胡寿昌纂辑 ……	皇极经世观物外篇衍义九卷(宋)张行成撰 …… 57
重刻瘟疫神效方一卷(清)张九苍增补(清)李芝岩撰 …… 25	皇极经世索隐一卷(宋)张行成撰 …… 57
重学一卷(清)江标辑 …… 26	皇朝京师中线地球全图说一卷(清)张秉枢述 …… 57
重学二十卷(英国)艾约瑟口译(清)李善兰笔述 …… 26	鬼谷算命术一卷□□撰 …… 50
重学二十卷附圆锥曲线三卷(英国)艾约瑟口译(清)李善兰笔述 …… 26	鬼儩术三卷陆晋笙编 …… 50
重学二十卷圆锥曲线说三卷(英国)艾约瑟口译(清)李善兰笔述 …… 26	侯医浅说一卷 Geprge H. Hope(?)撰 石美玉译 …… 137
重学须知(英国)傅兰雅撰 …… 26	衍元笔算今式二卷(清)汪香祖撰 …… 174
重学器图说一卷(英国)傅兰雅撰 …… 26	须曼精庐算学二十四卷(清)杨兆鋆撰 …… 171
重录增补经验喉科紫珍集二卷(清)耐修子撰(清)朱翔宇增补 …… 25	俞天池先生痧痘集解六卷(清)俞茂鲲集解 …… 199
重录增补经验喉科紫珍集二卷附专治时疫白喉咙症论一卷(清)黄梅溪秘藏(清)朱纯衷得授(清)朱翔宇增补 附专治时疫白喉症论一卷(清)张绍修著 …… 25	剑法真传二卷(清)宋赓平撰 吴剑华 吴剑泉重编 …… 68
重修政和经史证类备用本草三十卷(宋)唐慎微撰 …… 25	食物本性效方抄一卷□□撰 …… 132
重修植物名实图考三十八卷(清)吴其浚撰 …… 26	食物本草一卷(清)费伯雄鉴定 …… 131
重校旧本汤头歌诀二卷(清)汪昂编辑 …… 25	食物本草会纂十二卷(清)沈李龙纂 …… 131
重校白喉忌表抉微一卷(清)耐修子撰 张洁校 …… 25	脉义简摩八卷(清)周学海撰辑 …… 94
重校圣济总录二百卷(清)汪鸣珂(清)汪鸣凤校 …… 25	脉因证治四卷(元)朱震亨著 …… 94
重楼玉钥二卷首一卷(清)郑梅涧著 …… 25	脉诀一卷局方发挥一卷(宋)崔嘉彦撰 & 局方发挥一卷(元)朱震亨撰 …… 93
重增格物入门七卷(美国)丁韪良著 …… 26	脉诀刊误集解二卷附录一卷(元)戴起宗撰(元)朱升节抄(明)汪机补订 & 附录一卷(明)汪机辑 …… 92
重镌丹溪心法七种(元)朱震亨撰(明)吴中珩辑校 …… 24	脉诀考证一卷濒湖脉学一卷奇经八脉考一卷 (明)李时珍撰 …… 92
重镌本草医方合编六卷(清)汪昂撰辑 …… 24	脉诀启悟注释一卷(清)徐大椿撰 …… 93
重镌本草医方合编四种(清)汪昂撰辑 …… 24	脉诀规正二卷(清)沈镜删注 …… 92
重镌医要三书三种(清)贻砚堂编 …… 24	脉诊便读一卷(清)张秉成撰 …… 94
便贱验良方一卷□□撰 …… 12	脉表诊病论二卷(英国)傅兰雅撰 …… 92
顺直河道改善建议案一卷熊希龄撰 …… 135	脉法条辨一卷(清)刘以仁辑(清)陈光熙增注并校定 …… 92
保赤三书(清)庄一夔等著 …… 3	脉法易知不分卷□□撰 …… 92
保赤汇编七种(清)朱之榛辑 …… 3	脉学正义六卷张寿颐稿 …… 94
保赤要言四卷(清)王德森编辑 …… 3	脉学四卷恽树钰注 …… 94
保赤新编二卷(清)任赞纂集(清)胡仕梁校正(清)伍学干校刊 …… 3	脉学发微四卷恽铁樵著 徐衡之参校 章巨膺参校 …… 93
保赤摘录六卷(清)崔昌龄撰(清)崔延龄等参订(清)崔国辅校阅 …… 3	脉学全书二卷(清)李崇素注 …… 94
	脉学启蒙一卷许宗正注 …… 94
	脉学奇经八脉考二卷(明)李时珍撰辑 …… 93
	脉学脉诀奇经八脉考三卷(明)李时珍注(清)张士瑜等校 …… 93
	脉学秘传一卷何汝夔注 何龙举编 …… 93
	脉学辑要三卷(日本)丹波元简注 廖平评 …… 93
	脉经十卷(晋)王叔和撰(宋)林亿类次 …… 92

书名	页码
脉经考证一卷廖平著	92
脉经论证一卷□□撰	92
脉经真本十卷首一卷(晋)王叔和撰(宋)林亿类次	92
脉药联珠古方考一卷(清)龙柏撰	94
脉要图注四卷(清)贺升平撰	94
脉说二卷(清)叶霖注	93
脉理存真三卷(元)滑寿注(清)余显廷校订	93
脉理求真三卷(清)黄宫绣撰	93
脉理纲要一卷冯尚忠注	93
脉理金针一卷□□撰	93
脉简补义二卷(清)周学海撰	92
胎生学要领一卷黄岛晴编撰 黄芥舟校阅	143
胎产心法三卷(清)阎纯玺撰	143
胎产心法六卷(清)阎纯玺撰	143
胎产秘书三卷首一卷(清)陈笏庵撰	143
胎产集要二卷(清)黄惕斋辑	143
胎产集要三卷(清)黄惕斋辑	143
胎产辑萃四卷(清)汪嘉谟纂辑	143
急治汇编三卷(清)张龢莱纂录	64
急治良方一卷(清)罗思举撰	64
急救广生集十卷(清)程鹏程编	63
急救方一卷(明)胡㮊宪撰	63
急救仙方六卷(清)鲍泰圻重校	64
急救各方一卷(清)吴香湖校	63
急救异痧奇方一卷(清)陈念祖评	64
急救异痧奇方一卷附经验百病内外一卷(清)陈念祖原评	64
急救应验良方一卷(清)徐千敬选(清)费山寿纂辑	64
急救易知一卷□□撰	64
急救经验良方一卷(清)陈念祖评	64
急救痧奇方附经验百病内外一卷□□撰	64
急救痧症全集三卷(清)费山寿辑纂	64
急救简便应验良方不分卷□□撰	63
急救简便应验良方一卷□□辑	64
急救鼠疫传染良方一卷(清)吴宣崇撰	64
急慢惊风一卷秦勋撰	64
痔科全书一卷(清)梁希曾著 九一老人校正	83
疮疡经验全书六卷(元)窦汉卿著	27
疫证集说四卷补遗一卷余德埙编	196
疫痉家庭自疗集二卷 严云著 徐亦仁等校	196
疫喉证治一卷黄勖夷辑	196
疫喉浅论二卷(清)夏春农撰	195
疫喉浅论二卷补遗一卷附新补会厌论一卷(清)夏云著	195
疫痧二症合编三种(明)吴有性撰(清)刘奎订正	196
闽产录异六卷(清)郭柏苍辑	96
闽蜀医学三字经合编两种(清)陈念祖(清)胥敦义著(清)孙桐生检阅(清)龚世楷评订	96
养生保命录一卷史立庭撰	178
养蚕法教科书不分卷陈偡撰	178
养病庸言一卷(清)沈嘉澍撰	178
养鸽新法一卷□□撰	178
养豚学讲义不分卷□□撰	178
养蜂之法一卷(英国)傅兰雅撰	178
养蜂讲义不分卷策力蜂业研究社编	178
美国铁路汇考十三卷(美国)柯理辑(英国)傅兰雅口译(清)潘松笔述	95
美国提炼煤油法一卷附图□□编著	95
类方准绳八卷(明)王肯堂辑	81
类证治裁八卷附一卷(清)林佩琴著(清)林芝本校	81
类证治裁八卷首一卷附舌色辨一卷(清)林佩琴著(清)林芝本校	81
类证普济本事方十卷(宋)许叔微撰 (清)叶桂释义	81
类经三十二卷附类经图翼十一卷类经附翼四卷(明)张介宾类注	81
类经附翼四卷(明)张介宾类注	81
类经图翼十一卷目录一卷附翼四卷(明)张介宾类注	81
类经纂要三卷附追忆旧录四川治验医案一卷(清)虞庠辑(清)王廷俊增注 & 追忆旧录四川治验医案一卷(清)王廷俊撰	81
类编朱氏集医方十五卷(宋)朱佐集	81
前敌须知四卷(英国)克利赖著(清)舒高第等译	108
总集聚医方一卷□□撰	225
炼石编三卷(英国)亨利黎特撰(清)舒高第译(清)郑昌棪译	85
炼金新语一卷(英国)奥斯吞撰(清)舒高第(清)郑昌棪译	85
炼钢要言一卷附录试验各法一卷附图一卷(清)徐家宝译	85
炼钢说一卷(英国)傅兰雅撰	84
炼铁论一卷(英国)傅兰雅撰	85
炮法昂度子落高低远近画谱一卷(清)丁乃文撰	104
炮乘新法四卷英国制造官局撰(清)舒高第口译(清)郑昌棪笔述	104
烂喉丹痧辑要一卷(清)金德鉴撰	80
洪氏集验方五卷(宋)洪遵辑	54
洪江育婴小识四卷(清)潘清修 (清)王汪文修(清)欧阳钟校勘(清)梁秀湖校	53
洞天奥旨十六卷(清)陈士铎撰	36
洞天奥旨外科秘录十六卷(清)陈士铎撰	37

洞主仙师白喉治法忌表抉微一卷(清)耐修子著 …… 37	济生拔萃十九卷(元)杜思敬撰 …… 65
洞主仙师白喉治法忌表抉微一卷附白喉吹药方一卷(清)耐修子著 …… 37	济众录三卷(清)劳守慎辑 …… 66
	济阳纲目一百零八卷(明)武之望编辑(清)张楠注 …… 66
洞主先师白喉治法忌表抉微一卷(清)耐修子著 …… 37	济阴纲目十四卷(明)武之望辑注(清)汪淇笺释 …… 66
洞主先师白喉治法忌表抉微一卷附白喉吹药方一卷(清)耐修子著 …… 37	济阴纲目十四卷附保生琐事一卷(明)武之望辑注(清)汪淇笺释 & 附保生碎事一卷(清)汪淇论定 …… 66
洞填全书脉诀□阐征一卷(清)陈士铎述 …… 37	济阴纲目十四卷附保生碎事一卷(明)武之望辑注(清)汪淇笺释 & 附保生碎事一卷(清)汪淇论定 …… 66
洄溪医案一卷(清)徐大椿撰 (清)王士雄编 …… 61	
测地绘图十一卷附一卷表一卷(英国)富路玛撰(英国)傅兰雅口译(清)徐寿笔述 …… 18	济阴纲目十四卷附保生碎事济阴慈幼外编一卷(明)武之望辑注(清)汪淇笺释 & 附保生碎事一卷(清)汪淇论定 …… 66
测绘海图全法八卷附一卷(英国)华尔敦撰(英国)傅兰雅口译(清)赵元益笔述 …… 19	洋防说略二卷(清)徐椿荪著 …… 178
测绘器图说一卷(英国)傅兰雅撰 …… 19	洋防辑要二十四卷(清)严如熤辑 …… 178
测圆海镜细草十二卷(元)李治撰 …… 19	洋枪浅言一卷(清)颜邦固撰 …… 178
测候丛谈四卷(美国)金楷理口译(清)华蘅芳笔述 …… 18	洴澼百金方十四卷(明)袁宫桂撰 …… 105
测候器图说四卷(英国)傅兰雅撰 …… 18	恽铁樵演讲录一卷恽铁樵著 章巨膺编校 …… 204
测海山房中西算学丛刻初编二种(清)测海山房主人辑 …… 18	浑盖通宪图说二卷首一卷(明)李之藻撰 …… 61
测量新编四种(清)吴嘉善等述 …… 19	扁鹊心书三卷心书神方一卷(战国)扁鹊传(宋)窦材重集 …… 12
测圜海镜通释四卷刘岳云撰 …… 18	扁鹊神应针灸玉龙经一卷(元)王国瑞撰 …… 12
测圜海镜通释四卷附算学丛话一卷喻利算法一卷刘岳云撰 …… 18	扁鹊难经二卷(元)滑寿注 …… 12
	神农书一卷(三国魏)吴普等述 …… 127
洗冤录详义四卷首一卷附洗冤录摭遗二卷(清)许梿编校 & 洗冤录摭遗二卷(清)葛元煦辑 …… 163	神农本经一卷(清)姜国伊辑述 …… 127
	神农本经经释三卷(清)姜国伊撰 …… 127
洗冤录摭遗二卷补一卷(清)葛元煦撰 & 补一卷 (清)张开运撰(清)王秉恩校定 …… 163	神农本草三卷附本说一卷(清)王闿运辑 …… 127
	神农本草三卷附本说一卷逸文一卷刘复民辑 …… 127
活人心法四卷(清)王文选编辑 …… 62	神农本草备要医方合编六卷(清)汪昂鉴定 …… 126
活人书二十卷(明)徐镕校正 …… 62	神农本草经三卷(魏)吴普等述 …… 127
活人精言三种(明)戈维城(清)席树馨校梓(清)席之瑛兑字 …… 62	神农本草经百种录一卷(清)徐大椿撰 (清)徐燨校 …… 126
活幼心法八卷末一卷(明)聂尚恒撰 …… 62	神农本草经经释一卷(清)姜国伊撰 …… 127
活幼心法大全八卷末一卷(明)聂尚恒撰 …… 62	神农本草经读四卷(清)陈念祖著(清)陈元豹校(清)陈元犀校 …… 126
活幼心法二卷(明)聂尚恒撰 …… 62	
活幼珠玑二卷续编一卷(清)许佐廷编辑(清)程学说等校 …… 62	神农本草经读歌注一卷□□撰 …… 126
活法机要一卷(明)吴中珩校 …… 62	神相证验百条二卷刘学诚辑 …… 127
济世山房痧症医案全集一卷吴荣漳著 陶轩汇辑并图注 …… 66	神效良方一卷□□撰 …… 127
	神授医理一卷□□撰 …… 127
济世达生撮要八种(清) 李泽身撰 …… 66	神授急救异痧奇方一卷(清)何其伟编 …… 127
济世良方六卷首一卷(清)周其芬原辑(清)莹轩氏增辑 …… 66	说疫全书三种(清)刘奎等著 …… 135
	退思庐女科证治约旨四卷严鸿志辑 严智鹤校字 …… 149
济世良方六卷首一卷补遗四卷(清)周其芬原辑(清)莹轩氏增辑 …… 66	退思庐医书四种严鸿志纂辑 …… 149
济世养生集一卷(清)毛世洪辑(清)汪瑜增订 …… 66	费伯雄先生医书二种(清)费伯雄撰(清)费应兰编(清)费荣祖等校 …… 40
济世养生经验良方八卷费梧纂订 费樊元等校 …… 66	孩童卫生编一卷(英国)傅兰雅译 …… 51
	绘地法原一卷(美国)金楷理口译(清)王德均笔述 …… 61

绘地法原不分卷附表一卷图一卷(美国)金楷理口译(清)王德均笔述 …… 61
绘图卫生至宝一卷□□撰 …… 61
绘图外科正宗十二卷(明)陈实功撰(清)徐大椿评 …… 61
绘图针灸易学三卷(清)李守先注(清)王庭煊等参 …… 61
绘图食物本草一卷(清)朱斗南编 …… 61
绘图痧惊合璧四卷(清)陈汝銈撰 …… 61
绛雪园古方选注三卷(清)王子接注(清)叶桂校 …… 69
绛雪园古方选注不分卷(清)王子接注(清)叶桂校 …… 68

(十 画)

秦氏痘疹图说三卷余德埙增订 …… 109
泰西船政论一卷(英国)傅兰雅撰 …… 144
珠算改迷一卷附李贞女葆清墓志铭一卷李葆清女士传一卷(清)李天贞撰 …… 224
素书一卷附心书一卷孙子一卷(汉)黄石公撰(宋)张商英注 & 心书一卷 题(三国蜀)诸葛亮撰 & 孙子一卷 (春秋)孙武撰 …… 138
素书注一卷(汉)黄石公撰 …… 138
素问六气玄珠密语十卷(唐)王冰述 …… 139
素问灵枢类纂约注三卷(清)汪昂纂辑 …… 138
素问灵台秘典论篇新解一卷灵素五解篇一卷廖平撰 …… 139
素问学一卷金匮贻学 …… 139
素问悬解十三卷(清)黄元御解 …… 139
素问释义十卷(清)张琦撰 …… 139
素问痿论释难一卷刘复注 …… 139
素灵合纂三卷(清)迎认庵辑 …… 138
素灵类纂约注三卷(清)汪昂纂辑 …… 138
素灵微蕴四卷(清)黄元御撰 …… 138
蚕务图说一卷(德国)康发达著 …… 18
蚕体病理学不分卷□□撰 …… 18
蚕桑一说晓一卷(清)刘锡纯撰 …… 17
蚕桑万户自力更生计划草案一卷钱幼琮撰 …… 17
蚕桑图说一卷(清)王世熙辑 …… 17
蚕桑备要一卷(清)刘青藜补辑 …… 17
蚕桑实济六卷(清)易星撰 …… 17
蚕桑录要一卷谭聘侯录 …… 17
蚕桑说一卷(清)李君凤集 …… 17
蚕桑说一卷养蚕说一卷(清)李君凤 杨蔚本撰 …… 17
蚕桑萃编十五卷(清)卫杰纂 …… 17
蚕桑答问二卷续编一卷(清)朱祖荣编 & 续编一卷 (清)蒋斧重编 …… 17
蚕桑辑要一卷(清)沈炳震撰 …… 17
蚕桑摘要三卷(清)赵渊撰 …… 17

捕蝗要诀一卷附除蝻八要一卷(清)钱炘和撰 …… 16
起死回生秘诀一卷(清)梅光鼎撰 …… 107
都江堰水利述要一卷四川省水利局编 …… 37
恶核良方释疑一卷(清)劳亦慎纂 …… 39
真本生生集三种(清)亟斋居士等撰 …… 215
桂考一卷(清)张光裕撰 …… 50
桂林医鉴九卷(清)王桂林补注 …… 50
桐君阁丸药提要一卷□□ 撰 …… 148
格氏小儿耳鼻咽喉病学一卷(英国)格思烈撰 谭世鑫译 …… 45
格林炮操法一卷(美国)傅兰克令著(英国)傅兰雅口译 …… 45
格物杂说四卷(英国)傅兰雅撰 …… 46
格物测算八卷(美国)丁韪良撰 …… 46
格致小引一卷(英国)赫施赉著(英国)罗亨利译 …… 46
格致古微五卷表一卷(清)王仁俊撰 …… 46
格致汇编不分卷(英国)傅兰雅辑 …… 46
格致汇编医录一卷(清)潘学祖辑 …… 46
格致余论一卷(元)朱震亨撰(明)吴中珩校 …… 46
格致启蒙四卷(英国)罗斯古纂(美国)林乐知(清)郑昌棪同译 …… 46
格致读本二卷(英国)穆尔显撰 南洋公学译书院译 …… 46
格致理三家论一卷(英国)傅兰雅辑(英国)慕维廉稿 …… 46
格致略论十二卷(英国)傅兰雅辑 …… 46
格致新法一卷续一卷(英国)慕维廉撰 …… 46
格致镜原一百卷(清)陈元龙撰 …… 46
校刊目经大成三卷首一卷(清)黄庭镜撰 …… 166
校正世补斋医书正集续集(清)陆懋修著 …… 166
校正本草纲目五十二卷(明)李时珍撰(清)吴毓昌校订 …… 166
校正伤寒论十卷(晋)王叔和撰(日本)浅野徽元校 …… 166
校正李仕材先生三书四种(明)李中梓著 (清)尤乘生补 …… 166
校正医林状元寿世保元十卷(明)龚廷贤编(清)周亮登校 …… 166
校正时病论八卷(清)雷丰著 …… 166
校正国药古方汇编四卷施家栋等编辑 …… 166
校正图注八十一难经四卷(战国)秦越人述(明)张世贤注 …… 166
校正傅青主男女科二卷附妇科杂症一卷(清)傅山著 & 妇科杂症一卷 (清)文晟辑 …… 166
校正增广验方新编十八卷首一卷(清)鲍相璈辑 …… 166
校正增广验方新编十六卷首一卷痧症全书三卷首一卷(清)鲍相璈辑 …… 167

校正濒湖脉学一卷奇经八脉考一卷(明)李时珍撰 …… 166
校补天元选择辨症八卷末一卷(清)谢乡瘫辑 王元极校补 杨天佑绘图 …… 166
校刻伤寒图歌活人指掌五卷(元)吴恕著 …… 166
校定图注脉诀四卷(晋)王叔和撰(明)张世贤注 …… 166
夏小正一卷王闿运注 …… 164
夏秋蚕人工孵化法一卷人工孵化论一卷四川省立农学院编 …… 164
夏侯阳算经三卷(北魏)夏侯阳撰 …… 164
夏紫笙算书五种(清)夏鸾翔撰(清)徐树勋校刊 …… 164
原本直指算法统宗十二卷(明)程大位编 …… 203
逐病论治录三卷何仲皋注 …… 224
烈光治验医案一卷范烈光注 …… 86
顾氏医苑二十种顾培玺编 …… 49
顾氏医镜六种(清)顾靖远撰 …… 49
晏子春秋一卷(清)郝懿行撰 …… 177
圆机堂纂集痘科良方四卷(清)谢曦编辑(清)王云锦校订(清)王怀庆校字 …… 203
圆锥曲线一卷(美国)求德生选译 (清)刘维师笔述(清)张宝善校阅 …… 203
钱氏儿科案疏二卷(宋)钱乙撰(宋)阎孝忠编次 …… 108
钱氏小儿药证直诀三卷(宋)钱乙撰(宋)阎孝忠编次 …… 108
钱氏小儿药证直诀三卷附方一卷董氏小儿斑疹备急方论一卷(宋)钱乙撰 (宋)阎孝忠集 & 附方一卷(宋)阎孝忠撰 & 董氏小儿斑疹备急方论一卷(宋)董汲之撰 …… 108
铁甲丛谈五卷附图一卷(英国)黎特著(清)舒高第译(清)郑昌棪译 …… 147
铁板神数不分卷(宋)陈抟撰 …… 147
铁路工程一卷(英国)傅兰雅撰 …… 147
铁路纪要三卷(美国)柯理集(清)潘松译 …… 147
铁樵杂著四卷恽铁樵著 …… 147
造针制钮法一卷(英国)傅兰雅撰 …… 205
造林学不分卷□□撰 …… 205
造玻璃法一卷(英国)傅兰雅撰 …… 205
造洋漆法一卷附续编一卷(日本)田原良纯撰 王振声参校 …… 205
造瓷机器择要一卷(英国)傅兰雅撰 …… 205
秘方汇集一卷□□撰 …… 95
秘本丹方大全不分卷上海世界书局编辑所编辑 …… 95
秘本疡科选粹八卷(明)陈文治辑(清)徐大椿批点 …… 95
秘传花镜六卷(清)陈溟子辑 …… 95
秘传眼科龙木总论八卷(明)葆光道人撰 …… 95
秘传眼科龙木总论十卷(明)葆光道人撰 …… 95
秘传眼科纂要二卷(清)黄严纂 …… 95

秘传喉风神效精义一卷□□撰 …… 95
透帘细草一卷附续古摘奇算法一卷丁巨算法一卷□□撰 & 续古摘奇算法一卷(宋)杨辉撰 & 丁巨算法一卷(元)丁巨撰 …… 148
笔花医镜四卷(清)江涵暾著 …… 11
笔算便览五卷(清)纪大奎编 …… 11
笔算数学二卷(美国)狄考文辑 (清)邹立文述 …… 11
笔算数学全草六卷□□撰 …… 11
笔算数学详草一卷 上海科学书局总发行所编译 …… 11
健康秘诀一卷卢世英著 …… 68
徐氏医书八种(清)徐大椿撰 …… 172
徐氏医书六种(清)徐大椿撰 …… 172
徐批临证指南医案十卷附种福堂续选临证指南医案四卷(清)叶桂注(清)李大瞻等校 & 种福堂续选临江指南医案四卷(清)叶桂论(清)田岫云较 …… 171
徐灵胎十二种全集(清)徐大椿著 …… 171
徐灵胎先生医学全书十六种(清)徐大椿著 …… 171
徐灵胎医书八种(清)徐大椿著(清)徐爔校 …… 171
徐灵胎医书三十二种(清)徐大椿著 …… 171
殷历谱十四卷董作宾撰 …… 196
航海通书不分卷(清)贾步纬等校 …… 52
航海章程一卷附初议纪录一卷(美国)弗兰克林撰(清)凤仪口译(清)徐家宝笔述 …… 53
航海简法四卷(英国)那丽撰(美国)金楷理口译(清)王德均笔述 …… 52
翁仲仁先生痘科金镜赋六卷(清)俞茂鲲集解(清)于人龙参评 …… 159
翁仲仁先生原本幼科七种大全(明)翁仲仁原本 …… 159
脏腑证治图说人镜经八卷附录二卷(明)张俊英纂述(清)张吾瑾重辑 …… 205
脏腑图说症治合璧医案类录一卷(清)罗定昌撰(清)王钊参订 …… 204
脏腑图说症治要言全璧三卷(清)罗定昌述 & 春温三字诀一卷(清)张子培注 & 痢症三字诀一卷(清)唐宗海注 …… 205
高士宗先生手授医学真传二卷(清)高世栻著(清)王嘉嗣等述 …… 45
高厚蒙求八卷(清)徐朝俊纂(清)徐绂校 …… 45
高厚蒙求五卷(清)徐朝俊纂(清)徐绂校 …… 45
高等植物学不分卷□□撰 …… 45
病机沙篆二卷(明)李中梓撰 …… 14
病态儿童休乐指导八卷(美国)魏登玛莉原著 傅葆琛编译 苏季芸校订 …… 14
病理学一卷赖华锋编 …… 14
病理学稿裁二卷 姚心源撰 姚文藻 徐承桢编 …… 14

病理撮要一卷(清)尹瑞模译 …… 14	诸葛忠武侯故事五卷(清)张澍辑 …… 224
唐王焘先生外台秘要方四十卷(唐)王焘撰(清)程衍道订 …… 145	诸葛忠武侯年谱六卷(清)张澍辑 …… 224
唐王焘先生外台秘要四十卷(唐)王焘撰(清)程衍道订 …… 145	诸葛忠武侯全集二十卷(清)胡升犹纂 …… 224
唐开元占经一百二十卷(唐)瞿昙悉达撰 …… 145	读史兵略四十六卷(清)胡林翼撰 …… 39
唐本千金方第一序例注八卷序目一卷跋尾一卷(唐)孙思邈撰 张骥集注 …… 145	读史兵略续编十卷(清)胡林翼撰 …… 39
唐本伤寒一卷医心方一卷□□撰 …… 145	读过伤寒论十八卷首二卷 陈伯坛著 …… 39
部位经脉要略一卷□□撰 …… 16	读伤寒论抄一卷□□撰 …… 39
旅舍备要方一卷(宋)董汲撰 …… 90	读孙子十三篇阵中笺释一卷朱怀冰撰 …… 39
旅舍备要方一卷伤寒微旨论二卷(宋)董汲撰 & 伤寒微旨论二卷(宋)韩祗和撰 …… 90	读医药顾问记略一卷□□撰 …… 39
畜中宝一卷□□撰 …… 26	读脉约编不分卷□□撰 …… 39
畜产学不分卷北平大学农学院编 …… 26	读素问抄三卷自赞一卷(元)滑寿编辑(明)汪机续注 …… 39
拳经四卷李肃之校 …… 110	读素问抄三卷补遗一卷(元)滑寿编辑(明)汪机续注 …… 39
益古演段三卷(元)李冶撰 (清)黄宗宪校 …… 196	袖珍奇方三卷(清)谢鹤洲辑 …… 171
兼济堂纂刻梅勿庵先生历算全书二十九种(清)梅文鼎撰 …… 68	调元集腋二卷(清)陈子豫撰 …… 147
浙西水利备考不分卷(清)王凤生撰 …… 213	调剂学一卷□□撰 …… 147
海上仙方一卷无名氏撰 …… 51	调疾饮食辨五卷(清)章穆纂述(清)程步岩参订 …… 147
海军调度要言三卷(英国)拏核撰(清)舒高第译(清)郑昌棪译 …… 51	谈天十八卷首一卷表一卷(英国)候失勒原本(英国)伟烈亚力口译(清)李善兰删述(清)徐建寅续述 …… 144
海医道掌一卷方骏撰 …… 51	陶节庵伤寒全生集四卷(清)叶天士评 …… 145
海岛算经一卷(晋)刘徽撰(唐)李淳风注 …… 51	通物电光四卷附图一卷(美国)莫耳登撰(英国)傅兰雅口译 王季烈笔述 …… 147
海战指要一卷(英国)傅兰雅撰 …… 51	难经丛考一卷张骥辑 …… 97
海塘辑要十一卷附释一卷(英国)韦更斯撰(英国)傅兰雅口译(清)赵元益笔述 & 海塘辑要附释一卷(英国)马立德著 …… 51	难经学一卷邹慎撰 …… 98
	难经经释补证二卷总论一卷(战国)秦越人注(清)徐大椿释 廖平补证 …… 97
海错百一录五卷(清)郭柏苍辑 …… 51	难经经释二卷(战国)秦越人注(清)徐大椿释 …… 97
海藏老人阴证略例一卷(元)王好古撰 …… 51	难经悬解二卷(清)黄元御解 …… 98
家传医学入门二卷(清)江秉乾编辑 …… 67	难经集注五卷(明)王九思辑 …… 97
家畜卫生不分卷焦龙华编 …… 67	验方杂录不分卷□□撰 …… 176
家畜卫生学不分卷陆军兽医学校编 …… 67	验方秘本一卷□□撰 …… 176
家畜内科学不分卷陆军兽医学校编 …… 67	验方新编十八卷(清)鲍相璈编辑(清)张绍棠增辑 …… 176
家畜内科学讲义一卷附病马看护一卷□□撰 …… 67	验方新编十八卷选录验方新编勘误表一卷(清)鲍相璈(清)张绍棠增辑 …… 176
家畜内科诊断学不分卷陆军兽医学校编 …… 67	验方新编十六卷(清)鲍相璈编辑(清)鲍相璧校 …… 176
家畜外科各论学一卷□□撰 …… 67	验方新编十六卷目录一卷(清)鲍相璈编辑(清)鲍相璧校 …… 176
家畜传染病学一卷罗清生编撰 …… 67	
家畜产科学不分卷陆军兽医学校编 …… 67	验方新编十六卷目录一卷末一卷(清)鲍相璈编辑(清)鲍相璧校 …… 176
家畜病理学不分卷□□撰 …… 67	
家藏心典十六卷(清)陈念祖撰 …… 67	验方新编十六卷首一卷附痧症全书一卷验方续编一卷(清)鲍相璈辑(清)张绍棠增辑 …… 176
容圆七术三卷曲面容方一卷(清)黄宗宪撰 …… 111	
诸葛心书集注一卷(三国蜀)诸葛亮撰 官道尊集注 …… 224	验方新编八卷首一卷附喉症秘集二卷痧症全书三卷(清)鲍相璈等辑 …… 176
诸葛丞相集四卷(三国蜀)诸葛亮撰(明)张溥辑 …… 224	验方增辑二卷(清)黄铃增辑 …… 176
	验方纂要一卷附秘传汤火神妙方一卷(清)彭文友撰 …… 176

(十一画)

理虚元鉴二卷(明)汪绮石著(清)柯怀祖订 …… 82
理解力学教科书三卷补遗一卷罗葆寅编辑 …… 82
理瀹外治方要一卷附应验方一卷(清)吴尚先著 …… 82
理瀹外治方要一卷附应验诸方一卷(清)吴尚先撰 …… 82
理瀹骈文一卷(清)吴师机撰 …… 82
捷法算盘一卷□□撰 …… 69
捷要杂略脉诀一卷附邓氏杂略汤头歌括一卷□□撰 …… 69
捷要算法不分卷□□撰 …… 69
推求师意二卷(明)汪机编辑(明)陈桷校刊 …… 149
推背图说一卷附刘伯温烧饼歌一卷□□编 …… 149
推测地球一卷(英国)傅兰雅撰 …… 149
推拿广意三卷(清)熊应雄纂辑(清)陈世凯重订 …… 149
推拿易知一卷中华书局编 …… 149
推爱堂痘疹集验□□卷附痘疹补方一卷(清)傅霖补辑 …… 149
教种山蚕谱一卷樗茧谱一卷(清)汪国璋撰(清)郑珍纂(清)莫友芝注 …… 69
教种山蚕谱不分卷(清)杜国棠辑 …… 69
探矿取金六卷续编一卷附编一卷(英国)密拉撰(清)舒高第译(清)汪振声述 …… 145
聊复集五卷(清)汪必昌辑纂 …… 86
黄氏医书八种(清)黄元御撰 (清)徐树铭校 …… 60
黄石公三略二卷六韬一卷唐太宗李卫公问对二卷□□撰 …… 59
黄石公素书一卷(汉)黄石公撰(汉)魏鲁注 …… 60
黄石公素书一卷附天隐子一卷玄真子外篇一卷无能子三卷齐五子一卷(汉)黄石公撰 & 天隐子一卷(唐)司马承祯撰 & 玄真子外篇一卷(唐)张志和撰 & 无能子三卷(唐)无能子撰 & 齐丘子一卷(五代)谭峭撰 …… 60
黄石公素书一卷附留侯世家一卷(汉)黄石公撰(汉)魏鲁注 …… 60
黄石公素书解一卷程昌祺著述 …… 60
黄廉访精选经验方一卷目录一卷(清)黄毓恩辑 …… 59
黄河论一卷(英国)玛礼孙稿 …… 59
黄帝八十一难经正本一卷(战国)秦越人章句 张骥校补 …… 57
黄帝八十一难经疏证二卷(日本)丹波元胤学 …… 57
黄帝太素人迎脉口诊补症二卷廖平撰 …… 59
黄帝内经太素三十卷(隋)杨上善辑注 萧延平校正 …… 59
黄帝内经太素三十卷黄帝内经明堂一卷附录一卷(隋)杨上善注 & 附录一卷(清)黄以周撰 …… 59
黄帝内经太素诊皮篇补症一卷附古经诊皮名词一卷释尺一卷仲景诊皮法一卷杨氏太素论诊皮法一卷(隋)杨上善撰注 廖平等辑并补证 …… 59

黄帝内经灵枢十二卷(唐)王冰次注(宋)林亿校正(宋)孙奇校正(宋)高保衡校正(宋)孙兆重改误 …… 57
黄帝内经灵枢十二卷补注二十四卷(唐)王冰次注(宋)林亿校正(宋)孙奇校正(宋)高保衡校正(宋)孙兆重改误 …… 57
黄帝内经灵枢十二卷附灵枢隋杨氏太素注本目录一卷黄帝内经太素篇目一卷(唐)王冰次注(宋)林亿校正(宋)孙奇校正(宋)高保衡校正(宋)孙兆重改误 …… 57
黄帝内经灵枢注证发微九卷(明)马莳注 …… 58
黄帝内经灵枢素问十卷(清)张志聪集注 …… 58
黄帝内经灵枢集注十二卷(清)张志聪集注(清)赵尔功参(清)闵振儒参(清)朱翰校正 …… 57
黄帝内经灵枢十二卷(唐)王冰次注(宋)林亿校正(宋)孙奇校正(宋)高保衡校正(宋)孙兆重改误 …… 57
黄帝内经素问二十四卷(明)吴崐注 …… 58
黄帝内经素问二十四卷灵枢经十二卷(清)张志聪集注 …… 58
黄帝内经素问九卷(清)张志聪集注(清)莫承艺参订(清)朱景韩校正 …… 58
黄帝内经素问九卷灵枢经十卷(清)张志聪集注 …… 58
黄帝内经素问九卷灵枢经九卷(清)张志聪集注 …… 58
黄帝内经素问灵枢合纂二十卷(明)马莳(清)张志聪注 …… 58
黄帝内经素问注证发微九卷补遗一卷(明)马莳注 …… 59
黄帝内经素问证症发微九卷灵枢注证发微九卷(明)马莳注 …… 59
黄帝内经素问详注直讲全集二十四卷(唐)王冰撰(清)高士亿注 …… 58
黄帝内经素问校义一卷(清)胡澍撰 …… 58
黄帝内经素问遗篇一卷(宋)刘温舒原本 …… 59
黄帝内经素问集注九卷灵枢经集注九卷(清)张志聪集注 …… 58
黄帝甲乙经十二卷(晋)皇甫谧辑 …… 57
黄帝素问灵枢经十二卷(唐)王冰次注(宋)林亿校正(宋)孙奇校正(宋)高保衡校正(宋)孙兆重改误 …… 59
黄帝素问灵枢经十二卷补注释文黄帝内经素问十二卷遗篇一卷(唐)王冰次注(宋)林亿校正(宋)孙奇校正(宋)高保衡校正(宋)孙兆重改误 …… 59
黄帝逸典十三卷□□撰 …… 59
菊说不分卷许衍灼编 …… 78
菊逸山房地理一卷附菊逸山房法备收一卷(唐)杨益著 & 菊逸山房法备收一卷(清)寇宗辑 …… 78
营工要览四卷(英国)武备工程课则(英国)傅兰雅 (清)汪振声同译 …… 197
营卫运行补证一卷(隋)杨上善撰 廖平补正 …… 197
营城揭要二卷(英国)储意比撰(英国)傅兰雅口译(清)徐寿笔述 …… 197

书名	页码
营垒图说一卷(比利时)伯里牙芒著(美国)金楷理口译	197
营造法式三十四卷(宋)李诫撰	197
乾象新书二卷(宋)秦孝先书	45
梦溪笔谈二十六卷补笔谈二卷续笔谈一卷附梦溪笔谈补校一卷(宋)沈括撰 & 附梦溪笔谈补校一卷 林思进撰	95
梅氏丛书辑要二十三种附录两种(清)梅文鼎撰(清)梅毂成等校辑	94
梅氏丛书辑要二十五种(清)梅文鼎撰(清)梅毂成等校辑	94
梅氏验方新编七卷(清)梅启照原编	94
救人良方一卷(清)秀耀春撰	78
救火器图说一卷(英国)傅兰雅撰	78
救命神奇药方续命集不分卷寄居京都隐名士人辑	78
救急奇方一卷□□撰	78
救急奇方一卷飞鸿集眼科七十二症一卷(清)徐文弼编	78
救急金丹二卷□□撰	78
救急选方二卷(日本)栎窗多纪撰	78
救急便验良方二卷□□辑	78
救偏琐言五卷附琐言备用良方一卷(清)费启泰撰(清)费度等订	78
曹氏伤寒发微四卷(汉)张机撰 (清)曹家达释义 (清)丁济华等校订	18
颅囟经二卷□□撰	89
颅囟经二卷出行宝镜一卷□□撰(清)李调元校	89
晨操教材四编彭礼南编	21
眼科大全六卷(明)傅仁宇辑	174
眼科及杂病药方一卷□□撰	175
眼科切要一卷(清)王锡鑫选辑	175
眼科内症二卷(清)高玉如辑	175
眼科仙方一卷刘镕经辑	175
眼科百问二卷(清)王子固编辑	174
眼科快捷方式一卷伤寒舌鉴一卷达生编一卷(清)□□撰 & 伤寒舌鉴一卷(清)张登汇纂 & 达生编一卷(清)亟斋居士撰	
眼科良方一卷(清)叶桂著(清)陈世溶选辑	175
眼科奇书一卷孙本端编	175
眼科易知一卷中华书局编	175
眼科宜书一卷廖政参订	175
眼科秘诀四卷(唐)孙思邈著(清)王万化传(清)马化龙受	175
眼科秘旨二卷□□撰	175
眼科症治一卷(美国)聂会东译(清)尚宝臣笔述	175
眼科捷要一卷 张育三编	175
眼科锦囊四卷(日本)本庄俊笃撰	175
眼科精华录二卷首一卷康维恂编	175
野菜博录三卷(明)鲍山撰	179
崇顾楼药方备要一卷冰藏居士撰	22
婴孩护病学一卷 DR. E. ROWLEY 撰	197
婴童百问十卷(明)鲁伯嗣撰(明)熊宗立校(明)王肯堂订	197
铜人针灸经七卷附校勘记一卷□□撰 & 附校勘记一卷(清)冯一梅撰	148
铜人灸法二卷(清)释本圆撰(清)萧福庵续编	148
铜人图考正穴法一卷□□撰	148
铜人堂针灸一卷(清)释本圆撰	148
铜人腧穴针灸图经三卷附穴腧都数一卷(宋)王惟一撰	148
银海指南四卷(清)顾锡撰(清)及芬(清)张畹(清)顾庆(清)顾师渔校(清)汪翰校阅	197
银海精微二卷(唐)孙思邈辑(清)周亮节校正(清)龚云林编定 陈滋评	196
银海精微四卷(唐)孙思邈辑(清)周亮节校正(清)龚云林编定	196
得心集医案六卷(清)谢星焕注(清)谢甘霖纂辑(清)谢甘澍纂辑	32
船坞论略一卷附图一卷(英国)傅兰雅辑译(清)钟天纬笔述	27
彩图辨舌指南六卷曹炳章撰述	17
脚气治法总要二卷(宋)董汲著	69
象林二卷(明)陈荩谟撰	165
象数一原七卷(清)项名达著	165
猪经大全一卷附牛经大全一卷□□撰	224
麻科合璧一卷(清)杨开泰汇编	90
麻科活人全书四卷(清)谢玉琼纂辑	91
麻科活人全书四卷附录一篇产宝一卷(清)谢玉琼撰	91
麻疹阐注四卷张廉述	91
痎疟论疏一卷(明)卢之颐撰	69
羚羊角辨一卷张锡纯撰	88
兽经一卷虎苑二卷(明)黄省曾撰(明)王穉登撰	133
兽医大意不分卷刘心舜选述	133
兽医内外科讲义一卷□□撰	133
兽有百种论一卷(英国)傅兰雅撰	133
兽医易知不分卷中华书局编	133
兽医学不分卷□□撰	133
兽医学讲义外科各论篇不分卷陆军兽医学校编	133
兽医学教科书二编□□撰	133
兽医科简明药物学不分卷□□撰	133
淑老轩经验方不分卷(清)黄毓恩辑	133
淮阳水利图说一卷(清)冯道立撰	56
淮南万毕术二卷(汉)刘安纂	56

笔画索引

淮南天文训补注二卷(清)钱唐撰 …… 56
渔业历史一卷沈同芳撰 …… 199
涪州实业中学堂新改良养蚕白话一卷 刘开宗撰 祝仲峙审定 …… 42
淡气爆药新书九卷(英国)山福德著(清)沈陶璋笔述(清)舒高第口译 …… 32
惊风痘疹秘本一卷□□撰 …… 75
惊风辨证必读书二卷(清)刘德馨辑 …… 75
寄生虫病学不分卷孙重仪撰 …… 66
尉缭子直解五卷(明)刘寅撰 …… 155
隋息居重订霍乱论四卷(清)王士雄纂 …… 140
随山宇方抄一卷(清)汪曰桢撰 …… 140
随园食单不分卷(清)袁枚撰 …… 141
随息居饮食谱一卷(清)王士雄纂 …… 140
随息居饮食谱七卷(清)王士雄撰 …… 140
随息居重订霍乱论四卷(清)王士雄纂 …… 141
续古摘奇算法一卷附丁巨算法一卷(宋)杨辉撰 & 丁巨算法一卷(元)丁巨撰 …… 172
续名医类案三十六卷(清)魏之琇编集(清)王士雄校(清)杨照藜校 …… 172
续医方辨难大成四卷□□撰 …… 172
续医说十卷(明)俞弁著 …… 172
续嗣珍宝一卷白云居士辑 …… 172
续增洗冤录辨正三卷(清)瞿中溶撰 …… 172
续纂江苏水利全案图说不分卷(清)李庆云辑 …… 172
巢氏病源补养倡导法一卷廖平辑 …… 20
巢氏诸病源候总论五十卷(隋)巢元方撰(清)胡益谦校 …… 20

(十二画)

博物新编三卷(英国)合信撰 …… 14
博物新闻一卷(英国)艾约瑟撰 …… 14
博济方五卷(宋)王衮撰 …… 14
揣仑续录三卷(清)张作楠撰 …… 26
揣摩有得集不分卷(清)张朝震撰 …… 26
葛仙翁肘后备急方八卷(晋)葛洪撰 …… 46
葛仙翁肘后备急方八卷附刊误表一卷(晋)葛洪撰 …… 47
董方立算学遗书五种(清)董佑诚撰 …… 36
辜大安身验良方一卷附录一卷(清)辜大安撰 …… 47
植物图说四卷(英国)傅兰雅撰 …… 217
植物病理学讲义不分卷章祖纯编 …… 217
植物教科书一卷(日本)齐田功太郎(日本)松村任三撰(清)樊炳清译 …… 217
森林动物学讲义不分卷余必达编 …… 114
森林保护学不分卷□□撰 …… 114
棉土之化学分析法一卷叶元鼎著 …… 95
棉业书报目录一卷章之汶编辑 …… 95
棉业图说一卷(清)农工商部辑 …… 95
棉油厂说一卷(英国)傅兰雅撰 …… 96
辎重兵暂行操法不分卷□□撰 …… 224
紫微斗数全书四卷(宋)陈抟撰(清)潘希尹辑 …… 225
最新中医学课一卷□□撰 …… 226
最新伤寒论精义折中二卷朱莆著 …… 225
最新妇科学全书二卷蔡鹏云著 …… 225
最新实验简明眼科秘诀一卷 陆天医著 …… 225
最新实验养蚕法一卷□□撰 …… 225
量光力器图说一卷(英国)傅兰雅撰 …… 85
量法须知一卷(英国)傅兰雅撰 …… 85
量药涨力罗德满器具说略一卷□□撰 …… 85
量药涨力微尺说略一卷□□撰 …… 85
鼎锲幼幼集成六卷(清)陈复正辑 …… 35
景佑干象新书(宋)杨惟德撰 …… 75
景岳全书德集新方八阵(明)张介宾撰 …… 76
景岳全书二十四集十六种(明)张介宾撰 …… 76
景岳全书发挥四卷(清)叶桂著 …… 76
景岳全书发挥四卷首一卷(清)叶桂著 …… 76
景岳全书六十四卷(明)张介宾撰(清)鲁超订 …… 76
景岳新方砭四卷(清)陈念祖撰(清)陈元豹等校字 …… 76
景岳新方歌一卷(清)高秉钧(清)姚志仁等纂 …… 77
景岳新方诗括注解四卷(清)林霑纂(清)陈念祖纂(清)郑杰订刊 …… 77
景德镇陶录十卷(清)蓝浦原著(清)郑廷桂补辑 …… 75
跌打损疡药方一卷□□撰 …… 34
喉科杓指四卷(清)包永泰著(清)包福成校 …… 54
喉科易知一卷中华书局编辑 …… 54
喉科指掌论略治法一卷□□撰 …… 54
喉科秘钥二卷附录一卷(清)郑西原辑(清)许佐廷增订 …… 54
喉科秘旨二卷(清)吴张氏原本 …… 54
喉症汇参五卷(明)张介宾等撰 …… 54
喉症考辨一卷附白喉症验一卷(清)罗绍芳纂 & 白喉证验一卷(清)雷子木述 …… 54
喉症全科紫珍集二卷(清)燕山窦氏原本(清)朱翔宇辑 …… 54
喉症全科紫珍集二卷附保婴篇一卷(清)燕山窦氏原本(清)朱翔宇辑 …… 54
喉症秘集二卷痧症全书一卷(清)郑麈辑(清)许佐廷增订 & 痧症全书一卷(清)林森传授(清)王凯编辑 …… 54
喻氏医书三种(清)喻昌撰 …… 200
黑龙江垦殖说略一卷吴仲卿纂辑 …… 53
铸金论略六卷(英国)司布勒村撰(英国)傅兰雅口译(清)汪振声笔述 …… 224
铸钱工艺三卷(英国)傅兰雅 (清)钟天纬同译 …… 224

— 311 —

书名	页码
程氏眼喉秘集二卷(明)程玠撰(清)潘化成编	22
程杏轩医案三集(清)程文囿撰	22
程松崖先生眼科应验良方一卷(明)程玠撰	22
筑垒教范草案不分卷□□撰	224
傅氏眼科审视瑶函六卷首一卷(明)傅仁宇纂辑	44
傅氏眼科审视瑶函六卷首一卷医案一卷(明)傅仁宇纂辑(清)林长生校补(清)傅维藩编集	44
傅青主女科二卷(清)傅山撰	44
傅青主女科二卷产后编二卷(清)傅山撰	44
傅青主女科二卷附产后编二卷(清)傅山撰	44
傅青主全集二种(清)傅山著(清)金汝霖校	44
傅青主男女科二种(清)傅山著(清)金汝霖校	44
傅青主男女科二种附一种(清)傅山著(清)黄廷烈校勘	44
傅青主男科二卷(清)傅山著(清)金汝霖校	43
傅青主男科二卷女科二卷产后编二卷(清)傅山著(清)金汝霖校	43
傅征君女科二卷附傅征君产后编二卷(清)傅山撰	45
集成萃编兰台轨范八卷(清)徐大椿著	64
集注太玄经十卷(宋)司马光撰	65
集注伤寒论十卷(汉)张机撰	65
集选奇效简便良方四卷(清)丁尧臣辑	65
集验良方拔萃二卷(清)恬素辑	65
集验背疽方一卷(宋)李迅撰	65
集验简易良方四卷(清)怀庭德丰辑(清)莫树蕃校订	65
焦氏易诂十一卷补遗一卷尚秉和撰	69
焦氏易林校略十六卷(清)翟云升撰	69
遁甲演义四卷(明)程道生撰	39
御风要术三卷(英国)白尔特撰(美国)金楷理口译(清)华蘅芳笔述	201
御医曹沧洲医案秘本二卷曹沧洲撰 屠锡淇汇编 奚缵黄选录	201
御制历象考成二十六卷(清)允禄等编纂	201
御制历象考成后编十卷(清)允禄等编纂	201
御制历象考成上编十六卷下编十卷表十六卷(清)允禄等编纂	201
御制耕织图一卷(清)焦秉贞绘 (清)圣祖玄烨题诗	201
御制数理精蕴表八卷(清)圣祖玄烨撰	201
御制数理精蕴几何原本十二卷(清)圣祖玄烨撰	201
御制数理精蕴五十三卷(清)圣祖玄烨撰	201
御纂三十六舌金镜录一卷(清)太医院校正	202
御纂医宗金鉴六十卷附首一卷编辑外科心法要诀十六卷首一卷御纂医宗金鉴续编十四卷首一卷(清)吴谦等撰	202
御纂医宗金鉴六十卷首一卷附编辑外科心法要诀十六卷首一卷御纂医宗金鉴续编十四卷首一卷(清)吴谦等撰	202
御纂医宗金鉴十五种(清)吴谦等撰	202
御纂医宗金鉴外科心法要诀十六卷(清)吴谦等撰	202
释天一卷重订谈天正义一卷三代纪年考一卷(清)吕调阳述	132
释名病释一卷余岩撰	132
释论二卷释椭一卷(清)焦循学	132
释谷四卷(清)刘宝楠撰	132
释星图考一卷圜海图考四卷(清)李锡书撰	132
禽鸟简要编一卷(英国)傅兰雅撰	109
禽星易见一卷(明)池本理撰	110
脾胃论三卷(金)李杲著	104
痘诀二卷(清)许豫和撰	37
痘治理辨一卷(明)汪机编辑	39
痘科大全三卷(清)史锡节撰	37
痘科扼要一卷(清)陈奇生撰	37
痘科良方二卷□□撰	37
痘科金镜赋集解六卷(清)俞天池撰	37
痘科类编释意二卷(清)翟良辑	37
痘疹正宗二卷(清)宋麟祥撰	38
痘疹世医心法十二卷(明)万全集(明)赵烨校	38
痘疹汇编释意六卷(清)翟良纂辑	38
痘疹全集十五卷目录一卷(清)冯兆张纂辑(清)冯千元等校	38
痘疹全镜录四卷翁仲仁撰	38
痘疹会通五卷(清)曾鼎纂述(清)刘昌祁校	38
痘疹图说一卷□□撰	38
痘疹定论二卷经验痘疹保婴编方论一卷种子仙方一卷(清)张鹏飞校辑 (清)张鹏飞刻本	38
痘疹定论四卷(清)朱纯嘏撰(清)王相编纂	38
痘疹诠三卷(明)张介宾撰(清)鲁超订	38
痘疹真传奇书二卷(明)高我冈撰(明)高尧臣纂辑	38
痘疹碎金赋一卷痘疹世医心法十二卷附毓麟芝室玉髓摘要二卷(明)万全集(明)赵烨校	38
痘疹慈航一卷(清)刘廷柱撰 (清)道光三十年(1850)刻本	38
痘麻医案二卷(清)齐秉慧撰	38
痘麻临症辨论一卷(清)倪向仁编	38
痢证汇参十卷(清)吴道源纂辑(清)王式金评定(清)刘文思参订(清)王天瑞校(清)龚锡勇校	84
痢证定论大全四卷(清)孔毓礼著(清)明仲杰评	83
痢证定论大全四卷附失血症一卷(清)孔毓礼著(清)明仲杰评	84

笔画索引

痢症大全四卷(清)孔毓礼著 ……… 84
痢症汇参十卷(清)吴道源纂辑(清)王式金评定(清)刘文思参订(清)王天瑞校(清)龚锡勇校 ……… 84
痢症探源一卷(清)刘莹辑著 ……… 84
痢症探源一卷附喉风症一卷痧症一卷疯犬方一卷(清)刘莹辑著 ……… 84
痢疾论四卷(清)孔毓礼辑(清)杨大任参阅 ……… 83
痢疾论四卷附小儿急惊风证论白喉症论一卷(清)孔毓礼著 ……… 83
痧合编十五卷(清)刘奎撰 ……… 114
痧证指微一卷(清)释普净撰 ……… 114
痧胀玉衡书三卷末一卷(清)郭志邃著 ……… 114
痧胀然犀照一卷(清)沈金鳌撰 ……… 114
痧疫论三卷(清)胡杰辑著 ……… 114
痧症汇要四卷(清)孙玘编(清)何其伟校阅 ……… 115
痧症全书三卷(清)林森传授(清)王凯编辑(清)胡杰校订 ……… 115
痧症全书一卷(清)林森撰 ……… 115
痧症备要二卷(清)郭德勋撰(清)郭鐩纂 ……… 114
痧症度针二卷(清)胡凤昌辑 ……… 114
痧麻明辨一卷(清)华埧编辑 ……… 114
痧喉正义一卷(清)张振鋆辑 ……… 114
痧喉正义一卷附录一卷(清)张振鋆辑 ……… 114
痧喉阐义一卷(清)程镜宇撰 ……… 114
普济应验良方八卷补遗一卷续录二卷(清)德轩氏辑 ……… 105
普济应验良方八卷末一卷(清)德轩氏辑 ……… 105
普济应验良方十一卷(清)德轩氏辑 ……… 105
普通天文学不分卷李珩撰 ……… 106
普通生物学不分卷陈桢撰 ……… 106
普通动物学不分卷(日本)五岛清太郎著(清)樊炳清译 ……… 106
普救回生草不分卷(清)悯人居士纂辑 ……… 105
普救应验良方一卷□□撰 ……… 105
尊生要旨一卷附灵枢悬解二卷(明)蒋学成汇编(明)许乐善补订 & 灵枢悬解四卷(清)黄元御解 ……… 226
尊经本草歌括二卷许宗正撰 ……… 226
道藏续编第一集(清)闵一得辑 ……… 32
道藏精华录十二种守一子辑 ……… 32
遂生编一卷福幼编一卷(清)庄一夔撰(清)恒敏订 & 福幼编一卷(清)庄一夔撰 ……… 141
遂生编一卷福幼编一卷广生编一卷(清)庄一夔撰 & 福幼编一卷(清)庄一夔撰 & 广生编一卷(清)包诚撰 ……… 141
曾胡治兵语录不分卷蔡锷编 ……… 19
湖北武学二十二种(清)湖北武备学堂编 ……… 55

湖南省农业改进所溆浦推广实验区工作报告不分卷湖南省农业改进所溆浦推广实验区编 ……… 55
湘军营制二种□□撰 ……… 164
湿温病古今医案平议一卷张寿颐纂集 ……… 130
温氏医书三种(清)温存厚撰 ……… 158
温氏医案一卷(清)温存厚撰 温仁椿等校字 ……… 158
温氏医案一卷小儿急惊风治验一卷(清)温存厚撰 温仁椿等校字 ……… 158
温疫明辨四卷温疫明辨方一卷(清)戴天章撰 ……… 158
温热经纬五卷(清)王士雄纂(清)杨照藜 汪曰桢等评 ……… 157
温热经纬歌括五卷(清)杨涓编 ……… 157
温热便读二卷附麻疹概论一卷小儿平脉之我见一卷邹仲彝编 ……… 157
温热暑疫全书四卷(清)周扬俊辑(清)薛雪校(清)吴蒙校 ……… 158
温热赘言一卷(清)寄瓢子述 ……… 158
温症挈要一卷江秉干辑 ……… 158
温病三字诀一卷(清)张子培创 廖吉人校 ……… 155
温病百言一卷(清)刘宗第编述 ……… 155
温病问题之解决一卷附霍乱证与痧症鉴别及治疗法一卷冉剑虹撰 ……… 157
温病条辨六卷(清)吴塘著(清)汪瑟安参订(清)征以园参订(清)朱武曹点评 ……… 156
温病明理五卷 恽树珏著 徐衡之等参校 ……… 155
温病浅说一卷(清)温存厚著(清)温仁寿等校字 ……… 155
温病浅说一卷小儿急惊风治验一卷(清)温存厚著(清)温仁寿等校字 ……… 155
温病学一卷陆景廷撰 ……… 157
温病学一卷诊断学一卷陆景廷编 ……… 157
温病学三卷何伯埙述 ……… 157
温病要旨一卷 何仲皋著 ……… 157
温病挈要一卷(清)江秉干撰 ……… 155
温病症治歌括二卷(明)张介宾撰 ……… 157
温病提要一卷(清)曹华峰撰 ……… 156
温病提要续刻一卷(清)曹文远撰 ……… 155
温疹述要一卷 袁励桢编 ……… 158
溆浦县农业概况不分卷附湖南省农业改进所溆浦工作站报告不分卷□□撰 ……… 172
寒疫合编歌括四卷(清)王光甸编辑 ……… 51
寓意草一卷(清)喻昌撰 ……… 202
谢谷堂算学三种(清)谢家禾撰 ……… 167
强自力斋集十种(清)冯澄撰 ……… 109
登坛必究四十卷(明)王鸣鹤编辑(明)袁世忠等校 ……… 32
登坛快览八卷(清)祝廷彪纂辑 ……… 32

— 313 —

缉古算经一卷(唐)王孝通撰并注(清)张敦仁细草 …… 63
编注医学入门内集二卷附一卷外集五卷首一卷(明)李梴撰
…… 12
编注医学入门内集七卷首一卷(明)李梴编纂 …… 12
编辑正骨心法要旨四卷(清)吴谦等纂 …… 12
编辑外科心法要诀十六卷(清)吴谦等纂 …… 12
编辑杂病心法要诀五卷(清)吴谦等纂 …… 12
编辑运气要诀一卷(清)吴谦等纂 …… 12
编辑刺灸心法要诀八卷(清)吴谦等纂 …… 12

(十三画)

颐身集(元)邱处机等注 …… 195
颐龄堂药目一卷(□)□□撰 …… 128
感应一草亭眼科全集四卷(清)文永周编 …… 45
感症宝筏四卷(清)吴贞撰(清)邵仙根评 何炳元重订 邵光华等录 …… 45
感症宝筏四卷附药方一卷(清)吴贞撰(清)邵仙根评 何炳元重订 邵光华等录 …… 45
雷公药性赋四卷(金)李杲编辑(清)王子接重订 …… 81
雷公炮炙论三卷附义生堂书目提要一卷(南朝宋)雷敩梜撰 张骥辑 …… 80
雷氏医书三种(清)雷丰等撰 …… 81
照像法原一卷(英国)傅兰雅撰 …… 213
照像器图说二卷(英国)傅兰雅译辑 …… 213
蜂具学三卷附最新实业养蜂法一卷贺子固编著 & 最新实业养蜂法一卷 …… 41
蜀中医纂五卷附习医规格一卷(清)陈清滈辑 …… 134
蜀水考四卷(清)陈登龙撰 …… 133
蜀水考四卷附补注分疏(清)陈登龙撰 (清)朱锡毂补注 (清)陈一津分疏 …… 134
蜀西都江堰工志一卷吴鸿仁撰 …… 134
蜀尧研究中医自抄本一卷蜀尧抄 …… 134
嵩厓尊生书十五卷(清)景日昣撰 …… 137
简明中西汇参医学图说二卷(清)王中忠编辑 …… 68
简明外科总论讲义不分卷陆军兽医学校编 …… 68
简明病理学不分卷陆军兽医学校编 …… 68
简明家畜内科诊断学不分卷□□撰 …… 68
简明家畜内科学一卷陆军兽医学校编 …… 68
简明家畜药物学不分卷□□撰 …… 68
简易医诀四卷(清)周云章著 …… 68
简易格致课本不分卷杜亚泉编纂 …… 68
简易庵算稿四卷(清)刘彝程撰(清)龚杰绘图 …… 68
简要经药一卷□□撰 …… 68
鼠疫约编一卷(清)吴宣崇撰(清)罗汝兰增辑 …… 134
催官篇注四卷附理气真诠一卷(宋)赖太素撰 & 理气真诠一卷□□撰 …… 28

微生物理论一卷(英国)傅兰雅撰 …… 154
微积溯源八卷(英国)华里司辑(英国)傅兰雅口译(清)华蘅芳笔述 …… 154
腧穴折衷二卷(日本)安京元越撰 …… 134
颍川心法汇编一卷(清)陈炳泰著 …… 198
解析几何不分卷□□撰 …… 69
解毒编不分卷(清)汪汲辑 …… 69
解剖学七卷□□撰 …… 69
麻疯再造神方一卷李季青撰 …… 91
痳症总论一卷□□撰 …… 91
麻疹病学一卷郭若定编订 …… 91
麻痘新编二卷附疳疾虚热面部总歌一卷(清)俞世球编 …… 91
麻痘蠡言一卷陈伯坛撰 …… 91
痳科活人全书四卷(清)谢玉琼纂辑 …… 91
痳疹证治要略一卷(清)郑志昀撰(清)黄秩柄校 …… 91
痳疹阐注四卷张廉述 …… 91
痳瘄必读二卷(清)郑启寿撰 …… 91
新万国药方(日本)息田重仪撰 丁福保译 …… 170
新内经一卷承澹盦编注 …… 170
新手工科教材及教授法不分卷赵治昌编 …… 170
新方八略一卷(明)张介宾撰 …… 168
新订王氏罗经透解四卷(清)王道亨辑录 …… 168
新订崇正辟谬通书十四卷(清)李奉来辑 …… 168
新订第四版卫生学问答八卷丁福保纂 …… 168
新刊王氏脉经十卷(晋)王叔和撰(宋)林亿等类次 …… 169
新刊外科正宗四卷(明)陈实功纂(明)王象晋订 …… 169
新刊医林状元寿世保元十卷(明)龚廷贤编 …… 169
新刊良朋汇集十卷(清)孙伟辑(清)吴化善梓订 …… 168
新刊良朋汇集四卷(清)孙伟辑(清)吴化善梓订 …… 169
新刊补注铜人腧穴针灸图经五卷(宋)王惟一编修 …… 168
新刊增补万病回春原本八卷(明)龚廷贤编(清)周亮登校 …… 169
新刊增集纪验田家五行三卷(明)娄元礼撰 …… 169
新刊纂像素亨疗马集六卷图像水黄牛经合并大全二卷驰经一卷(明)喻本元(明)喻本亨撰 …… 169
新世纪国历万年书一卷东方国历研究社编 …… 170
新生理一卷恽铁樵著 …… 170
新出普通体操图说三卷作新社译 …… 168
新伤寒证治庸言四卷罗文杰著 …… 170
新制灵台仪象志十四卷(比利时)南怀仁撰 …… 170
新刻小儿推拿方脉活婴秘旨全书三卷(清)龚云林撰 (清)姚国祯补辑 (清)胡连璧校 …… 169
新刻伤寒活人指掌补注辨疑三卷(明)童养学纂辑(清)周亮节校阅 …… 169

新刻合并十八飞星策天紫微斗数全集六卷(明)徐良弼校正(明)唐谦绣梓 ………… 169
新刻针医参补马经大全二卷(日本)马师问编辑 ………… 170
新刻校正大字李东垣先生珍珠囊二卷(金)李东垣撰 ………… 169
新刻秘授外科百效全书六卷(明)龚居中编 ………… 169
新刻陶节庵家藏秘授伤寒六书六卷(明)陶华撰(明)吴勉学校 ………… 169
新刻惊风辟谬全集一卷(清)陈复正辑 ………… 169
新法步兵操法一卷□□撰 ………… 168
新注医学辑著解说十八卷曹荫南著 ………… 170
新建陆军兵书录存八卷袁世凯撰 ………… 168
新测恒星图表一卷中星图表一卷(清)张作楠衍表(清)江临泰绘图 ………… 168
新锓希夷陈先生紫微斗数全书四卷(宋)陈抟著(明)潘希尹补辑 ………… 170
新编女科指掌五卷(清)叶其蓁撰辑 ………… 167
新编历府通书克择大全二卷□□撰 ………… 167
新编吏治悬镜之救急奇方一卷(清)徐文弼辑 ………… 167
新编评注通玄先生张果星宗大全十卷(清)陆位辑校 ………… 167
新编张仲景批注伤寒发微论二卷伤寒百诀歌五卷(宋)许叔微述 ………… 168
新编金匮要略方论三卷(汉)张机述(晋)王熙集(宋)林亿等诠次 ………… 167
新编保生录要一卷静安山人纂辑 ………… 167
新编救急奇方二卷(清)徐文弼辑 ………… 167
新编集成马医方一卷牛医方一卷(朝鲜)赵浚撰 ………… 167
新编算学启蒙三卷识误一卷(元)朱世杰编撰 ………… 167
新辑汤头歌诀不分卷张仁敏辑 ………… 168
新辑纂像素亨疗马集六卷元亨疗牛集二卷附驼经一卷(明)喻本元(明)喻本亨撰 ………… 168
新锲云林神彀四卷(明)龚廷贤撰(明)龚懋升校(明)吴济民校 ………… 170
新增伤寒集注十五卷(清)舒诏著 ………… 170
新增疗疮要诀一卷(清)应其南撰(清)应遵诲辑 ………… 170
新增绘图指明算法全编一卷□□撰 ………… 170
新镌工师雕斫正式鲁班木经匠家镜三卷(明)午荣编(明)章严辑(明)周言校 ………… 168
新镌历法便览象吉备要通书大全二十九卷(清)魏鉴汇述 ………… 168
新镌玉函奇书五气朝元斗首合节象吉备要通书二十九卷(明)刘伯温重述(清)魏鉴重选 ………… 168
新镌本草医方合编四种(明)汪昂辑 ………… 168

新纂儿科诊断学八卷何廉臣撰 ………… 171
新纂简捷易明算法四卷附一卷(清)沈士桂纂辑 ………… 171
意大利蚕书一卷附图一卷(意大利)丹吐鲁撰(英国)傅兰雅口译(清)汪振声笔述(清)赵元益校录 ………… 196
数书九章十八卷(宋)秦九韶撰 ………… 134
数书九章札记四卷(清)宋景昌撰 ………… 134
数诀三卷(宋)祝泌撰 ………… 134
数学三千题三卷附解式一卷(日本)尾关正求撰 ………… 135
数学史讲义不分卷汪莫基撰 ………… 135
数学丛书十四卷(日本)林鹤一撰 ………… 134
数学启蒙四卷(英国)伟烈亚力撰 ………… 135
数学理九卷附一卷(英国)棣么甘撰(英国)傅兰雅口译(清)赵元益笔述 ………… 135
数学教科书二卷(清)叶懋宣编 ………… 134
数学精详十一卷附首一卷末一卷(清)屈曾发辑 ………… 135
数学精详十一卷首一卷末一卷(清)屈曾发辑 ………… 135
数度衍二十三卷首一卷(清)方中通撰 ………… 134
慈恩玉历汇录五卷(清)俞大文撰 ………… 27
滇南本草三卷附医门揽要二卷(明)兰茂撰 ………… 34
滇南本草图谱第一集不分卷经利彬 匡可任等编 ………… 34
慎柔五书五卷(明)胡慎柔撰(明)石震订正(清)顾元交编次(清)程永培校 ………… 128
慎疾刍言一卷(清)徐大椿撰 ………… 128
慎疾刍言一卷世补斋不谢方一卷(清)徐大椿撰 & 世补斋不谢方一卷 (清)陆懋修撰 ………… 128
慎疾雏言一卷神农本草经百种录一卷(清)徐大椿撰 ………… 128
慎斋遗书十卷(明)周之干撰 ………… 128
神农最要三卷(清)陈开沚撰 ………… 11
福幼编一卷遂生编一卷(清)庄一夔撰 ………… 42
福幼编一卷遂生编一卷广生编一卷(清)庄一夔著 & 广生编一卷 张武鈺辑 ………… 42
群方便览二卷(清)郭懋筠辑 ………… 110
群方便览续编二卷(清)郭懋筠编 ………… 111
群方便览续编不分卷(清)郭懋筠编(清)维新主人续编 ………… 111
群芳花镜全书六卷(清)陈溟子辑 ………… 111
群经见智录三卷附古医经论一卷恽树珏注 ………… 111

(十四画)

静水学器图说一卷(英国)傅兰雅辑 ………… 77
嘉量算经三卷(明)朱载堉著 ………… 67
摘星楼治痘全书十八卷(明)朱一麟撰(清)朱法订补 ………… 210
蔡子洪范皇极名数九卷首二卷(清)张兆鹿汪释 ………… 17
鹖冠子三卷(宋)陆佃解 ………… 53

— 315 —

算式集要四卷(英国)哈司韦辑(英国)傅兰雅口译(清)江衡笔述(清)朱彝绘图 …………… 139
算式解法十四卷(美国)好敦司(美国)开奈利同著撰(英国)傅兰雅口译(清)华蘅芳笔述 …………… 140
算迪八卷(清)何梦瑶撰 …………… 139
算法须知二卷(清)华衡芳辑(清)徐树勋校刊 …………… 139
算法须知六种(英国)傅兰雅辑(清)华蘅芳辑 …………… 139
算学入门三卷(清)周广询辑录 …………… 140
算学启蒙述义三卷(元)朱世杰编撰(清)王鉴述义 …………… 140
算学奇论一卷(英国)傅兰雅撰 …………… 140
算学奇题图解一卷(英国)巴心田稿 …………… 140
算学难题问答一卷(英国)傅兰雅撰 …………… 140
算学揭要一卷亚泉学馆编辑 …………… 140
算学精华七种(清)黄炳垕等撰 …………… 140
算经十书十一种(清)孔继涵辑 …………… 139
算经十书十种(清)孔继涵辑 …………… 139
算经十书十种附七种(清)孔继涵辑 …………… 139
算草丛存八卷(清)华蘅芳撰 …………… 139
算雅一卷(清)李固松著 …………… 140
算牖四卷(清)许桂林学 …………… 140
算器图说(英国)傅兰雅辑 …………… 139
管窥辑要八十卷(清)黄鼎纂定 …………… 49
毓麟芝室玉髓摘要二卷(明)彭端吾编 …………… 203
舆地测绘学一卷(清)丁震撰 …………… 199
裹扎新法一卷(美国)嘉约翰口译(清)林湘东笔述 …………… 51
豪慈小儿科问答一卷(美国)豪慈撰 …………… 53
膏丹丸散纂辑一卷邓树年汇选 邓大章校字 …………… 45
瘟疫汇编十卷(明)吴有性著(清)戴天章增广(清)刘奎订正 …………… 158
瘟疫论二卷(明)吴有性撰 …………… 158
瘟疫论二卷附刘宏璧先生集补方一卷(明)吴有性撰(明)许永康校 …………… 159
瘟疫论二卷附刘宏璧先生集补方一卷朱煜治案一卷(明)吴有性撰(明)许永康校 …………… 159
瘟疫论补注二卷(明)吴有性著(清)戴天章增广(清)刘奎订正 …………… 158
瘟疫论类编五卷(明)吴有性著(清)刘奎订正(清)刘秉锦编(清)刘嗣宗参订 …………… 159
瘟疫枢要三种(清)胡精一撰 …………… 159
瘟疫明辨四卷方一卷(清)戴天章撰(清)郑奠一编 …………… 159
瘟疫明辨四卷末一卷(清)戴天章撰(清)郑奠一编 …………… 159
瘟疫摘要一卷□□撰 …………… 159
瘟病条辨六卷首一卷(清)吴塘著 …………… 158
瘟病条辨医方撮要二卷遂生编一卷福幼编一卷(清)杨璇撰(清)黄德濂纂 & 遂生编一卷福幼编一卷(清)庄一夔著 …………… 158

瘟病要诀一卷□□撰 …………… 158
瘟痧症治要略七卷 曹炳章编撰 …………… 158
精法摘要录一卷静庵氏著 …………… 75
精选长历全本□□撰 …………… 75
精选外症经验良方一卷□□撰 …………… 75
精神病广义二卷周利川著 …………… 75
精校加批增图医学入门八卷(明)李梴著 …………… 75
精校竹林女科五卷(清)叶其蓁撰 …………… 75
漂染棉布论一卷(英国)傅兰雅撰 …………… 104
漫游杂记二卷(日本)永富凤介注(日本)松士藏道远校(日本)藤元干隆昌订 …………… 94
赛金丹二卷(清)徐半峰等撰 …………… 112
赛金丹二编(清)徐半峰等撰 …………… 112
察病指南三卷(宋)施发注 …………… 19
翠微山房数学十五种(清)张作楠撰 (清)江临泰撰 …………… 28

(十五画)

增广大生要旨五卷(清)唐千顷纂(清)叶灏增订 …………… 208
增广太平惠民和剂局方十卷用药总论三卷(宋)陈师文等编 …………… 208
增广太平惠民和剂局方十卷附增广和剂局方用药总论三卷(清)张海鹏校 …………… 208
增广玉匣记通书六卷末一卷□□撰 …………… 209
增广本草纲目五十二卷(明)李时珍编辑(清)张绍棠重校 …………… 208
增广本草纲目五十二卷濒湖脉学一卷奇经八脉考一卷脉诀考证一卷图三卷(明)李时珍撰 …………… 208
增广达生要旨五卷(清)唐千顷纂(清)叶灏增订 …………… 208
增广灵验验方新编十六卷首一卷续集五卷(清)鲍相璈辑 & 续集五卷 (清)张绍堂增辑 …………… 208
增广保婴要旨一卷(清)敏兰居士辑(清)拜松居士增订 …………… 208
增广验方新编十六卷(清)鲍相璈编辑(清)张绍堂增辑 …………… 209
增广验方新编十六卷首一卷痧症全书三卷首一卷(清)鲍相璈编辑(清)张绍堂增辑 & 痧症全书 (清)林森撰 …………… 209
增广新术二卷(清)罗士琳撰 …………… 209
增订士材三书三种附一种(明)李中梓撰(清)尤乘辑 …………… 208
增订本草附方二卷□□撰 …………… 207
增订本草备要八卷(清)汪昂撰(清)汪桓等参订(清)汪端等校 …………… 207
增订本草备要四卷(清)汪昂撰(清)汪桓等参订(清)汪端等校 …………… 207
增订本草备要四卷医方集解六卷(清)汪昂撰(清)汪桓参订(清)汪端等校 …………… 207

增订医医病书二卷(清)吴瑭注 (清)黄寿袞鉴定 曹炳章注 …… 208
增订医宗金鉴目录一卷首一卷(清)吴谦等撰 …… 208
增订时疫五方一卷 萧鸿卿撰 …… 208
增订治疗汇要三卷(清)过铸著(清)宁本瑜等校 …… 208
增订经验良方十四卷(清)沈肇元重订 …… 208
增订格物入门七卷(美国)丁韪良著 …… 207
增订童氏本草备要八卷(清)汪昂辑(清)李保常增辑 …… 208
增订童氏本草备要八卷图说一卷(清)汪昂辑(清)李保常增辑 …… 208
增批温热经纬四卷(清)王士雄纂(清)叶霖增批 …… 209
增删算法统宗十一卷首一卷重刊梅文穆公增删算法统宗校算记一卷(明)程大位编集(清)梅谷成增删 …… 209
增评医方集解二十三卷(清)汪昂撰辑(清)费伯雄评 …… 209
增评医方集解二十三卷目录一卷(清)汪昂撰辑(清)费伯雄评 …… 209
增评童氏医方集解二十三卷(清)汪昂撰辑(清)费伯雄评 …… 209
增补三指禅二卷(清)周学霆著(清)周光宝等录 …… 206
增补士材三书四种(明)尤生洲辑 …… 206
增补大生要旨五卷(清)唐千顷纂(清)马振蕃续增 …… 206
增补大生要旨五卷经验各种秘方辑要一卷(清)唐千顷纂(清)马振蕃续增 …… 206
增补万病回春原本八卷(明)龚廷贤编(明)周亮登校 …… 206
增补本草医方合编五种(清)汪昂撰辑 …… 205
增补本草图说二卷(清)汪昂撰(清)李保常重辑 …… 205
增补本草备要八卷(清)汪昂撰 …… 205
增补医方一盘珠全集十卷首一卷(清)洪金鼎撰(清)洪濂洛参订 …… 207
增补医方捷径二卷(清)王宗显辑 …… 207
增补医林状元寿世保元十卷(明)龚廷贤撰(清)周亮登校 …… 207
增补陈修园医书七十种(清)陈念祖撰 …… 206
增补重编叶天士医案四卷(清)叶桂注 陆士谔编辑 …… 207
增补脉诀不分卷(清)廖云溪撰 …… 206
增补绘图针灸大成十二卷(明)杨继洲纂(清)章廷珪重修 …… 206
增补秘传痘疹玉髓金镜录真本四卷(明)翁仲仁撰 …… 206
增补秘传痘疹玉髓金镜录真本四卷首一卷(明)翁仲仁著 …… 206
增补雷公炮制药性解六卷附四百味药性歌括一卷(明)李中梓撰 …… 206
增补新本草一卷陈逊斋撰 …… 207

增补瘟疫论二卷(明)吴又可著 …… 206
增补遵生八笺二十卷(明)高濂编 …… 207
增注古方新解八卷(清)徐大椿撰 陆士谔编订 …… 209
增注医宗已任编八卷(清)杨乘六辑 …… 210
增注条注伤寒心法八卷陈绍勋韵注 …… 210
增注类证活人书二十二卷(宋)朱肱著(明)吴勉学校 …… 210
增注萧山竹林寺妇科一卷(清)竹林寺僧著 史济纲增注 …… 210
增辑伤寒类方四卷(清)潘霨辑 …… 209
增辑陈修园医书七十种(清)陈念祖等撰 …… 209
增辑曾胡治兵语录不分卷蔡锷辑 …… 209
蔬菜园艺学四卷四川省立农学院编 …… 133
樗茧谱一卷(清)郑珍纂(清)莫友芝注 …… 26
橡蚕新编一卷柳蚕新编一卷布种洋芋方法一卷(清)许鹏翊编 …… 165
霉疮总说二卷附增订花柳指迷一卷(明)陈司成撰 & 增订花柳指迷一卷(美国)嘉约翰辑译 林应祥笔述 尹端模参订 …… 94
霉疮秘录不分卷(明)陈司成著 …… 94
影印古本医学丛书十种钱季寅辑 …… 198
影印古本医学丛书五种钱季寅辑 …… 198
影印古本医学丛书第七集上海中医书局编 …… 198
影戏灯说一卷(英国)傅兰雅撰 …… 198
稽瑞一卷(唐)刘赓辑 …… 63
鍊钢要言一卷附录试验各法一卷(清)徐家宝译述 …… 139
颜料篇三卷(日本)江守襄吉郎编订(日本)藤田丰八译 …… 174
遵生八笺十九卷总目一卷(明)高濂编 …… 226
潜斋医书五种(清)王士雄撰 …… 109
潜斋医学丛书八种(清)王士雄撰 …… 109
潮汐论一卷(英国)傅兰雅撰 …… 20
澄兰室古缘萃录十八卷(清)邵松年辑 …… 22
畿辅水利义一卷附国史本传一卷(清)林则徐撰 …… 63
畿辅水利四卷附录一卷(清)潘锡恩辑 …… 63

(十六画)
撼龙十卷(唐)杨益撰(清)高其倬批点 …… 52
撼龙经传订本注一卷廖平撰 黄镕笔述 …… 52
撼龙经批注校补不分卷(唐)杨益撰(清)高其倬批点 …… 52
薛氏医案二十四种(明)薛己等撰(明)吴管辑(明)朱廷枢校 …… 173
薛生白医案一卷(清)薛雪撰 陆士谔编辑 …… 173
薛立斋医案全集二十四种(明)薛己等撰 (明)吴管辑 …… 173
薛院判医案全集二十四种(明)薛己等撰(明)吴管辑(明)朱廷枢校 …… 173

— 317 —

| 薛案辨疏二卷(明)薛己撰 徐莲塘录存 …… 173
| 霍乱论二卷(清)王士雄述 …… 62
| 霍乱症防治法一卷□□撰 …… 63
| 霍乱病治疗验方一卷 刘秉衡拟 …… 62
| 霍乱新论一卷(清)姚训恭撰 …… 63
| 霍乱燃犀说二卷末一卷(清)许起述(清)许玉瀛等校 …… 63
| 蹄铁学不分卷陆军兽医学校编 …… 145
| 器象显真四卷(英国)白力盖辑(英国)傅兰雅口译(清)徐建寅删述 …… 108
| 圜天图说三卷(清)李明彻撰(清)阮元鉴定 …… 56
| 圜天图说续编二卷(清)李明彻撰(清)阮元鉴定 …… 56
| 圜容校义一卷附晓庵新法六卷(意大利)利玛窦授 & 晓庵新法六卷 (清)王锡阐撰 …… 56
| 圜锥曲线说三卷(英国)艾约瑟口译(清)李善兰笔述 …… 56
| 镜镜诊痴五卷(清)郑复光撰(清)杨尚文绘图(清)张穆编 …… 77
| 儒门医学三卷(英国)海得兰撰(英国)傅兰雅口译(清)赵元益笔述 …… 111
| 儒门事亲十五卷(金)张从正著 …… 111
| 衡阳药签一卷□□撰 …… 53
| 瘰疬良方一卷□□撰 …… 90
| 辨人体类一卷(英国)傅兰雅撰 …… 13
| 辨太阳病脉证一卷辨阳明病脉证一卷灵素微旨一卷□□撰 …… 13
| 辨证奇闻十卷(清)钱松撰 …… 13
| 辨证金鉴十二卷(清)陈士铎著 …… 13
| 辨证录十四卷(清)陈士铎著 …… 13
| 辨证录十四卷附洞垣全书脉诀阐微一卷(清)陈士铎著 …… 13
| 辨脉法篇一卷平脉法篇一卷(汉)张机撰(清)周学海章句 …… 12
| 辨脉指南二卷(清)郭治注 …… 13
| 辨症用药一卷□□撰 …… 13

| 糕饼谱一卷□□撰 …… 45
| 濒湖脉学一卷(明)李时珍撰 …… 13
| 濒湖脉学一卷奇经八脉考一卷(明)李时珍撰 …… 13
| 澡泉余录一卷(日本)浅田宗伯注 …… 205
| 寰宇述要二卷(清)马德新撰 …… 56

(十七画)
| 豳风广义三卷(清)杨屾编辑 …… 13
| 魏武帝注孙子三卷(三国魏)曹操注(清)左枢笺 …… 155
| 魏武帝注孙子三卷吴子二卷司马法三卷尸子二卷燕丹子三卷牟子一卷(三国魏)曹操注(清)孙星衍校 …… 155
| 癍疹菁华一卷罗绍文编订 …… 2
| 翼梅八卷(清)江永著 …… 196

(十八画)
| 藤氏医谈二卷(日本)近藤明隆昌撰 …… 145
| 翻译弦切对数表八卷(清)贾步纬译述(清)火荣业校 …… 40

(十九画)
| 籀簃医话一卷张寿颐注 …… 223
| 爆药记要六卷(清)舒高第口译(清)赵元益笔述 …… 3

(二十画)
| 蠕范八卷(清)李元撰 …… 111
| 纂订蚕桑琐说一卷(清)鄢敏学撰 …… 225
| 纂集一卷金镜录一卷(清)黄鹤龄纂辑(清)李时新校订 & 金镜录一卷 …… 225
| 灌记初稿四卷(清)彭洵撰 …… 49

(二十一画)
| 臟府经络穴道图一卷□□撰 …… 205

(二十二画)
| 蠡离引蒙三卷(清)贾步纬算述(清)贾文浩校对 …… 19
| 鬻子一卷附计倪子一卷子华子二卷(周)鬻熊撰 & 计倪子一卷(春秋)计然著 & 子华子二卷(战国)程本著 …… 203
| 鬻婴提要说一卷(清)张振鋆辑 …… 203
| 鬻婴提要说一卷附音释一卷(清)张振鋆辑 …… 203